应用型本科经济管理类专业基础课精品教材

管理信息系统教程

主　　编　丰　斓　李文国　徐香坤

副 主 编　刘庆君　李海玲　刘　龙

参　　编　公丕国　崔　健　王　爽　岳　君

北京理工大学出版社
BEIJING INSTITUTE OF TECHNOLOGY PRESS

内容简介

本书以掌握理论为基础，以强化应用为重点，介绍了信息管理领域中最新的研究成果，并引入大量有代表性的企业案例，供学习者解析领悟。本书主要分为三篇，第一篇主要介绍管理信息系统的基础理论，包括管理、信息和系统，企业资源计划，信息技术，管理信息系统开发，信息安全；第二篇介绍管理信息系统的应用，包括供应链管理基础设置，采购管理，销售管理，库存管理与存货核算；第三篇介绍数据思维，包括业务流程分析，数据流程分析。

本书可作为高等院校经济管理类专业的教材，也可作为相关专业从业人员的参考资料。

图书在版编目（CIP）数据

管理信息系统教程/丰斓，李文国，徐香坤主编．—北京：北京理工大学出版社，2017.2（2021.3 重印）

ISBN 978－7－5682－3703－1

Ⅰ.①管…　Ⅱ.①丰…　②李…　③徐…　Ⅲ.①管理信息系统－教材　Ⅳ.①C931.6

中国版本图书馆 CIP 数据核字（2017）第 030563 号

出版发行／北京理工大学出版社有限责任公司
社　　址／北京市海淀区中关村南大街 5 号
邮　　编／100081
电　　话／（010）68914775（总编室）
（010）82562903（教材售后服务热线）
（010）68948351（其他图书服务热线）
网　　址／http：//www. bitpress. com. cn
经　　销／全国各地新华书店
印　　刷／北京紫瑞利印刷有限公司
开　　本／787 毫米×1092 毫米　1/16
印　　张／18.5
字　　数／436 千字
版　　次／2017 年 2 月第 1 版　2021 年 3 月第 3 次印刷
定　　价／49.00 元

责任编辑／陆世立
文案编辑／赵　轩
责任校对／周瑞红
责任印制／李志强

图书出现印装质量问题，请拨打售后服务热线，本社负责调换

前言

2015 年 9 月国务院发布了《促进大数据发展行动纲要》，明确提出了大数据发展的重点方向和路径。重点抓好我国大数据技术和产业的创新和发展，提升大产业支撑能力，培育新业态新模式。主要从以下五个方面开展工作：支持大数据技术和产业创新发展；促进大数据与其他产业的融合发展；推动大数据标准体系建设；支持地方开展大数据产业发展和应用试点；加强大数据基础设施建设，探索和加强行业管理。

在这样的大背景下，管理信息系统作为管理企业数据的重要应用平台所管理的企业数据也是大数据的重要组成部分，它把信息技术运用到管理领域，其在促进企业管理和决策的科学化方面所起的作用有目共睹。因为管理信息系统软件中往往蕴含着比较先进的管理思想，要想使管理信息系统在企业运行的管理决策中发挥积极作用，就必须对企业的流程进行重组。一个流程优化的企业可以在企业的竞争中获得优势。所以管理信息系统的应用可以促进企业提高管理决策水平。通过管理信息系统，管理者可以迅速、准确地把握企业的进销存、财务、资金、人力资源等管理状况，从而更加高效合理地配置企业的人力、财力、物力资源。管理信息系统对内通过企业内联网进行流程重组，对外通过企业外联网和国际互联网进行供应链管理和电子商务。总之，管理信息系统将提高企业的效益和效率，从而使企业获得竞争优势。

管理信息系统课程是应用型本科物流管理专业的基础专业课程，是培养学生信息管理能力的核心课程。管理信息系统课程服务于应用型本科人才培养目标，坚持理论与实践结合，以调研综合技能培养为主线，其具体教学目标定位为：培养学生在工作中必备的信息处理和分析能力为目标，使学生不仅能够掌握实体业务管理内容，而且能够了解信息层面上的管理特点。管理信息系统课程设置目的是提高学生的信息系统、信息技术的实际应用能力；通过课程学习培养学生由实务层面的管理向数据信息层面的管理过渡；由实体管理思维方式向信息管理思维方式转变，培养大数据思维方式。

讨论课（Seminar）是西方国家高等教育中常见的授课模式，它的基本思路是：首先，教师根据本专业前沿的或自己目前的研究课题制定课程的总体方向，教学内容与教师的研究方向紧密结合，通过讨论课与学生的互动交流，教师也能得到一定的提高；其次，根据课程需要讲授与讨论课总体方向相匹配的理论知识。理论讲授突出必要二字，讨论课中不必成体系地讲解相关理论知识。

传统管理信息系统课程主要围绕着信息系统的开发流程展开，这样的授课思路显然不适合经济管理类学生接受知识的习惯，多数学生认为软件开发跟他们的关系不大，所以学习兴趣也难以提高，自然也就很难实现教学效果。从多年的教学效果来看，除了部分 ERP 软件应用的实践环节课程，学生能够比较认真地学习以外，其他尤其是以讲授为主的部分课程教学效果不佳。因此，本课程的教学改革势在必行。

本书以德国的讨论课模式为主线编写，老师讲授时可融入讲座、文献综述、陈述展示等学习方法，以最大可能带动学生主动学习的热情，通过学生之间、学生与老师之间的互动来推动课程创新乃至思想创新。

本书由沈阳工学院丰斓同志担任第一主编，沈阳工学院的李文国同志和徐香坤同志分别担任本书的第二、三主编。参与本书编写的同志还有：沈阳理工大学的刘庆君同志和李海玲同志，沈阳工程学院的刘龙同志，沈阳工学院的公丕国同志、崔健同志和王爽同志，辽宁轨道交通职业学院的岳君同志。

由于时间仓促，编者水平有限，本书难免存在不足之处，欢迎广大读者批评指正。

编　者

目 录

第一篇 基础理论篇

第二篇　管理信息系统应用篇

第三篇　数据思维篇

第一篇　基础理论篇

第一章

管理、信息和系统

★导入案例

大数据时代与我们的生活

2 500 年前，古希腊有一位叫毕达哥拉斯的哲学家，曾经提出“数即万物”的哲学观，认为数字是世界的本质，并支配着人类社会乃至整个自然界。但这种观点并未得到广泛认可，直到今天，随着基于互联网、移动互联网、物联网等的大数据技术广泛深入融合到商业、金融、教育、医疗、农业、电信、交通等各个行业后，我们的时代才真正进入了“数即万物，万物皆数”的大数据时代。大数据正在改变我们的生活，颠覆我们的传统思维方式，这种改变在以前是难以想象的，以致我们目不暇接，惊喜连连。

一、大数据改变了我们的传统生活

（1）大数据改变我们生活的第一个领域是网络购物。过去我们购物，主要是在百货大楼和超市。如果是要买一件贵重物品的话，要跑很多店，比较价格、品牌和质量，花费很多的时间和精力。网络购物彻底改变了传统的购物方式，消费者在网上购物后留下了海量数据，成了电商最重要的竞争优势之一。通过数据挖掘，电商可以知道消费者喜欢什么品牌，也知道消费者会买什么，为什么买，在哪里买，从而通过网络推荐，介绍相关产品。另外，消费者也可以通过搜索比较，买到更便宜、更中意的商品。鼠标轻轻一点，“不出自家门，淘尽天下货”，既省钱，又省时间，方便快捷。互联网购物的商业新业态的出现，促进了网上消费的大爆发，为我国经济稳定增长发挥了重要作用。到 2014 年年底，中国通过互联网购物的人数已达 3.6 亿人，占全国人口比例近 1/4，已连续第二年成为全球最大的网络零售市场，2014 年全国网上零售额高达 27 898 亿元，同比增长 49.7%，占全国社会消费品零售

总额的10.6%；网上零售增长速度明显高于当年全国社会消费品零售总额12.0%的增速；消费对当前我国经济的贡献率提高到了60%。

（2）大数据改变我们生活的第二个领域是交通出行。“滴滴打车”改变了传统打车方式，颠覆了路边拦车方式。利用移动互联网将线上与线下相融合，从打车初始阶段到下车使用线上支付车费，最大限度地优化乘客打车体验，让司机根据乘客目的地按意愿“接单”，节约司机与乘客沟通成本，降低空驶率，最大化节省司乘双方资源与时间。目前，滴滴打车已覆盖全国400多个大中型城市，未来的滴滴打车还能够为用户设计智能出行方案，当你输入出发地和目的地，系统便会给你方案：是打车、拼车、乘公交还是乘地铁，将为老百姓带来更多便利。通过大数据技术系统缓解了城市拥堵难题。公交站点的电子指示牌，告诉大家下一趟公交什么时候能到，非常精准。通过大数据还可以解决停车难问题，监控交通违章情况，使汽车保养维修更便捷。

（3）大数据改变我们生活的第三个领域是医疗健康。截至2015年年底，全国有2亿人次住院，已经诊断出的慢病发病人数有2.6亿人，其中高血压1.6亿人，糖尿病1.14亿人，还不包括未被发现和诊断的。如果把这些患者的医药数据、患者的用药数据，包括电子监管码的销售、医保数据，汇集到一个综合平台，当输入某一个患者的身份证号，可以知道他得了什么疾病、最近用药情况、健康状况等，就可以把社会医疗资源合理分配，而不是任何一个病都要到大医院去排队。目前，源于深圳并迅速发展到其他城市的国内知名互联网医疗服务平台——“就医160”，已接入全国278个城市、2 210家大型医院，医生资源超过30万人，实名注册用户超过1 400万。

（4）大数据改变我们生活的第四个领域是教育。互联网在线教育就是在网络上学习，既可以通过课件、视频等学习，也可以实时互动讨论问题。互联网在线教育是传统教育模式的大变革，这种教育模式突破了时空界限，不需要住校、上教室，学生可以随时随地上课。通过大数据监测学生的学习行为，了解每一封教师发出的邮件带来的学生们的反馈。知识的获取变得以学生为中心，人们不再需要传统意义上的老师，老师的职责从传道授业变成解惑。教育从封闭走向开放。最近几年，慕课（MOOC——大型开放式网络课程）兴起，2012年美国的顶尖大学陆续设立网络学习平台，Coursera、Udacity、edX三大课程提供商在网上提供免费课程。斯坦福大学的Coursera平台汇集了全世界有7 000多门优秀课程，全世界最好的老师在互联网上授课，只要讲的观点不对，立即就有人指出，这就是教育模式的突出特点。受此影响，国内北大、清华等知名大学纷纷加入慕课平台，推出多门免费课程，受到世界各地学生的欢迎。

二、大数据推动了社会管理方式的变革

（1）监控舆情打击犯罪，强化社会综合治理。当前，我国正处于全球风险、社会转型风险混合叠加的高风险时期——由传统社会向现代社会转型，既存在机遇，也面临风险；经济全球化加速了全球信息与物质的流动，将我国裹入全球风险之中。近年来，源自国内外的一系列公共危机，清晰地表明我国业已步入高风险社会；大数据在安全风险管理方面将发挥重要作用。在舆情监控方面，通过网络关键词搜索及语义智能分析，能提高舆情分析的及时性、全面性，了解全社会对某项政策的评价、掌握社情民意，提高公共服务能力，应对突发公共事件，打击违法犯罪等。人们出行坐火车、坐飞机、住宾馆都要有身份登记，遍布城市街道、公路的

探头、天眼都是个人行为的记录，这些数据可为公安机关破案侦查提供重要线索。

(2) 避免国家福利滥用，促进社会福利公平。我国政府高度重视民生问题，对困难群体通过保障性住房和居民最低生活保障制度等，解决他们的生存问题。保障性住房应该分给谁？“低保”应该给谁“吃”？最近，国土资源部下发通知，提出到2017年要基本建成覆盖全国的不动产登记信息平台，随着房产数据和银行数据的联网联通，可以有助于解决这一问题。杜绝“开着宝马吃低保”情形的出现。

(3) 推动征信体系建立与诚信社会建设。“人无信不立，业无信不兴”。目前，我国央行征信中心的信息绝大部分来自金融机构，既有的征信内容已远远不足以满足现实需求。而“互联网+”时代让越来越多的信息超出了传统金融框架，社交数据、资产变动、性格爱好、婚姻状况等一系列信息，都可成为全面描述个人生存、生活、工作的信用大数据，为每个人描绘出信用“全画像”。个人信用卡还款、手机、家庭有线电视、水电气欠费、交通违章等情况，都会成为个人征信的数据。社会诚信体系的建立与完善，将使普通老百姓感受到信用的力量和价值，一方面，在今后生活中注意培养信用意识，并在全社会建立起信用文化；另一方面，利用征信系统可以预防欺诈与上当受骗。

(4) 大数据在全面评价人才方面的作用。长期以来，干部的提拔、使用、考核是在有限范围内进行的，具有片面性。大数据可以更全面、客观地评估公务员的综合素质。从社交、博客、微博、微信、发帖、聊天记录数据，可以挖掘个人政治倾向、价值取向、遵纪守法、道德取向的信息；从闯红灯、醉驾、支付欠费的个人信用数据，可作为公务员招录考察、考核、提拔任用、评先的重要依据。大数据在职称评定、人才发现方面更有用武之地。大数据能全面客观地评价技术人员的专业水平与能力，通过查询学术成果收藏，网站譬如“中国知网”，就能知道申报者在哪一年、在什么学术刊物上发表过哪些学术文章；通过百度搜索，可以知道申报者在专业领域获得过何种奖励，出版过哪些学术著作。

三、大数据探测量化人的身心世界

大数据不仅可以量化身心、监控人的健康情绪，还可以复制一个虚拟的“你”。据报道，美国有一个叫克里斯·丹西的人，在自己身上连接了大约700个传感器，记录自己的日常生活与情绪变化，把自己的身体状况、情绪波动量化成一个个数字，随时随地了解自己的一举一动和情绪起伏，从而让身心达到更佳状态。被英国《每日邮报》戏称是世界上“量化最极致的人”。2015年7月英国的《金融时报杂志》发表了一篇《我们即数据》的文章，文章认为：只要把我们日常生活的行为通过传感器记录下来，并把这些数据跟应用程序绑在一起，很容易就可以预测、取悦你，把这种机器智能跟智能3D绘图绑在一起，就可以复制一个“你”。古人云：“以铜为镜，可以正衣冠；以人为镜，可以明得失”，以大数据复制虚拟“你（我）”这种特别的方式，可以实现自我观照与自省。

四、大数据推动下的未来人类社会

以互联网、物联网、能源互联网为依托的大数据技术，将加快促进人类社会发展步伐及其制度演进，人类将迈向智能化时代，步入知识主义社会，迈向协作共享时代。

(1) 人类将迈向智能化时代。互联网、物联网、能源互联网技术催生智慧城市的建设与发展，物联网、云计算、大数据等新技术得到广泛应用，如电子政务、智能家居、智慧交通、无人驾驶汽车、智能机器人、3D 打印等，人类将进入“智能一切”的社会。有一个作者是这样描述智能时代的生活片段的：智能卫浴为你自动调整洗浴水温，智能厨房会为你自动烹饪早餐；当你吃饭的时候，智能音箱会自动开启优美的音乐；或者你打开电视，它会帮你自动拉上窗帘；无人驾驶汽车送你去上班；当你走进办公室的那一刻，智能桌子会立刻为你打开邮箱和一天的工作日程表。未来的日子如果没有智能机器人你将难以适应，就像现在如果没有互联网和手机的日子一样。同时，机器人、3D 打印、无人驾驶汽车在生产领域的大量使用，使大量的传统就业岗位消失，如商店售货员、汽车司机、外语翻译、专家等。美国著名社会批评家杰里米·里夫金在《第三次工业革命》一书预言：未来社会智能技术在服务行业大规模取代人类劳动，劳动力大军将转移到医疗保健业、社会工作、娱乐及旅游业等关爱产业和体验领域，最终有可能导致工作的终结。学习、体验和娱乐是未来人类生活的主题，“活着是为了游乐”。

（2）人类将步入知识主义社会。李建德的《社会制度演进大纲》，从“最稀缺的生产要素决定生产力的性质、从而决定经济制度”这一逻辑出发，分析了在人类社会演进过程中，依次决定人类社会制度稀缺资源要素的劳动、劳动保护能力、土地、资本，与之相应，人类社会经历了氏族社会、纳贡社会（包括奴隶社会与封建社会）、土地主义社会与资本主义社会。基于知识的稀缺属性及其对当代发展的作用越来越大，尤其是高科技、计算机、互联网对未来社会产生的革命性影响，知识最终取得决定性地位，预言未来制度演进的方向是“知识主义社会”，并最终将取代资本主义。毋庸置疑，知识经济、学习型社会已成为当今和今后一个重要社会形态，大数据无疑将加快这种形态与进程的演进。

（3）人类将迈向协作共享社会。当今时代，免费、协作、共享社会已经初现端倪，例如，免费下载软件音乐电影，免费 WiFi 使用，互联网共享教育、共享知识、共享音乐，优步（Uber）拼车服务，P2P 金融服务，共享住房等。2014 年，全球分享经济产生的收益达千亿美元。美国当代最著名的思想家杰里米·里夫金在《零边际成本社会》一书中预言：随着通信互联网、能源互联网、物流互联网、分布式太阳能、机器人、3D 打印技术与智能制造的广泛运用，将推动零边际成本社会的形成，协作与共享将是这个社会的主要特征，越来越多的人从消费者转变成“产消者”，资源的所有权逐步过渡给使用权，资本主义的经济形态将从人类社会逐步淡出。这是否与马克思提出的人类社会发展的最高形态——共产主义社会有许多相似之处，或者说殊途同归？

第一节　数据、信息、知识、智慧[1]

一、数据、信息、知识、智慧的含义

人类对客观事物的认识组成了人类思想的内容。这个认识过程是一个从低级到高级

1　荆宁宁，程俊瑜．数据、信息、知识与智慧［J］．情报科学，2005，23（12）：1786－1790.

不断发展的过程。目前大多数学者将人类思想的内容分为3类，即数据、信息和知识。有人将其分为数据、信息、知识和智慧4类，也有人将其分为数据、信息、知识、理解和智慧5类。其中理解的含义：既是一种增加的和随机的过程，也是一种认知和分析的过程。这种过程使人们能获取知识并从以前所拥有的知识中合成新的知识。理解与知识的区别在于“学习”和“记忆”之间的差异。理解是一个豁然的过程，它是经过认知和分析的。通过这个过程，人们可以根据以前掌握的知识获得进一步的知识和整合出新的知识。理解与知识的不同表现为“学问”与“记忆”的差别。有理解力的人能够采取有意识的行动，因为他们能够通过以前的理解整合出新的知识，至少是新的信息。也就是说，理解建立在已有信息、知识和对知识的理解的基础之上。用计算机语言表述就是，人工智能系统具有理解功能，它能够利用所存储的信息和知识整合出新的知识。

如图1-1所示为从数据到信息再到知识直至智慧的跃迁，认为理解支持了从每一个过程到下一个过程的跃迁，理解本身并不是一个独立的层次。

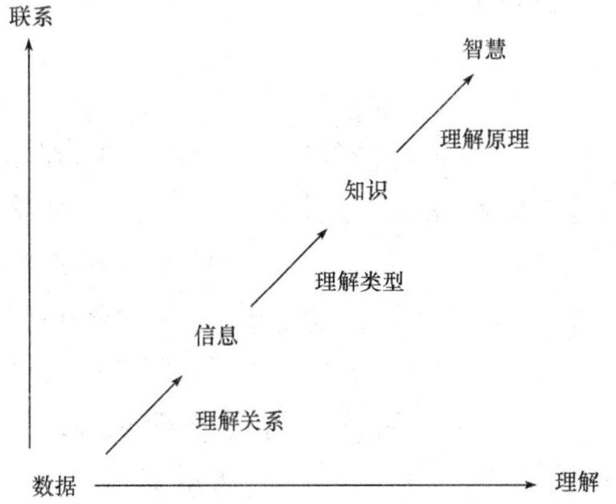

图1-1　从数据到信息再到知识直至智慧的跃迁

1. 数据

反映客观事物运动状态的信号通过感觉器官或观测仪器感知，形成了文本、数字、事实或图像等形式的数据。它是最原始的记录，未被加工解释，没有回答特定的问题；它反映了客观事物的某种运动状态，除此以外没有其他意义；它与其他数据之间没有建立相互联系，是分散和孤立的；它以简单形式存在，如果没有平台的支撑就没有任何意义；它能够以任何形式存在，可以是有用的，也可以是无用的；它的自身没有任何意义。数据是客观事物被大脑感知的最初的印象，是客观事物与大脑最浅层次相互作用的结果。

2. 信息

大脑对数据进行加工处理，使数据之间建立相互联系，形成回答了某个特定问题的文本，以及被解释成具有某些意义的数字、事实、图像等形式的信息。它包含了某种类型可能的因果关系的理解，回答“who（谁）”“what（什么）”“where（哪里）”和/或“when（何时）”等问题。信息是通过某种关联而具有含义的数据，这个“含义”

可能是有用的，也可能是无用的。用计算机语言表述就是，由数据组成的关系数据库。

3. 知识

特殊背景下，人们在头脑中将数据与信息、信息与信息在行动中的应用之间所建立的有意义的联系，体现了信息的本质、原则和经验。它是人所拥有的真理和信念、视角和概念、判断和预期、方法论和技能等；知识即数据和信息的运用，回答“how（怎样）”“why（为什么）”的问题；能够积极地指导任务的执行和管理，进行决策并解决问题；它是这样一种模式：当它再次被描述或被发现时，通常要为它提供一种可预测的更高的层次。也就是说，当人们将知识与其他知识、信息、数据在行动中的应用之间建立起有意义的联系，就创造出新的更高层次的知识。知识是经过选择的信息，具有一定的目的性。当人们“记忆”信息时，实际上是在积累知识。这种知识对于他们来说是有用的，但不是为了某种目的，其中可能含有更多的知识。例如，小学生可以告诉你“$2\times2=4$”，因为他们积累了相关知识（乘法口诀）。但是对于“567×234”，他们就无法计算了，因为没有相关的乘法口诀。如果要做出这道数学题，需要学习下一步的知识，需要认知和分析的能力。用计算机术语表达就是，应用软件用于存储知识。

4. 智慧

智慧是人类所表现出来的一种独有的能力，主要表现为收集、加工、应用、传播信息和知识的能力，以及对事物发展的前瞻性看法。它是一种推测的、非确定性的和非随机的过程；它调动了所有的意识，尤其是人所具有的特殊的意识，如道德和伦理规范等。智慧是对更多的基本原理的理解，这种原理包含在知识中，而这种知识本质上是理解知识是什么的基础；智慧要回答人们难以得到甚至无法得到答案的问题；它使人们理解以前未曾理解的东西，以此来达到超越理解本身的目的。它是一种基本的哲学探索，以知识为基础，随着所具有的知识层次的提高，人们的智慧向更高的层次发展。

与前 3 种类型不同，智慧回答关于没有答案或者不能轻易得出答案的问题。在某种意义上说，也可能是处于未知答案的时期。因此，智慧是通过人们的观察，判断是与非和好与坏的过程。计算机不具备这种功能，也将永远不会拥有这项功能。智慧是人类独有的能力。智慧需要灵魂，它就像人的心脏一样，存在于人的大脑中。

二、数据、信息、知识、智慧之间的关系

很大一部分人认为，能有效区分信息和知识的关键，并不在于信息和知识的内容、结构、精确性或效用的差别。相反，知识是经过每个个体的头脑处理过的信息，它是关于事实、过程、概念、理解、理念、观察和判断（这些事实、过程、概念、理解、理念、观察和判断可能是或可能不是独特的、有用的、精确的或结构化的）的个性化的或主观的信息。知识不是一个与信息截然不同的概念，信息一旦经过了个体头脑的处理就将成为知识（也称为“隐性”知识），这种知识经过清楚地表达并使用文本、计算机输出结果，通过口头、书面文字或其他形式与其他人交流，就又转变成了信息（称为“显性”知识）。然后，信息的接收者通过对信息的认知处理并使其内在化，又

将其转化成隐性知识。这就是所谓的知识的“波粒二相性”。

有学者对知识、信息和数据的层次结构进行了再思考，并提出了相反的层次结构，指出当知识被语法、语义等结构描述后成为信息，信息被详细定义的数据结构规范后成为数据。数据、信息、知识之间的转换过程大致如下：数据→信息→知识→新数据→新信息→新知识。

还有学者认为，知识与人紧密相连，信息经人脑处理的结果并存在于人脑中，就是知识，这种结果脱离人脑后的其他存在形式，就是信息。知识并不是静态的，知识的概念中还包括了互动、交谈以及发明创造等活动。与其他持三层次分类法观点的学者类似，这种观点认为知识包含了人的理解和创新能力，即四层次分类法中的“智慧”的内容。

人类对事物的认识过程是前后联系、连续不断、逐次推进的，是一个从简单到复杂，从显性到隐性的过程。因而，有人认为，数据、信息、知识和智慧之间是一个连续体，它们之间的边界是模糊的、有叠加的，如信息与知识的交接处，知识端包括少量信息的成分，而信息端包括少量知识的成分。这些观点轻视了数据、信息知识与智慧的区别，混淆了数据、信息、知识和智慧的概念与层次，因为数据、信息、知识和智慧之间具有一些类似的属性，就将它们之间画上等号，这样既没有认清数据、信息、知识和智慧的本质，也不利于知识管理系统的建立与运行。

如果仔细分析一下这些概念的性质以及它们的产生过程，就会发现它们之间的非连续性，而正是这种非连续性，使数据、信息、知识和智慧互相之间产生了根本的区别。根据哲学上的定义，感性认识是认识的初级阶段，是人们在实践的基础上，客观事物直接作用于人的感官而产生的一种关于事物现象、事物外部联系、事物各个片面的认识，只能认识事物的现象，不能认识事物的本质。形象性和直接性是感性认识的特点。感性认识有三种形式，即感觉、知觉、表象。相比于感性认识，理性认识是认识的高级阶段，是人们对感性认识的材料进行抽象和概括而产生的一种对事物的本质、事物的全体、事物的内部联系的认识。它以感性认识为基础，能够认识事物的本质。抽象性、间接性是理性认识的特点。理性认识有三种形式，即概念、判断、推理。对照数据、信息、知识和智慧的特性，可以看出，数据是感性认识阶段的产物，而信息、知识和智慧是理性认识阶段的产物。

数据与信息、知识和智慧三者的区别主要在于它是原始的、彼此分散孤立的、未被加工处理过的记录，它不能回答特定的问题。知识与信息的区别主要在于它们回答的是不同层次的问题，信息可以由计算机处理而获取，知识很难由计算机创造出来。智慧与数据、信息、知识的不同主要在于：数据、信息、知识与过去有关，涉及已经有了什么或已知什么；只有智慧与未来有关，借助智慧，人们能创造未来，而不仅仅是抓住现在和过去。智慧是以知识为基础而产生出来的，与数据、信息和知识并不在同一主干上（见图 1-2）。智慧强调的是分析和解决问题的能力，要回答的问题层次更高。

数据、信息、知识和智慧是人类认识客观事物过程中不同阶段的产物。从数据到信息到知识再到智慧，是一个从低级到高级的认识过程，层次越高，外延、深度、含义、概念化和价值不断增加。在数据、信息、知识和智慧中，一方面，低层次是高层次的

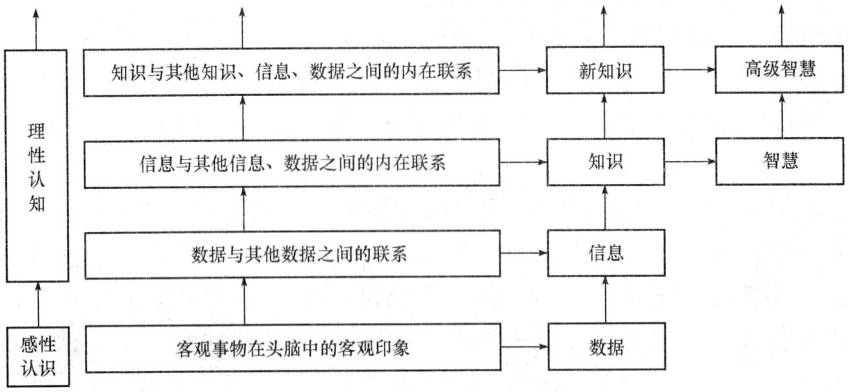

图 1-2　数据、信息、知识和智慧的形成与发展过程

基础和前提，没有低层次就不可能有高层次，数据是信息的源泉，信息是知识的“子集或基石”，知识是智慧的基础和条件。信息是数据与知识的桥梁，知识反映了信息的本质。智慧是知识的应用和生产性使用。例如，在产品质量分析中，有一批夏天加工的零件在冬天与另一种材质的零件装配时外径偏差较大，从中随机抽出 100 个零件进行测量，这 100 个零件外径的数值就是数据。当把这 100 个数据描在坐标轴上，就发现它们普遍偏小，这个规律就是一个信息。另一批冬天加工的零件在夏天装配时外径偏差也较大，从中随机抽出 100 个零件进行测量，将测量出的数据描在坐标轴上，发现外径普遍偏大，这个规律就是另一个信息。将这两个信息联系起来分析，可以得出外径偏差与气温有关，制造该种零件的材料具有热胀冷缩的性质这样一个知识。根据这个知识，应规定该种零件的库存时间不能过长，或者用于不同季节装配的零件，加工时公差要求应该相应调整，这就是智慧的作用。另一方面，高层次对低层次的获取具有一定的影响。例如，对于同一棵大树，具有不同知识背景的人接收到的可能是不同的数据，在木匠的眼中是木材，画家看到的是色彩和色调，植物学家看到的是它的形态特征。

第二节　系统与信息系统

一、系统

1. 系统的定义

系统，人们并不陌生。人们经常说到各种系统，诸如自然界的生物系统，人体的消化系统、呼吸系统、神经系统等自然系统，计算机的操作系统、数据库管理系统，人类社会的行政系统、教育系统，企业利用人、资金、原料、设备等资源，达到盈利目的的管理系统等。

尽管系统一词频繁出现在社会生活和学术领域中，但不同的人在不同的场合往往给它赋予不同含义。长期以来，对系统的概念和特征的描述没有统一规范的定论。有人认为，系统是由相互联系和相互制约的若干组成部分结合而成的，具有特定功能的有机整体。也有人认为，系统是为了实现某种目的，由相互联系和相互制约的若干组成部分按照一定的法则组成的有机整体。

这个定义可以从三个方面理解：

第一，系统是由若干要素（部分）组成的。这些要素可能是一些个体、元件、零件，也可能本身就是一个系统（称为子系统）。例如，鼻、咽、喉、气管、支气管、肺等器官构成人的呼吸系统，而呼吸系统又是人体（系统）的一个子系统。

第二，系统有一定的结构。一个系统是其构成要素的集合，这些要素相互联系、相互制约。系统内部各要素之间具有相对稳定的联系方式、组织秩序及时空关系的内在表现形式。例如，钟表是由齿轮、发条、指针等零部件按一定的方式装配而成的，但齿轮、发条、指针随意放在一起却不能构成钟表；人体由各种器官组成，但各个器官简单拼合在一起不是一个活人。

第三，系统有一定的功能，特别是人工系统总有一定的目的性。功能是指系统与外部环境相互联系和相互作用中表现出来的性质、能力和功效。呼吸系统的功能是进行体内外的气体交换；信息系统的功能是进行信息收集、传递、储存、加工、维护和使用，辅助决策，帮助企业实现目标。

虽然系统的定义形形色色，但都包含了这三个方面的含义。因此，这三点是定义系统的基本出发点。同时通过分析也可以发现，系统一词几乎从不单独使用，而往往与一个修饰词组成复合词，如前面提到的“消化系统”“教育系统”“生物系统”等。前面的修饰词，如“教育”“生物”等，描述了研究对象的物质特征，即“物性”。物性一词，表征所述对象的整体特征，即“系统性”（System Hood）。对某些具体对象的研究，既离不开对其物性的讨论，也离不开对其系统性的阐述。系统科学研究所有实体作为整体对象的特征，如整体与部分、结构与功能、稳定与演化等。

系统一般应该包括五个要素：输入、处理、输出、反馈和控制。

输入：给出处理所需要的条件和内容。

处理：根据条件对输入的内容进行各种加工和转换。

输出：经处理得到的结果。

反馈：将输出的一部分内容返回到输入，供控制使用。

控制：监督和指挥上面四个基本要素的正常工作。从系统工程的角度出发，控制是一个测量实际结果与计划结果的偏差，并采取矫正行动缩小偏差的过程。

同时，任何系统都必须有边界，系统的边界定义了系统本身的范围，而系统的环境是系统边界以外的所有事物。系统与系统环境则构成了全局，即全局是系统与环境的并集。系统边界的确定方法是找出系统的环境和系统的全局。

系统边界有时也称为接口。系统与环境有接口，子系统与子系统之间也有接口。当系统较复杂时，即元素之间的关系难以表达清楚时，就要将系统分解成子系统。常见的子系统分解方法是功能/数据分析法，如企业组织，可以从职能的角度将其分为生产、后勤、财会、市场等子系统。各子系统连接的基本形式有三种：串联、并联和反馈。系统的整体结构就是各个部件与这三种基本连接方式的有机组合。反馈（feedback）将系统的输出返回到系统的输入。作为反馈的超前方法，前馈（feed - forward）则通过预测未来事件，并根据预测结果调整输入。反馈和前馈都是改善系统性能的手段。

2. 系统的分类

系统有各种形态，可以从不同角度将系统分类：

（1）按照其复杂程度，系统可分为简单系统与复杂系统。计算机硬件系统与信息系统相比是简单系统，信息系统包括人、技术、信息、管理文化、资金因素，属于复杂系统。

（2）按照系统的起源，系统可分为自然系统和人工系统。生物系统、生态系统、人体系统等都是自然系统，它们的组成部分都是自然物质，是进化形成的，具有不可还原性。人工系统是建立在自然系统基础上，为了达到人类的目的并通过人的自身能力所建立起来的系统，如生产系统、交通系统、信息系统等。

（3）按系统的抽象程度，系统可分为实体系统、概念系统和逻辑系统。

（4）按其与环境的关系，又可分为开放式系统与封闭式系统。所谓开放式系统，是与环境保持某种关系的系统；而封闭式系统则是与环境无关的系统。系统具有边界，边界划分系统与环境，边界可以帮助人们理解开放系统与封闭系统的区别。封闭系统具有不可贯穿的边界，开放系统的边界具有可渗透性。同时封闭与开放随着时空的变化也是一个动态的概念。

3. 系统的特征

系统具有以下几个特征：

（1）系统的整体性。系统的整体性是指系统是由若干要素组成的具有一定新功能的有机整体，各个要素一旦组成系统整体，就表现出独立要素所不具备的性质和功能，形成新系统的质的规定性，从而表现出整体的性质和功能，不等于各个要素的性质和功能的简单相加。

整体与部分的关系，可以有两种情况：一种是各个部分简单凑合在一起；另一种是各个部分有机地结合在一起，即有一定的结构，各个部分相互联系、相互制约，构成有机整体系统。在后一种情况下，“部分”只有在“整体”中才能体现它的意义，正如黑格尔所说的，一只手如果从身体上割下来，按照名称虽然可以称作手，但按照实质来说，已经不是手了。其次，构成系统的要素所具备的内在根据，只有在运动过程中才得以体现。钟表的各个零部件不仅要按一定的关系有机地组合在一起，上紧发条，而且在按标准钟校准后，它的报时才有意义。整体的有机性，不仅表现为内部要素的联系，也表现为它与外部环境的联系。亚里士多德的名言“整体大于它的部分之和”，精辟地指出了系统整体性的本质，强调整体不是各部分的简单累加。

系统的整体性是由系统的有机关联性来保证的。一方面，系统内部诸要素相互关联、相互作用。系统的部分是构成整体的内部依据，但是部分之间的联系方式也是决定系统整体特性的重要方面。同一组元素处于两种不同的关系中就会表现出不同的特点。例如，石墨和金刚石的成分都是碳，但分子排列方式不同，二者的硬度有很大的差别。另一方面，系统与外部环境有物质、能量、信息的交换，有相应的输入和输出。

这是系统与环境的有机关联，即系统的开放性。系统向环境的开放，是系统向上发展的前提，也是系统稳定存在的条件。因此为了增强系统的整体效应，一方面要提高系统构成部分的素质，另一方面要分析各要素的组合情况，使之保持合理状态，还要分析整体与环境的关联情况。

（2）系统的目的性。目的即预先确定的目标，引导着系统的行为。系统在与环境的相互作用中，在一定的范围内，其发展变化表现出坚持趋向某种预先确定的状态。人工控制系统总是为了实现一定的预期目的。因此，必须依据反馈信息不断调整系统行为，才能实现预期目的。当系统处于所需要的状态时力图保持系统状态的稳定；而当系统不是处于所需状态时，引导系统由现有状态稳定地变到预期状态。

人工系统的目标，实际上是事先确定的人为目标，这种目标常常并不以对象实体来定义，而是以关于对象的条件来定义的。例如，所谓导弹可以自动寻找目标，不是导弹可以认识对象实体，而是它可以根据对象所发出的不同于其背景的某些特定的状态信息，运用人为设计好的并安装于其中的自动反馈机制来调整本身的行为，实现跟踪目标对象的目的。

一个系统的状态不仅可以用其现实状态来表示，还可以用发展终态来表示，或用现实状态与发展终态的差距来表示。因此，人们不仅可以从原因来研究结果，以一定的原因来实现一定的结果，而且可以从结果来研究原因，按照设定的目的来要求一定的原因。系统工程方法的基本思路：以要解决的问题内部矛盾为根据、环境为条件的内外条件交叉作用的结果。

（3）系统的层次性。系统的层次性是指由于组成系统的诸要素的种种差异，使系统组织在地位和作用、结构和功能上表现出等级秩序性，形成具有质的差异的系统等级。

系统是由要素组成的。一方面，这一系统又是上一级系统的子系统，而上一级系统又是更上一级系统的要素；另一方面，这一系统的要素却是由低一层的要素组成的，低一层的要素又是由更低一层的要素组成的，最下层的子系统由组成系统的基本单位的各个部分构成，这样，由好几个层次组成金字塔结构。可见，系统的层次区分是相对的。系统的整体性，是指一定层次中形成一定结构基础上的整体性。系统功能则是指系统与外部环境（它的上层系统）相互联系和相互作用的秩序和能力。伴随着结构的层次化，系统功能对于上层的系统来说，一层一层地具体化。在分析系统的时候，必须注意系统层次性。把握了这一点，可以减少认识事物的简单化和绝对化。既要注意把一个子系统看作上层系统中的一个要素，求得统一的步调，又要注意到它本身又包括复杂的结构。一般来说，高一层结构对低层结构有更大的制约性。低一层的结构是高一层结构的基础，反作用于高一层结构。从层次的观点看，“黑箱”方法是正确认识复杂事物和处理问题的有效方法。“黑箱”方法是指在认识的某一个阶段，把某种认识对象看作一个封闭的箱子，人们只需了解外界对它的输入、输出，而暂时不打开这个箱子了解其内部结构。这种方法引导人们自觉、主动地控制讨论问题的层次和范围，在每个具体时刻，应集中力量于应当注意的层次，暂不顾及下一层的细节，以免分散精力。当这一层的问题弄清楚之后，再根据需要深入到下一层次的某些细节中去。这样，“黑箱”逐步变为“灰箱”，最后变为“白箱”。

（4）系统的动态适应性。系统的动态适应性是指开放系统在系统内外因素的相互作用下，动态组织起来，使系统从无序到有序，从低级有序到高级有序。动态适应性表示系统的运动是自发的，不受特定外来干预而进行的。其动态适应性运动是以内部矛盾为根据、环境为条件的内外条件交叉作用的结果。其中有两点值得注意：第一，只有开放系统才具有动态适应性，系统的动态适应性不是离开环境的独来独往；第二，系统的动态适应性包含系统的自动调整的意思，同时强调动态调整过程也是动态形成一定的组织结构的过程，即系统的动态适应性包括了系统的进化与优化的意思。如金蝶 ERP 系统的动态建模思想，随着企业内外环境因素的变化建立相应的管理与决策模型，以满足企业管理的需要。

由于系统的整体性和层次性，系统的动态适应性也是相对的。整体性很强的系统，整体会强烈地约束低层子系统的行动自由。低层组织受到高层次的系统整体的干预，显得是被特定指令组织起来的。因此，对于一个具体的系统的动态适应性，不能理解为“自以为是”，而是建立在一定整体性和层次性基础之上。

二、信息系统

信息系统是以加工处理信息为主的系统，它由人、硬件、软件和数据资源组成，目的是及时、正确地收集、处理、存储、传输和提供信息，从广义上说，任何进行信息加工处理的系统都可以理解为信息系统，如生命信息系统、企业信息系统、文件信息系统、地理信息系统等。这里讨论的信息系统是狭义的概念，是一种基于计算机、通信技术等现代化信息技术手段且服务于管理领域的信息系统，即计算机信息管理系统。

信息系统的功能是对信息进行采集、处理、存储、管理检索和传输，并且能向有关管理人员提供有用的信息。

（1）信息的采集。这是信息系统其他功能的基础。采集的作用是将分布在不同的信息源的信息收集起来。在原始数据的收集过程中，应当坚持目的性、准确性、适用性、系统性、纪实性和经济性等原则。信息采集一般要经过明确采集目的，形成并且优化采集方案，制订采集计划，采集和分类汇总等环节。

（2）信息的处理。通过各种途径和方法收集的原始数据，须经过综合加工处理，才能成为对企业有用的信息。信息处理一般须鉴别真伪、排错校验、分类整理与加工分析等四个环节。信息处理的方式包括排序、分类、归并、查询、统计、结算、预测、模拟，以及进行各种数学运算。现代化的信息处理系统都是以计算机为基础来完成信息处理工作的，其处理能力越来越强。

（3）信息的传输。从信息采集源采集的数据需要进行处理，经过加工处理后传送到使用者手中，这些都涉及信息的传递等问题。信息通过传输形成信息流。信息流具有双向流特征，也就是信息传输包括正向传递和反馈两个方面。企业信息传输既有不同管理层之间的信息垂直传输，也有同一管理层各部门之间的信息横向传输。为了提高传输速度和效率，企业应当合理设置组织机构，明确规定信息传输的级别、流程、时限，以及接收方和传递方的职责。还应尽量采用先进的工具，如电话、传真、计算机网络通信等，减少人工传递。

（4）信息的存储。数据进入信息系统后，经过加工处理形成对管理有用的信息。由于不同的属性和时效不同，加工处理后的信息，有的立即利用，有的暂时不用；有的只有一次性利用的价值，但大多数信息具有多次、长期利用的价值。因此，必须将这些信息进行存储保管，以便随时调用。当组织相当庞大时，所需存储的信息量也非常大，这时就要依靠先进的信息存储技术。信息的存储包括物理存储和逻辑组织两个方面。物理存储是指将信息存储在适当的介质上；逻辑组织是指按信息的内在联系组织和存储数据，把大量的信息组织成合理的结构。

（5）信息的检索。信息存储的目的是为了信息的再利用。存储于各种介质上的庞大数据要让使用者便于检索，为用户提供方便的查询方式。信息检索和信息存储属于同一问题的两个方面，两者密切相关。迅速准确地检索应以先进科学的存储为前提。为此，必须对信息进行科学的分类与编码，采用先进的存储媒体和检索工具。信息检索是以数据技术和方法为基础的。数据库的处理方式和检索决定着检索速度的快慢，这是数据结构理论研究的内容。

（6）信息的输出。信息管理的目的是按管理职能的要求，保质保量、及时地输出信息。衡量信息管理有效性的关键不在于信息收集、加工、存储、传输等环节，而在于信息输出的时效、精度与数量等能否充分满足管理的要求。信息输出还要根据信息大的特点，选择合适的输出媒体、输出格式、输出方式，以确保信息传递便捷准确、使用方便以及保密需要等。

第三节 管理信息系统

一、管理信息系统概述

1. 简介

管理信息系统是一门正在迅速发展的新兴边缘学科。因此，管理信息系统也是一个不断发展的概念。作为一门新兴的学科，管理信息系统的学科理论基础尚不完善。国内外学者给管理信息系统所下的定义至今尚不统一，但却反映出人们对管理信息系统的认识在不断加强，其定义也同样在逐渐发展和成熟。一般意义上，管理信息系统可以分为广义和狭义两个方面。广义的管理信息系统是从系统论和管理控制论的角度，认为管理信息系统是存在于任何组织内部，为管理决策服务的信息收集、加工、存储、传输、检索和输出系统，即任何组织和单位都存在一个管理信息系统。狭义的管理信息系统是按照系统的思想建立起来的以计算机为工具，为管理决策服务的信息系统。它体现了信息管理系统中的现代管理科学、系统科学、计算机技术以及通信技术，向各级管理者提供经营管理的决策支持，强调了管理信息系统的预测和决策功能，而且是一个综合的人机系统。

管理信息系统既能进行一般的事务处理工作，代替信息管理人员的繁杂劳动，又能为组织决策人员提供辅助决策功能，为管理决策科学化提供应用技术和基本工具。因此，管理信息系统也可以理解为一个以计算机为工具，具有数据处理、预测、控制和辅助决策的信息系统。管理信息系统首先是一个信息系统，应当具备信息系统的基本功能，同时，管理信息系统又具备其特有的预测、计划、控制和决策功能。可以说，管理信息系统体现了管理现代化的标志，即系统的观点、数学的方法和计算机的应用这三要素。

2. 特点

从前面管理信息系统的概念可以看出，管理信息系统一般具有下面5个特点：

（1）面向管理决策。管理信息系统是为管理服务的信息系统，它能根据管理的需要，及时提供所需的信息，为组织各管理层次提供决策支持。

（2）综合性。管理信息系统是一个对组织进行全面管理的综合系统。从开发管理信息系统的角度看，在一个组织内可以根据需要先行开发个别的子系统，然后进行综合，最后达到应用管理信息系统进行综合管理的目标，产生更高层次的管理信息，为管理决策服务。

（3）人机系统。管理信息系统的目标是辅助决策，决策由人来做，所以管理信息系统是一个人机有机结合的系统。在管理信息系统的构成中，各级管理人员既是系统的使用者，又是信息系统的组成部分。因此，在信息系统的开发过程中，需要正确界定人和计算机在系统中的地位和作用，充分发挥人和计算机各自的优势，使系统的总体性能达到最优化。

（4）现代管理方法和管理手段的结合。管理信息系统的应用不仅仅是简单地采用计算机技术提高处理速度，而且在开发过程中融入现代的管理思想和方法，将先进的管理方法和管理手段结合起来，真正实现管理决策支持的作用。

（5）多学科交叉的边缘学科。管理信息系统作为一门新兴的学科，它的基本理论来自计算机科学和技术、应用数学、管理理论、决策理论、运筹学等学科的相关理论。其学科体系处于不断发展和完善的过程中，是一个具有自身特色的边缘学科，同时它也是一个应用领域。

二、大数据与管理信息系统[1]

近年来，信息技术迅猛发展，尤其是以互联网、物联网、信息获取技术、社交网络等为代表的技术发展日新月异，促使手机、便携式计算机、个人计算机等各式各样的信息传感器随处可见，虚拟网络快速发展，现实世界快速虚拟化，数据的来源及其数量正以前所未有的速度增长。预计到2020年，全球数据总量将会超出预期，达到40 ZB（相当于40 000亿GB），若以现有的蓝光光盘为计量标准，那么40 ZB的数据全部存入蓝光光盘，所需要的光盘总重量将达到424艘尼米兹号航母的总重量。

从现在到2020年，基本上每两年数据量就会翻一番。而这些数据约80%是非结构化或半结构化类型的，甚至更有一部分是不断变化的流数据。因此，数据的爆炸性增长态势以及其数据构成特点使得人们进入了“大数据（big data）”时代。

如今，IBM、EMC、Oracle、Intel等跨国IT界巨头纷纷进军大数据行列，发布自己的大数据战略以及产品。大数据不单单是在IT行业引起了大量热烈的关注，各个国家对其也有很高的重视，有些甚至提高到战略发展的高度。从这些大数据的研究与应用可以看到，现今对于大数据的研究主要还处于宏观层面，部分的微观性研究也多是针对技术方面，极少有针对管理方面的研究。另外，大数据与其他相对已经成熟的技术结合的研究也是一块缺失。对于大数据的应用和研究仍处于初级阶段。

1　杨丽彬，李海林，张飞波．大数据环境下的管理信息系统发展研究［J］．大数据，2016，2（1）：87－88.

近些年，由于各种新技术、新理论的不断涌现，管理信息系统也在随之改变。近5年来，射频识别（RFID）技术、地理信息系统（GIS）、面向服务的架构（SOA），尤其是物联网和云计算的运用发展，给管理信息系统带来了新的发展点。管理信息系统与新理论、新技术的结合给管理信息系统的发展带来了新的推动力。例如，物联网与管理信息系统结合应用于逆向物流管理方面，解决了逆向管理信息系统中数据采集更新以及共享的难题；GIS与管理信息系统结合应用于城建部分的配电网建设，能满足配电网“安全、经济、优质”的要求；SOA与管理信息系统结合应用于社区管理信息，使得系统具备了适合基层工作业务流程要求的能力，具有更强大的生命力；云计算与管理信息系统结合应用于高校资源管理，有利于降低教育信息化成本，加强信息的整合与共享；RFID技术与管理信息系统结合用于冷库的仓储管理，能够做到对冷库内货物进行实时跟踪和精确定位，使得冷库的管理走向透明化和自动化。

另外，国家自然科学基金委员会管理科学学部管理科学与工程很早就开始资助管理信息系统的研究。例如，“十五”至“十二五”期间，“信息化条件下的管理模式与方法研究”“信息系统技术对管理模式的影响规律”“电子商务/政务管理的理论与方法”和“智能健康信息服务管理”等分别被纳入优先或重点资助领域和发展方向。管理信息系统经过40多年的发展，已经成了一套相对成熟的集技术、管理思想、系统等于一体的信息管理体系，并且成功地应用于各个领域。无论是在企业、政府、公共服务事业，还是在航空、交通等领域都有不俗的表现。大数据时代的到来给人们的生活带来方方面面影响的同时，也影响着管理信息系统的发展。对此，国家自然科学基金委员会信息科学部在2014年项目申报指南中明确指出，将大数据管理系统评测基准的理论与方法作为大数据技术和应用中十大挑战性科学问题之一，并拟以重点资助。大数据对管理信息系统数据处理过程中的数据采集、清洗、集成、存储、分析以及数据可视化都产生了影响，并对管理信息系统的硬件、软件、人才培养以及管理思想方面都有一定的推动作用，也存在着不少的挑战，例如，人才短缺、数据共享、信息安全等相关问题；反之，管理信息系统的发展也会加快大数据的发展进程。

三、大数据影响信息的处理过程[1]

管理信息系统是一个以人为主导的，综合利用计算机硬件、软件和网络设备进行信息的采集、传递、存储、加工、整理和挖掘工作，以提高组织的经营效率为目标的信息系统。信息的整个加工处理过程是管理信息系统中最重要的一环。大数据的出现使得信息的采集、存储、清洗、集成、数据挖掘等工作内容都发生了不同程度的变化。

1. 数据的采集源与采集技术

大数据拓宽了数据的采集源。传统的数据大多是来自人为主动产生的数据，如QQ、微博、照片等。但是随着电子商务、物联网、互联网、大数据的发展，机器数据日益显现它的价值，这就导致了各种公司及机构开始重视收集机器数据，无论是散落在不同地理位置的传感器收集的数据、移动互联设备中的数据信息（如通过手机或平板电脑获得的个人位置信息）、网络点击数量（如淘宝的客户浏览数据）的数据，还是射频ID数据，都成了新的热

1　杨丽彬，李海林，张飞波．大数据环境下的管理信息系统发展研究［J］．大数据，2016，2（1）：88－91.

门数据来源。其中射频识别数据（RFID data）可以算是大数据发展以来的新宠，将 RFID 嵌入产品，进行实时数据分析，是未来包括物流、交通、零售、动物保护研究等在内的物联时代的智能首选。

数据源的变化也带来了数据采集技术的变化。大数据推动下产生的新的数据采集技术主要体现在以下几个方面。

（1）对于互联网企业，采用分布式架构的系统日志采集方法，满足每秒百兆字节的日志数据采集的要求。如 Facebook 的 Scribe，Scribe 将信息从各个日志源分别收集，然后存储于中央存储系统中，等待集中式的处理分析，以“分布收集、统一处理”的方式来提高数据采集的速度。

（2）对于网络上的数据，采用网络数据采集方法，主要是指垂直搜索引擎和网络爬虫等。由于数据的海量性，通常对于采集后的数据需要进行分拣和二次加工，所以要做到既快速又尽可能准确地把握数据的采集。例如，国内的“火车采集器”就是将垂直搜索引擎、网络雷达、信息追踪与自动分拣和自动索引技术结合起来的应用，达到海量数据采集与后期处理相结合的目的，以此应对数据的海量性。

（3）对于网络流量，可以采用深度数据包检测（DPI）、深度流检测（DFI）宽带管理技术。深度数据包检测（Deep Packet Inspection，DPI），又称完全数据包探测（Complete Packet Inspection）或信息萃取（Information Extraction，IE），是一种计算机网络数据包过滤技术，用来检查通过检测点的数据包的数据部分（也可能包含其标头），以搜索不匹配规范的协议、病毒、垃圾邮件、入侵，或以预定的准则来决定数据包是否可通过或需要被路由至其他不同目的地，抑或是为了收集统计数据的目的。深度/动态流检测（Deep/Dynamic Flow Inspection，DFI）与深度数据包检测进行应用层的载荷匹配不同，采用的是一种基于流量行为的应用识别技术，即不同的应用类型体现在会话连接或数据流上的状态各有不同。现在也有学者提出将 DPI 和 DFI 技术相结合的联合检测方法，使得其具备检错和纠错的能力，提高网络流量检测的准确性。

（4）对于保密性要求较高的企业经营数据和科学研究数据，采用系统接口方式以确保数据的安全。

2. 数据集成与清洗技术

数据集成是用各种手段和工具，在已有的数据基础上按照一定逻辑关系对数据进行统一的规划和组织，以实现数据资源共享的目标。数据集成主要是将异构性的数据进行处理，以便在数据挖掘阶段能够进行统一的操作。对于大数据时代数据以非结构化、半结构化数据占主要部分的情况，数据快速、有效、实时、动态地集成成为一个重要研究方向。因此，分布式的协作策略、动态式的实时集成成为最新的信息技术方面的研究热点。

大数据时代用于企业数据挖掘的数据增多，而数据质量参差不齐，往往存在数据冗余、不完整、稀疏甚至错误的现象。在数据挖掘分析前，先进行预处理，可以减少数据的错误率，这是保证数据挖掘成果高准确性和高效率的有效且必要的方法。而数据清洗就是这样一个减少错误和不一致性的过程。面对海量的数据，盲目收集所有数据显然是一个很大的负担，所以数据清理的研究趋势是能够从最小的数据资源里获取最准确、最正确的知识。

3. 数据存储的发展

大数据时代，传统的数据存储系统遇到了瓶颈，已经不能满足数据指数型暴增所带来的海量存储的需求。数据存储正朝着横向和纵向无限扩容的方向前进，即对存储系统能力的提升和存储量的扩容，使得存储系统能够满足大数据“类型”的需求和“量”的需求。另外，为了提高系统的扩展性，降低系统维护复杂度，提出了以对象作为基础的存储形式。在这样的发展和需求背景下，云存储成了首选。云存储就是通过应用软件将网络中大量存在的各种不同类型的存储设备集合起来，协调各设备的工作来满足大数据对于数据存储的要求。

云存储主要可以分为两类，一类是生活中常会用到的一些个人的云存储应用，如最初的酷盘，后来的360 云盘、百度云等，主打个人资料的上传与共享。另一类是企业级的云存储应用，如 EMC 推出 EMCATMOS 云存储，主打大规模非结构化数据的存储、归档和访问，以面向云的设计，确保企业和服务提供商在保持庞大规模数据的同时高效运行；IBM 推出的 IBM Smart Cloud Virtual Storage Center，是一种存储虚拟化平台，有助于快速迁移到基于云且面向服务的敏捷存储环境，支持数据的大规模增长，降低复杂性。

4. 数据挖掘与分析

数据分析是管理信息最重要的一环，也是创造价值的一环。新类型的数据不断涌现，如实时数据、动态数据、时空数据、Web 数据，这些都是值得关注的数据。对应这些不同类型的数据，出现了不同的数据分析方法。具体来说，分为以下几种类型。

（1）实时数据，作为一种动态的数据流，如微博、微信等，是大数据发展以来数据分析非常重要的一个方面。主要采用的是动态的数据流处理方式。

（2）动态数据，主要通过时间序列从时间维度来分析，发现相关的变化规律。零售、电信、金融行业对此都已经有了广泛应用，如零售行业通过分析历史数据在时间维度上的规律来发现企业潜在的商机，并预测未来客户群体以及客户的潜在需要，有针对性地制订营销策略和采购计划。

（3）时空数据由于各种移动传感器、定位系统的应用而变成了热点。经过几年的发展，在时空挖掘领域已经出现了许多有价值的工作，如时空模式发现、时空异常检测、时空预测和分类、时空聚类以及时空推理与数据挖掘相结合。

（4）Web 数据，大数据时代对于互联网的重视尤为突出，因此大数据的数据量以及其重要程度使得 Web 数据研究技术进一步发展。这个发展就是基于云计算的 Web 数据挖掘，同时也为 Web 数据挖掘成功找到了适应当前网络需求的可行方案。这个需求指的是对于当前互联网海量数据的地理分布、异构、动态以及高复杂性这些特性的应用需求。

大数据对于数据分析方面的影响不单是在分析数据类型的变化及相对应的数据挖掘方法的变化上，还给分析处理带来新的要求——实时分析。从现有的技术和模式来看，主要是从流处理、批处理以及两者相结合的方面入手。数据的价值会随着时间的流逝而减少，基于此，流处理将数据当作流，将连续不断的数据当成数据流，获得实时近似的结果。MapReduce 模型是批处理最具代表性的模型，通过廉价的服务器集群实现大数据的并行处理，将问题分开处理，以此避免因大规模数据传输造成的通信负担。两者的结合是近些年来的又一热点，可以相互取长补短，使得数据分析能够更加实时化。

大数据时代的数据分析应用于方方面面，每个人的生活中或多或少都在应用着分析的成果，从试验性接触到熟练掌握，人们渐渐发现数据分析带来的好处，对其需求也渐渐扩大。作为卖家，需要从各种营业数据里分析自己销售商品的未来走向，找出什么是卖点；作为买家，需要对各种产品的参数进行深度比较分析，获得最优于自己的购买方案。因此，数据分析已经不是大企业的专利，应开始渐渐地走向平民化。对于这点，IT 巨头微软公司已经有了准确的认识。2013 年 10 月，微软全球高级副总裁、大中华区董事长兼首席执行官贺乐斌在“大数据媒体日”发布大数据愿景：推动数据分析平民化，希望基于标准化的产品，使所有人都能够在任何时间、任何地点利用数据，并更好地做出决策。

5. 辅助决策

在大数据背景下，人类的决策方式将不可避免地发生改变。大数据将把数学算法运用到海量数据上，通过让数据做主的方式进行科学决策，以此来修正人类的偏见和直觉。将信息系统和辅助决策进行有效的结合是大数据时代的必然结果，而这将为辅助决策带来新的变革。特别地，由于信息之间的联系越来越紧密，孤立地看待问题必将被时代淘汰，单项决策支持的辅助决策在大数据时代能发挥的作用已经越来越小，综合、全面地看待问题，是大数据对决策者提出的新要求，也是决策支持在大数据时代的发展。信息系统的接入在消除信息孤岛的同时，也使得辅助决策实现了从单项决策支持向企业级决策支持的转变。

传统的辅助决策系统往往不能实现信息检索，而是主要进行智能决策。在大数据时代下，决策者将面对海量决策信息，信息检索的实现是帮助决策者进行信息分析与筛选的重要环节。信息系统现有的检索功能对这一环节的实现起着至关重要的作用，如何将信息系统的检索功能高效地运用到辅助决策中，是未来的系统开发者面临的挑战。

大数据时代的到来使得各行各业都不可避免地受到了冲击与改变，决策者在面临大量信息的同时也对辅助决策系统提出了更高的要求。信息系统对辅助决策的改变提高了辅助决策系统对海量数据的分析与处理能力，实现了从单一决策的制定到综合决策支持的改变，同时如何高效地兼并信息系统与辅助决策系统是每个从业人员面临的共同挑战，需要进一步研究。

6. 数据可视化

数据展示是数据分析后将结果传递给人的一个过程，大数据分析得到的结果之间的关联关系更加复杂，传统的展示方式已经不能满足要求。大数据带来了更为直观、互动的方式，以便人们更好地理解。可视化技术的引入就是其中重要的一项。

可视化技术是将数据转化为图形，以此来给予人们深刻而意想不到的洞察力。可视化技术是能够放大人们感知的数据的图形表达方式，聚焦于关键的信息特征，以压缩信息的方式使得复杂信息能够快速被人们理解。同时，从数据到图像的转变也能从中发现单纯数据处理时不易发现的信息。信息设计师 David McCandless 在 TED 上说道：“通过可视化，可以把信息变成一道可用眼睛来探索的风景线，一种信息地图。当你迷失在信息中时，信息地图非常实用。”

四、大数据对管理信息系统基本构成的推动性[1]

管理信息系统的主要功能包括：给企业提供能反映实际情况的信息来支持企业决策；辅助管理者监督控制来有效利用资源；用过去的信息预测未来和为不同管理层提供不同的报告来控制企业行为。管理信息系统是由硬件、软件和人构成的，它的应用也代表了一种企业管

1 杨丽彬，李海林，张飞波．大数据环境下的管理信息系统发展研究［J］．大数据，2016，2（1）：91－94.

理思想。所以，管理信息系统是硬件、软件、人以及管理思想的有机结合体，而大数据对管理信息系统的以下几个方面产生了影响。

1. 大数据推动管理信息系统的硬件发展

管理信息系统的硬件主要包括计算机硬件和网络管道两方面。大数据的海量数据特性首先冲击的是计算机硬盘的存储容量，而其庞大的数据量所需的计算次数又给计算性能带来了新要求，另外，半结构化与非结构化的数据占多数的特性也要求数据处理方式的转变。

CPU 的架构已经从单核转向多核，现今的发展主要通过软件架构来完美组合多核 CPU，使得能够更好地利用多核 CPU 的并发机制来展示价值。对于硬盘存储，磁性介质硬盘（HDD）因其读写速率的限制，不能很好地适应大数据的要求，进而出现了基于闪存的固态硬盘（SSD）。固态硬盘有许多独特的优点，比如它的抗震性、低耗性、小体积，尤其是良好的读写性能，能为管理信息系统提供优良的存储性能。

对于内存部分，典型代表 PCM－SCM 的出现，使得内存同时具备了处理速度快和不容易丢失内存与磁盘的两方面优点。IDC 曾预测“大数据会显著推动基础架构横向扩展”。显然，硬件企业已经认识到这一点，并开始积极地靠近。以 Intel 公司为例，Intel 公司为实现容忍网络隔离而推出具有良好横向可扩展性的 x86 架构，另外，在存储领域里也推出了基于开放架构的云计算体系。Intel 公司的至强处理器强劲的计算能力，加上数据直接 I/O 技术（DDIO）性能和 SATA 接口的固态硬盘（SSD）可以提高原始存储的读写率，更好地适应并满足大数据的存储、处理速度要求。另外，大数据的发展和市场需要，势必引起大数据一体机研发热潮，使得大数据存储、处理、软硬一体化得到充分利用，进而更好地为大数据研究和发展提供硬件平台支持，这在一定程度上解决了原有架构的扩展瓶颈，进一步推动了大数据向产业化发展，并使得大数据技术在相关行业中得到充分应用。

管理信息系统的硬件还有一个重要的方面就是网络管道。大数据对于数据传输速度更快、数据量更大的要求，促使管道技术向宽带化演进。另外，在管道架构方面，为了实现系统时延性的降低，网络管道趋于扁平化。软件定义网络和多管道组合技术也将使管道技术走向虚拟化与智能化。

2. 大数据推动管理信息系统的软件发展

管理信息系统的软件方面主要包括操作系统、数据处理系统、数据库系统、应用软件等，可以从文件系统、数据处理系统、数据库系统这几方面看到大数据影响下的管理信息系统的软件发展。

文件系统是一种存储和组织计算机数据的方法，是操作系统用于明确磁盘或分区上文件的方法和数据结构，使访问与查找更加明确与便利。现如今的文件系统基本都已经采用分布式文件系统，经过这几十年的发展，该系统技术已经趋于成熟。在大数据的冲击下，分布式文件系统应大容量、高性能、高可用等要求出现了 Hadoop 分布式文件系统（HDFS），它的优点是高度容错性和高吞吐率，并且可运行在通用硬件上。另外，一个比较热门的分布式文件系统是 QFS（Quantcast File System），这是一个开源的文件系统。与 HDFS 相比，它的性能更加优异，从容量来看，QFS 可以节省 50% 的磁盘空间；从吞吐率来看，QFS 的读写速度是 HDFS 的 2 倍；另外，QFS 更容易与系统软件兼容，实现命令式的终端。

数据处理系统模式主要就是批处理与流处理两种。而现代数据处理最重要的就是数据处理的实时快速，也就是数据实时处理。对此，出现了内存计算，希望以此达到实时处理或是近似于实时处理的效果。内存计算的意思就是在服务器的内存里处理超大量的实时数据，从而达到在分析和交易中提供即时结果的效果。另外，大数据时代下的数据挖掘算法研究成为管理信息系统决策支持的研究重点。深度学习是大数据时代又一重要的人工智能方法，是一种深度神经网络的机器学习模型，其成了现代人工智能研究的发展方向。然而，大数据背景下的深度学习具有模型庞大、计算量大、耗时长等特点，使得分布式管理系统通常需要并行计算来加速数据的处理与分析。

大数据的数据规模性、低密度价值性、类型多样性等特性及数据在不同领域应用的时间、处理方式的差异，推动了数据库系统的前进。如今，NoSQL 和 NewSQL 数据库阵营迅速崛起。NoSQL 就是“not only SQL”，是对关系型数据库的一种补充，即非关系型数据库。首要解决的问题就是如何对大数据进行有效处理。NoSQL 普遍采用简单的数据模型，通过元数据和应用数据分离技术以及弱一致性技术来处理大量数据，实现较高的吞吐率，并可以应用于便宜的 PC 服务集群上，实现可扩展性。NewSQL 是支持关系型数据库的，同时以 SQL 作为其主要的接口，但是内部结构产生了较大变化：它丢弃了原有的单线程服务的锁制和昂贵的恢复机制，采用冗余机器来实现复制和恢复故障。如今的数据库系统已经在这两个概念领域里呈现出百花齐放的景象。

3. 大数据推动新体系架构的研发

信息系统体系结构是对信息系统各构成要素及其关系的描述，信息系统体系结构包括信息系统的概念、信息系统的基础设施架构、信息系统的信息资源结构和信息系统的软件架构等。基于云计算的军事信息系统架构以云计算资源管理“虚拟化”分布式数据管理和分布式数据处理等作为基础支撑技术，对已有军事综合电子信息系统体系架构进行改造，能够满足信息系统的高可靠性和高可扩展性要求，该体系结构为了对数据进行高效的利用，发生了以下改变：采用分布式数据处理技术，大幅提高了大规模数据访问和情报处理容量，提高了系统处理的实时性、可靠性；采用虚拟数据存储的方式，提高系统访问数据实时性和可靠性，降低系统反应时间，提高作战效能。

除了以上几个适应于大数据的信息系统体系结构框架之外，国内外还有很多学者和组织都在这方面做了许多有益的尝试，使得信息体系结构具有更好的数据处理与分析性能。在当今社会，数据就是新能源，高效地利用数据已经成了企业乃至国家的重点研究课题，研发具有更高大数据适应性的信息系统架构具有很高的社会及现实意义。

4. 大数据推动数据收集分析的人才发展

由于现今用于各种大数据分析的策略性产品还没有完全成熟，不能单靠一家大数据服务供应商解决所有问题。如果一家企业外购这类产品，要做的并不只是简单的购买、安装、运行，更重要的是要有优秀的系统管理员来维持这样的应用过程，这样才能使系统发挥应有的效能。只有充分地了解建立这些环境的实现方法，才能应用科学系统为企业服务。管理信息系统的一个重要部分是数据挖掘，而在大数据时代这点尤为突出，即怎样利用现有的系统从众多类型各异的数据中找出真正的价值。而采集数据和清洗数据作为数据分析的前提也显得尤为重要。

大数据时代的管理信息人才要掌握整个系统运行的知识、大数据应用的基本原理以及管理信息系统的整个管理思想和运作模式。除此之外，还要掌握的就是数据挖掘的能力，要有掌握机器学习、认识图谱的应用能力，能够熟练应用各种数据挖掘模型以及统计学的专业技能等。总而言之，管理信息人才要利用现有的大数据产品，做好信息管理工作，从海量的大数据中发掘有用信息。

企业里面大多数人都是管理信息系统的使用者，但基本都缺乏上述能力，所以大数据时代的企业具备专业的技术和管理人员更加重要。大数据推动了专业数据方面的技术和管理人才的发展。

5. 大数据推动企业管理思想转变

就管理信息系统本身而言，它通过信息收集、存储、传输、加工和输出等实现辅助企业事务处理和管理职能以达到管理的目的。所以，以往一般企业的决策只是将管理信息系统作为一个辅助参考，并不以数据挖掘的结果作为真正的决策，而主要采用以目标驱动决策的方法进行决策。但是大数据给决策带来了新的思潮——数据驱动决策。根据美国麻省理工学院的一个团队对北美 330 家企业调查走访的结果可知，把自身企业定义为数据驱动的企业，能更好地完成既定的财务和运营目标，尤其是处在行业排名前 1/3 的企业。数据驱动企业平均比非数据驱动企业的生产力高出 5%，利润高出 6%。可见，数据驱动能给企业发展带来推动作用。

数据驱动决策并不是说管理者可以完全依赖数据，管理者要做一个提问的专家，要清楚地理清企业脉络并具有长远发展眼光，能够总体控制方向，然后由数据来告知答案。例如，零售商的管理者会提出：谁是优质客户；什么样的广告可以刺激购买等。当然也有些问题不是数据可以回答的，例如，企业在竞争对手中的地位。总而言之，一些由数据可以回答的问题在渐渐地表达数据本身的意见，最终实现数据驱动决策。

有学者提出，将传统的“目标驱动策略”与“数据驱动策略”结合起来，形成双向决策模型，从而构建了“评估与预测”和“监测与预警”的技术创新管理模型。

这是管理决策思想的另一个创新，新与旧的结合使企业能更好地从传统“目标驱动决策”逐渐转向“数据驱动决策”，让企业管理者逐渐相信数据说的“话”。

五、大数据对管理信息系统的负面影响与应对措施[1]

大数据在给管理信息系统带来推动作用的同时也带来了许多问题，最突出的问题有以下几个方面。

1. 数据安全问题与相应的措施

数据安全问题作为大数据冲击下的产物，对于管理信息系统尤为重要。由于信息管理系统里的数据都是企业的重要资产，尤其是一些核心信息，一旦泄露就会给企业带来巨大的经济损失。然而，很多管理信息系统都涉及跨部门设计，甚至有可能链接外部数据或使用云端，导致数据存在着安全隐患。

面对这样一个挑战，可以从两方面着手：一方面是从技术角度，完善管理信息系统；另

1　杨丽彬，李海林，张飞波．大数据环境下的管理信息系统发展研究［J］．大数据，2016，2（1）：94－96.

一方面是从管理角度，建立完备的管理制度。

（1）从技术上保障数据安全，可以从以下3个方面入手。

①建立完善的外部环境，加固受攻击面。大数据时代的管理信息系统的外部环境往往依赖于网络，数据存储一般都放在云端。操作系统漏洞或网络环境问题有可能威胁整个系统。如亚马逊EC2业务在2008年2月15日的云计算宿主离线导致的事件：大规模的服务中止，并抹去了一些客户的应用数据。所以要加强操作系统和网络环境的安全保障，对此，可以从网络资源分配、防火墙建设、入侵检测技术以及及时打补丁与杀毒来实现。如惠普用Fortify进行代码扫描来保证代码的无安全漏洞性；整合应用生命周期，将传统惠普服务器、惠普云、数据中心解决方案及防病毒、防火墙产品整合，实现加固受攻击面的效果。

②对于系统内部要严格做好安全措施，加强风险管理。云安全技术是这一方面比较先进的技术。云安全也是基于“云”的创新，主要是通过网状的客户端对网络中的各种软件进行检测来发现其中的异常，最终达到将各种病毒和木马的解决方案与各个客户端共享的目的。它融合了网络计算、并行处理以及未知病毒的判断等诸多新兴的技术和概念。为了避免一旦出现安全问题，系统无法恢复数据的问题，要及时、有效地做好数据的备份。另外，要建立完善的数据库访问机制，避免关键数据的不必要外泄。

③要主动防护信息，变被动为主动，从企业安全环境的评估、转型、优化以及管理入手，全面做到智能防护。如惠普推出的惠普数据中心安全防护服务——HP ArcSight ESM 6.0c和惠普Tipping Point新一代入侵防御系统等产品和解决方案，都是以智能主动防护为目标的。

（2）从管理上保障数据安全，可以从以下4个方面入手。

①完善数据资源保障制度。根据现有的国家信息安全标准来建立企业的安全保障制度，这个安全保障制度包括数据资源安全的评估流程和评估标准，针对日常安全维护工作的维护机制以及应对突发情况的快速响应机制。

②完善数据资源共享安全制度。根据企业数据资源的机密程度划分不同的等级，依据划分的等级来设置企业数据资源的访问权限，以此建立相应的访问制度。存储在云端的数据，按照数据级别分区域存储。

③完善机密数据资源保护制度。设置企业信息机密区，减少人员的接触，并制定机密数据接触使用的相关规定；对于可接触人员签订相应的保密协议，防止泄密事件发生；对于技术上的存储安全措施（防火墙的设置）设定相应的制度，从制度上要求执行。

④完善数据资源审计制度。建立定期对系统进行检测与安全评估的制度，从制度上落实数据资源的审计工作；对于存储于云端的数据，引入第三方信息安全审计机制，完成云端存储的风险评估工作。

2. 专业的技术和管理型人才缺失与相应的措施

现今，大数据的人才处于紧缺状况。据麦肯锡全球研究院（McKinsey Global Institute）研究预测：在未来几年，仅在美国本土就可能有将近14万~19万的具备深入分析数据能力人才的缺口出现，至于能够通过分析大数据来为企业做出有效决策的数据管理人员和分析师的缺口将达到近150万人。面对这样的现状，企业可以选择不同的应对措施。

（1）企业外包。普通的金融、能源公司可以选择外包的形式，选择相对成熟的大数据服务厂商。

（2）内部培训。对于企业内部的数据管理人员与分析师，企业可以采取技术培训的方法。

（3）与高校人才合作。网络公司需要从根本上采取措施，不单单是员工的技术培训，可以从人才引进方面着手，与高校合作，培育企业所需要的人才。例如，IBM 公司的“全球千所高校合作学术计划”，学生可以在学校通过专业课程的培训获得最基础的专业知识，包括市场营销、数学、统计学等；而同时通过 IBM 公司，学生可以获得大数据分析软件、课程教材、研究案例等，通过 IBM 公司的数据专家针对性的专业讲座来提高专业水平。这项计划旨在培养学生的大数据和分析学方面的能力，使之能胜任大数据的相关工作。

3. 其他问题

除了上述数据安全问题和人才紧缺问题之外，大数据的发展还引出了许多其他方面的问题。在数据处理方面，虽然已经有了新的技术突破，但是大数据应用的问题并没有完全解决。例如，怎样有效而快速地做好大量数据的清洗工作；怎样掌握“量”与“质”的平衡（若是清洗过程中粒度太粗，就可能无法达到清洗的预期效果；若是清洗过程中粒度太细，就可能将有用的信息过滤掉）；实时处理方法虽然效果不错，但是该方法对应用的数据类型有一定的限制，如何将这些数据处理方法有效结合，创造出一个通用型的实时处理方式来打破这个瓶颈；数据中心的大部分电能用来维持服务器闲置时的供电，如何解决这方面的能耗问题；硬件方面，新旧硬件的交替期可能出现的木桶效应和不匹配问题。这些问题都有待解决。2013 年 6 月，美国爆发的“棱镜事件”带来的是隐私方面的不安全感。信息公开共享与隐私的矛盾问题也摆在了眼前。

大数据确实给人们的生活带来了方方面面的影响，也影响着现代管理信息系统的发展，同时，大数据新兴概念、技术和方法给管理信息系统的创新和应用增添了新的视角，对管理信息系统的数据处理流程和相关基本构成都产生了积极的推动性作用。如今，对于大数据的研究和应用尚处于初级阶段，管理信息系统研究者应该紧跟历史潮流，抓住机遇，做好一切准备，实现现代管理信息系统处理大数据的能力，使其能更好地为高校、企业和政府提供决策性支持，进而增加它们的创造力和竞争力。然而，对于大数据带来的人才转型、数据安全、新旧软硬件技术的磨合以及能源等方面的问题，管理信息系统开发者都应该重点关注，这也是管理信息系统发展中的重要研究方向。

第四节　知识管理

一、知识管理的起源[1]

1. 知识管理的理论来源

知识管理的发展与另一个概念——智力资本密切相关。加尔布雷斯 1969 年提出智力资

1　周竺，孙爱英．知识管理研究综述［J］．中南财经政法大学学报，2005（6）：27－29.

本不仅是纯知识形态的知识，还包括智力活动，即智力资本不仅是静态资本，还是有效利用知识的过程，是实现目标的手段。知识管理与智力资本的区分经常是模糊的，难以区分的。知识管理被认为是智力资本的一个内在部分，知识管理是关于公司控制的智力资本的管理，Roos 等认为智力资本的研究有两条路线：战略和测度。智力资本战略研究的重点就是知识的创造和使用以及知识与价值创造之间的关系；智力资本测度研究则侧重于无形资产的价值度量，这两部分的构成如图 1-3 所示。

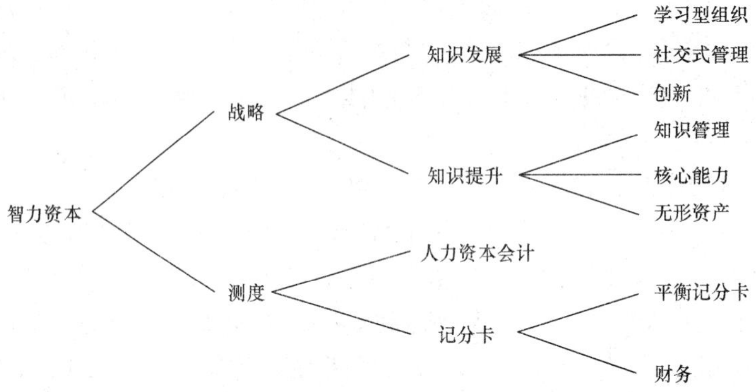

图 1-3　智力资本

Brooking 也指出知识管理与智力资本管理的战略和战术有关系；知识管理可以看作是对智力资本的提升。这些研究暗示知识管理的核心领域就是智力资本和对智力资本的管理。知识管理的发展是战略理论中的企业知识基础论的产物。企业资源基础论认为企业的竞争力建立在企业拥有的特殊资源、资产和技巧的基础上，对这些资源的最大化利用能够带来竞争优势。在企业的众多资源中，知识被认为是能够提供可持续竞争优势的唯一资源，企业应该首先关注知识及由知识发展而来的能力。企业被认为是一个整合知识的机构，获取和创造知识不是企业的任务，而是个体的作用。知识存在于个人，企业只需要通过对专业化知识生产者的协调和合作机制的结构性安排来整合这些个体拥有的知识。对知识管理的研究有很大一部分来自认识论和社会学理论。这部分研究强调知识的社会化结构，反对把知识等同于智力资本或者看作一种可管理的资产，认为知识的结构才是知识管理研究的核心内容，知识与人的认知相联系，知识被创造、使用和扩散的方式都与社会环境不可分割，所以知识管理必须考虑人类因素和社会因素。这部分研究采用心理实验的方法，研究人的智力活动过程与人学习知识的联系，认为知识不是完全客观的，每个人对知识的实际认知都不一样，而且人受外界环境的影响比他自己感受的程度要深，这对知识管理会有影响。

2. 知识管理产生的实践背景

知识管理不仅受到理论界的重视，企业同样对知识管理投入了热情。对企业而言，知识管理不只是一个热门话题，而是来自实际的需要，有需求拉动与技术推动两方面原因。首先，知识管理从某种程度上说并不是新事物，人类一直在用隐性的方式管理知识，对知识进行显性地、系统地管理是经济、文化和工业发展的自然结果。企业既要满足顾客对产品和服务的复杂要求，又要面临全球化的竞争，二者结合产生了企业对知识管理的需要。其次，知识管理的出现与经济环境中的两个变化相关：减员和技术发展。从 20 世纪 80 年代开始，由于竞争的加剧，减员成为企业增加利润的一种普遍性策略，但是这种减员策略导致了重要知识的丧失，企业开始采取“知识管理”战略，试图存储和保持符合企业未来利益的员工知识。企业试图利用技术和系统来攫取存在于员工头脑中的知识，以便让这些知识能在组织内共享。当知识被存储，它就成了能够提供竞争优势的可重复利用资源。技术的发展既为企业进行知识管理提供了支持，又进一步强化了知识管理的必要。互联网技术的发展改变了人和组织的生存方式，被大量的信息包围反而容易错过有用的信息，知识管理试图应对信息的爆炸，但是技术的发展也使得信息的分享更为便利，它可以为企业有效利用知识提供工具，可以说知识管理是从信息管理中发展而来。

二、从信息管理到知识管理[1]

传统意义上的企业管理注重于企业内部各类物质资源的配置和优化。随着全球信息化环境的形成和发展，知识和信息已成为企业生存和发展的关键要素。企业必须致力于信息资源的开发和管理，利用计算机技术将企业信息流、物流、资金流等各要素进行科学合理的配置，并且将员工的隐性知识转化为显性知识，进行知识管理，才能找到企业可持续发展的原动力。

1. 信息管理与知识管理的内涵与联系

信息管理是为解决社会信息现象的复杂多样性，是基于社会信息的无序性与人类需求的特定性之间的矛盾而产生的。而知识管理是基于知识与信息在当今社会经济发展中的特殊重要地位而提出来的。二者在内涵上既有区别，但是也有一定的相关性。知识管理的出现可归结为以下几个原因：

（1）知识成为社会经济发展的重要资本和动力，这是促使知识管理产生的外部因素。

（2）经济的全球一体化是知识管理出现的直接动因。

（3）信息技术的发展为知识管理提供了物质技术保障。

数据、信息和知识是知识管理的基本元素。数据是可以记录、通信和能识别的符号，信息是经过某种加工处理后的数据，是反映客观事物规律的一些数据。知识是框架性的经验、价值、前后相关的信息和专家见解的流动性的混合体。信息是加工后的数据；知识是对信息的使用，是人们处理过的信息，是将信息转化为行为的决策资源。信息和知识都只有通过共享才能最大地显示其价值。现代意义上的知识管理是建立在以当代信息技术为基础的信息化的基础之上的，如果没有信息化，知识管理就只能是一个概念。

20 世纪 80 年代中期 Peter Drunker 首次使用了“知识管理”（Knowledge Management，KM）一词。知识管理首先是对信息的管理，是信息管理的深化与发展，它充分利用信息技术，对知识在信息系统中加以识别、处理和传播，并有效地提供给用户使用；其次是对人的管理，认为知识作为认知的过程存在于信息的使用者身上，知识不只来自编码化信息，而且很重要的一部分存在于人脑之中。

知识管理的重要任务在于发掘这部分非编码化的知识，通过促进知识的编码化和加强人际交流的互动，使非编码化的个人知识得以充分共享，从而提高组织竞争力。

1　王广平．从信息管理到知识管理的途径与方法［J］．工业技术经济，2009（5）：11－15.

2. 知识管理与信息管理的相互关系

虽然知识管理与信息管理有着明显的区别，但就二者管理的内容而言还存在着密切的联系，这些联系中最基础的是知识与信息之间的联系。

信息管理是为了满足特定的信息需求，并最终通过提供信息而实现个人、组织乃至社会的生存和发展；而知识管理，最终就是要形成一种“自足”的创新机制，依靠内部的不断创新去适应环境，而使主体得以生存和发展。尽管二者侧重的问题不同，但所产生的作用却基本一致。

信息管理的一切研究都是以信息为基元拓展到各个方面而形成的。信息技术既为信息管理提供了新的解决方案和思路，也是知识创新过程中对信息加工处理的重要工具。因此，信息管理与知识管理对信息及信息技术的重视程度是相同的。

知识管理需要以信息管理为基础，并对信息管理提出了更高的要求，做好信息管理是实现知识管理的基础。同时知识与信息的关系、知识管理中的信息保障等都为信息管理提出了新的研究课题，而知识管理研究的进步又必然会带动信息管理研究；信息管理研究理论和实践中的重大突破也必然为知识管理的研究提供新思路、新方法，因而二者是相互促进，共同发展的。

3. 企业信息管理向知识管理延伸

信息管理对加强企业管理起到了很好的作用，但未能很好地处理企业所需要的决策知识问题和知识管理的事情。而知识管理是一种更高层次的管理，是对信息管理的拓展和深化，因而信息管理有待于向知识管理延伸。

（1）基于信息化的知识管理的重要作用。企业信息化是知识管理的基础和必要前提，而显性知识和隐性知识大多数来自对信息的获取和加工；只有信息化，才能使知识管理更加有效。因此，信息化成为经济发展、社会进步和企业发展的主要推动力量。

①提高劳动生产率不再取决于简单增加资本和劳动力的量的投入，而越来越依靠以高科技为基础的知识信息在生产中的运用，生产组织和管理模式的变化很大程度上依赖于信息化工具的应用。

②随着现代经济全球化，跨国投资、生产、营销、劳动和技术交流已成为趋势，知识信息的创造、加工、处理、传播与应用将成为经济增长最重要的源泉。

③企业信息化为企业增加收益，降低成本，提高产品和服务质量，提高企业的竞争能力，获得更多的市场机会，改善企业文化等方面可以做出重要贡献。通过企业信息共享和知识管理，使得业绩的考核有据可依，会计信息及时对内外披露，为企业领导者提供更多决策信息。以知识管理为核心的企业信息管理和制定发展战略，已成为提高企业竞争力的一个重点。

（2）信息管理向知识管理延伸的必要性。由于信息是知识的原料，知识是信息深加工的产物。因此，与信息管理相比，知识管理是一种更高层次的管理。知识管理在管理对象、管理方式和技术以及管理目的等方面对信息管理予以拓展和深化，信息管理有待于向知识管理延伸。

知识管理的对象既包括编码化的信息，还包括对非编码化信息的载体——人的管理，通过建立良好的组织方式用以促进知识的传播。在信息向知识演进的处理、知识的存储和传播上，知识管理利用数据库和人工智能技术获取信息中隐含的知识，将信息技术的使用进一步深化，以保证知识的充分共享。知识管理要求把信息与信息、信息与活动、信息与人结合起来，在系统化的空间中发现信息与环境的普遍联系，以有利于知识的发掘、传播和利用。知识管理重点在于提供直观的、可操作性强的系统化知识，在信息管理的基础上，通过知识挖掘和知识重组，实现知识共享和知识创新，提高组织的创新能力、反应能力及技术技能。

（3）企业隐性知识挖掘和管理的趋势。从知识管理的角度来看，知识作为信息时代最具战略意义的资源，至少可被具体化为两种性质的知识：显性知识和隐性知识。显性知识常指那些可以系统归纳、准确表述、易于交换，即可格式化、规范化、系统化传播的客观知识。显性知识可以被方便存储于各种媒体中。因此，这类知识可游离于个体之外而独立存在。而隐性知识则指那些因高度个性化、无序化、分散化而难以表述、记录、存储、传播的主观知识，因而有必要编码化和显性化。

隐性知识的管理，涵盖了对知识的系统的获取、应用、评价和创造。日本学者野中郁次郎指出，在这一过程中，存在着“从隐性到隐性”“从显性到显性”“从隐性到显性”“从显性到隐性”这4种知识转换模式。显然，这几种转化模式分别指隐性知识共享，显性知识以明示方法的传播，个性化知识显性化并在不同类型知识间的转化，个体对新知识的内化。企业信息化技术和信息工具的广泛应用，使得企业隐性知识可以在企业内部和外部流动，有必要对隐性知识进行管理和挖掘，进而转化为企业内外部的显性知识，服务于企业，提升企业产品和服务的质量水平。

三、知识管理的实质[1]

1. 知识管理是一种信息处理工具

知识是知识管理的对象，对于知识的认识是知识管理的前提。数据是没有任何判断、背景内容的，对事件进行描述的客观事实，数据被增加意义和理解后生成一般的信息，按照德鲁克的说法，信息是赋予相关性与内容的数据。信息按照使用者的要求经过进一步的组织和融合生成背景信息，个体吸收背景信息加入个人经验、价值观和信念后转化为知识，这个转化的过程受个人的背景信息和专业见识的影响，最后知识被转化为行为。如果知识和信息不能导致一个决策或行动，整个转化过程就是无用的。知识涉及个体对信息的处理、创造和使用，信息可以被转移，但是知识只能在个人头脑中生成。由于知识与信息具有密不可分的关系，以及知识难以触摸的特征，知识经常被看作通过信息处理解决的问题，知识管理也就是一种信息处理的管理工具。一些知识管理研究把知识管理定义为一个过程，只是在过程的组成阶段方面存在认识差异，但绝大多数的知识管理定义都包含知识的存储。知识管理被认为是对员工知识的获取与存储，使组织内的其他员工可以使用，这一目的可以通过使用因特网和数据库之类的技术来实现。一旦信息被存储于不同的数据库，接下来就需要让组织内尽可能多的员工能接触到存储信息。知识管理就是在正确的时间把正确的知识给正确的人使用。所以知识管理的最后阶段就是信息的使用，人们通过社会化分享知识，或者通过数字形式交

1　周竺，孙爱英．知识管理研究综述［J］．中南财经政法大学学报．2005（6）：29－30.

换信息。

2. 知识管理是一种战略管理工具

知识被看作战略性资产，战略就是调整组织的能力（资源或技能）去适应环境的变化，所以有效的知识管理从战略开始。在知识管理战略中，知识被看作组织最有价值却没有充分利用的资源，要创造一个知识管理战略，组织需要建立一个系统用以攫取和转移内部的知识和实践经验。Wiig 在其研究中发现不同的组织实施不同的知识管理战略，以达到与组织文化和能力的最佳匹配，知识管理战略的目的是从现有的知识资产中提取最佳的商业价值，或者在需要的地方创造新的、有竞争力的知识资产。要实现这一目的，企业可以从五种以知识为中心的战略中进行组合：

（1）作为商业战略的知识战略。这种战略强调知识的创造、攫取、组织、更新、分享和使用，让每一个行动的时点都有最适合的知识以供使用。

（2）智力资产管理战略。它强调企业层面对特殊智力资产如专利、管理实践、顾客关系和其他结构性资产的管理。

（3）个人知识资产责任战略。它强调个人对知识投资、创新、更新、有效使用及让他人接触知识的责任，即每一个员工在其负责的范围内能够把最有竞争力的知识用于企业的工作。

（4）知识创造战略。它强调知识学习以及基础的和应用性研发，激励员工创新，以获取提高企业竞争力的知识。

（5）知识转移战略。它强调转移知识的系统方法，如何获取、组织、重构、存储、记忆和重新包装知识，把知识传送给需要的活动点进行利用，知识转移还包括知识的共享和采用。

四、知识管理模型[1]

知识管理研究已出现了若干模型，这些模型大致可分为三类：知识分类模型、智力资本模型和社会结构模型，分析这些模型是了解知识管理理论的一条途径。

1. 知识分类模型

这类模型中最广为人知的就是野中郁次郎和竹内弘高的 SECI 知识管理模型（见图 1-4）。这个模型以知识划分为明示知识和默示知识，提出了知识创造和转化的过程。按照这个模型，默示知识可以通过社会化过程转移给另一个主体，也可以通过外化过程转化为明示知识；明示知识可以通过合并的过程转移给其他主体，也可以通过内化过程转化为其他主体的默示知识。

野中郁次郎还和 Hedlund 一起构建了一个更具体的模型（见图 1-5）。这个模型假设在组织中存在四个不同层次的知识“携带者”，分别是个人层次、群体层次、组织层次和跨组织层次（如重要顾客、供应商和竞争对手），每个层次携带的知识又按照可表述的知识和默示知识进行分类。

Boisot 于 1987 年把组织中的知识按照可编码的和不可编码的、扩散的与非扩散的两个

1　周竺，孙爱英．知识管理研究综述［J］．中南财经政法大学学报．2005（6）：29－32.

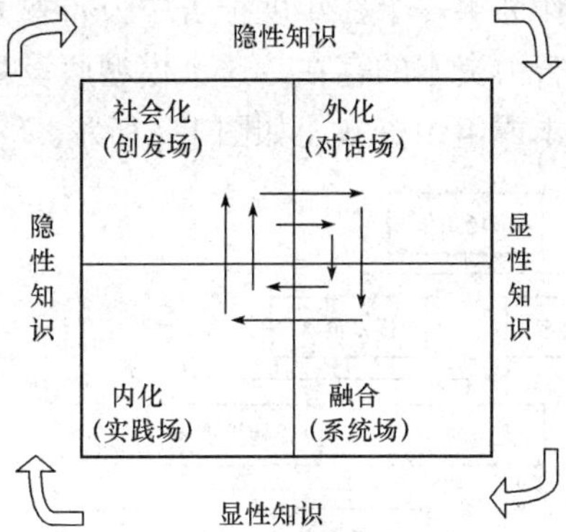

图 1-4 野中郁次郎和竹内弘高的 SECI 知识管理模型

	个人	群体	组织	跨组织范畴
明晰化知识	知识累积	绩效分析的文件	组织章程	供应商的专利和工艺文件
隐性知识	跨文化沟通技巧	团队协调	企业文化	顾客对产品的态度和期望

图 1-5 Hedlund 和野中郁次郎的知识管理模型

维度进行了分类（见图 1-6）。可编码的知识指容易转移传递的知识，如财务数据，而不可编码的知识指难以转移的知识，如经验；扩散知识是容易共享的知识，而非扩散知识是不易共享的。如果知识既是可编码的又是非扩散的，那么就是产权知识，这部分知识可以传递但必须有选择地限制在需要知道的一部分人范围内；不可编码和非扩散的知识属于个人知识；可编码和扩散的知识是公共知识；既不可编码又易扩散的知识是常识，这部分知识是通过一个缓慢的社会化过程建立起来的，包含制度和习俗。

	非扩散	扩散
编码	产权知识	公共知识
不可编码	个人知识	意　识

图 1-6 Boisot 的知识管理模型

Boisot 的分类和野村郁次郎的有相似之处，即二分法，编码知识和不可编码知识类似于明示知识与默示知识。这类知识分类模型结构简单，容易让人接受，关于知识的划分具有较大的启发性，既给知识管理提出了研究路线，也为以后的研究提出了挑战：如何实现组织内部隐性知识和显性知识的相互转换。

2. 智力资本模型

由于知识管理与智力资本的密切关系，知识管理研究文献中有许多智力资本模型，其中最典型的就是斯堪第亚模型。作为第一个在年度报告中公布智力资本的公司，斯堪第亚公司的智力资本模型最早让人重视智力资本的存在，这个模型假设智力资本或知识管理可以分为两个大类：人力资本和结构资本或组织资本，如图 1-7 所示。

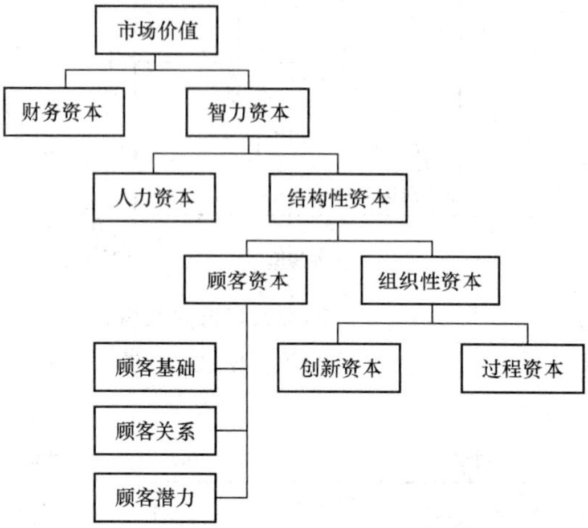

图 1-7　知识管理的斯堪第亚模型

这种模型方法假设知识可以通过科学方法进行度量并且资本化，这既是它的优点也是它的缺点：智力资本模型来自实践，从斯堪第亚模型到平衡记分都在实践中运用并改进，其实践意义不容置疑；但是此智力资本模型过于注重智力资本的测度，假设知识作为资产可以像其他有形资产一样，忽视了知识的社会内容，试图用客观的方法去测度主观的因素，决定了此类模型在本质上比较机械。

Rastogi 反对把智力资本划分为若干组成部分，然后通过汇总各部分之和来评估智力资本。他认为智力资本的本质和逻辑是以快于竞争对手或产业变化节奏的速度，发展和组合以知识为基础的竞争优势以创造价值。一个企业为它的顾客创造有竞争力的价值的能力取决于企业有能力、有创造性和有知识的员工被激励后的协作努力，这些员工构成企业的人力资本（human capital）；员工的激励和协作与企业的社会资本（social capital）相关，社会资本包括共同的价值观、愿景、个人的使命感以及组织内部信任和关心的氛围。员工的技巧、能力、创造性和知识反过来又受企业创造、发展、共享、整合和使用知识资源的活动影响，这些活动构成企业的知识管理（knowledge management）。社会资本、人力资本和知识管理相互作用，共同形成了一个关系结构——知识管理关系结构（knowledge management nexus），这个结构中的任何一个组成部分发展较差，企业都不能持续地、有竞争力地创造价值。智力资本就是这三个部分相互作用的结果，其本质和效用与知识管理关系结构的质量密切相关（见图 1-8）。

Rastogi 提出的知识管理关系结构模型强调了智力资本对企业价值创造的作用，提出了智力资本和知识管理关系的新观点，代表了目前对智力资本的一种看法，即智力资本不只是组成部分加总之和，而是取决于各部分的相互作用。相对于过去的智力资本模型，这个模型是有机的、动态的。

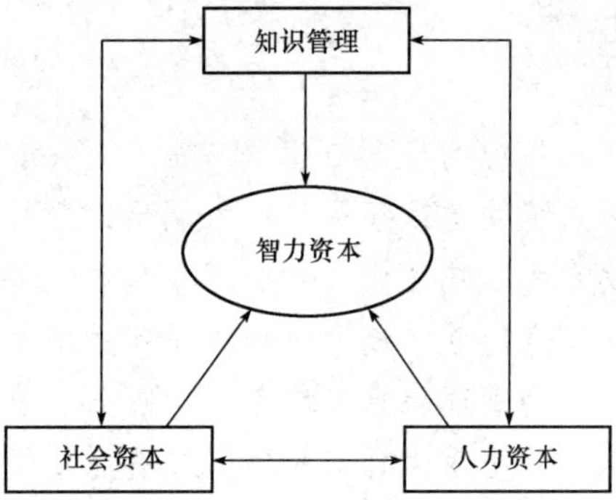

图 1-8 智力资本的产生过程

3. 社会结构模型

该模型一般给予知识较为广泛的定义，认为知识与组织内的社会化和学习过程难以分割，所以此类模型都试图描述学习型组织和组织学习，如图 1-9 所示的 Demerest 的模型就是一个代表。这个模型强调了组织内部的知识构造，知识构造不仅需要科学性的投入，还包括知识的社会性构造。这些结构性知识通过显性的程序和社会化交换容纳于组织内部，然后在整个组织内部扩散，最后用于组织的产出。模型中的实线箭头表示知识最初的产生，而虚线箭头表示反馈过程。这个模型没有给出知识的定义，而是给出一个整体的知识构造方法，这个方法可能过于简单，现实中的知识流动可能很快，更为复杂，不过加入了社会范式，引进社会方法和科学方法是这个模型的突出之处。与此相类似，Jordan 和 Jones 的模型包括知识的获取、解决问题、扩散、所有权和存储；Kruizinga 等的模型则包括知识政策、设施和文化。

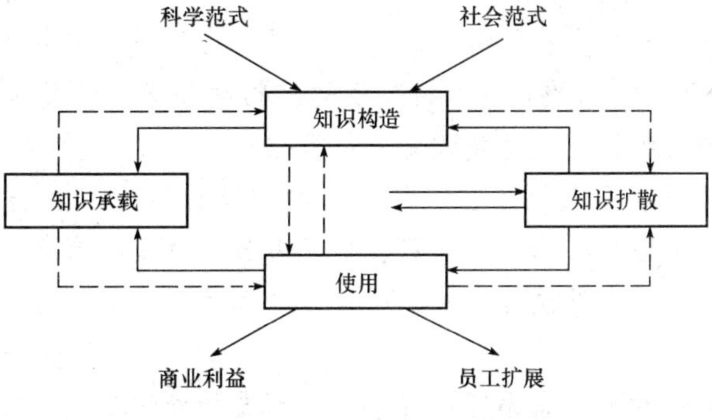

图 1-9 Demerest 的知识管理模型

本章小结

本章首先介绍了一些信息和系统相关的基本概念；其次指出管理信息系统是从数据、信息、知识最终到获得智慧过程中的“梯子”；最后介绍了知识管理的起源、信息管理到知识管理的必然趋势以及知识管理的现有模式。此外，伴随着大数据时代的到来给管理信息系统的发展带来了新的机遇和挑战，本章对此也进行了介绍。

案例分析

案例一：故宫文物管理信息系统的建设与管理[1]

故宫博物院文物管理信息系统的建设经历了技术调研，数据收集录入，账目整合，系统再调整等工作。该工作是在故宫博物院几代文物管理人员和业务研究人员多年工作经验的基础上，全院上至院长下至普通库房保管员通力合作十多年的成果。建设透明、实用、高效的管理系统进行技术调研，设立文物管理信息系统基础数据表。文物管理信息系统的初期建设有两项最为重要的基础性工作，一是采用什么技术，二是系统设立什么样的基础数据表。在系统设计之初，资料信息中心就对可能涉及的数据库技术、文物影像浏览技术、物流管理技术等相关技术以及文物业务工作流程进行了反复调研，召开了数百次会议。最终，与中科院软件所联合完成研发了“故宫博物院文物管理信息系统”。文物管理信息系统的架构中，数据表是非常关键的组成部分。用哪些字段来准确描述文物数据，理清这些数据的关系，怎样建立统一的描述规范等问题对系统的实用性具有重要的意义。

我们在分析文物业务工作需求的基础上，确立了六项核心数据项，即文物的基本信息、描述信息、资产信息、收藏方位信息、利用信息和研究信息，据此建立了基础数据表，并制定了相应的描述规范。数据采集、录入是系统运行的必备条件。资料信息中心在原总保管组和三个文物管理业务部门的支持下，补填文物总账上缺失的文物分类和收藏方位信息，然后批量录入文物总账信息数据，初步解决了总账数据的采集问题。随后，与社会公司合作，采用双机录入、数据比对的方式，将100多册100多万条的《故宫博物院藏品总登记账》的信息数据全部数字化，并运用简繁体转换程序将其转换为简体和繁体两个版本，再通过文物数据导入系统，将全部数据按相应的字段导入数据库，并以此作为系统运行的基本数据。账目整合在《故宫博物院藏品总登记账》的基础上，系统开通运行后，结合文物搬库、清理、编目等工作，利用每件文物的文物号唯一的特性，以文物的《销号账》《重复品账》《档案清册》《一级品文物编目卡》以及各专业组提供的文物废藏卡、编目卡等为数据源，补充采集基础信息数据以外的文物描述信息和收藏方位数据。

故宫博物院文物管理信息系统已经达到了前期的设计目标，整合了原来分散的账目信息，所有数据连通到了桌面，文物与文物账、责任者与文物账的信息已关联起来，实时查库成为可能。我们还在此基础上开通了文物利用及出入库管理系统，为文博展陈业务和研究人员提供了极大的便利。

需要指出的是，文物管理信息系统代替不了全部文物管理工作，其只是实现了文物管理信息数据的记录以及相关文物的流程化签批，文物管理以及文物管理信息系统的运行还是要靠制度、靠人。

一方面，在系统运作过程中，文物工作任务的改变，文物的转移、提取、拣选，参与人员的调整，系统技术设备的故障排除、维护、升级，系统中运行的数据也随之变化，数据的变化反映了文物工作的变量，因此，需加强数据的过程管理。另一方面，任何安全技术解决方案都是有局限的，在新技术推广应用以后更应该加强相应的管理制度建设。故宫文物管理

1　胡锤，张小李．故宫文物管理信息系统的建设与管理［N］．中国文物报，2009－12－11（004）．

信息系统设计之初，我们就认识到，现有的物流监管技术解决方案不可能完全实现对种类繁多、频繁利用的文物进行实时监管。

案例二：南京审计学院——管理信息系统独具匠心[1]

学校教务管理信息系统的主要原则可以用20个字来概括，就是“管理科学、流程清晰、权责明确、数据共享、信息安全”。主要有三点创新。

第一，实现了教学过程的动态管理。运用信息化手段将教学管理的每个流程纳入教务管理信息系统中并即时监控，例如，任课教师在开学初需要提交授课进度表，包括课程简介、考核方式、成绩比例、授课进度、参考书目等关键信息，供学生随时查看；在期中需填写中检查自查表，对授课进度快慢、作业布置情况等进行自我检查；还需填写听课记录表，对观摩教学、同行听课等情况进行记录。期末提交成绩后，系统自动进行成绩定量分析，教师需填写成绩定性分析，还需要对所任教的教学班级进行评价。通过对教学过程中教师所填写的各种信息进行收集整理，可以有效地把握教学状态。

第二，拥有灵活的选课模式。选课是教务管理信息系统的核心。选课模块的优劣不仅在于硬件和软件，更为关键的是选课模式的设计。经过多年的探索，我校的教务管理信息系统对“先到先得”“志愿优先”“投点制”等多种选课模式均进行了试验，总结出了基于学业信用分的“志愿筛选”选课模式。学生按照个人意愿填报拟选择课程，由系统自动进行课程资源分配。对于所填报人数小于或等于可选课人数的课程，所有填报该门课程的同学均取得学习资格；对于所填报人数大于可选课人数的课程，由选课系统按照“学业信用分”降序排列（“学业信用分”相同的随机排列）后筛选出取得学习资格的学生名单。每位学生的“学业信用分”初始值为100，退选课程、旷考、违纪、受到学业警告以及有不诚信行为等均会扣减学业信用分。通过这种选课模式，把选课命中率与学生日常管理相结合，既有效地解决了选课系统的峰时压力，又有利于学生学风建设和诚信品德培养。

第三，在线服务人性化。信息系统是为人服务的，教务管理信息系统就应当为学生和老师服务。我校教务管理信息系统设计了许多小模块，体现了以人为本的服务理念。例如，随着高等教育国际化进程的加快，越来越多的学生选择在毕业之后出国攻读硕士学位，在申请录取资格时需要提供中英文成绩单。原来的模式都是由学生根据中文成绩单自己翻译成英文成绩单，再由相关教务人员审核盖章，不仅周期长，而且还容易出错。我们在教务管理信息系统中专门开发了中英文成绩单打印模块，学生只需要通过个人信息系统预约打印中文和英文成绩单的份数，就可以直接到教务处领取打印好的成绩单。再如，学生缓考申请一般都需要递交纸质表格，我们在教务管理信息系统中增加了缓考自动审批功能，对于因考试时间冲突以及在境外交流学习的，直接申请，教务管理信息系统会定期自动审批，大大简化了学生的办事流程。

教务管理信息系统是否功能越多越好？一般认为，教务信息系统的功能要足够多，要能够涵盖所有的教务管理过程，要最大限度地提高教务管理工作的效率，所以，在平台购置时，功能强大也是高校特别关注的一个方面。但总结这10多年教务管理信息系统的开发经

---

1 丁国勇，秦新国．高校教务管理信息系统的建设与反思——以南京审计学院为例［N］．中国教育信息化，2014－11－3（015）．

验，笔者们认为：教务管理信息系统的功能并不是越多越好、越强越好，而应该拥有以下几个核心功能。其一，教学过程管理功能，包括教学计划管理、教学任务安排、排课、考试安排。其二，面向学生的服务功能，包括学籍管理（学籍异动）、选课（包括重修、补修）、考试报名、成绩查询。其三，面向教师的服务功能。主要包括成绩录入。其他有关教学资料、课件上传等均不应该放在教务管理信息系统中，而应在网络课程或网络教学平台中实现。

教务管理信息系统是校园信息化平台中较为重要的一个子系统，不可避免地要与其他系统间进行数据共享和信息交换。例如，新生的基本信息从招生系统采集而来，学生的基本学籍信息也要提供给学生管理系统、财务系统、图书馆系统、医疗保健系统等，需要采取措施保障基本信息在各个系统中的一致性。现有的做法是在学籍信息发生单个变更时（如学生休学、退学），采取开具学籍变更通知单送达各部门，批量变更时（如一个年级学生转专业）发送电子文档给相关部门，定期与其他系统的管理员进行学生基础数据的核查。这些手段也不能保证基础数据的即时同步，因此，应该建立全校统一的基础数据中心，存放各管理系统使用的最基础的信息，如学生的学籍信息、教师的基本信息等，教务管理信息系统负责维护数据中心中的信息，其他系统从数据中心中读取并同步到本系统中，这样确保了基础数据的一致性和准确性。教务管理信息系统还应该与上级部门的管理系统保持数据上的一致，例如，教育部的中国高等教育学生信息网。教务管理信息系统的导出数据要能够直接满足上级部门的数据要求，学生的关键学籍信息如专业、班级、学院、学籍状态等与上级部门一定要保持一致。

思考题

1. 故宫博物院文物管理信息系统的特点有哪些？
2. 南京审计学院管理信息系统的创新点在哪里？
3. 两个管理信息系统给读者带来哪些启示？

第二章

企业资源计划

★导入案例

“信息资源计划”助力企业发展[1]

随着信息科学理论的日趋成熟和信息技术的不断发展，用信息科学理论和技术来提高企业管理水平已经成为现代企业发展的一种趋势。中航工业非常重视信息资源的管理，提出实施“企业信息资源计划”的思路，并演示了正在推进的“企业信息资源计划”系列软件平台和信息资源，将信息资源作为企业管理的新切入点，引导企业重视信息资源管理和利用，引起了强烈反响。

企业信息化是将企业的生产过程、物料移动、事务处理、现金流动、客户交互等业务过程数字化，通过各种信息系统网络加工生成新的信息资源，提供给各层次的人们洞悉、观察各类动态业务中的一切信息，以做出有利于生产要素组合优化的决策，使企业资源合理配置，能适应瞬息万变的市场经济竞争环境，求得最大的经济效益。信息资源计划是对企业生产经营管理所需要的信息，全面系统地做好从采集、处理、传输到使用的规划。企业可以通过信息资源计划梳理企业业务流程，明确企业的信息需求，建立企业信息标准和信息系统模型，再用这些标准和模型来衡量企业现有的信息系统及各种应用。企业的信息资源来自企业运行中的原始数据，对这些原始数据加以控制、管理、处理、利用，实现其附加值，继以增强企业的核心竞争力，才是企业信息化的真正目的所在。

企业信息资源计划是以需求为导向，提供面向企业的系统开放、资源共享、界面友好、使用方便的整体解决方案，为企业提供持续的信息增值服务。企业信息资源计划从以下几个

1　中航工业发展中心，王波．“信息资源计划”助力企业发展［N］．中国航空报，2011－01－13（006）．

方面提高企业信息资源的管理与应用能力：

（1）增加信息资源存量，补充企业可利用的外部科技文献、动态信息、标准、法规、专利等信息资源，奠定企业信息资源基础。

（2）构建企业信息资源体系和信息资源库，整合内部文档资源、互联网信息资源及外购的商业数据库资源，实现内外异构非结构化资源的统一存储和管理，盘活企业内部信息，实现信息资源的有机管理。

（3）建立信息资源标准规范，规范内外信息资源的加工、审核和发布体系，规范内外信息资源加工和审核的管理机制，使信息的采集、审核和发布等各流程有序受控。

（4）实现内部信息的交换和共享，建立完善的资源访问权限管理机制，实现资源面向公司内部人员的灵活交换和共享。提供员工参与信息资源建设的工具，使个人知识提升为企业知识（组织知识），通过不断的流转和积累，实现企业信息资源的充分共享和价值沉淀。

（5）厘清信息资源流程、类型，提供信息流转的便捷通道，提供获取内外信息资源的丰富手段，为企业员工提供资源分类导航、资源检索、资源订阅等个性化的信息服务手段。

企业信息资源计划是“管理 + IT + 信息资源”的结合体。管理是目标，IT 是手段，信息资源是内容。企业信息资源计划将信息资源与企业战略规划联系起来，通过战略层的规划，梳理企业每个层面上识别信息资源获利的机会，借以构建新的竞争优势。企业信息资源计划的实施过程也是管理整合、管理变革的过程。这种变革必须与企业的发展战略相结合才可以得到顺利推进。信息资源计划必然会改变部分组织和职能，优化业务流程，由此更新管理制度，这些配套措施是信息资源计划成功实现的重要保障。企业信息资源计划的实施更强调集成管理的理念。企业信息资源计划的集成管理思想，其核心是对企业内外信息流的集成，其实施的基础是各种信息手段的集成。通过集成管理实现企业信息系统各要素的优化组合，使信息系统各要素之间形成强大的协同作用，从而最大限度地放大企业信息的功能，实现企业可持续发展的目的。

以用户和信息利用为核心的必然结果是使企业的信息资源不会偏离核心业务。企业信息资源计划系统构建，注重了员工获取信息的习惯，引导信息获取和利用，采用智能化的检索服务与数据分析，关联地、智能地向用户提供服务或者建议，提供衍生信息的自我成长环境，使员工从所处网络环境中接受知识，形成“边干边学，在干中学”的终生学习机制，实现了从信息环境中的用户到用户的信息环境的转变。

中航工业在发展过程中，尽管注意到了企业信息化总体规划问题，也能够引进具有良好架构的各种信息系统，却往往片面地把企业信息化误认为是诸如 ERP、CRM、SCM 等管理信息系统在企业中的实现，没有做到将企业战略、业务、管理与信息化技术融为一体，更没有注意到企业中混乱、冗杂的低档次信息资源环境。严格地讲，企业信息资源计划不是一种信息技术，它遵循信息工程的原理，强调数据规范化处理的作用，强调企业高档次的数据环境，强调企业中各种管理信息系统间的协调和信息流的通畅。如果将企业信息化比作企业实现战略目标的“建造蓝图”工程，那么企业信息资源计划就是为这一工程夯实地基的。只有夯实地基，提高对信息资源进行有效的统一规划和管理的总体水平，才能最大限度地发挥信息资源的作用，促进企业长远发展。在当前，企业信息资源计划对于改善大多数企业信息化过程中所面临的诸如信息孤岛、系统集成等问题具有很强的指导作用。

第一节　订货点法

自18世纪产业革命以来，手工业作坊向工厂生产方向迅速发展，出现了制造业。随之而来，所有企业几乎无一例外地追求着基本相似的运营目标，即在给定资金、设备、人力的前提下，追求尽可能大的有效产出；或在市场容量的限制下，追求尽可能少的人力、物力投入；或寻求最佳的投入产出比。就其外延而言，为的是追求利润；就其内涵而言，为的是追求企业资源得到合理有效的利用。

这一基本目标的追求使制造企业的管理者面临一系列的挑战：如何制订合理的生产计划，如何有效地控制成本，如何才能使设备得到充分利用，如何才能使作业得到均衡安排，如何合理有效地管理库存，如何对财务状况做出及时分析等。日趋激烈的市场竞争环境使上述挑战对企业具有生死存亡的意义。于是，应付上述挑战的各种理论和实践也就应运而生。在这些理论和实践中，首先提出而且被人们研究最多的是库存管理的方法和理论。人们首先认识到，诸如原材料不能及时供应、零部件不能准确配套、库存积压、资金周转期长等问题产生的原因，在于对物料需求控制得不好。然而当时提出的一些库存管理方法往往是笼统的、只求"大概差不多"的方法。这些方法往往建立在一些经不起实践考验的前提假设之上，热衷于寻求解决库存优化问题的数学模型，而没有认识到库存管理实质上是一个大量信息处理的问题。事实上，即使当时认识到这一点，也不具备相应的信息处理手段。

计算机的出现和投入使用，使得信息处理方面获得了巨大的突破。在20世纪60年代中期，计算机的商业化应用开辟了企业管理信息处理的新纪元。这对企业管理所采用的方法产生了深远的影响。而在库存控制和生产计划管理方面，这种影响比其他任何方面都更为明显，它标志着制造业的生产管理迈出了与传统方式决裂的第一步。也正是在这个时候，在美国出现了一种新的库存与计划控制方法——计算机辅助编制的物料需求计划（Material Requirements Planning，MRP）。由于MRP是在传统的库存管理理论基础上发展而来的，为了便于理解我们就从库存控制订货点理论开始介绍。

在计算机出现之前，发出订单和进行催货是一个库存管理系统在当时所能做的一切。库存管理系统发出生产订单和采购订单，但是确定对物料的真实需求却是靠缺料表。这种表上所列的是马上要用，但发现没有库存的物料，然后，派人根据缺料表进行催货。

订货点法是在当时的条件下，为改变这种被动的状况而提出的一种按过去的经验预测未来的物料需求的方法。这种方法有几种不同的形式，但其实质都是着眼于"库存补充"原则。"补充"的意思是把库存填满到某个原来的状态。库存补充原则是保证在任何时候仓库里都有一定数量的存货，以便需要时随时取用。当时人们希望用这种做法来弥补"临时抱佛脚"所造成的缺陷。订货点法依靠对库存补充周期内的需求量预测，并保留一定的安全库存储备，来确定订货点，而安全库存的设置是为了应对需求的波动。一旦库存储备低于预先规定的数量，即订货点，则立即进行订货来补充库存。

订货点的基本公式：

$$订货点 = 单位时区的需求量 \times 订货提前期 + 安全库存量$$

例如，如果某项物料的需求量为每周100件，提前期为6周，并保持两周的安全库存量，那么，该项物料的订货点计算如下：

$$100 \times 6 + 200 = 800$$

当某项物料的现有库存和已发出的订货之和低于订货点时，则必须进行新的订货，以保持足够的库存来支持新的需求。

订货点法曾引起人们广泛的讨论，按这种方法建立的库存模型曾被称为“科学的库存模型”。然而，在实际应用中却是面目全非。其原因在于，订货点法是在某些假设之下，追求数学模型的完美，如图 2-1 所示。

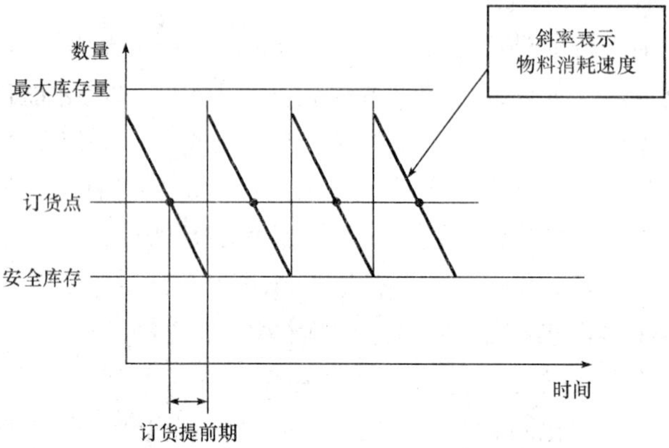

图 2-1　订货点法

一、对各种物料的需求相互独立

订货点法不考虑物料项目之间的关系，每项物料的订货点分别独立地加以确定。因此，订货点法是面向零件的，而不是面向产品的。但是，在制造业中有一个很重要的要求，那就是各项物料的数量必须配套，以便能装配成产品。由于对各项物料分别独立地进行预测和订货，在装配时就会发生各项物料数量不匹配的情况。这样，虽然单项物料的供货率提高了，但总的供货率却难以提高。因为不可能每项物料的预测都很准确，所以积累起来的误差反映在总供货率上将是相当大的。

例如，用 10 个零件装配成一件产品，每个零件的供货率都是 90%，而联合供货率却降到 34. 8%（即 0.9^{10}），几乎 3 次中就有一次碰到零件配不齐的情况，而一件产品由 20 个、30 个甚至更多个零件组成的情况是常有的。如果这些零件的库存量都是根据订货点法分别确定的，那么，要想在总装配时不发生零件短缺，则只能是碰巧的事了。

应当注意，上述这种零件短缺并非由于预测精度不高而引起，而是由于这种库存管理模型本身的缺陷造成的。

二、物料需求连续发生

按照这种假定，必须认为需求相对均匀，库存消耗率稳定。而在制造业中，对产品零部件的需求恰恰是不均匀、不稳定的，库存消耗是间断的。这往往是由于下道工序的批量要求引起的。

假定最终产品是活动扳手，零件是扳手柄，原材料是扳手毛坯。活动扳手不是单件生产的，当工厂接到一批订货时就在仓库中取出一批相应数量的扳手柄投入批量生产。这样一来，扳手柄的库存量就要突然减少，有时会降到订货点以下。这时就要立即下达扳手柄的生产指令，于是又会引起扳手柄毛坯的库存大幅度下降。如果因此引起毛坯库存也低于订货点，则对扳手毛坯也要进行采购订货。

由此可见，即使对最终产品的需求是连续的，由于生产过程中的批量需求，引起对零部件和原材料的需求也是不连续的。因此，采用订货点法的系统下达的订货时间常常偏早，在实际需求发生之前就有大批存货放在库里造成积压。而另一方面，却又会由于需求不均衡和库存管理模型本身的缺陷造成库存短缺。

三、物料的供应比较稳定

订货点法还假设物料的供应是稳定的，但实际情况是物料的供应很难保持稳定。

四、库存消耗之后，应被重新填满

按照这种假定，当物料库存量低于订货点时，则必须发出订货，以重新填满库存。但如果需求是间断的，那么这样做不但没有必要，而且也不合理。因为很可能因此而造成库存积压。例如，某种产品一年中只可得到客户的两次订货，那么制造此种产品所需的钢材则不必因库存量低于订货点而立即填满。

第二节　MRP 系统

订货点法的种种缺陷，使得它难以反映物料的实际需求，企业往往为了满足生产需求而不断提高订货点的数量，从而造成库存积压，库存占用的资金大量增加，产品成本上升，企业竞争力削弱。

物料需求计划（Material Requirements Planning，MRP）理论是在解决订货点法的缺陷的基础上发展起来的。它是 20 世纪 60 年代发展起来的一种计算物料需求量和需求时间的系统。基本思想是围绕物料转化组织制造资源，实现按需要准时生产。

物资资料的生产是将原材料转化为产品的过程。对于加工装配式企业来说，如果确定了产品出产数量和出产时间，就可以按产品的结构确定产品的所有零件和部件的数量，并可按各种零件和部件的生产周期，反推出它们的出产时间和投入时间。这样，就可以围绕物料的转化过程，来组织制造资源，实现按需要准时生产。

加工装配式企业的工艺顺序是：将原材料制成毛坯，再将毛坯加工成各种零件，零件组装成部件，最后将零件和部件组装成产品。如果要按一定的交货时间提供不同数量的产品，就必须提前一定时间加工所需数量的各种零件；要加工各种零件，就必须提前一定时间准备所需数量的各种毛坯，直至提前一定时间准备各种原材料。即按反工艺顺序来确定零部件、毛坯和原材料的需要数量和需要时间。

由于现代工业产品的结构极其复杂，一单位产品（如一辆汽车）可能由成千上万个零部件构成，用手工方法很难在短期内确定如此众多的零部件的需要数量和需要时间。据报道，在计算机出现以前，美国有些公司用手工方法计算各种零部件的需要数量和需要时间，一般需要6～13周时间。而MRP的出现，使得计算各种零部件的需要数量和需要时间可以缩短到几秒，这正是计算机应用于生产管理的结果。

MRP系统一般包含以下模块：主生产计划（Master Production Schedule，MPS）模块、物料需求计划（MRP）模块、物料清单（Bill of Material，BOM）模块、库存控制（Inventory Control）模块、采购订单（Purchasing Order）模块和加工订单（Manufacturing Order）模块等，典型MRP系统的原理如图2-2所示。

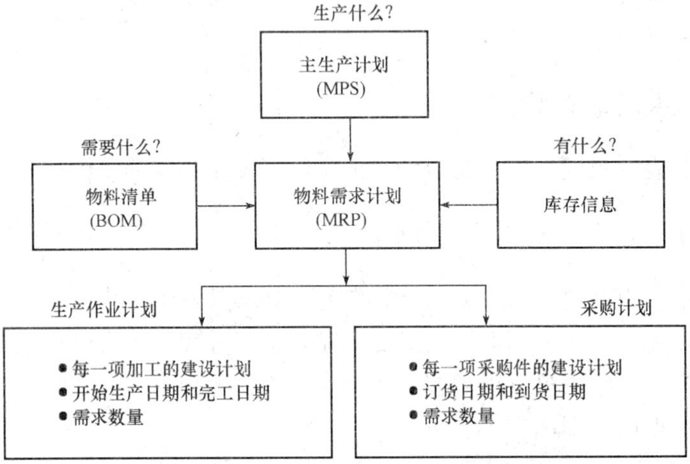

图2-2　典型MRP系统的原理

为实现MRP系统功能，要提供库存记录和产品结构。产品结构又称物料清单。物料清单是MRP的基础文件，它根据需求的优先顺序，在统一的计划指导下，把企业的“销产供”信息集成起来。BOM反映了各个物料之间的从属关系和数量关系，它们之间的连线反映了工艺流程和生产周期。在物料清单的基础上，可以完工日期为时间基准倒排计划，按提前期长短确定各物料采购或加工的先后顺序。

MRP系统的工作原理如下：

（1）产生主生产计划（MPS）。结合用户订单和预测需求，以及高层制定的生产计划大纲，在现有资源下决定生产的数量。

（2）产生物料需求计划（MRP）。在决定生产批量后，究竟需要订多少原材料和外购件来满足生产？首先通过物料清单确定原材料和零部件的需求量，再根据库存记录决定订什么、订多少和何时订等问题。

（3）输出制造与采购订货清单。MRP的输入是主生产计划、物料清单和库存记录；输出是详细的制造与外购的物料以及零部件数量与时间清单。

随着MRP应用范围的逐渐扩大，MRP的局限性也日益显现。MRP的运行过程主要是物流的过程，但生产的运作过程，产品从原材料的投入到成品的产出过程都伴随着企业资金的流通过程。并且资金的运作会影响生产的运作，如采购计划制定后，由于企业的资金短缺而无法按时完成，这样就会影响到整个生产计划的执行。

第三节　MRPⅡ系统

20 世纪 80 年代发展起来的 MRPⅡ同 MRP 的主要区别就是它运用了管理会计的概念，用货币形式说明了执行企业物料计划带来的效益，实现物料信息同资金信息的集成。因而，MRP 三个字母的含义也发生了改变，由物料需求计划变为制造资源计划，英文为 Manufacturing Resources Planning。由于字母的缩写都为 MRP，就将制造资源计划命名为 MRPⅡ，以示区别。

MRP 系统建立在两个假设的基础，一是生产计划是可行的，即假定有足够的设备、人力和资金来保证生产计划的实现；二是假设物料采购计划是可行的，即有足够的供货能力和运输能力来保证完成物料供应。但在实际生产中能力资源和物料资源总是有限的，往往会出现生产计划无法完成的情况。因而，为了保证生产计划符合实际，必须把计划与资源统一起来，以保证计划的可行性。后来的研究者在 MRP 的基础上增加了能力需求计划，使系统具有生产计划与能力的平衡过程，形成了闭环 MRP，进而又在闭环 MRP 的基础上增加了经营计划、销售、成本核算、技术管理等内容，构成了完整的企业管理系统制造资源计划（MRPⅡ）。

从 MRPⅡ产生的过程可见，它是随着计算机技术和管理理论的发展不断完善和提高的。近 20 年来，国外已有数万个企业建立并运行了 MRPⅡ系统，我国开发应用 MRPⅡ的单位也已有数百家，并形成了有中国特色的 MRPⅡ产品。

MRPⅡ利用计算机网络把生产计划、库存控制、物料需求、车间控制、能力需求、工艺路线、成本核算、采购、销售、财务等功能综合起来，实现企业生产的计算机集成管理，全方位地提高了企业管理效率，如图 2-3 所示。

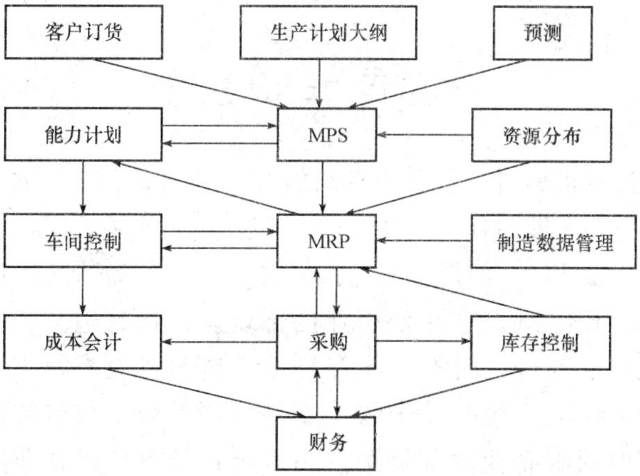

图 2-3　MRPⅡ的构成

可见，MRPⅡ系统是现代化的管理方法与手段相结合，对企业生产中的人、财、物等资源进行全面控制，以达到最大的客户服务、最小的库存投资和高效率的工厂作业为目的的集成信息系统。但随着市场竞争的加剧和科技的进步，MRPⅡ思想也逐步显露出其局限性，主要表现在：

（1）企业竞争范围的扩大，要求在企业的各个方面加强管理，并要求企业有更高的信息化集成，要求对企业的整体资源进行集成管理，而不仅仅对制造资源进行集成管理。

现代企业都意识到，企业的竞争是综合实力的竞争，要求企业有更强的资金实力，更快的市场响应速度。因此，信息管理系统与理论仅停留在对制造部分的信息集成与理论研究上是远远不够的。与竞争有关的物流、信息及资金要从制造部分扩展到全面质量管理、企业的所有资源（分销资源、人力资源和服务资源等）及市场信息和资源，并且要求能够处理工作流。在这些方面，MRPⅡ都已经无法满足。

（2）企业规模不断扩大。多集团、多工厂要求协同作战，统一部署，这已超出了MRPⅡ的管理范围。

全球范围内的企业兼并和联合潮流方兴未艾，大型企业集团和跨国集团不断涌现，企业规模越来越大，这就要求集团与集团之间，集团内多工厂之间统一计划，协调生产步骤，汇总信息，调配集团内部资源。这些既要独立，又要统一的资源共享管理是MRPⅡ目前无法解决的。

（3）信息全球化趋势的发展要求企业之间加强信息交流和信息共享。企业之间既是竞争对手，又是合作伙伴。信息管理要求扩大到整个供应链的管理，这些更是MRPⅡ所不能解决的。

随着全球信息的飞速发展，尤其是Internet的发展与应用，企业与客户、企业与供应商、企业与用户之间，甚至是竞争对手之间都要求对市场信息快速响应，信息共享。越来越多的企业之间的业务在互联网上进行，这些都向企业的信息化提出了新的要求。ERP系统实现了对整个供应链信息的集成管理。ERP系统采用客户机服务器（C/S）体系结构和分布式数据处理技术，支持Internet/Intranet/Extranet、电子商务（E－business、E－commerce）及电子数据交换（EDI）。

第四节　ERP系统

ERP系统是一套计算机软件包，具有整合各项企业功能信息的能力，能够提供及时信息等特质。ERP系统是一个能体现企业核心价值观、整合企业内部各种信息与实现企业内部资源共享与协同的套装软件，使得企业能获得及时、准确的信息，以便使用者做出正确决策。从管理角度看，ERP理念在于使企业内部资源运用最适化，强调跨系统功能，跨组织部门与跨地理区域的整合，因此，导入ERP系统通常会涉及工作流程的重新调整与设计；从技术角度看，ERP系统是一个线上交易处理系统，与传统数据处理的差别在于实时性与整合性，实时反映企业内部资源使用状况，及时提供企业决策与管理所需要的最新信息。

ERP系统的关键特征可以概括为[1]：企业范围的信息集成（几乎不用二次开发的套装商务软件），内嵌行业最佳实践，并不断演进。

1　田野．企业资源计划（ERP）同化影响因素及其作用机制研究［D］．杭州：浙江大学，2008.

一、集成性

集成性是 ERP 系统最大的特点，主要体现在两个方面：

（1）企业各种信息的集成。在硬件层面体现为共享一个数据库，所有资料都只储存一次且只有单一来源，只有负责该项资料的人有权修改该项资料，其他部门需要用到该项资料时，只能向该档案索取这项资料，因此，所有使用者在同一时间对同一笔资料，看到的内容是完全相同的。

（2）业务流程与 ERP 系统的集成。主要表现是将各种业务流程嵌入 ERP 软件中。ERP 强调信息处理与作业流程的整合，任何一个处理程序，都有一个单一作业，任何一笔交易产生，会自动修改所有相关记录，从而使整个内部流程实现协同。由于每一个企业均有不同的供应商、顾客、竞争环境及作业基础，代表不同的企业往往具有不同的企业流程，ERP 系统和不同企业流程相结合，就可能形成具有独特企业流程的信息系统，竞争者不易模仿，从而形成企业的竞争优势。

ERP 系统的集成性决定了 ERP 使用具有强制性。ERP 是在工作场所使用的协助个人和组织处理业务的工具，企业一旦引入 ERP 系统，企业员工就必须使用，只有大家都使用了，这个系统才得以驱动，投资的价值才能实现。

二、最佳实践

ERP 系统是软件供应商根据行业中具有最佳实践的标杆企业流程所设计的一套计算机软件包，它整合了销售、生产规划、财务管理及其他组织控制等活动，从而使组织转变成以流程导向的组织，增强了企业的竞争优势。而 ERP 系统内嵌的“最佳实践”（Best Practice）是 ERP 软件供应商在系统开发与实施过程中，通过与企业互动，了解其作业流程，累积了丰富的经验，进而以这些经验为基础开发出最适合该行业的信息处理流程，并成为一种典范。

ERP 软件企业会依照以往的经验，对不同行业提供不同的最佳实践。ERP 系统的“最佳实践”，给企业带来了先进的业务实践，帮助企业迅速制定决策、降低成本与提供较佳的管理模式。但是，企业的作业流程与企业文化特质是无法有通则规范的，别人的最佳实践不一定完全适合本企业的需求，因此，在导入 ERP 的过程中经常会产生 ERP 无法满足企业本身需求或与企业产生不适配（Misfit）的状况。如何解决软件流程与企业流程不适配的问题，就成了导入 ERP 系统可能遇到的挑战之一。

三、不断演进

ERP 系统是不断演进的。其原因主要有两个方面：一是技术在不断发展，原来 ERP 系统开发商不能解决的问题，现在可能由于新技术的出现迎刃而解了；二是企业实践在发展，新的实践和需求不断出现。这两个方面决定了 ERP 系统是不断改进和发展的。

随着技术和企业实践的不断发展，一方面企业营运与管理方式在不断发展，另一方面 ERP 系统也在不断发展，新的插件与新的版本不断出现。这就要求企业一方面时刻留心 ERP 系统的新插件、新版本，另一方面时刻留心企业需求，做到用最先进的 ERP 系统满足企业的需求，实现企业 ERP 系统的不断适配，从而得以维持企业的竞争力。

基于以上分析，企业在 ERP 系统上线之后仍需不断地进行环境扫描（Environmental scanning），时刻留心内部需求的变化，以便于把 ERP 最新的功能和企业最新的需求相适配，实现企业的目标。

ERP 理论与系统是从 MRPⅡ发展而来的。MRPⅡ仅能管理企业内部资源的信息流，随着全球经济一体化的加速，企业与外部环境的关系越来越密切，MRPⅡ逐渐不能满足需要，于是新的企业管理思想和软件应运而生了。在 MRPⅡ的基础上发展起来的企业资源计划（Enterprise Resource Planning，ERP）把原来的 MRPⅡ拓展为围绕市场需求而建立的企业内外部资源计划系统。ERP 突破了原来只管理企业内部资源的方式，把客户需求、企业内部的经营活动以及供应商的资源融合到一起，体现了完全按市场需求制造的经营思想。ERP 也打破了 MRPⅡ只局限于传统制造业的旧的观念和格局，把触角伸向各个行业，特别是金融业、通信业、高科技产业、零售业等，大大扩展了应用范围，如图 2-4 所示。

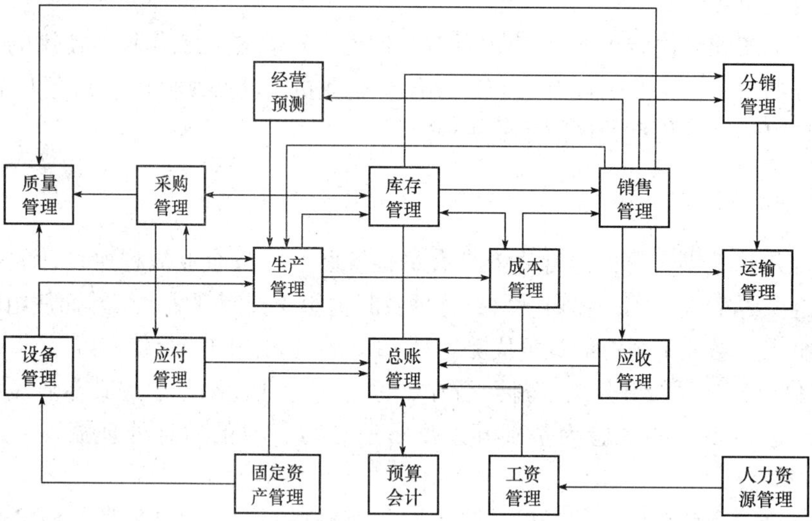

图 2-4 ERP 总流程图

一般来讲，ERP 系统具有以下特点：

（1）支持物料流通体系的仓库管理以及运输配送管理（供应链上供、产、需各个环节之间都有运输配送和仓储等管理问题）。

（2）支持在线分析处理（Online Analytical Processing，OLAP）、售后服务及质量反馈，实时准确地掌握市场需求的脉搏。

（3）支持生产保障体系的质量管理、实验室管理、设备维修和备品备件管理。

（4）支持跨国经营的多国家或地区、多工厂、多语种、多币制的需求。

（5）支持多种生产类型或混合型制造企业，汇合了离散型生产、流水作业生产和流程型生产的特点。

（6）支持远程通信、Internet、电子商务、电子数据交换（EDI）。

（7）支持工作流（业务流程）动态模型变化与信息处理程序命令的集成。

此外，还支持企业资本运行和投资管理、各种法规及标准管理等。概括地说，ERP 是建立在信息技术基础上，利用现代企业的先进管理思想，全面地集成了企业的所有资源信息，并为企业提供决策、计划、控制与经营业绩评估的全方位和系统化的管理平台。ERP 系统是一种管理理论和管理思想，不仅仅是信息系统。它利用企业的所有资源，包括内部资源与外部市场资源，为企业制造产品或提供服务创造最优的解决方案，最终达到企业的经营目标。由于这种管理思想必须依附于电脑软件系统的运行，所以人们常把 ERP 系统当成一种软件，这是一种误解。要想理解与应用 ERP 系统，必须了解 ERP 的实际管理思想和理念，才能真正地掌握与利用 ERP。

ERP 系统对现代企业的作用就好比是人体的神经系统。人体各部分的协调，要靠神经系统来传送信息。有国外学者认为，现在组织的复杂性已经超过了组织中个体的复杂性。人体需要神经系统来协调各部分的活动，对于比人体更复杂的组织而言，这样一种神经系统更是必不可少的。在制造型企业中，产品开发部门需要市场和生产方面提供的信息来指导产品开发；物流部门需要根据同生产部门、销售部门和供应商提供的信息组织物流。在销售型企业中，物流部门需要根据各销售点上的销售情况组织货源、进行配送。企业的神经系统就是由 ERP 等信息系统构成的。这种系统过去有，现在有，将来永远都会有。信息技术为企业内部、企业与企业之间、企业与客户之间的信息传递和共享提供了强有力的技术手段，ERP 就是基于这种技术手段的企业信息系统。由于市场的竞争愈演愈烈，世界的变化越来越快，这就要求企业具有越来越快的反应能力，而高效、有效的信息系统是快速反应能力的基础。因此企业对于 ERP 系统的需求呈快速增长趋势。

ERP 是将企业所有资源进行整合集成管理，简单地说，是将企业的三大流——物流、资金流、信息流进行全面一体化管理的管理信息系统。它的功能模块不仅可用于生产企业的管理，而且在许多其他类型的企业如一些非生产，公益事业的企业也可导入 ERP 系统进行资源计划和管理。

ERP 在中国的应用与推广已经历了近 20 年从起步、探索到成熟的历程。据不完全统计，我国目前已有约 700 家企业购买或使用了这种先进的管理软件。从 1997 年开始到 21 世纪初的整个时期，ERP 应用范围从制造业扩展到第二、第三产业；并且由于不断的实践探索，应用效果也得到了显著提高，进入了 ERP 应用的“成熟阶段”。

ERP 把它的触角伸向各个行业，特别是对第三产业中的金融业、通信业、高科技产业、零售业等情有独钟，从而使 ERP 的应用范围大大地扩展。例如，德国著名的 ERP 软件供应商 SAP 公司就推出了多种行业的解决方案，其中除了传统的制造业外，还有金融业、高科技产业、邮电与通信业、能源（电力、石油与天然气、煤炭业等）、公共事业、商业与零售业、外贸行业、新闻出版业、咨询服务业，甚至于医疗保健业和宾馆酒店等行业的解决方案。

另外，随着市场经济的发展，中国企业原有的经营管理方式早已不适应剧烈竞争的要求。企业面临的是一个越来越激烈的竞争环境，ERP 由于具有更多的功能而渐被企业所青睐。它可为企业提供投资管理、风险分析、跨国家跨地区的集团型企业信息集成、获利分析、销售分析、市场预测、决策信息分析、促销与分销、售后服务与维护、全面质量管理、运输管理、人力资源管理、项目管理以及利用 Internet 实现电子商务等 MRP II 不具备的功能，企业能利用这些工具来扩大经营管理范围，紧跟瞬息万变的市场动态，参与国际大市场的竞争，获得丰厚的回报。

供应链管理系统是ERP管理系统的重要组成部分，它是以企业购、销、存业务环节中的各项活动为对象，不仅记录各项业务的发生，还有效跟踪其发展过程，为财务核算、业务分析、管理决策提供依据，从而实现财务、业务一体化全面管理，实现物流、资金流管理的统一。

在激烈的市场竞争环境下，通过有效的供应链管理，控制、优化整个供应链的运作，是企业提升竞争力的有效途径。ERP供应链管理以企业购、销、存业务活动为对象，实现物流、资金流和信息流的统一管理。

ERP供应链管理系统主要包括采购管理、销售管理、库存管理、存货核算、GSP质量管理几个模块。主要功能在于增加预测的准确性，减少库存，提高发货供货能力；减少工作流程周期，提高生产效率，降低供应链成本；减少总体采购成本，缩短生产周期，加快市场响应速度。同时，在这些模块中提供了对采购、销售等业务环节的控制，以及对库存资金占用的控制，完成对存货出入库成本的核算。使企业的管理模式更符合实际情况，制订出最佳的企业运营方案，实现管理的高效率、实时性、安全性、科学性。

本章小结

本章沿着企业资源计划的发展轨迹，对ERP系统进行了相关介绍。订货点法源于企业的库存管理，订货点法自身的缺点促使人们对其进行改良，MRP应运而生，经过MRP II的改良发展了ERP系统。ERP系统具有集成性、最佳实践性和不断演进的特点。ERP将企业所有资源进行整合集成管理，将企业的三大流——物流、资金流、信息流进行全面一体化管理的管理信息系统。

案例分析

制造业ERP目标界定失败原因探秘[1]

根据有关研究机构的数据，ERP项目的实施能够达到预期目标的比例不足40%，有业内人士估计实际数字可能更不乐观。实际上，ERP项目成功之难已经成为业界共识，甚至由此还衍生出著名的“不上ERP是等死，上ERP是找死”的说法。这到底是什么原因造成的？如何规避ERP项目风险？

制造业占我国GDP比重现在已经超过三分之一，是当之无愧的立国之本。近年来，我国经济下行压力增大，结构调整艰难，CPI持续涨幅，资源环境约束凸显，传统制造步入发展的瓶颈期，面临着转型升级与增强核心竞争力的现实问题。在激烈竞争和快速变化的市场中，很多制造型企业经营困难，越来越多的问题涌现和暴露出来：创新能力和竞争能力不足，业务增长乏力，内部管理粗放，延期交货多，资金周转慢，利润越来越薄等。因此，用

1 董海涛．制造业ERP失败原因探秘［N］．计算机世界，2015－10－19（020）．

信息技术改造和提升中国的传统制造业，振兴中国实体经济，已成为当务之急。

制造型企业的ERP需求明显，但实施的成功率却不高。由于各方面条件的限制，ERP的实施能够达到预期目标的比例仍然不足40%。当前，我国处于社会转型期和建设现代企业制度的过渡阶段，相当一部分企业主存在重业务、轻管理，重规模、轻内涵，重增长速度、轻发展质量的传统思想，企业管理基础不牢，管理水平不高，经济效益不好。因此，深入探讨和挖掘企业ERP实施的成功经验，改变有些企业主对ERP观念和认知的偏差，为我国企业提高ERP实施成功率提供现实性的指导和借鉴就显得尤为重要。

要分析ERP实施的关键成功因素，首先要界定成功的标准，怎样才算成功。成功的标准难以界定的原因有：

一、企业环境复杂多变，管理没有标准答案

德鲁克精辟地阐述了管理的本质：管理是一种实践，其本质不在于知，而在于行；其验证不在于逻辑，而在于成就。企业的基础和环境不同，管理的理念和方法各异，我们常说管理讲究具体的场景，具体问题具体分析，仁者见仁、智者见智。制造型企业生产组织方式多样，管理特点各异。不同行业、不同类型的制造型企业的业务特点、管理模式、信息化建设的重点、难点和需求都是不同的。ERP作为一种管理思想和工具，在不同的企业实施和应用后可能会有不同的结果。即便是同一款软件由同一团队实施在不同的企业也不会有完全相同的结果。因此，有人认为用了ERP，企业管理水平就能立即上个台阶，这种理想化的认知忽略了ERP与企业环境之间的复杂关系。

二、每个软件都有自己的特点和局限性

ERP软件良莠不齐，它们在系统架构、市场定位、功能特色等方面都存在差异。如市场定位，有的是针对大型集团企业，有的是针对中小型企业，如果企业选择了不适合自己企业规模和发展阶段的ERP软件，无疑会影响ERP的运用效果。虽然都叫ERP，但功能有强有弱，适用领域有宽有窄。例如，用友、金蝶是从财务领域发展起来的，SAP从生产制造领域起家，IFS从设备资产管理领域起步，它们都有自己的特色和优势。因此，ERP软件本身的差异，直接影响了ERP的实施成功率。

三、人的因素变数最大

ERP项目不是交钥匙工程，而是一个复杂的知识转移的过程。人们经常看到，一个优秀的顾问同时负责几个项目，而且都能实施成功，而有的顾问却把一个很好的软件在很好的客户那里实施失败。这里面有个人工作态度、技术水平、行业经验、项目把控能力等方面的原因，也可能是关键人员变动或流失，供应商和客户沟通配合等方面出了问题。就如结婚过日子的甲乙双方两口子，彼此的价值观、生活习惯和合作态度等都直接影响生活的幸福指数。因此，人的因素会造成项目实施效果不同，其实ERP应用的成败归根到底就是人。

那么如何判定一个ERP项目是否成功？

第一，可从客户评价的角度来看。客户不满意，不能说ERP成功。客户评价包含企业和个人两个维度，分别来自企业需求和个人需求两方面。企业需求归根到底是企业要实现什么目标、解决什么问题和避免什么风险。个人需求比如产品的应用体验，对厂商和顾问的印象和感觉，个人从中受益还是受影响等诸多方面。个人评价主观性强、随意性大，一个企业里的不同人员，由于其所处立场和角度，以及自身对ERP理解和认知的不同，对ERP成功与否会有不同的评价和感受，有时甚至大相径庭。

第二，从专业机构评估的角度来看。国外的 MRPⅡ ABCD 级评价标准已不太适用当今 ERP 实施成功的评价。引入独立的项目监理和第三方评估机构，对项目实施全过程进行全面、全过程和动态的监控和管理，弥补了企业评价指标单一，评价方式不科学，评价人员不专业的缺陷。

第三，从项目验收付款的角度来看。ERP 作为一个项目，必须在目标、范围、质量、成本、时间几个要素的约束和平衡下开展工作。从项目管理的角度来评判 ERP 项目的成败，如合同履行完毕，双方权利义务得到实现，项目验收交付等。通常的做法，项目双方会把系统上线运行并且成功月结作为项目完工验收的标志。事实上，项目验收并不等于项目真正地实施成功，有时可能是软件供应商获得了客户主要领导的认可从而力排众议，或者出于双方战略合作方面的考虑，以及人际关系处理得好，客户做出的妥协和让步等，这另当别论。但正常情况下，项目验收付款、合同正常履约完毕表明双方对项目成果基本是认可的。

第四，从用户使用的角度来看。ERP 系统实施的成功与否用户最有发言权，只有大多数用户在使用较长一段时间后才有相对客观的评价。例如，选购的系统是否已全部运行起来，企业高层经理是否运用系统提供的信息进行管理和决策，财务和业务是否同步生成，账实是否相符，数据是否正确，员工是否相信系统、使用系统，企业是否有人在管理和维护系统，是否建立了系统要求的工作准则与业务流程，并在严格执行和持续优化。这些都是从使用者的角度去评判系统实施的成败。众所周知，MRP 是 ERP 的核心，如果计划排程、生产及成本管理层面没有正常运行，仅仅停留在财务和进、销、存层面，无疑这个 ERP 是不完整的，更不能说它是实施成功的。

第五，从效益的角度来看。由于经验曲线的作用，ERP 效益很少是系统上线就能立即显现出来的，必须要稳定运行和熟练使用一段时间后，ERP 产生的各种效益才会逐步显现。效益评价是对比先期设定的效益目标做出的，具体效益目标可以对比同行业先进企业，根据目标管理的 SMART 原则制定。效益有无形和有形之分，有形效益容易度量，而无形效益更多在于感知。

另外，还要注意企业投入了多少人、财、物等成本可以很容易地计算，但取得的收益很难说是单纯由实施 ERP 系统带来的，有些效益是业务带来的，有些是管理带来的，有些是长期战略性的红利。值得关注的是，ERP 成功的标准和定义并不是一成不变的。随着社会、经济和信息技术的不断发展，人们对企业管理与信息化认知程度的逐步提高，ERP 成功的外延和内涵都在发生变化。

思考题

1. 制造业目前面临的困境有哪些？
2. 界定 ERP 成功的标准为什么比较困难？
3. 在界定 ERP 实现的标准时有哪些成功的经验可以借鉴？

第三章

信息技术

★导入案例

新一代信息技术应用价值[1]

《中国制造2025》确定了以信息化和工业化融合为主线，以智能制造为主攻方向的制造强国战略指导方针。基于此，研究分析新一代信息技术在制造业的应用价值和应用路线具有必要性和紧迫性。新一代信息技术与工业技术的融合与创新正在以前所未有的广度和深度推动制造业发展模式的变革。美国IT咨询公司Gartner系统分析了近年来IT领域战略性技术发展趋势。云计算和移动应用从兴起走向成熟；以大数据为代表的数据处理和分析技术持续发展升级；3D打印技术方兴未艾；以物联网为基础的智能制造技术向智能机器及其互联方向发展，并成为近两年的热点，工业互联网正在工业领域实现万物互联；计算、存储、软件和网络技术持续升级，并不断取得突破。麦肯锡研究院在2013年发布《颠覆技术，即将变革生活、商业和全球经济的发展》的研究报告称，新一代信息技术作为颠覆性技术正在全面重塑我们的未来发展模式。

新一代信息技术核心应用价值主要来源于其内涵：

（1）云计算。作为一种低成本的资源交付和使用模式，用以提供可用的、便捷的、按需的网络访问，包括基础设施即服务（IasS）、平台即服务（PaaS）、软件即服务（SaaS）等类型。通过可配置、低成本的计算资源共享池（包括网络、服务器、存储、应用软件和服务等），实现资源的快速提供。云计算以扩大IT公共产品和服务提供能力为主要模式，可大幅提升IT系统效率，降低总体拥有成本，提升信息服务质量，创新信息服务模式，实现业务的移动、在线、跨域协同。

1　沈洪才．新一代信息技术应用价值和应用路线浅析［N］．中国航空报，2016－03－29（A02）．

（2）工业互联网。通过实现工业系统与高级计算、分析、感应技术以及互联网的连接融合，建立智能机器间连接以及人机连接，结合工业软件和大数据分析，重构工业形态，激发生产力。智能网络可实现互联机器网络的优化；系统级优化让员工能够提高效率并降低成本；智能决策让智能软件能够巩固机器和系统级的收益；持续学习成为更好地设计新产品和服务的关键。

（3）大数据。将计算技术与科学工程领域有机结合，实现各领域海量数据的获取、存储、管理、深度分析和可视化展现。从 IT（信息技术）到 DT（数据技术），大数据使组织具有更强的洞察发现力、流程优化能力和科学决策力，可充分利用海量、高增长率和多样化的信息资产。从大数据中可以发现新知识、新规律；让企业进行更准确的商业决策；通过大数据提供更好的服务；关联全量数据分析可提高商业价值。

（4）智能制造。通过先进传感、仪器、监测、控制和过程优化技术与实践的组合，将信息和通信技术与制造环境融合在一起，形成赛博物理系统（CPS），实现工厂和企业中能量、生产率和成本的实时管理。“动态感知”可全面感知企业、车间、设备的实时运行状态；“实时分析”可对获取的业务实时运行状态数据进行及时、快速的分析；“自主决策”可按照设定规则，根据数据分析结果，自主做出判断和选择；“精准执行”可执行决策，对设备状态、车间和生产线运行做出优化调整。

总体来说，新一代信息技术在市场供给侧可以支持企业提供更多类型的产品、服务，创建新的业务形态，提升质量和效益；在需求侧则可满足用户大规模个性化定制需求，支持人类对美好未来的向往。在整个社会的价值链流动中作为新兴的生产力工具正在起到无可替代的赋能作用。

第一节　计算机系统和计算机网络

一、计算机系统

1. 概述

计算机是一种具有快速计算和逻辑运算能力，依据一定程序自动处理信息，储存并且输出处理结果的电子设备。从 1946 年第一台电子计算机 ENIAC 至今，经历了电子管、晶体管、集成电路和大规模集成电路等阶段，并且在研制以人工智能为主要特征的第五代计算机。一个完整的计算机系统应当包括硬件、软件和使用它们的人三大部分。硬件是指构成计算机系统的物理设备的总称，通常是电子的、机械的、磁性的或光的元器件或装置；软件是程序及有关文档的总称。程序是由一系列指令组成的，指挥计算机按照指定顺序完成特定任务。程序执行结果是按某种格式产生的输出。软件包括系统软件和应用软件。对 MIS 而言，系统软件的一个重要部分是数据库。它是数据组织与管理的基础，也是管理信息系统的基础。软、硬件相辅相成，软件依赖硬件执行，没有应用软件，硬件不知道做什么。计算机系统之间进行网络通信时，负责连接的通信设备和线路，以及管理、调度这些设备和线路的软件，也成了计算机信息系统的一部分；人是计算机系统的重要组成部分，也是管理信息系统的重要组成部分。无论系统建设还是系统维护（硬件维护、软件维护和数据维护）都离不开人，离不开稳定、高素质的开发与管理团队，人永远是计算机系统中最重要的部分。所以，一个计算机信息系统是硬件、软件和人的结合，所有这些要素有机组织起来对数据进行输入、处理和输出。管理信息系统就是对管理数据进行输入、加工处理和输出的。

2. 计算机系统分类

计算机技术的发展使其分类问题变得比较复杂，可以按操作对象分类，也可以按用途和规模分类。按操作对象可以分为模拟计算机和数字计算机；按用途可以分为通用计算机和专用计算机；按规模可以分为巨型机、大中型机、小型机、工作站和微机等；根据应用可以分为主机（Host）、网络服务器（Server）和工作站（Workstation）。对 MIS 而言，为了达到资源共享，以计算机作为基本信息处理手段，以网络通信设备作为信息传输手段，MIS 的计算机系统采用网络服务器中网络连接设备 + 工作站方式，不是一个独立的计算机台式系统，而是一个互联的，共享硬件、软件和数据资源的网络信息处理系统。

3. 计算机工作原理

计算机的结构，是由美籍数学家冯·诺依曼提出的（简称冯·诺依曼体系结构）。这一体系的基本思想可以归纳为：

（1）计算机应由运算器、控制器、存储器和输入、输出（I/O）设备组成。

（2）采用存储程序的方式。

（3）以运算器为中心，输入、输出设备和存储器的传送都通过运算器来完成。

（4）计算机的执行指令在存储器中按顺序存放。指令所在的单元地址，一般按顺序递增。冯·诺依曼体系结构的工作原理包括二进制原理、程序存储原理和顺序控制原理三部分。计算机每完成一个基本操作，都是执行一条相应指令的过程。指令是规定计算机操作类型和操作数地址的一组字符。计算机完成一项有实际意义的工作，一般需要执行一系列有序排列的指令，为解决某个问题而设计并且适合计算机处理的一系列有序排列的指令即是程序。根据程序存储和顺序控制原理，将程序存储在计算机内，在程序的控制下，计算机逐一执行程序中的指令，最终完成预定的任务。

4. 计算机硬件

计算机硬件是由电子的、机械的、磁性的等实实在在的元器件组成的各种物理装置。一般由中央处理器、主存储器、辅助存储器、输入和输出设备等组成。从物理构造来讲，微型计算机由显示器、键盘和主机构成。主机是计算机的核心部件，它和其他外设安装在主机箱中。在主机箱内有主板、硬盘驱动器、CD－ROM、软盘驱动器、电源、显示适配器等。微机主板包括中央处理器（CPU）、内部存储器、输入输出接口部件三大部分。各种外部设备通过输入输出接口部件与主机相连。主机内部各部分之间由三条总线（地址总线、数据总线、控制总线）相连。处理数据的能力是计算机系统的关键。

（1）中央处理器（Central Processing Unit，CPU）是计算机系统最主要的部件，它由运算器与控制器组成。运算器有算术逻辑部件 ALU 和寄存器，控制部分有指令寄存器、指令译码器和指令计数器等。运算器或称算术/逻辑单元（ALU）进行算术运算和逻辑比较。控制器依次访问程序指令，进行指令译码，并且协调 ALU、主存储器、辅助存储器和各种输入、输出设备的数据流入、流出。

（2）存储器（Memory）。存储器是计算中用来存储程序和数据的部件，它主要用于在控制器的控制下按照指定的地址存入和取出信息。它由许多存储单元组成，每个单元有一个编号，称为地址，为了便于数据传送和管理，常把位数分成若干段，每段 8 位，称为一个字节。在计算机的存储器中，数据按字节编址，每个地址单元8 位，即一个字节（也称字节单元），所有的字节单元的总数称为容量，存储容量的单位是 KB、MB 与 GB 等。1 KB =1 024 字节，1 MB =1 024 KB，1 GB =1 024 MB，1 TB =1 024 GB。

存储器也是计算机的主要组成部件，与中央处理器合称为主机。它包括主存储器与辅助存储器。主存储器又称为内存或主存，主要存放当前运行的程序或处理的数据，它包括 RAM（Random Access Memory）和 ROM（Read Only Memory）。辅助存储器又称外部存储器或外存，是主存的后备和补充，当计算机需要外存上的程序或数据时，首先要将其从外存调入内存。常见的外存有软、硬磁盘存储器、光盘存储器（包括只读光盘、一次写入光盘、可重写光盘）、优盘等。

（3）输入、输出设备。输入、输出设备是计算机主要的外部设备，可以说计算机离开外部设备就无法工作。输入设备是把程序、数据、字符、图形、图像和声音等输入到计算机中去，因此输入设备是人与计算机的一个接口。常用的输入设备有键盘、鼠标、扫描仪、数码相机、光笔、触摸屏、条码、IC 卡、磁卡等。它们将直接或间接或远程输入到计算机系统的数据，转换成机器可读的二进制数据。管理信息系统都有大量原始数据输入，光电扫描输入将成为重要的输入方式，开发扫描输入系统将是缩短系统开发周期的重要方向。

输出设备包括视频显示器、各种打印机，如针式打印机、激光打印机、喷墨打印机，以及声音应答器等。它们将计算机产生的各类电子信息转换成终端用户可以观察理解的形式，如文字、图形或声音等。

5. 计算机软件基础

软件是一些程序的集合。这些程序有的用来支持计算机工作和扩大计算机的功能，有的则专为某种具体问题而编制，如 MIS。由于这些程序是看不见、摸不着的，所以称为“软件”。只有硬件而没有软件的计算机称为“裸机”，它几乎是无用的。只有当软件和硬件结合成一体并且组成计算机系统后，才能发挥计算机的作用。随着软件的发展，软件的定义也逐步变化。通常，狭义地将软件定义为程序，广义的软件一般包括以下 3 个部分：

（1）程序：用计算机语言表达计算机所处理的一系列步骤。

（2）文档：软件开发过程中的计划、设计、制作和维护等资料。

（3）使用说明书：指导使用软件的各种说明书，如用户手册、操作手册、维护手册等。

随着硬件的不断发展，计算机软件也得到了迅速的发展。计算机语言从机器语言经过汇编语言、高级语言发展到第四代语言。操作系统也不断地完善，使得计算机的软件资源和硬件资源协调一致、高效率地工作，为用户提供简单的操作和管理方法。计算机网络软件控制着由通信线路连接起来的多台计算机，使网络上的用户能够实现硬件、软件和数据的共享。

6. 计算机软件的分类

根据用途和性能，软件可以分为系统软件和应用软件两类。当计算机在执行各类信息处理任务时，那些管理与支持计算机系统资源及操作的程序，称为系统软件。它是处于硬件与应用软件之间，为有效地利用计算机的各种资源和方便用户使用计算机的一组程序。系统软件负责协调整个计算机系统的硬件和各种程序间的活动和功能。一个系统软件是为专门的

CPU 和硬件设计的。将特定的硬件配置与系统软件结合，就形成所谓的计算机系统平台。应用软件是那些综合用户信息处理需求的，直接处理特定应用的程序。应用软件能够帮助用户解决特定技术问题。

（1）系统软件。系统软件包括各种语言的汇编、解释或编译系统，如计算机监控、调试、诊断、故障检测程序，数据库管理程序，操作系统和网络通信管理程序等。系统软件根据所完成功能的不同，可以分为以下四类。

①语言处理程序。这类程序主要帮助用户开发信息系统的应用程序。它是将各种程序设计语言所编写的程序“翻译”成计算机的机器语言，从而被计算机执行的一种程序，主要包括各种语言解释器（Interpreter）、编译器（Compiler）、程序设计工具及计算机辅助软件工程包（Computer Aided Software Engineering，CASE）。

②操作系统。操作系统（Operating System，OS）是计算机最基本也是最重要的软件包。它是用来对计算机软硬件资源进行统一管理、统一调度和统一分配的程序，如 CPU 管理、存储器管理、文件管理和外部设备管理等程序。一般来说，操作系统有用户界面、资源管理、任务管理、文件管理、提供常用的实用程序与必要的支持服务五大功能。目前常用的操作系统有 Microsoft 的 Windows 系列，Apple 的 Macintosh OS，Unix，SUN Solaris 和 Linux 等。

③通信程序。通信管理软件是通信网络的一个重要部分。通信管理软件控制与支持通信网络上的数据通信活动。数据通信是一个非常复杂的过程，这组程序就是用来控制数据通信过程，提高数据通信的自动化程度的。局域网依靠的通信管理软件称为网络操作系统，例如，Microsoft Windows 2000/NT，Linux，Novell NetWare。通信管理软件提供多种通信服务，提供存取功能、传送控制、网络管理、出错控制、安全管理等一些常用功能。

④数据库管理系统。数据库管理系统（Data Base Management System，DBMS）也是一种系统软件，这种软件帮助企业开发、使用、维护和组织数据库。它既能将所有数据集成在数据库中，又允许不同用户运用程序方便地存、取相同数据库。数据库是数据之间关系错综复杂的数据集合，DBMS 能够有效地管理和使用这些数据，它可完成对数据的编辑、查询、统计、排序等操作，如常见的 SQL Server，Visual FoxPro 等。

（2）应用软件。应用软件是计算机各种应用程序的总称。凡是用户利用计算机的硬件和系统软件所编制的解决各类实际问题的程序，都可称为应用软件，它的主要功能是解决一个实际问题或完成一项具体工作。这类软件一般由软件人员或计算机用户针对具体工作编制。应用软件分为两类：一类是不分业务、行业的公用应用软件；另一类是按业务、行业分的专用应用软件。

①公用应用软件。公用应用软件有进行数据分析、统计分析的数据处理软件，如统计分析软件包 SPSS；声音、图形、图像、文献等信息处理和进行信息检索的软件；自然语言处理、模式识别、专家系统等人工智能方面的软件；计算机辅助设计（CAD）、辅助制造（CAM）、决策支持系统（DSS）、结构分析等应用软件。

②专用应用软件。最个别的专用应用软件是只能用于一个单位的软件，如果稍加扩充，则可以供多个单位使用。某种专门用途的应用软件，如财会核算软件就是会计业务方面的应用软件。同一应用范围的软件，经过实践检验，取长补短，修改完善，形成性能良好、规格统一的模块化程序，称为应用软件包。

③程序设计语言。程序设计语言种类繁多，不同应用采用不同的程序设计语言。对于MIS而言，主要采用与数据库开发相关的第四代语言。这些语言一般集成在开发环境中，如Visual C++，Visual BASIC，对象Pascal，Power Builder Script和C++等。

二、计算机网络

计算机网络是管理信息系统运行的基础。由于一个企业或组织中的信息处理都是分布式的，把分布式信息按其本来面目由分布在不同位置的计算机进行处理，并通过通信网络把分布式信息集成起来，是管理信息系统的主要运行方式，因此，计算机网络是管理信息系统的基本使用技术。

（一）计算机网络的概念与分类

1. 计算机网络的概念

计算机网络是用通信介质把分布在不同地理位置的计算机和其他网络设备连接起来，实现信息互通和资源共享的系统。计算机网络的重要概念：

网络介质：数据传输的物理通道，有同轴电缆、双绞线、光纤、微波、卫星信道等。

协议：网络设备间进行通信的一组约定。如IEEE802. 380 2. 4，FDDI，ATM等。网络协议具体规定了设备间通信的电气性能、数据组织方式等。

节点：网络中某分支的端点或网络中若干条分支的公共汇交点。

链路：是指两个相邻节点之间的通信线路。

2. 网络拓扑结构

拓扑是描述线和点及其之间关系特性的几何术语。在网络中用它来描述计算机之间的连接形式，称为网络拓扑结构。最完美的连接应是每一个网络节点都直接与其他节点相连，称为全互联结构，那么，它的通信效率、安全性等将处于最好状态。但这在节点较多时不仅需要大量的电缆，更困难的是每个节点要有插口连接这些电缆，这是不现实的。目前几种常用的拓扑结构有星型、总线型、环型，每一种结构都各有利弊，在实际联网中要慎重考虑。

（1）星型。它以一台中央设备（通常是交换机或集线器）为中央节点，使用电缆将其他网络工作站、网络服务器等各种设备与中央节点相连。它的主要优点是组网连接简便，易于扩展，只要完成设备与中央节点的连接即可；信息传输简便，经过中央节点即可实现网络上任意两个设备的连接；每个节点都连接到中央点，便于故障的检测和隔离。它的缺点是连接电缆费用较大，而且对中央节点的依赖性较强，中央节点一旦出现故障，则全网瘫痪。

（2）总线型。它是安装最简单的拓扑结构，所有的网络设备都连接到一条主干电缆上。这条电缆称为总线，信息沿总线进行双向传输。任一时刻，只能有一个节点占用总线发送信息，其他节点只能接收信息。当一个节点想发送信息之前，先要检查总线上是否有信息在传输，如果有，它只能等待并不断检测直至总线空闲为止。因为许多节点共享总线，所以信息在到达目的地的途中要经过若干节点，每个节点都要检查信息的目的地址，如果和自己的地址匹配，就将它通过网卡接收下来，然后处理这些信息。它的各个节点的接头之间通常有一最短距离，避免各节点间信号干扰，而且主干电缆的两个端点必须正确终止，如果没有终止，信号会反弹回总线，引起冲突和干扰。

总线型网的优点是要求最少的电缆，易于安装和扩展，而且成本较低。它的缺点是由于网络信息的传输依赖于每一个节点的正常工作，因此即使一个节点的连接出现故障，也可能会导致整个网络出现问题；信号在总线上衰减使信号减弱，而且信息沿公用线路传送，正确性和安全性较差；另外故障检测困难，可能需要检查全网的连接。

（3）环型。它的拓扑结构看起来像首尾相连的总线结构，但它在功能上与总线结构有很大差别。环型网上的数据流在计算机之间单向传输。信息被传递给相邻节点时，每个节点对它重新传输，这种结构保证了信息能可靠地穿越一个大型网络。令牌传递方法经常用于在环型结构中控制信息传递，令牌沿网络传递，得到令牌控制权的设备可以传输数据，数据沿环传输到目的地，目标设备发给源设备一个确认，然后，令牌传递给另一个设备。

对于大型网络，与星型或总线结构相比，环型网络有许多好处，因为信号由经过的每个设备再生，它可以传输更长的距离而不衰减，令牌传递有助于建立一个有序的网络，每台设备得到传输数据的机会相同，在负载繁重的条件下，能提供较通畅的网络访问。它的缺点是一个节点的故障可能引起整个环路的工作瘫痪，另外添加或拆除一个节点比较麻烦，通常要断开整个环路，并中断网络的正常工作。

不同的网络结构各有其特点，在系统建设中必须根据系统的响应时间、信息量、系统投资、可靠性要求等进行综合分析。

3. 计算机网络的分类

计算机网络根据网络应用范围和应用方式不同，可分为以下几类：

（1）局域网（LAN）。局域网指传输距离在 0.1 ~ 10 km，传送速率在 1 ~ 10 MB/s 的范围较小的一种网络。局域网是计算机网络发展最快的一个分支，经过 20 世纪 60 年代的技术准备，20 世纪 70 年代的技术开发和 20 世纪 80 年代的商品化阶段，现在已经在企事业单位的计算机应用中发挥着重要作用，目前正朝着多平台、多协议、异机种方向发展，数据速率和带宽也在不断提高。

（2）广域网（WAN）。广域网是局域网的扩展。广域网一般由相距较远的局域网经由公共电信网络互连而成，数据传输速率一般为 1.2 KB/s ~ 1.554 MB/s，传输距离可遍及全球。

（3）综合业务数字网（ISDN）。综合业务数字网是一种能在一个网络内传送多种业务信息的网络，包括数据、图像、语音、文字等，能够满足一个单位的日常业务中的网络应用需要。随着网络技术的发展，带宽和传输速率的不断提高，目前的网络技术已经能够满足 ISDN 的要求，ISDN 已经成为网络系统发展的重要方向。

（4）Internet。Internet 即"因特网"，是最大的国际互联网。该网起源于美国国防部的 ARPA，包含各种不同领域的应用系统，能够提供商务、政治、经济、娱乐、新闻、科技等各类信息，实现全球范围的信息资源共享。Internet 发展很快，目前，Internet 已形成覆盖全球的网络，成为远程网的代名词。我国的 CHINANET、CERNET 等都是该网的一部分。

由于局域网技术在信息系统建设中具有重要地位，以下主要对局域网技术进行讨论。

（二）局域网技术

1. 网络体系结构

网络体系结构按其发展过程，经历了文件共享处理环境和客户/服务器分布式处理等阶段。

（1）文件服务器/工作站。在20世纪60到80年代，网络应用主要是集中式的，采用主机—终端模式，数据处理和数据库应用全部集中在主机上，终端没有处理能力，这样，当终端用户增多时，主机负担过重，处理性能显著下降，造成“主机瓶颈”。20世纪80年代以后，文件服务器/工作站结构的微机网络开始流行起来，这种结构把DBMS安装在文件服务器上，而数据处理和应用程序分布在工作站上，文件服务器仅提供对数据的共享访问和文件管理，没有协同处理能力。这种方式可充分发挥工作站的处理能力，但网络负担较重，严重时会造成“传输瓶颈”。

（2）客户/服务器（Client/Server）。客户/服务器是20世纪80年代产生的崭新应用模式，这种模式把DBMS安装在数据库服务器上，数据处理可以从应用程序中分离出来，形成前后台任务，客户机运行应用程序，完成屏幕交互和输入、输出等前台任务，服务器则运行DBMS，完成大量的数据处理及存储管理等后台任务。由于共享能力和前台的自治能力，后台处理的数据不需要在前后台间频繁传输，从而有效解决了文件服务器/工作站模式下的“传输瓶颈”问题。客户/服务器模式有以下几个方面的优点：

①通过客户机和服务器的功能合理分布，均衡负荷，从而在不增加系统资源的情况下提高了系统的整体性能。

②系统开放性好，在应用需求扩展或改变时，系统功能容易进行相应的扩充或改变，从而实现系统的规模优化。

③系统可重用性好，系统维护工作量大为减少，资源可利用性大大提高，使系统整体应用成本降低。

（3）分布式处理。分布式处理环境以计算机网络为依托，把各个同时工作的分散计算单元、不同的数据库、不同的操作系统连接成一个整体的分布式系统，为多个具有不同需要的用户提供一个统一的工作环境。

分布式处理环境是网络技术发展的必然，大多数组织机构，如银行、企业系统等本身就是分布式的，自然会要求分布式处理，同时，工业生产体系结构由树形发展为网状，贸易的全球化，人们对资源共享的要求普遍化，都要求采用分布式信息处理，以适应客观世界的本来运行模式。国际标准化组织（ISO）与国际电报电话委员会（CCITT）联合制定了一个分布式系统的标准，称为“开放式分布处理”，目的就是为大范围的分布式应用提供一个统一的参考模型。

（4）Intranet/Extranet。Intranet（企业内部网）是把Internet技术应用到企业内部建立的基于开放技术的新型网络体系结构，可以说是组织内部的Internet。

Intranet采用浏览器/服务器系统结构，这种结构实质上是客户/服务器结构在新的技术条件下的延伸。在传统的客户/服务器结构中，Server仅作为数据库服务器，进行数据的管理，大量的应用程序都在客户端进行，这样，每个客户都必须安装应用程序和工具。因而，客户端很复杂，系统的灵活性、可扩展性都受到很大影响。在Intranet结构下，客户/服务器结构自然延伸为三层或多层结构，形成浏览器/服务器（Browser/Server）应用模式。

在这种方式下，Web Server既是浏览服务器，又是应用服务器，可以运行大量的应用程序，从而使客户端变得很简单。其工作方式有Java Applet，JDBC等。

Extranet则是使用Internet/Intranet技术使企业与其他企业或客户联系起来，完成共同目标的合作网络，是 Intranet 与 Internet 之间的桥梁。

Extranet 既不像 Internet 那样提供公共服务，也不像 Intranet 那样仅仅提供对内服务，它可以有选择地向公众开放其服务或有选择地向合作者开放其服务，为电子商贸或其他商业应用提供有用的工具。通常情况下，Extranet 只是 Intranet 和 Internet 基础设施上的逻辑覆盖，而不是物理网络的重构。

2. 网络操作系统

网络操作系统是管理网络资源的系统软件，是网络运行的基础。一般来说，网络操作系统对系统的性能有着显著影响。网络操作系统的作用：在服务器端，管理各类共享资源，在工作站端，向用户和应用程序提供一个网络界面。网络操作系统的性能包括以下方面：硬件无关性、桥接能力、支持多服务器、支持多用户、存取安全控制、网络管理、用户界面、支持多协议的能力等。

3. 几种典型的局域网络简介

局域网的类型划分至今没有公认的标准，在信息系统应用中，往往根据网络操作系统的不同，把网络称为 Novell 网、Windows NT 网、UNIX 网；而在系统设计中，又往往根据底层实现的不同，称为以太网、令牌环网等。根据介质中数据传输控制方法的不同，介绍几种常用的局域网络。

（1）以太网（Ethernet）。以太网是按照 IEEE802. 3 协议建立的局域网络，采用载波侦听多路访问技术，即当一个节点有报文发送且已准备就绪时，先检测信道，如信道空闲，就在下一个时间片占用信道并发送报文，若信道忙，该节点就不能发送。由于报文在信道上传输有一定延迟，而节点发送报文是随机的，因而存在着发报冲突。IEEE802. 3 协议规定了 CSMA/CD（载波侦听多路访问/冲突检测）协议标准，这样，所有站点在发送信息的同时，也能检测冲突，一旦有冲突，就推迟发送。

在大型网络中，随着传输冲突的增加，以太网效率会急剧下降，因而，一般只能作为小型网络或工作组网络的选型，不宜作为主干网。

（2）令牌环网（Token-ring network）。令牌环网即 IEEE802. 4 协议，采用按需分配信道的原则，即按一定的顺序在网络节点间传送称为“令牌”的特定控制信息，得到令牌的节点若有信息要发送，则将令牌置为忙，表示信道被占用，随即发送报文。报文发送完毕后将令牌置为空，传给下一站点。这种方法在较高通信量的情况下仍能保证一定的传输效率。

（3）快速以太网（Fast Ethernet）。快速以太网保留了以太网的 CSMA/CD 技术，是以太网的发展，但速度可达 100 MB/s，近年来又有千兆位以太网面世。快速以太网在一定程度上缓解了网络瓶颈现象，在小型网络应用中有较高效率，但传输距离有限，不适合作为大型网络的主干网。

（4）FDDI（光纤分布式数据接口）。FDDI 采用光纤作为传输介质，以令牌环方式仲裁站点对介质的访问，传输速率可达 100 MB/s；采用双环备份方式，传输距离远，可靠性高，互操作能力强，适合于作为局域网络主干网选型。

（5）ATM（异步传输模式）。ATM 是一种以信元为单位在设备间传输信息的方式，传输速率为 155 MB/s，最高可达 622 MB/s，信元内可携带任何信息进行传送。ATM 采用面向连接的服务方式，支持不同速度的设备，具有较高的灵活性。缺点是价格昂贵，至今没有统一的国际标准，在局域网应用中，正受到快速以太网的挑战。

（三）网际互联——Internet 技术

局域网技术在20世纪80年代获得了广泛的应用，为管理信息系统的普及应用提供了技术上的可行性。但随着管理信息系统的发展和信息技术应用水平的不断提高，一个企业或组织往往需要更为广泛的信息联系，这些应用超出了局域网的应用范围，同时由于局域网用户的信息交互主要集中在局域网内部，如果建设更大规模的网络，又由于信息流量、传输距离等因素的制约而显得既不现实也不必要，因而，把不同的局域网通过主干网互联起来，既能满足信息技术应用日益发展的需要，又可以充分保护已有的投资，成为网络技术发展的重要方向。

网际互联即通过主干网络把不同标准、不同结构甚至不同协议类型的局域网在一定的网络协议的支持下联系起来，从而实现更大范围的信息资源共享。为了实现网络互联，国际标准化组织（ISO）提出了开放系统互联（Open tern Interconnection，OSI）参考模型，凡按照该模型建立起来的网络就可以互联。现有的网络互联协议已或多或少地遵循OSI的模式。

Internet 即是在 TCP/IP 协议下实现的全球性的互联网络，称为“Internet 网际”，我国称之为“因特网”。

Internet 的前身是美国国防部高级计划研究局（ARPA）建立的 ARPAnet 广域网，1982年，Internet 由 ARPAnet、MILAt（军事网络）等合并而成，1987 年开始，一些非军事性、非研究性的商用网络连入其中，逐渐形成了包括各行各业在内的国际互联网。

Internet 网络大致形成三层结构，最底层是大学、企业网络，中间层是地区网络，最上层是全国主干网。网络使用户不受地域的分隔和局限，在网络达到的范围内实现资源的共享。不管用户在什么地方，都可以使用网络上的程序、数据与设备。

为了在网络之间交换信息，需要在不同范围内实现网络的相互连接，从而形成由多个网络组成的互联网。Internet 就是全球最大的互联网，大量的各种计算机网络正在源源不断地加入到 Internet 中。通过 Internet，用户访问千里之外的计算机，就像用本地计算机一样。

计算机网络在结构上包括两个部分，一部分是连接于网络上的供网络用户使用的计算机的集合，这些计算机称为主机（Host），用来运行用户的应用程序或为用户提供资源和服务，网络上的主机也称为结点；另一部分是用来把主机连接在一起并在主机之间传送信息的设施，称为通信子网。

网络的出现，改变了计算机的工作方式；而 Internet 的出现，改变了网络的工作方式。

（四）OSI 参考模型

由于不同的局域网有不同的网络协议，不同的传输介质也各有其电气性能，为了使不同的网络能够互联，必须建立统一的网络互联协议。为此，国际标准化组织（ISO）在 1984 年公布的一个作为未来网络协议指南的模型——开放系统互连参考模型（OSI 模型）。在 OSI 模型中，所强调的“开放”指的是任何遵守开放系统互连参考模型和有关协议标准的计算机系统均能实现互联。一个系统在与其他系统互联时遵守了 OSI 标准，则可称其为开放系统；OSI 中的“系统”是指一个能够执行信息处理或信息传送的自治的整体，是组成这个整体的计算机、外部设备、传输设备、终端、有关软件以及操作人员的集合。

OSI 将整个网络的通信分为由低到高的七个层次，规定了每层的功能以及不同层如何协作完成网络通信。以这个理论模型为基础，ISO 等机构联合制定了一系列协议标准，规定了各层协议以及对上一层所提供的服务。OSI 参考模型结构和工作原理如图 3-1 所示。

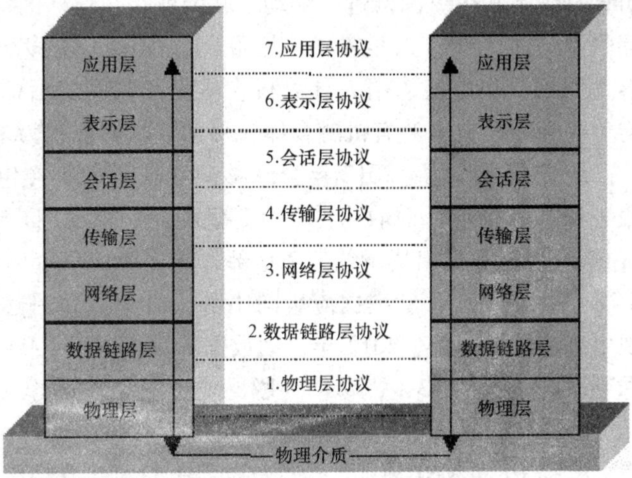

图 3-1　OSI 参考模型结构和工作原理

（1）物理层。物理层是建立在通信介质的基础上实现系统和通信介质的物理接口。本层主要处理与电、机械、功能和过程有关的各种特性，以便建立、维持和拆除物理连接。

（2）数据链路层。在物理层的基础上，用以建立相邻节点之间的数据链路，传送数据帧。本层将不可靠的物理传输信道变为可靠的信道，并将数据组织成适于正确传输的帧形式的数据块。帧中包含应答、流控制、差错控制等信息，以确保数据正确传输。

（3）网络层。控制通信子网的工作，解决路径选择、流控制问题以使不相邻节点之间的数据能够正确传送。

（4）传输层。提供两端点间可靠、透明的数据传输，管理多路复用。

（5）会话层。在两体之间建立通信伙伴关系，进行数据交换，完成一次对话连接。

（6）表示层。用以处理数据表示、进行转换、消除网内各实体间的语义差异，执行通用数据交换的功能，提供标准应用接口、公共通信服务。

（7）应用层。负责应用管理、执行应用程序，为用户提供 OSI 环境的各种服务，管理和分配网络资源，建立应用程序包等。

OSI 的七层功能可分为三组，第 1、2 层解决网络信道问题，第 3、4 层解决传输服务问题，第 5、6、7 层处理对应用进程的访问。从控制的角度来看，第 1、2、3 层为传输控制层，解决网络通信问题，5、6、7 层为应用控制层，解决应用进程通信问题，第 4 层则是传输与应用之间的接口。

第二节 移动互联网[1]

一、移动互联网概述

早在20世纪末，移动通信的迅速发展就大有取代固定通信之势。与此同时，互联网技术的完善和进步将信息时代不断往纵深推进。移动互联网就是在这样的背景下孕育、产生并发展起来的。移动互联网通过无线接入设备访问互联网，能够实现移动终端之间的数据交换，是计算机领域继大型机、小型机、个人计算机、桌面互联网之后的第五个技术发展周期。作为移动通信与传统互联网技术的有机融合体，移动互联网被视为未来网络发展的核心和最重要的趋势之一。统计数据显示：2012年全球移动互联网产业（包括终端、移动数据接入、移动互联网服务和网络设备）总收入约7 500亿美元；移动用户数达到64.3亿，其中3 G用户14.8亿；全球智能手机出货量约7.2亿部，同比增长51.6%；全球有66个国家开通了多达145个LTE商用网络；移动数据流量同比增长70%，每月达到885 PB。移动互联网在最近5年呈现出高速发展态势，2012年移动数据流量相当于2000年的12倍，移动互联网流量已占到全球互联网流量的13%，移动互联网业务量呈现爆炸式增长。爱立信流量与市场数据报告显示，目前传统话音业所占据的比例几乎可以忽略不计，而未来移动互联网仍将保持长期快速发展。据Cisco VNI预计：全球移动数据总量将在2017年接近11 EB/月。前摩根士丹利互联网分析师，KPCB合伙人Mary Meeker在年度互联网趋势报告中指出：中国移动互联网用户目前达到中国互联网用户总数的约80%，中国的移动互联网用户已达到“关键的大多数”，因此将主导移动商务的革命。她还大胆预计，2020年移动互联网将达到一百亿个设备的量级。

谷歌和苹果建立了当今全球移动互联网两大生态系统。移动智能终端操作系统的主导厂商包括苹果、谷歌和微软。目前移动互联网业务组织的主要形式是应用程序商店。应用程序商店改变了传统业务的组织和营销模式，基于移动应用商店的软件数目急剧增长。截至2012年底，苹果应用商店的应用数达77.5万个，下载累计超过400亿次。谷歌应用商店的应用数超过70万个，下载超过250亿次。尽管移动互联网业务的发展如此迅猛，摩根士丹利的调查报告指出：目前仍处于移动互联网发展的初级阶段。移动互联网的大规模发展和应用还需解决无线接入、切换与路由、资源管理、服务质量保证、网络安全等诸多技术问题。目前，移动互联网领域面临的技术问题，尤其是两个网融合问题已引起业界的广泛关注并提出了大量的相关解决方案。

二、移动互联网的基本概念

（一）移动互联网的定义及功能特性

尽管移动互联网是目前IT领域最热门的概念之一，然而业界并未就其定义达成共识。

---

1 吴吉义，李文娟，黄剑平，等．移动互联网研究综述［J］．中国科学：信息科学，2015，45（1）：30－36.

认可度比较高的定义是中国工业和信息化部电信研究院在 2011 年的《移动互联网白皮书》中给出的："移动互联网是以移动网络作为接入网络的互联网及服务，包括 3 个要素：移动终端、移动网络和应用服务。"该定义将移动互联网涉及的内容主要囊括为三个层面，分别是：①移动终端，包括手机、专用移动互联网终端和数据卡方式的便携计算机；②移动通信网络接入，包括 2G、3G、4G 等；③公众互联网服务，包括 Web、WAP 方式。移动终端是移动互联网的前提，接入网络是移动互联网的基础，而应用服务则成为移动互联网的核心。

上述定义给出了移动互联网两方面的含义：一方面，移动互联网是移动通信网络与互联网的融合，用户以移动终端接入无线移动通信网络（2G 网络，3G 网络，WLAN，WiMax 等）的方式访问互联网；另一方面，移动互联网还产生了大量新型的应用，这些应用与终端的可移动、可定位和随身携带等特性相结合，为用户提供个性化的、位置相关的服务。

移动互联网的基本特点包括：①终端移动性，通过移动终端接入移动互联网的用户一般都处于移动之中；②业务及时性，用户使用移动互联网能够随时随地获取自身或其他终端的信息，及时获取所需的服务和数据；③服务便利性，由于移动终端的限制，移动互联网服务要求操作简便，响应时间短；④业务/终端/网络的强关联性，实现移动互联网服务需要同时具备移动终端、接入网络和运营商提供的业务三项基本条件。

移动互联网相比于传统固定互联网的优势在于：实现了随时随地的通信和服务获取；具有安全、可靠的认证机制；能够及时获取用户及终端信息；业务端到端流程可控等。劣势主要包括：无线频谱资源的稀缺性；用户数据安全和隐私性；移动终端硬软件缺乏统一标准，业务互通性差等。

移动互联网业务是多种传统业务的综合体，而不是简单的互联网业务的延伸，因而产生了创新性的产品和商业模式：①创新的技术与产品，例如，通过手机摄像头扫描商品条码并进行比价搜索、重力感应器和陀螺仪确定目前的方向和位置等，内嵌在手机中的各种传感器能够帮助开发商开发出各种超越原有用户体验的产品；②创新的商业模式，如风靡全球的 App Store + 终端营销的商业模式，以及将传统的位置服务与 SNS、游戏、广告等元素结合起来的应用系统等。

（二）移动互联网的架构

1. 移动互联网的技术架构

移动互联网的出现带来了移动网和互联网融合发展的新时代，移动网和互联网的融合也是在应用、网络和终端多层面的融合。为了能满足移动互联网的特点和业务模式需求，在移动互联网技术架构中要具有接入控制、内容适配、业务管控、资源调度、终端适配等功能。构建这样的架构需要从终端技术、承载网络技术、业务网络技术各方面综合考虑。

（1）移动互联网的典型体系架构模型分为 3 个层次。

①业务应用层，提供给移动终端的互联网应用。这些应用中包括典型的互联网应用，如网页浏览、在线视频、内容共享与下载、电子邮件等；也包括基于移动网络特有的应用，如定位服务、移动业务搜索以及移动通信业务，如短信、彩信、铃音等。

②移动终端模块，从上至下包括终端软件架构和终端硬件架构。

a. 终端软件架构，包括应用 APP、用户 UI、支持底层硬件的驱动、存储和多线程内核等。

b. 终端硬件架构，包括终端中实现各种功能的部件。

③网络与业务模块，从上至下包括业务应用平台和公用接入网络。

a. 业务应用平台，包括业务模块、管理与计费系统、安全评估系统等。

b. 公共接入网络，包括接入网络、承载网络和核心网络等。

（2）从移动互联网中端到端的应用角度出发，移动互联网的业务模型分为5层。

①移动终端。支持实现用户UI、接入互联网、实现业务互操作。终端具有智能化和较强的处理能力，可以在应用平台和终端上进行更多的业务逻辑处理，尽量减少空中接口的数据信息传递压力。

②移动网络。包括各种将移动终端接入无线核心网的设施，如无线路由器、交换机、BSC、MSC等。

③网络接入。网络接入网关提供移动网络中的业务执行环境，识别上下行的业务信息、服务质量要求等，并可基于这些信息提供按业务、内容区分的资源控制和计费策略。网络接入网关根据业务的签约信息，动态进行网络资源调度，最大限度地满足业务的QoS（服务质量）要求。

④业务接入。业务接入网关向第三方应用开放移动网络能力API和业务生成环境，使互联网应用可以方便地调用移动网络开放的能力，提供具有移动网络特点的应用。同时，实现对业务接入移动网络的认证，实现对互联网内容的整合和适配，使内容更适合移动终端对其的识别和展示。

⑤移动网络应用。提供各类移动通信、互联网以及移动互联网特有的服务。

2. 移动互联网的业务体系

移动互联网作为传统互联网与传统移动通信的融合体，其服务体系也是脱胎于上述二者。移动互联网的业务主要包括三大类：

（1）固定互联网业务向移动终端的复制。实现移动互联网与固定互联网相似的业务体验，这是移动互联网业务发展的基础。

（2）移动通信业务的互联网化。使移动通信原有业务互联网化，目前此类业务并不太多，如意大利的“3公司”与“Skype公司”合作推出的移动VoIP业务。

（3）融合移动通信与互联网特点而进行的业务创新。将移动通信的网络能力与互联网的网络与应用能力进行聚合，从而创新出适合移动终端的互联网业务，如移动Web 2.0业务、移动位置类互联网业务等，这也是移动互联网有别于固定互联网的发展方向。

三、移动终端技术

移动终端是实现移动互联网的前提和基础。

1. 网络访问加速技术

移动网络发展迅猛，目前运营商提供包括2G、3G、WiFi、4G等在内的各种接入网络。确保用户在各种复杂网络环境下使用移动互联网应用均能获得良好的体验，是移动应用开发中的关键问题之一。总体指导原则：能够动态感知用户的网络状况，调整应用处理逻辑和应用内容展现机制。当出现网络切换、网络中断、网速异常下降等情况时，能够及时进行处理，不影响用户的主流程操作；在代码编写中对网络请求代码做多重异常保护措施，增强代码的健壮性，防止应用因为网络不稳定导致闪退等问题。

2. 能耗控制技术

受限于电池的供电能力，移动应用的耗电控制是开发过程中重点考虑的因素之一。应用耗电控制的技术包括系统级电源管理、无线通信节能机制等，涉及应用开发方法和应用网络访问等诸多方面。在应用开发中，需要掌握各种省电的手段。网络频繁访问和大数据交互也是应用耗电的一大重要原因，因而在应用设计过程中，需要考虑应用网络访问的频度并减少不必要的数据交互。

3. 移动搜索技术

移动搜索是指以移动网络为数据传输承载，将分布在传统互联网和移动互联网上的数据信息进行搜集整理，供手机用户查询的业务。通常，人们使用移动设备搜索时大多数需求都与位置密切相关，这与传统的纯文本搜索方式有着很大的区别。为此，通过准确地标记 Web 资源的地理位置，并结合用户上下文信息（如当前位置、时间等）提供搜索问题的答案，为用户提供“Nearby Now”的服务，具有非常重要的研究价值。目前该领域的研究成果集中在以下几点：

（1）地理标记 Web 资源研究。目前对显式或绝对位置的识别已有较高的准确率。但对相对地理位置的识别还不能很好地进行处理。解决该问题的思路是，首先找出合适的启发式规则识别出相对位置；其次是对相对位置具体定位目标区域；然而在语义抽取过程中，需要定义大量的启发式规则去协助地名的识别和分辨，而目前启发式规则都是通过手工定义的。因此如何使用自适应的信息抽取技术自动学习上下文规则，从而识别出潜在位置，是一个迫切需要解决的问题。

（2）结果排名技术研究。在移动搜索中，排名策略的好坏直接影响到查询结果的优劣和用户的满意度。目前排名方法主要包括：文本的相关性、距离的远近或者上述二者的线性组合。尚未从根本上解决搜索结果不准确、搜索结果泛滥等问题。

（3）基于位置的模糊搜索研究。已有的方法仅仅支持精确的关键字查询，而用户时常会提交模糊查询，另外，大部分用户在查询时希望加入偏好因素。而这些问题目前还无法很好解决。

（4）自然语言搜索研究。解决用户采用非标准检索式或非标准检索关键词下的查询。

（5）移动社交网络（mobile social network）搜索研究。

4. 定位技术

定位，也称为位置感知，是指借助已知空间中的一组参考点的位置来获得该空间中移动用户的位置的过程。定位技术主要有 3 类：卫星定位技术、网络定位技术和感知定位技术。

5. 终端硬件技术

硬件发展趋势：

（1）向智能化发展，实现功能更丰富。

（2）处理能力更强，存储空间更大。

（3）模块化发展趋势。

手机设备已经出现了硬件及软件架构向通用化发展的动向，大量采用嵌入式操作系统与中间件软件，关键零部件也呈现出标准化发展趋势。

6. 终端软件技术

移动互联网终端软件主要包括操作系统和第三方应用软件，其特点是以智能终端操作系统为基础，结合各种层次或类别的中间件实现对应用服务的支持。终端操作系统的发展趋势是开放性、安全性。目前终端应用软件的主要发展趋势是开发操作本地化、服务全能化以及传统电信业务替代产品。

7. 终端开发框架

开发框架主要定义了整体结构、类和对象的分割及其之间的相互协作、流程控制、强调设计复用，便于应用开发者能集中精力应用于本身的实现细节。常用的移动 Java Script 开发框架，诸如 jQuery Mobile，Sencha Touch 和 Android Annotations 等。其中，jQuery Mobile 是 jQuery 公司发布的针对手机和平板设备，经过触控优化的 Web 框架，在不同移动设备平台上可提供统一的用户界面。Sencha Touch 是一款 HTML5 移动应用框架，通过它创建的 Web 应用，在外观上感觉与 iOS 和 Android 本地应用十分相像。Android Annotations 是一个开源的 Native 应用开发框架，该框架提供的 Android 依赖注入（dependency injection）方法，使得开发 Android 应用和 J2 EE 项目一样方便。基于对移动互联网应用开发模式及其关键技术的分析，理论界提出了一种移动互联网终端应用开发的统一架构，移动互联网终端应用的统一架构包括移动互联网终端应用的统一开发框架和开发环境两部分。其中，统一开发框架采用分层架构，减少了模块间的耦合，使得应用组件、系统中间件具有良好的扩充性。开发环境是应用开发人员物理上感知到的最前端，让开发者可以通过简单易用的开发工具，基于开发框架和模板开发，快速构建移动应用。统一开发框架主要分为系统中间件和应用组件。系统中间件主要完成对底层系统能力的封装，使应用层可以通过系统中间件的桥梁和系统通信，提供能力接入、能力暴露、安全控制和能力封装功能，从而避免应用组件直接和 OS 层交互，可实现与应用开发语言无关，减少对 OS 层的依赖。应用组件层主要提供了可复用的应用组件，包括能力组件、可视化组件等。能力组件主要提供应用基础类库，如企业应用的安全数据加密，对应用进行日常的日志记录等；同时还提供系统层面的服务方法。可视化组件主要提供基础的用户可感知的组件，展现层提供了 Native 和 Web 可视化组件。此外，终端应用还可以通过远程调用接口与各种云服务进行交互，实现与云计算服务的有机结合。

8. 人机交互界面

人机交互界面（User Interface，UI）是用户操作应用终端的第一环境，人机交互接口是否友好、功能是否强大，直接影响到用户对终端使用的满意度和业务的成功率。理论界提出 Web 展现技术用于 Web、Hybrid 模式中的用户交互界面的开发，利用 HTML5、Java Script、CSS3 实现界面展现、业务逻辑、人机交互和特效展示。

9. 远程服务的调用技术

远程服务调用是移动应用与后台服务之间数据交换的实现方式，移动应用通常使用基于超文本传输协议（HTTP）的 Web Service 协议来实现终端和服务器之间的数据交换。Web Service 通常基于简单对象访问协议（SOAP）的标准方式和基于表述性状态转移（REST）两种方式。前者由于数据传输量较大，应用场景受限；后者能基于可扩展标记语言（XML）和 JSON 等的多种方式。目前 JSON 比原有的 XML 数据格式更受欢迎，业界有多种 JSON 的开源实现，选择高性能的JSON编、解码器也是提升移动应用远程服务调用性能的关键技术。

四、接入网络

1. 无线接入网络

现有的无线接入网络主要有五种类型：卫星通信网络、无线城域网（WMAN）、无线局域网（WLAN）、无线个域网（WPAN）和蜂窝网络（2G网络，3G网络等）。以下简要论述上述5种网络的特点。

卫星通信网络的优点是：通信区域大、距离远、频段宽、容量大，可靠性高、质量好、噪声小、可移动性强、不容易受自然灾害影响。缺点是存在传输时延大、回声大、费用高等问题。

无线城域网以微波等无线传输为介质，提供同城数据高速传输、多媒体通信业务和Internet接入服务等。具有传输距离远、覆盖面积大、接入速度快、高效、灵活、经济、较为完备的QoS机制等优点。缺点是暂不支持用户在移动过程中实现无缝切换，性能与3G的主流标准存在差距。

无线局域网是指以无线或无线与有线相结合的方式构成的局域网。无线局域网具有布网便捷、易于网络规划和调整、可操作性强、网络易于扩展等优点。缺点是性能、速率和安全性存在不足。

无线个域网是采用红外、蓝牙（Bluetooth）等技术构成的覆盖范围更小的局域网。目前，无线个域网采用的主流技术是蓝牙、家庭射频（HomeRF）、红外技术（IrDA）、射频识别（RFID）、超带宽（UWB）等。具有低功耗、低成本、体积小等优点。缺点主要是覆盖范围很小。

蜂窝移动通信系统由移动站、基站子系统、网络子系统组成，采用蜂窝网络作为无线组网方式，通过无线信道将移动终端和网络设备进行连接。其中宏蜂窝、微蜂窝是蜂窝移动通信系统应用较多的蜂窝技术。蜂窝移动通信的主要缺点是高成本、带宽低。

2. 移动性管理

移动性是移动互联网最重要的特征，移动性管理是确保网络正常运行，保持移动业务的连续性的关键环节。移动性管理通常包括两方面的内容：位置管理和切换控制。位置管理能够实现对移动终端位置信息的跟踪、定位、存储、查找及更新等。目前，移动互联网中位置管理面临两个方面的问题：一是如何应对不同终端对位置管理策略的不同要求；二是如何缓解因移动互联网中终端设备“永远在线”模式以及基于推送（Push）的信息方式导致的对位置管理的巨大压力。切换控制旨在提供合理的机制保证当某个移动终端移动到一个新的位置区域时仍然能够保持网络连接，确保数据的无缝连续传输。当然，除了位置管理和切换控制，移动性管理还包括对移动服务质量、资源管理以及安全性方面的要求。目前，国际电信联盟、第三代移动通信合作伙伴计划（3 GPP）以及因特网工程任务组（IETF）等国际组织均对移动性管理进行了深入研究，并发布了一系列的建议和草案。国际电信联盟从IP地址分配、用户信息管理、用户环境管理、身份认证、接入控制及鉴权等方面定义了NGN中的位置管理问题。3 GPP提出将移动性管理作为LTE、SAE系统的技术需求以支持不同接入系统的无缝移动性和业务连续性。同时，在其规范中明确规定了对通用分组无线业务隧道协议

(GTP)、MIPv4、DSMIPv6 和 PMIPv6 等协议的支持。IETF 对移动性管理的研究最为全面，提出了 MIPv4、MIPv6、PMIPv6 以及 HIP 等主流技术协议。

3. 移动互联网协议

以下介绍移动互联网中有代表性的协议：

(1) MIPv6 (Mobile IPv6) 协议。下一代移动互联网的基础协议为 MIPv6 协议。MIPv6 协议定义了若干种移动头报文以及选项格式，并规定了移动节点的位置更新、数据路由、消息处理等操作的流程，能够对网络中的移动节点提供移动性支持。

(2) FMIPv6 (Fast handovers for mobile IPv6) 协议。FMIPv6 协议是基本 MIPv6 协议的扩展协议。当移动节点在不同接入路由器之间切换时，会产生一定的时延，使得 MIPv6 不能满足诸如 VOIP 等实时业务的要求。FMIPv6 协议减小了 MIPv6 协议所产生的时延，实现无缝的切换过程，保持节点与 Internet 的连接，并保证上层通信的持续性。

(3) HMIPv6 (Hierarchical Mobile IPv6) 协议。HMIPv6 协议是基本 MIPv6 协议的扩展协议。HMIPv6 协议试图解决 MIPv6 的两个问题：一是解决当移动节点数目较多时，因处理和维护节点相关数据，导致家乡代理和通信节点的沉重负担；二是解决当移动节点切换至距家乡网络较远的外地网络时，发往家乡代理的绑定更新所产生的巨大传输开销。HMIPv6 定义了一种功能实体 MAP (移动锚点)，用于处理移动节点小范围移动时的位置更新并转发数据，从而避免了大量绑定更新消息发往家乡代理和通信节点，避免了绑定更新的传输开销。

(4) 代理移动 IPv6 协议 (PMIPv6)。代理移动 IPv6 协议 (PMIPv6) 旨在优化移动节点在移动过程中的网络开销。PMIPv6 协议引入了移动接入网关 (MAG) 和本地移动锚点 (LMA) 两个功能实体，为移动节点提供基于网络的区域性移动性支持。

(5) NEMO (Network Mobility) 协议。NEMO 协议是基本 MIPv6 协议的扩展协议。NEMO 协议确保当网络发生移动并改变其接入点时，网络中的所有节点上层通信的持续性，保证网络中节点的可达性。

(6) HIP 协议。为了增强对移动性的支持，解决 IP 地址既被用作主机标识，又被用于提供路由信息的困境，IETF 为网络层 IP 协议关联了新的 HIP 子层。HIP 子层在 IP 层之上，传输控制协议/数据报协议 (TCP/UDP) 层之下，在和上层的通信过程中可替代 IP 地址的作用。

五、应用服务相关研究

应用服务是移动互联网的核心，也是用户的最终目的。

1. 用户行为

2011 年 John Doerr 首次提出了"SoLoMo"的概念，即移动互联网包含"social (社交)、local (本地化) 和 mobile (移动)"三大主体特征，目前已得到广泛认可。"SoLoMo"认为，成功的移动互联网应用要以战略的高度来重视用户的需求和体验，更多地激发用户在应用中的互动性和参与性，精确聚焦用户需求，为用户提供个性化、差异化的服务，实现用户价值的最大化。为此，移动互联网的业务发展必须收集和分析用户行为。研究用户行为，了解业务应用的访问特性，对移动互联网的网络管理、新业务设计、运营决策具有重要意义。研究表明移动互联网中用户典型的行为特点包括：①上网时间碎片化；②获取信息表面化；③应用指向明确；④对移动互联网产品的较强黏性；⑤使用行为的即时性和随机性。研究人员揭示了移动流业务与传统流业务在设备软件、硬件、视频特性和用户访问模式等方面的差异。有研究人员通过从大量公共 WiFi 上采集的实测数据，分析了不同商业模式下用户的流量行为特性。通过同时从无线接入网络采集的位置信息和从核心网络采集的流量信息，有研究人员研究了用户各类应用的使用情况；针对 3G 网络提出了一种基于新的沙漏模型的可扩展性用户行为聚类方法；研究了用户移动行为模式，从而帮助移动服务体系根据用户活动位置预测和推荐服务；提出了一种在移动互联网环境下挖掘和预测用户移动规律与购物行为之间关系的框架，从而更好地实现推荐服务。

2. 服务质量（QoE）

随着移动互联网快速发展，服务提供商之间的竞争日益激烈，在有限带宽、服务类型多样化的情况下，如何确保用户对服务质量的要求，如何保持用户对某一种产品或服务的黏性，是移动互联网领域研究的一个热点。而其中，迫切需要解决的问题是建立起一种以用户需求为中心的服务评价标准，为此业界给出了用户体验质量（Quality of Experience，QoE）的概念。ITU 给出 QoE 的定义是终端用户对一项应用或服务的总体可接受性的主观感知。QoE 是一种以用户需求为中心评价服务的指标，能够直接反映用户对服务的满意程度，它和用户服务质量（Quality of Service，QoS）之间既有联系又有区别。QoE 是从用户角度出发，采用端到端方法对系统整体服务做出的主观评价，而 QoS 则是建立在客观评价指标基础上，对于服务系统硬软件特征的客观判断。QoE 相对于 QoS 更加主观，更加注重用户的体验。目前 QoE 的测量方法，主要分为计算机网络测量和无线通信网络测量两种方法。其中，计算机网络 QoE 测量研究比较成熟。而无线通信网络 QoE 的测量，由于受到移动网络带宽、环境、终端设备性能等因素的限制，发展较为缓慢。常用的 QoE 评价方法包括三种：主观评价方法、客观评价方法和主客观结合的评价方法。

（1）主观评价方法。通过直接收集用户反馈得到业务质量的统计数值。该方法的优点是测量结果最为精确，但测量过程对于环境的要求较高。

（2）客观评价方法。通过考量用户接收信号相对于发送业务信号的失真程度，来评价业务的用户体验质量。该方法的缺点是仅考虑了业务和网络的影响因素，而忽略了用户主观感受。现有客观评价方法主要有：基于层次分析法的评价方法；基于心理学的评价方法；基于机器学习的评价方法；基于随机模型的评价方法；基于移动内容价值链的评价方法。

（3）主客观结合的评价方法。根据用户反馈实时矫正评价模型，从而达到了与真实用户体验质量较为符合的评价结果。主客观评价法是目前的 QoE 的评价方法研究焦点。而目前用户体验质量的研究趋势正在集中于用户和终端特性方面，包括对人类感官认知方式的模拟（如人类视觉模型 HVS）以及对终端特性的进一步细化研究。

第三节 数据库与大数据

一、数据库技术基础

当人们需要用数据来帮助做决策和采取行动时，如果这些数据能够在限定的时间内被检索处理，并递交给需求者，那么这些数据就产生了价值，成为信息。为了使数据成为有意义的信息，需要将数据有序地组织起来（即建立数据库），才能对数据进行有效的处理。因此，对于管理信息系统的建设来说，数据库是管理信息系统的主要技术基础。

（一）数据库系统的产生和构成

人们对于数据的处理由来已久。开始是纯手工的处理，随着计算机的出现，人们将保存的数据存放在计算机文件中，但由于早期的运算不提供文件间运算，因此容易出现大量数据冗余。数据库产生为人们科学地组织数据提供方法、原理，并为人们提供对数据进行定义、操作、控制的工具。由于数据库系统提供了数据演算语言，因此应用程序很容易实现对数据库文件的各种操作。

1. 数据库系统的产生

数据库是以一定的组织方式存储在一起的相关数据的集合，它能以最佳的方式，最少的数据冗余为多种应用服务，程序与数据具有较高的独立性。

数据库技术的萌芽可以追溯到20世纪60年代中期，20世纪60年代末到70年代初数据库技术日益成熟，具有了坚实的理论基础，其主要标志为以下3个事件：

（1）1969年，IBM公司研制开发了基于层次结构的数据库管理系统IMS（Information Management System，IMS）。

（2）美国数据系统语言会议（Conference on Data System Languages，CODASYL）的数据库任务组（Data Base Task Group，DBTG）于20世纪60年代末到70年代初提出了DBTG报告。DBTG报告确定并建立了数据库系统的许多概念、方法和技术。DBTG基于网状结构，是数据库网状模型的基础和代表。

（3）1970年，IBM公司San Jose研究实验室研究员E. F. Codd发表了题为“大型共享数据库数据的关系模型”论文，提出了数据库的关系模型，开创了关系方法和关系数据研究，为关系数据库的发展奠定了理论基础。

20世纪70年代，数据库技术有了很大发展，出现了许多基于层次或网状模型的商品化数据库系统，并广泛运行在企业管理、交通运输、情报检索、军事指挥、政府管理和辅助决策等各个方面。

这一时期，关系模型的理论研究和软件系统研制也取得了很大进展。1981年IBM公司San Jose实验室宣布具有System R全部特性的数据库产品SQL/DS问世。与此同时，加州大学伯克利分校研制成功关系数据库实验系统INGRES，接着又实现了INGRES商务系统，使关系方法从实验室走向社会。

20世纪80年代以来，几乎所有新开发的数据库系统都是关系型的。微型机平台的关系数据库管理系统也越来越多，功能越来越强，其应用已经遍及各个领域。

2. 数据库系统的构成

数据库系统是由计算机系统、数据、数据库管理系统和有关人员组成的具有高度组织的总体。数据库系统的主要组成部分有：

（1）计算机系统。计算机系统指用于数据库管理的计算机硬软件系统。数据库需要大容量的主存以存放和运行操作系统、数据库管理系统程序、应用程序以及数据库、目录、系统缓冲区等，辅存方面，则需要大容量的直接存取设备。此外，系统应具有较高的网络功能。

（2）数据库。数据库既有存放实际数据的物理数据库，又有存放数据逻辑结构的描述数据库。

（3）数据库管理系统（DBMS）。数据库管理系统是一组对数据库进行管理的软件，通常包括数据定义语言及其编译程序、数据操纵语言及其编译程序和数据管理例行程序。

（4）人员。

①数据库管理员。为了保证数据库的完整性、明确性和安全性，必须有人来对数据库进行有效的控制。行使这种控制权的人称为数据库管理员。他们负责建立和维护模式，提供数据的保护措施并编写数据库文件。所谓模式，指的是对数据库总的逻辑描述。

②系统程序员。即设计数据库管理系统的人员。他们必须关心硬件特性及存储设备的物理细节，实现数据组织与存取的各种功能，实现逻辑结构到物理结构的映射等。

③用户。

a. 应用程序员：负责编制和维护应用程序，如库存控制系统、工资核算系统等。

b. 专门用户：指通过交互方式进行信息检索和补充信息的用户。

c. 参数用户：指那些与数据库的交互作用是固定的、有规则的人，如售货员，订票员等就是典型的参数用户。

（二）数据库管理系统的功能

数据管理系统（DBMS）的功能体现于：对外，它是向数据库的使用提供数据服务的软件系统，使用户系统能够很方便地远离数据的具体细节去使用数据库；对内，它实现对数据的存储管理，保证数据是正确的、一致的、完整的，如表 3-1 所示。

表 3-1　数据管理系统的功能

功能	数据查询	数据更新	数据插入	数据删除
内容	查询语句能够在数据库中找出一定条件的数据	数据更新只改变当前数据库中已有的数据	数据插入是指不改变当前数据库中的任何数据而增加数据	数据删除是指从数据库中删除现有的数据

（三）数据库设计

人们对现实世界的认识和描述过程，经过了 3 个世界（或称领域）：

（1）现实世界（Reality Field），指人们头脑之外的客观世界，它包含客观事物及其相互联系。

（2）概念世界（Info. Field），又称信息世界，是现实世界在人们头脑中的反映。客观事物在观念世界中称为实体，为了反映实体和实体的联系，可以采用后面介绍的实体联系模型（E-R 模型）。

（3）数据世界（Data Field），是信息世界中信息的数据化。现实世界中的事物及其联系，在数据世界中用数据模型描述。

从现实世界、概念世界到数据世界是一个认识的过程，也是抽象和映射的过程，与此相对应，设计数据库也要经历类似的过程，即数据库设计的步骤包括用户要求分析、概念

（结构）设计、逻辑（结构）设计和物理（结构）设计4个阶段。

概念（结构）设计是根据用户需求设计的数据库模型，概念模型可用实体联系模型（E-R模型）表示，也可以用3 NF（3范式）关系群表示。逻辑（结构）设计是将概念模型转换成某种数据库管理系统（DBMS）支持的数据模型。物理（结构）设计是为数据模型在设备上选定合适的存储结构和存取方法。

下面重点介绍实体联系模型和数据模型。

1. 实体联系模型

信息模型最常用表示方法是实体—联系方法，即由P. P. Chen于1976年提出的E-R方法（Entity-Relation），其主要思想是用E-R图来描述组织的信息模型。E-R模型反映的是现实世界中的事物及其相互联系，是对现实世界的一种抽象，它抽取了客观事物中人们所关心的信息，而忽略非本质的细节，并对这些信息进行精确的描述。与E-R模型有关的概念有：

（1）实体（Entity）。“实体”是观念世界中描述客观事物的概念。实体可以是具体的人、事、物，也可以是抽象的概念或联系，例如，一个职工、一个学生、一个部门、一门课、学生的一次选课、部门的一次订货、老师与院系的工作关系（即某位老师在某院系工作）等都可以是实体。

（2）属性（Attribute）。“属性”指实体具有的某种特性。一个实体可以由若干属性来描述。例如，学生实体可由学号、姓名、性别、出生年月、院系、入学时间等属性来刻画。这些属性组合起来表征了一个学生。

（3）联系（Relationship）。在现实世界中，事物内部以及事物之间总是存在着这样或那样的联系，这种联系必然要在信息世界中得到反映。在信息世界中，事物之间的联系可分为两类：一是实体内部的联系，通常指组成实体的各属性之间的联系；二是实体之间的联系，这里主要讨论实体之间的联系。

设A，B为两个包含若干个体的总体，其间建立了某种联系，其联系方式可分为三类：

①一对一联系（1∶1）。如果对于A中的一个实体，B中至多有一个实体与其发生联系，反之，B中的每一实体至多对应A中的一个实体，则称A与B是一对一联系。

例如，学校里面，一个班级只有一个正班长，而一个班长只在一个班中任职，则班级与班长之间具有一对一联系。

②一对多联系（1∶N）。如果对于A中的每一实体，实体B中有一个以上的实体与之发生联系，反之，B中的每一实体至多只能对应于A中的一个实体，则称A与B是一对多联系。记为1∶N。把1∶N联系倒转过来便成为N∶1联系。

例如，一个班级中有若干名学生，而每个学生只在一个班级中学习，则班级与学生之间具有一对多联系。而学生实体集与宿舍房间实体集之间具有多对一的联系。

③多对多联系（M∶N）。如果A中至少有一实体对应于B中一个以上实体，反之，B中也至少有一个实体对应于A中一个以上实体，则称A与B为多对多联系。

例如，一门课程同时有若干学生选修，而一个学生可以同时选修多门课程，则课程与学生之间具有多对多联系。

用一个综合实例来说明上述三类联系。

某医院每个病区有一名科室主任，每名主任只能在一个病区任职，则科室主任与病区之间为一对一联系；每个病区有若干名医生，病区与医生之间为一对多联系；每名医生诊治若干名病人，每个病人有若干名医生管理，病人和医生之间是多对多联系。

可以用 E-R 图描述实体及属性之间的关系。E-R 图是概念模型的图形表示法，它是 P. P. S. Chen 于 1976 年提出的实体-联系方法（Entity-Relationship Approach）。E-R 图提供了表示实体、属性和联系的方法和图形符号，如表 3-2 所示。

表 3-2　E-R 方法的有关概念及图表

序号	概　念	定　义	E-R 图
1	实体（Entity）	观念世界中被描述的客观事物或事物之间的联系	
2	属性（Property）	实体具有的某种特征。实体分为个体和总体，总体是个体组成的集合	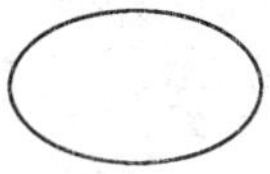
3	联系（Relation）	实体之间或实体内部属性之间的关系：一对一，用 1∶1表示；一对多，用 1∶N 表示；多对多，用 M∶N 表示	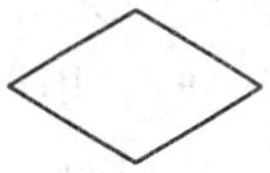

2. 数据模型

数据模型是对客观事物及其联系的数据化描述。在数据库系统中，对现实世界中数据的抽象、描述以及处理等都是通过数据模型来实现的。数据模型是数据库系统设计中用于提供信息表示和操作手段的形式构架，是数据库系统实现的基础。它更多地强调数据库的框架、数据结构格式，而不关心具体对象的数据。如何建立宏观的数据模型是数据库设计者的任务。目前，数据模型主要有三种：层次模型（Hierarchical model）、网状模型（Network model）和关系模型（Relational model）。20 世纪 80 年代以来，计算机系统商推出的数据库管理系统几乎全部是支持关系模型的。由于关系模型在数据库系统中的地位相当重要，因此仅介绍关系模型。

关系模型是建立在数学概念的基础上，应用关系代数和关系演算等数学理论处理数据库系统的方法。从用户的观点来看，在关系模型下，数据的逻辑结构是一张二维表。每一个关系为一张二维表，相当于一个文件。关系数据模型是指用表描述对象之间联系的模型。目前，所有的 DBMS 都是基于关系数据模型的，所以即使 E-R 模型也有必要向关系数据模型转化。

关系模型中的主要术语：

（1）关系。一个关系对应于一张二维表。

（2）元组。表中一行称为一个元组。

（3）属性。表中一列称为一个属性，给每列起一个名即为属性名。

（4）主码（Primary Key，也称主关键字）。表中的某个属性组，它的值唯一地标识一个元组，结算编号和合同号共同组成了主码。

（5）域。属性的取值范围。

（6）分量。元组中的一个属性值。

(7) 关系模式。对关系的描述，用关系名（属性 1，属性 2，…，属性 n）来表示。

对于关系模型来说，其数据模型就是一系列用二维表示的关系。

（四）数据库操作

数据库操作主要有基本表的建立与删除、数据查询及更改等。SQL（Structured Query Language）语言产生于 1974 年，由 Boyoce 和 Cham - berlin 提出，在 SystemR 关系数据库中实现。1986 年，美国国家标准局将 SQL 作为关系数据库语言的国家标准。随后 SQL 又被国际标准化组织批准为关系数据库语言的国际标准。下面介绍如何使用关系数据库标准语言——结构化查询语言 SQL 来完成上述操作。

1. 基本表的建立与删除

(1) 建立。建立基本表的语句格式：

```
CREATE TABLE <表名> (列名 1 类型 [, 列名 2 类型……])
```

常用的类型有 CHAR（字符型），INT（整型），NUMERIC（数值型），DATETIME（日期时间型），BIT（逻辑型），VARCHAR（变长字符型）等。

(2) 修改。修改基本表定义的语句格式：

```
ALTER TABLE <表名> ADD 列名类型
```

(3) 删除。删除基本表的语句格式：

```
DROP TABLE <表名>
```

2. 数据查询

SQL 的核心语句是数据库查询语句，其一般格式：

```
SELECT <目标列> FROM <表名> [WHERE <条件表达式> =
[GROUP BY <列名 1> = [ORDER BY <列名 2> [ASC/DESC] =
```

语句含义：根据 WHERE 子句中的条件表达式，从指定表中找出满足条件的元组（如二维表中的记录），按目标列选出元组分量形成结果表。ORDER 子句确定结果表按指定的列名 2 按升序（ACS）或降序（DESC）排序。GROUP 子句将结果按列名 1 分组，每个组（所有列名 1 值相同的为一组）产生结果表中的一个元组。

3. 数据更新

SQL 的数据更新语句包括数据修改、删除和插入三种操作。

(1) 数据修改（UPDATE）。UPDATE 语句的一般格式：

```
UPDATE <表名>
SET <列名 1> = <表达式 1> [, <列名 2> = (表达式 2) ……] [WHERE <逻辑表
达式>]
```

功能：修改指定表中满足条件的元组，将指定的列名 1 的值用表达式 1 的值替换，将指定的列名 2 的值用表达式 2 的值替换……

(2) 数据删除（DELETE）。DELETE 语句的一般格式：

```
DELETE FROM <表名>
[WHERE <逻辑表达式>]
```

功能：删除指定表中满足条件的元组。

（3）数据插入（INSERT）。INSERT 语句的一般格式：

```
INSERT INTO <表名>（<列名1>［，<列名2>……］）
VALUES（<常量1>［，<常量2>……］）
```

功能：向指定表中插入一个元组且使得列名 1 的值为常量 1，列名 2 的值为常量 2……

（五）数据库保护

为了保证数据的安全可靠和正确有效，DBMS 必须提供统一的数据保护功能，主要包括数据的安全性、完整性、并发控制和数据库恢复等内容。

1. 数据的安全性

数据的安全性指的是保护数据库以防止不合法的使用所造成的数据泄露、更改和破坏。数据的安全可通过对用户进行标识和鉴定、存取控制、OS 级安全保护等措施得到一定的保障。

2. 数据的完整性

数据的完整性是指数据的正确性、有效性与相容性。关系模型的完整性有实体完整性、参照完整性及用户定义的完整性。

（1）实体完整性。指二维表中描述主关键字的属性不能取空值。如学生基本信息表中的属性“学号”被定义为主关键字，则“学号”的值不能为空。

（2）参照完整性。指具有一对多联系的两个表之间子表中与主表的主关键字相关联的那个属性（外部码）的值要么为空，要么等于主表中主关键字的某个值。

（3）用户定义的完整性。它是针对某一具体数据库的约束条件，由应用环境确定。如月份是 1 ~ 12 的正整数，职工的年龄应大于 18 小于 60 等。

3. 并发控制

并发控制是指当多个用户同时存取、修改数据库时，可能会发生互相干扰而得到错误的结果并使数据库的完整性遭到破坏，因此必须对多用户的并发操作加以控制、协调。

4. 数据库恢复

数据库恢复是指当计算机软、硬件或网络通信线路发生故障而破坏了数据或对数据库的操作失败使数据出现错误或丢失时，系统应能进行应急处理，把数据库恢复到正常状态。

二、大数据基础[1]

近年来，当人们对“物联网”“云计算”“移动互联网”等热词还感觉模糊时，“大数据”（Big Data）又横空出世且其发展成燎原之势，2014 年巴西世界杯与往届世界杯最大的不同是，其融入了诸多的科技元素如“云计算”“大数据”等。IBM 研究表明，在整个人类

1　方巍，郑玉，徐江．大数据：概念、技术及应用研究综述［J］．南京信息工程大学学报：自然科学版，2014，6（5）：405 -419.

文明所获得的全部数据中，有90%是过去2年内产生的，到2020年，全世界所产生的数据规模将达到2009年的44倍。根据国际数据公司IDC监测，人类产生的数据量正在呈指数级增长，大约每2年翻一番，2020年全球数量将达到35 ZB。据统计，平均每一秒都有200万用户在使用Google搜索，Facebook注册用户超过10亿，每天生成300 TB以上的日志数据。同时，传感网、物联网、社交网络等技术迅猛发展，引发数据规模爆炸式增长，各种视频监控、监测、感应设备也源源不断地产生巨量流媒体数据，能源、交通、医疗卫生、金融、零售业等各行业也有大量数据不断产生，积累了TB级、PB级的大数据。

（一）大数据概述

最早提出"大数据"时代到来的是全球知名咨询公司麦肯锡，该公司在《大数据：创新、竞争和生产力的下一个前沿领域》报告中称："数据，已经渗透到当今每一个行业和业务职能领域，成为重要的生产因素。人们对于海量数据的挖掘和运用，预示着新一波生产率增长和消费者盈余浪潮的到来。"大数据指的是大小超出常规的数据库工具获取、存储、管理和分析能力的数据集。同时强调，并不是说一定要超过特定TB级的数据集才能算是大数据。大数据是云计算、物联网之后IT行业又一大颠覆性的技术革命。

1. 大数据定义

那么，大数据的定义是什么呢？一般而言，大家比较认可关于大数据从早期的3 V、4 V说法到现在的5 V（新增Value）。大数据的5个"V"，业界将其归纳为Volume，Velocity，Variety，Veracity，Value。实际上也就是大数据包含的5个特征，包含5个层面意义：

（1）数据体量（Volume）巨大。指收集和分析的数据量非常大，从TB级别，跃升到PB级别，但在实际应用中，很多企业用户把多个数据集放在一起，已经形成了PB级的数据量。

（2）处理速度（Velocity）快。需要对数据进行近实时的分析，以视频为例，连续不间断监控过程中，可能有用的数据仅仅有一两秒。这一点和传统的数据挖掘技术有着本质的不同。

（3）数据类别（Variety）大。大数据来自多种数据源，数据种类和格式日渐丰富，包含结构化、半结构化和非结构化等多种数据形式，如网络日志、视频、图片、地理位置信息等。

（4）数据真实性（Veracity）。大数据中的内容是与真实世界中发生的息息相关的，研究大数据就是从庞大的网络数据中提取出能够解释和预测现实事件的过程。

（5）价值密度低，商业价值（Value）高。通过分析数据可以得出如何抓住机遇及收获价值。维基百科对大数据的定义则简单明了：大数据是指利用常用软件工具捕获、管理和处理数据所耗时间超过可容忍时间的数据集。也就是说大数据是一个体量特别大，数据类别特别大的数据集，并且这样的数据集无法用传统数据库工具对其内容进行抓取、管理和处理。

2. 大数据的来源

大数据集通常是PB或EB的大小。这些数据集有各种各样的来源：传感器，气候信息，公开的信息，如杂志、报纸、文章，还包括购买交易记录，网络日志，病历，军事监控，视频和图像档案，及大型电子商务等。当前，按数据来源不同，大数据大致分为如下几种类型，来自人类活动。

（1）人们通过社会网络、互联网、健康、金融、经济、交通等活动过程所产生的各类数据，包括微博、病人医疗记录、文字、图形、视频等信息。

（2）来自计算机，各类计算机信息系统产生的数据，以文件、数据库、多媒体等形式存在，也包括审计、日志等自动生成的信息。

（3）来自物理世界，各类数字设备、科学实验与观察所采集的数据。如摄像头所不断产生的数字信号，医疗物联网不断产生的人的各项特征值，气象业务系统采集设备所收集的海量数据等。

（二）大数据技术

大数据处理技术正在改变当前计算机的运行模式，正在改变着这个世界。它能处理几乎各种类型的海量数据，无论是微博、文章、电子邮件、文档、音频、视频，还是其他形态的数据，能实时、高效、可视化地呈现结果。它依托云计算将计算任务分布在大量计算机构成的廉价的资源池上，使用户能够按需获取计算资源、存储资源、网络资源和信息服务。云计算技术的应用使得大数据处理和利用成为可能。大数据作为“信息金矿”，对其采集、传输、处理和应用的相关技术就是大数据处理技术，是一系列使用非传统的工具来对大量的结构化、半结构化和非结构化数据进行处理，从而获得分析和预测结果的一系列数据处理技术，或简称大数据技术。

1. 大数据技术框架

根据大数据处理的生命周期，大数据的技术体系涉及大数据的采集与预处理、大数据存储与管理、大数据计算模式与系统、大数据分析与挖掘、大数据可视化分析及大数据隐私与安全等几个方面：

（1）大数据采集与预处理。大数据的一个重要特点就是数据源多样化，包括数据库、文本、图片、视频、网页等各类结构化、非结构化及半结构化数据。因此，大数据处理的第一步是从数据源采集数据并进行预处理和集成操作，为后继流程提供统一的高质量的数据集。现有数据抽取与集成方式可分为以下 4 种类型：基于物化或 ETL 引擎方法、基于联邦数据库引擎或中间件方法、基于数据流引擎方法和基于搜索引擎方法。常用 ETL 工具负责将分布的、异构数据源中的数据如关系数据、平面数据文件等抽取到临时中间层后进行清洗、转换、集成，最后加载到数据仓库或数据集市中，成为联机分析处理（ OLAP）、数据挖掘的基础。由于大数据的来源不一，异构数据源的集成过程中需要对数据进行清洗，以消除相似、重复或不一致数据。

（2）大数据存储与管理。数据存储与大数据应用密切相关。大数据给存储系统带来 3 个方面挑战：

①存储规模大，通常达到 PB 甚至 EB 量级。

②存储管理复杂，需要兼顾结构化、非结构化和半结构化的数据。

③数据服务的种类和水平要求高。

大数据存储与管理，需要对上层应用提供高效的数据访问接口，存取 PB 甚至 EB 量级的数据，并且对数据处理的实时性、有效性提出更高要求，传统常规技术手段根本无法应付。某些实时性要求较高的应用，如状态监控，更适合采用流处理模式，直接在清洗和集成后的数据源上进行分析。而大多数其他应用需要存储，以支持后续更深度数据分析流程。根据为上层应用访问接口和功能侧重不同，存储和管理软件主要包括文件系统和数据库。大数据环境下，目前最适用的技术是分布式文件系统、分布式数据库以及访问接口和查询语言。

（3）大数据分析与挖掘。由于大数据环境下数据呈现多样化、动态异构，而且比小样本数据更有价值等特点，需要通过大数据分析与挖掘技术来提高数据质量和可信度，帮助理解数据的语义，提供智能的查询功能。针对大数据环境非结构化或半结构化的数据挖掘问题，针对图片文件的挖掘技术、针对大规模文本文件的检索与挖掘技术、针对传统分析软件扩展性差，理论界提出了解决办法。

R 是开源的统计分析软件，通过 R 和 Hadoop 深度集成，可进行数据挖掘和并行处理，使 Hadoop 获得了强大的深度分析能力。另有研究者实现了 Weka（一种类似 R 的开源数据挖掘工具软件）和 MapReduce 的集成，可实现大数据的分析与挖掘。

（4）大数据可视化分析。从上述分析可知，大数据时代数据的数量和复杂度的提高带来了对数据探索、分析和理解的巨大挑战。数据分析是大数据处理的核心，但是用户往往更关心结果的展示。如果分析的结果正确但是没有采用适当的解释方法，则所得到的结果很可能让用户难以理解，极端情况下甚至会误导用户。由于大数据分析结果具有海量、关联关系极其复杂等特点，采用传统的解释方法基本不可行。目前常用的方法是可视化技术和人机交互技术。可视化技术能够迅速和有效地简化与提炼数据流，帮助用户交互筛选大量的数据，有助于用户更快、更好地从复杂数据中得到新的发现。用形象的图形方式向用户展示结果，已作为最佳结果展示方式之一率先被科学与工程计算领域采用。常见的可视化技术有原位分析（In Situ Analysis）、标签云（Tag Cloud）、历史流（History Flow）、空间信息流（Spatial Information flow）、不确定性分析等。可以根据具体的应用需要选择合适的可视化技术。另外，以人为中心的人机交互技术也是解决大数据分析结果的一种重要技术，让用户能够在一定程度上了解和参与具体的分析过程。这个既可以采用人机交互技术，利用交互式的数据分析过程来引导用户逐步进行分析，使得用户在得到结果的同时更好理解分析结果的由来，也可以采用数据起源技术，通过该技术可以帮助追溯整个数据分析的过程，有助于用户理解结果。

（5）大数据隐私与安全。当前大数据的发展仍然面临着许多问题，安全和隐私问题是人们公认的关键问题之一。其中，隐私问题由来已久，计算机的出现使得越来越多的数据以数字化的形式存储在电脑中，互联网的发展则使数据更加容易产生和传播，数据隐私问题越来越严重。大数据在存储、处理、传输等过程中面临安全风险，具有数据安全和隐私保护需求。而实现大数据安全与隐私保护，较其他安全问题（如云安全中数据安全等）更为棘手。呈现出的安全隐私问题主要有：①大数据时代的安全与传统安全相比，变得更加复杂；②使用过程中的安全问题；③对大数据分析较高的企业和团体，面临更多的安全挑战；④基于位置的隐私数据暴露严重；⑤缺乏相关的法律法规保证；⑥大数据的共享问题；⑦数据动态性；⑧多元数据的融合挑战。目前，针对上述问题，主要研究的解决方法有：文件访问控制技术、基础设备加密、匿名化保护技术、加密保护技术、数据水印技术、数据溯源技术、基于数据失真的技术、基于可逆的置换算法。

2. 大数据处理工具

Hadoop 是目前最为流行的大数据处理平台。Hadoop 由 Apache 公司为实现 Google 的 MapReduce 编程模型的一个云计算开源平台，Hadoop 是可伸缩、高效的，能够处理 PB 级数据。Hadoop 平台包括最底部的文件系统（HDFS）、数据库（HBase、Cassandra）、数据处理（MapReduce）、数据仓库（Hive）、大数据分析语言接口（Pig）等功能模块在内的完整生态系统（Ecosystem）。某种程度上可以说 Hadoop 已经成为大数据处理工具事实上的标准。现有的大数据处理工具大多是对开源的 Hadoop 平台进行改进并将其应用于各种场景的。Hadoop 完整生态系统中各子系统都有相对应大数据处理的改进产品。目前大数据分析处理工具中常用的有：Hadoop、HPCC、Storm、Apache Drill、RapidMiner、Pentaho BI 等。

本章小结

管理信息系统研究的发展离不开信息技术的支持。本章在对传统的管理信息系统相关的信息技术进行了讲解的同时，对移动互联网、大数据等近年来刚刚出现的技术也做了相应的介绍。

案例分析

大数据的应用

一、大数据在医疗行业的应用

伴随医疗卫生行业信息化进程的发展，在医疗业务活动、健康体检、公共卫生、传染病监测、人类基因分析等医疗卫生服务过程中将产生海量高价值的数据。数据内容主要包括医院的 PACS 影像、B 超、病理分析、大量电子病历、区域卫生信息平台采集的居民健康档案、疾病监控系统实时采集的数据等。面对大数据，医疗行业遇到前所未有的挑战和机遇。例如，Seton Healthcare 是采用 IBM 最新沃森技术医疗保健内容分析预测的首个客户。该技术允许企业找到大量病人相关的临床医疗信息，通过大数据处理，更好地分析病人的信息。在加拿大多伦多的一家医院，针对早产婴儿，每秒钟有超过 3 000 次的数据读取。通过这些数据分析，医院能够提前知道哪些早产儿出现问题并且有针对性地采取措施，避免早产婴儿夭折。大数据让更多的创业者更方便地开发产品，如通过社交网络来收集数据的健康类 APP。也许在数年后，它们搜集的数据能让医生给的诊断变得更为精确，比方说不是通用的成人每日 3 次，1 次 1 片，而是检测到血液中药剂已经代谢完成会自动提醒患者再次服药。社交网络为许多慢性病患者提供临床症状交流和诊治经验分享平台，医生借此可获得在医院通常得不到的临床效果统计数据。基于对人体基因的大数据分析，可以实现对症下药的个性化治疗。对于公共卫生部门，可以通过全国联网的患者电子病历库，快速检测传染病，进行全面疫情监测，并通过集成的疾病监测和响应程序，快速进行响应。

二、大数据在能源行业的应用

能源勘探开发数据的类型众多，不同类型数据包含的信息各具特点，只有综合各种数据所包含的信息才能得出真实的地质状况。能源行业企业对大数据产品和解决方案的需求集中体现在：可扩展性、高带宽、可处理不同格式数据的分析方案。智能电网现在欧洲已经做到了终端，也就是所谓的智能电表。在德国，为了鼓励利用太阳能，会在家庭安装太阳能，除了卖电给客户，当客户的太阳能有多余电的时候还可以买回来。通过电网每隔5 min或10 min收集一次数据，收集来的这些数据可以用来预测客户的用电习惯等，从而推断出在未来2～3个月时间里，整个电网大概需要多少电。预测后，就可以向发电或者供电企业购买一定数量的电。因为电有点像期货一样，如果提前买就会比较便宜，买现货就比较贵。通过预测可以降低采购成本。维斯塔斯风力系统依靠的是BigInsights软件和IBM超级计算机，然后对气象数据进行分析，找出安装风力涡轮机和整个风电场最佳的地点。利用大数据，以往需要数周的分析工作，现在仅需要不足1 h便可完成。

三、大数据在零售行业的应用

从商业价值来看，大数据究竟能在哪些方面挖掘出巨大的商业价值呢？根据对IDC和麦肯锡的大数据研究结果的总结，大数据主要能在以下4个方面挖掘出巨大的商业价值：对顾客群体细分，然后对每个群体量体裁衣般地采取独特的行动；运用大数据模拟实境，发掘新的需求和提高投入的回报率；提高大数据成果在各相关部门的分享程度，提高整个管理链条和产业链条的投入回报率；进行商业模式、产品和服务的创新。

在商业领域，沃尔玛公司每天通过6 000多个商店，向全球客户销售超过2.67亿件商品，为了对这些数据进行分析，惠普公司为沃尔玛公司建造了大型数据仓库系统，数据规模达到4 PB，并且仍在不断扩大。沃尔玛公司通过分析销售数据，了解顾客购物习惯，得出适合搭配在一起出售的商品，还可从中细分顾客群体，提供个性化服务。

在金融领域，华尔街德温特资本市场公司通过分析3.4亿微博账户留言，判断民众情绪，依据人们高兴时买股票、焦虑时抛售股票的规律，决定公司股票的买入或卖出。

阿里巴巴公司根据在淘宝网上中小企业的交易状况筛选出财务健康和讲究诚信的企业，对他们发放无须担保的贷款。当人们去购物时，人们的数据会结合历史购买记录和社交媒体数据来为人们提供优惠券、折扣和个性化优惠。零售企业也监控客户的店内走动情况以及与商品的互动，它们将这些数据与交易记录相结合来展开分析，从而在销售哪些商品、如何摆放货品以及何时调整售价上给出意见，此类方法已经帮助某零售企业减少了17%的存货，同时在保持市场份额的前提下，增加了高利润率自有品牌商品的比例。

思考题

1. 大数据如何改变了我们的生活？
2. 请举例说明大数据对某一个行业或产业改造的可能性。

第四章

管理信息系统开发

★导入案例

交通银行信贷管理信息系统案例

中创软件推出的“银行信贷管理系统平台解决方案”，是基于中创软件自主创新的中间件技术，依托15年的金融应用开发背景，针对金融信贷管理领域的信息化应用现状及发展需求推出的。依据该方案，中创软件在交通银行成功实施了“交通银行信贷管理信息系统（简称C管理信息系统）”，主要实现一个适合前台、中台、后台操作的信贷业务处理平台，建立全行信贷管理信息系统。

一、基于InforFlow的流程服务引擎

InforFlow是中创软件参考国际工作流管理联盟（WfMC）规范实现的工作流中间件，为工作流自动化和构建流程应用提供基础平台。InforFlow基于J2EE架构，实现了流程逻辑与业务逻辑的分离，能够可视化地进行业务流程的分析、定义和业务单元的组装，从而使应用开发人员更关注于业务逻辑的实现，降低了复杂流程应用的开发难度。

InforFlow由工作流引擎、流程设计器和流程管理监控工具等部分组成。流程设计器拥有所见即所得的开发环境，提供基于XML的流程建模功能；工作流引擎完成对运行时流程的控制功能，应用系统可以通过工作流接口同工作流引擎进行交互；流程监控管理工具可以查询分析各类流程数据，用于管理决策，并可提供图形化的流程运行图，InforFlow体系结构图如图4-1所示。

通过InforFlow工作流中间件，将信贷业务的体系结构划分为表示逻辑、流程逻辑、业务逻辑、数据管理逻辑四种不同层次的基本逻辑。通过这样的分解，最大限度地降低系统内部的耦合性，提高系统适应变化的能力，并大大提高了系统并行开发效率。

InforFlow提供对业务流程逻辑的控制，当交通银行信贷业务过程发生变化时，只要调整

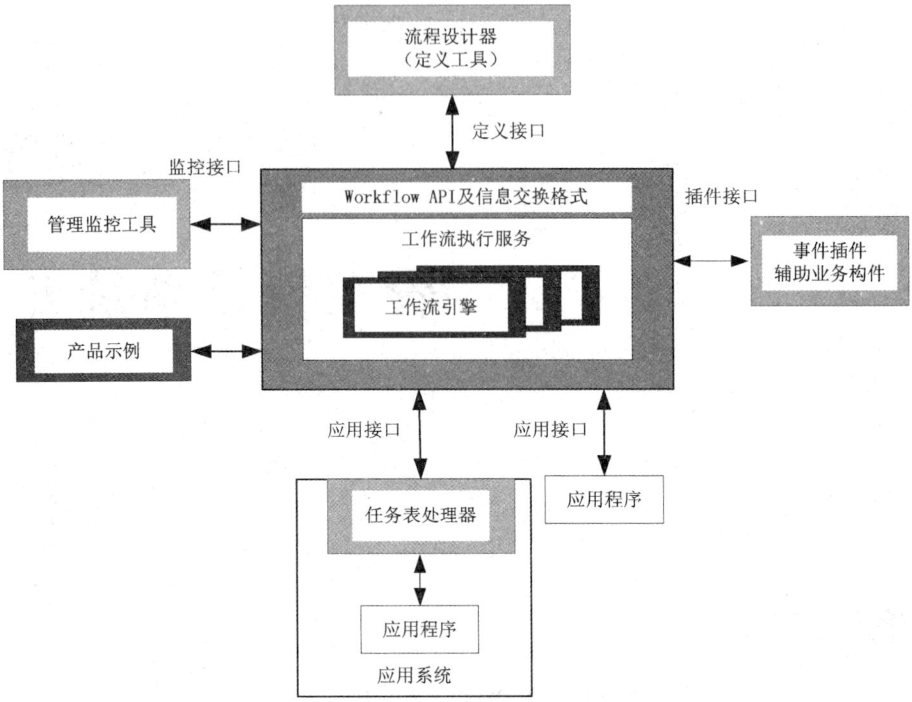

图 4-1　InforFlow 体系结构图

相应的流程定义，就可以轻松实现业务过程的改变和重组。

二、基于 InforReport 的报表服务引擎

交通银行信贷管理信息系统使用 InforReport 实现对报表的快速开发。当用户有新的报表需求时，使用 InforReport 报表设计器快速实现报表，并通过信贷系统的报表管理模块实现报表的快速发布。

同时，利用 InforReport 引擎与展示控件所提供的丰富的数据分析能力，简化了生成报表时所需要的复杂的 SQL 语句，大大减轻了数据库服务器的压力；报表的分析与生成在独立运行的报表服务器上实现，将这种对资源占用比较大的功能与正常的应用服务分离开来，减轻了应用服务器的负担，提高了交通银行信贷系统所支持的最大并发量与数据吞吐量。

三、案例特点

1. 系统的灵活性与可适应性

InforFlow 为交通银行信贷审批过程的定义带来了高度的灵活性，大大提高了业务过程适应变化的能力。转移条件、任务分配条件的定义使得系统可以在不修改程序、不修改流程定义的前提下就可以实现对用户授权等功能的实现。而对审批过程的变化则只需要修改流程定义，不需要修改程序就可以适应变化。

2. 对业务过程进行图形化描述

InforFlow 提供的图形化流程建模工具使得审批过程一目了然。交通银行信贷项目组采用

所见即所得的 InforFlow Designer 作为流程设计工具，同时作为和客户进行有效沟通的重要途径。系统开发还采用 InforFlow 监控工具作为流程开发/测试的辅助工具，可以对正在运行中的流程实例以及在运行中产生的数据进行查询与控制，使得管理人员能够掌握授信审批流程实例当前所处的状态和处理情况。

3. 化繁为简，快速开发

交通银行信贷管理信息系统是建立以总行为中心，覆盖银行全国各信贷网点的数据集中管理平台。该系统采用 InforFlow 作为开发运行支撑平台，从设计、实现、测试到上线试运行，仅仅用了 5 个月的时间，这是一个令人震惊的速度。

另外该系统中的台账业务、风险管理、放款中心等业务都有大量的报表，而中创软件 InforReport 报表中间件的应用，不仅解决了浏览器端报表的展示、打印及导出等问题，而且将报表开发效率提高了 5 ~ 10 倍。这也是该项目快速开发、构建完成的重要因素之一。

2004 年 7 月 12 日，交通银行信贷管理信息系统正式上线试运行成功。项目组认为，InforFlow 和 InforReport 在系统的设计开发过程中，对推动项目进度起到了至关重要的作用。项目组开发人员也深有感慨："项目组采用 InforFlow 和 InforReport，使复杂的业务需求变得简单了，降低了开发难度，缩短了开发周期，同时也提高了系统的灵活性和稳定性。"

第一节　管理信息系统开发概述

一、管理信息系统开发的任务和特点

1. 管理信息系统开发的任务

管理信息系统开发的任务，就是开发一个能满足用户需要、高效并有力支持管理决策目标的、具有先进技术的管理信息系统。

具体地说，可从以下四个方面来分析管理信息系统开发的任务：

（1）满足用户需要。由于原来没有管理信息系统或旧系统存在问题，制约着组织的发展，不能满足用户的需要，因此新系统必须保证其最终系统能够被用户接受，实现用户的初衷。

（2）功能完整。功能是否完整，是指系统能否覆盖组织的主要业务管理范围。同时，还表现在各部分接口是否完备，数据采集和存储格式是否统一，各部分是否协调一致。

（3）技术先进。正确认识各种先进技术的优劣长短，根据组织的实际情况和未来发展将其合理地运用到管理信息系统开发中去。尽量采用成熟的技术，不要为了先进而采用最新但未经考验的技术。

（4）实现辅助决策。许多组织的决策任务非常复杂、耗时。例如，在国美电器、永乐家电等家电业零售巨头已经进驻福州的情况下，全国性连锁家电苏宁考虑是否进驻福州以及在何处建新的卖场时，其决策行为将受到市场竞争、员工素质、与其他卖场是否邻近以及是否靠近主要交通干线等多种因素的综合影响。因此，许多组织都需要能够帮助他们做出最佳决策的决策支持系统。

2. 管理信息系统开发的特点

（1）管理信息系统的开发动力来自需求牵引。随着国内外市场竞争的加剧，信息必然成为组织的战略资源，组织必须运用先进的手段和方法来获取和利用信息资源，提高组织的竞争力。组织的这种潜在需求，必然推动和加速管理信息系统的开发。

（2）管理信息系统开发的前提是科学合理的管理。管理信息系统的开发有“三分技术，七分管理，十二分数据”之称，可见管理的重要性。只有在合理的管理体制、完善的规章制度、稳定的生产秩序、配套的科学管理方法和完整准确的原始数据的基础上，才能有效地开发管理信息系统，避免“Rubbish in，Rubbish out”（进来的是垃圾，出去的也是垃圾）。

（3）开发策略要因地制宜。管理信息系统的开发受到组织经营现状、管理基础、财力情况、管理模式、生产组织方式等多个因素的影响，不可能在短期内达到理想化水平，必须根据组织的实际情况，制定符合组织要求的开发策略。

（4）组织的管理模式、组织形式和运行机制决定管理信息系统的结构和功能。不同的组织、不同的时期，其管理信息系统的具体形式、功能需求及运行机制是不同的。例如，生产企业的功能可分为生产计划管理、材料计划管理、生产能力、财务管理、人事劳资管理、销售及客户管理、市场预测与决策支持等。娱乐休闲型酒店的功能分为接待登记、点单、餐饮、财务、查询、部门及人员管理等。开发人员就要深入组织，调查分析，系统地了解用户的需求，才能开发出符合用户预期目标的系统。

（5）投资巨大。开发一个管理信息系统需要投入大量的资金。投入费包括购买计算机、网络通信设备等硬件费用，购买软件或开发系统费用等软件费用，以及运行与维护费用等。

二、管理信息系统开发的原则

根据管理信息系统开发的任务和特点，在管理信息系统开发中应遵循以下原则：

1. 四个统一原则

管理信息系统的开发要做到四个统一，即“统一领导、统一规则、统一目标规范、统一软硬件环境”。“四个统一”给系统开发人员和系统管理人员提出了共同遵守的准则，加强了系统开发过程的管理和控制，对提高系统开发质量和水平，缩短开发时间，减少开发费用，方便系统管理和维护等，都起到了重要指导作用。

2. “一把手”原则

根据发达国家的经验和我国的实践证明，如果组织的“一把手”没有参加管理信息系统开发，而只是作为一个旁观者，那么管理信息系统的开发注定要失败。因为管理信息系统的开发与应用是一个技术性、政策性很强的系统工程，诸如系统开发目标、环境改造、管理体制变革、机构重组、设备配置、人员培训等一系列重大问题均需“一把手”的支持与参与。“一把手”最清楚自己组织的问题，最能合理地确定系统目标，拥有实现目标的人事权、财权、指挥权，能够决定投资、调整机构、确定计算机平台等，这是任何人也不能替代的。因此，只有“一把手”亲自参与和支持管理信息系统的开发，才能获得成功。

系统开发的过程也是加强基础管理和提高管理水平的过程。其中，加强基础管理，改变传统习惯，工作关系的重新组合，人事变动以及各开发阶段设计方案的批准，重大的进程安排，资金的筹集调用等都需“一把手”亲自参与和拍板，这是管理信息系统开发成功的关键。因此，“一把手”要充分认识自己在管理信息系统开发中的地位和作用，积极参与，加强领导，以最少的投入开发出高效的多功能管理信息系统。

3. 面向用户原则

管理信息系统是为用户开发的，最终要交给用户使用，由用户通过运行并在使用后做出客观评价。因此，系统开发人员要使管理信息系统开发获得成功，必须坚持面向用户，树立一切为了用户的思想。从总体规划到开发过程的每一个环节都必须站在用户的立场上，一切为了用户，一切服务于用户。

4. 信息工程原则

要用信息工程的方法来开发管理信息系统。因为管理信息系统开发不仅涉及管理思想的转变，管理体制的变革，管理基础工作的健全，还涉及组织的整体状况、环境及经营管理和业务技术等许多个方面，是一项内容繁多、覆盖面广、人机结合的系统工程。因此，必须从组织的全局和实际出发，制定组织管理信息系统的总体规划和设计，妥善处理当前和长远、实用性和科学性、现行管理和管理现代化三者之间的关系，统筹协调理想目标和实际可能、总体规划目标和子系统分目标、现行系统和目标系统之间的关系，从而保证管理信息系统的开发顺利进行。

5. 阶段性原则

系统开发过程要划分若干个工作阶段，明确规定各个阶段的任务和成果，制定各个阶段的目标和评价标准，由开发领导小组或技术负责人来对阶段性成果进行评审，发现问题及时提出修改方案，保证系统开发质量。值得注意的是，不能混淆工作阶段，如系统开发人员热衷于编制程序，在没充分弄清系统需求之前就急于考虑机器的选型、网络的方案、系统软件的选择等，匆匆忙忙地购置、安装、调试后就开始了程序的编制工作。其结果是必然造成各种资源的浪费，时间的推迟，甚至导致整个系统开发的失败。

6. 适用性和先进性原则

管理信息系统开发，既不能盲目追求技术的先进性而采取不成熟的技术，造成系统不能正常运行或运行不可靠、不稳定；也不能起点太低，采用过分落后的技术或简单地模仿手工，造成系统功能弱、性能差。因此，在管理信息系统开发中应注重适用性与先进性相结合，一方面要把适用性放在第一位，满足现行管理的实际需求，尽快解决管理工作中的实际问题；另一方面要采用先进的管理思想和先进的技术，开发出功能全、起点高的系统。

三、管理信息系统开发的组织与管理

管理信息系统开发周期长、耗费大、参与人员多，并涉及管理体制、管理方法的变革，为了保证系统开发成功，并取得良好的经济效益和社会效益，必须对系统开发工作进行精心的组织与管理。

1. 正确的思想认识

正确的思想认识主要是指企业的领导、管理人员、计算机应用人员对管理信息系统的含义、必要性有正确的理解，不应对管理信息系统有片面和错误的认识。只有各有关人员对管理信息化有了正确的认识，管理信息系统工作才能顺利健康地发展；只有企业的领导对管理信息系统的含义、必要性有了正确的认识，他们才会积极主动地支持和参与这项工作，正确地领导这项工作的开展。

2. 良好的基础工作

良好的基础工作是管理信息系统的保证。首先，管理信息系统处理生产、管理、销售业务是在预先编制好的程序的指挥下进行的，要求管理工作规范化、标准化。其次，系统能否输出正确的管理信息，不仅取决于处理程序的正确与否，还取决于计算机录入数据的正确与否。这就要求管理部门健全各种规章制度，保证数据的真实性和准确性。最后，如果系统不能取得其所需的录入数据，即录入数据不完整，则要么系统不能正常运行，要么不能提交正确的输出。

基础工作较差的企业开展管理信息系统工作，应先进行基础工作的整顿。对于有一定规范管理基础的企业，也应进一步提高，以满足管理信息系统的需要。在此需注意的一点是，管理部门不能消极等待，要积极创造条件，改善基础工作。同时，管理信息系统工作的开展也将促进基础工作的加强，推进企业经营工作的规范化、标准化、制度化、合法化，是一个改进管理的过程。

3. 分阶段投入人力、物力、财力

管理信息系统的开发是一项浩大的工程，需耗费大量的人力、物力、财力。一般而言，建立一个管理信息系统少则一年，多则几年，必须按各个阶段的不同需要，分期投入，分期开发，及时把握开发进度和安排费用支出，合理分配人力、财力和物力，保证系统开发顺利进行。

4. 进度计划与控制

在总体规划阶段就应制订系统开发大致的进度计划，随着系统分析、系统设计的不断深入，再制订详细的开发进度计划，并指定专人负责。在计划执行过程中，项目负责人要对各项任务进行定期检查。

5. 阶段性评审

系统各阶段完成后，要进行阶段评审，审核各阶段的工作，符合要求后才可进入下一阶段工作，尤其是要做好系统分析阶段的评审工作，把好质量关，为系统的成功开发打下坚实的基础。

四、管理信息系统开发的人员

管理信息系统的开发不仅需要制定明确的开发任务、遵循开发原则，而且还要有高素质的开发人员。只有这样，才能保证管理信息系统开发的成功。

采取购买商品化软件与自行开发相结合的方式实现管理信息系统，企业一般都应配有系统分析员、系统设计员、系统编程人员和系统维护人员。这时无外乎有两种情况：一是对购买的商品化软件进行二次开发；二是购买的商品化软件仅用于企业业务的一部分，其他的部分由本企业的力量进行开发。无论哪种情况，软件开发人员都是必不可少的。

如果是用上级主管企业推广的管理软件实现管理信息系统时，企业一般都应配备维护人员。这是因为推广企业的维护力量一般都不强，在软件运行中出现问题或管理工作发生变动，需对软件进行修改时，要立即进行维护往往也较困难，而对管理软件来说往往都需要立即进行维护。另外还有一个原因是，软件开发是上级主管部门的工作人员，使用人员是下属企业的工作人员，由于上下级的关系，要让软件开发人员进行维护也存在一定的困难。

管理信息系统工作所需人员，就总体而言，一般需要以下几类人员：系统分析员、系统设计员、系统程序员、硬件维护人员、软件维护人员、数据录入员、系统操作员、系统管理员。就一个基层企业来说，并不要求具备所有上述人才。到底需要什么样的人才，则是由本企业开展管理信息系统的不同方式和程序所决定的。

第二节　管理信息系统开发方法

一、结构化系统开发方法

20 世纪 70 年代，西方发达国家在不断的摸索中，吸取了以前系统开发的经验教训，总结出了系统结构化分析与设计的方法即结构化系统开发方法（Structured System Development Methodology）。它是自顶向下的结构化方法、工程化的系统开发方法和生命周期方法的结合，是迄今为止开发方法中最传统、应用最广的一种开发方法。

1. 结构化系统开发方法的基本思想

结构化概念最早是用来描述结构化程序设计方法的。结构化方法不仅提高了编程效率和编程质量，而且大大提高了程序的可读性、可测试性、可修改性和可维护性。“结构化”的含义是“严格的、可重复的、可度量的”。后来，这种思想被引入管理信息系统开发领域，逐步形成结构化系统分析与设计方法。

结构化系统开发方法的基本思想是，将结构与控制加入到项目中，以便使活动在预定的时间和预算内完成。用系统工程的思想和工程化的方法，按用户至上的原则，结构化、模块化、自顶向下地对系统进行分析与设计。

具体地说，就是先将整个管理信息系统的开发划分成若干个相对比较独立的阶段，如系统规划、系统分析、系统设计、系统实施等。在前三个阶段采用自顶向下的方法对系统进行结构化划分，即从组织管理金字塔结构的最顶层入手，层层分解逐步深入至最基层；先考虑系统整体的优化，然后再考虑局部的优化。在系统实施阶段，采用自底向上的方法逐步实施，即按照前几个阶段设计的模块组织人员从最基层的模块做起（编程），然后按照系统设计的结构，将模块一个个拼接到一起进行调试，自底向上，逐渐构成整体系统。

2. 结构化系统开发方法的五大阶段

在结构化的系统开发方法中，信息系统的开发应用，也符合系统生命周期的规律。随着企业和组织工作的需要，外部环境的变化，对信息的需求也会相应地增加，这就要求设计和建立更新的信息系统。系统投入使用后一段时期内，可以在很大程度上满足企业管理者对信息的需求。但随着时间的推移，由于企业规模或信息应用范围的扩大或设备老化等原因，信息系统又逐渐不能满足需求。这时企业对信息系统又会提出更高的要求。周而复始，循环不息。这种方法将整个开发过程划分成五个首尾相连的阶段，称为结构化系统开发的生命周期，主要包括系统规划、系统分析、系统设计、系统实施、系统运行维护等五个阶段。

（1）系统规划阶段。首先，根据用户的系统开发请求，对企业的环境、目标现行系统的状况进行初步调查。其次，依据企业目标和发展战略，确定信息系统的发展战略，对建设新系统的需求做出分析和预测，明确所受到的各种约束条件，研究建设新系统的必要性和可能性。最后，进行可行性分析，写出可行性分析报告，可行性分析报告审议通过后，将新系统建设方案及实施计划编成系统规划报告。

（2）系统分析阶段。根据系统规划报告中所确定的范围，对现行系统进行详细调查，描述现行系统业务流程，分析数据与数据流程、功能与数据之间的关系，确定新系统的基本目标和逻辑功能，即提出新系统逻辑模型，并把最后成果形成书面材料——系统分析报告。

（3）系统设计阶段。根据新系统的逻辑模型，具体设计实现逻辑模型的技术方案，即提出新系统的物理模型，进行总体结构设计、代码设计、数据库/文件设计、输入/输出设计和模块结构与功能设计。

（4）系统实施阶段。根据系统设计说明书，进行软件编程（或者是选择商品化应用产品，根据系统分析和要求进行二次开发）设计、调试和检错、硬件设备的购入和安装、人员的培训、数据的准备和系统试运行。

（5）系统运行维护阶段。进行系统的日常运行管理、维护和评价三部分工作。如果运行结果良好，则送管理部门指导组织生产经营活动；如果存在一些小问题，则对系统进行修改、维护或是局部调整等；若存在重大问题（这种情况一般是运行若干年之后，系统运行的环境已经发生了根本的改变时才可能出现），则用户将会进一步提出开发新系统的要求，这标志着旧系统生命的结束，新系统的诞生。

3. 结构化系统开发方法的特点

生命周期法是将制造业中的工程化设计制造方法移植到软件行业的结果。其主要特点：

（1）树立面向用户的观点。系统开发是直接为用户服务的，因此，在开发的全过程中要有用户的观点，一切从用户利益出发。应尽量吸收用户单位的人员参与开发的全过程，加强与用户的联系、统一认识，加快工作进度，提高系统质量，减少系统开发的盲目性和失败的可能性。

（2）自顶向下的分析与设计和自底向上的系统实施。按照系统的观点，任何事情都是互相联系的整体。因此，在系统分析与设计时要站在整体的角度，自顶向下地工作。但在系统实施时，先对最底层的模块编程，然后一个模块、几个模块地调试，最后自底向上逐步构建整个系统。

（3）严格按阶段进行。整个管理信息系统开发过程划分为若干个工作阶段，每个阶段都有明确的任务和目标，各个阶段又可分为若干工作和步骤，逐一完成任务，从而实现预期目标。这种有条不紊的开发方法，便于计划和控制，基础扎实，不易返工。

（4）加强调查研究和系统分析。为了使系统更加满足用户要求，要对现行系统进行详细的调查研究，尽可能弄清现行系统业务处理的每一个细节，做好总体规划和系统分析，从而描述出符合用户实际需求的新系统逻辑模型。

（5）先逻辑设计后物理设计。在进行充分的系统调查和分析论证的基础上，弄清用户要“做什么”，并将其抽象为系统的逻辑模型，然后进入系统的物理设计与实施阶段，解决“怎么做”的问题。这种做法符合人们认识规律，从而保证系统开发工作的质量和效率。

（6）工作文档资料规范化和标准化。根据系统工程的思想，管理信息系统的各个阶段性的成果必须文档化，只有这样才能更好地实现用户与系统开发人员的交流，才能确保各个阶段的无缝连接。因此必须充分重视文档资料的规范化、标准化工作，充分发挥文档资料的作用，为提高管理信息系统的适应性提供可靠保证。

4. 结构化系统开发方法的优缺点

这种方法强调将系统开发项目划分成不同的阶段。每个阶段都有明确的起始和完成的进度安排，对开发周期的各个阶段进行管理控制。在每个阶段的末期，要对该阶段的工作做出常规评价。对当前阶段的任务是否有需要修改和返工的部分，任务完成符合要求后，是否进入下一阶段继续开发等问题要及时做出决策。开发过程要及时建立诸如数据流程图、实体关系图以及编程技术要求等各种文档。这些文档对系统投入运行后的系统维护工作十分重要。由于它及时对各阶段的工作进行评价，从而能对各阶段的工作任务符合系统需求和符合组织标准提供有力的保证措施。总之，采用这种方法有利于系统结构的优化，设计出的系统比较容易实现而且具有较好的可维护性，因而得到了广泛的应用。

但是，这种方法开发过程过于烦琐，周期过长，工作量太大。在系统开发未结束前，用户不能使用系统，却要求系统开发人员在调查中充分掌握用户需求、管理状况以及预见未来可能发生的变化，不符合人类的认识规律，在实际工作中难以实施，导致系统开发的风险较大。该方法的另一个缺点是对用户需求的改变反应不灵活。尽管有这些局限性，结构化系统开发法（生命周期法）还是经常应用在大型、复杂的影响企业整体运作的企业事务处理系统（TPS）和管理信息系统（MIS）的开发项目中，也经常应用在政府项目中。

二、原型法

原型法（Prototyping Approch）是20世纪80年代随着计算机技术的发展，特别是在关系数据库系统（RDBS）、第4代程序生成语言（4 GL）和各种系统开发生成环境产生的基础之上，提出的一种新的系统开发方法。与结构化系统开发方法相比，原型法放弃了对现行系统进行全面、系统的详细调查与分析，而是根据系统开发人员对用户需求的理解，在强有力的软件环境支持下，快速开发出一个实实在在的系统原型，并提供给用户，与用户一起反复协商修改，直到形成实际系统。

1. 原型法的基本思想

原型法的基本思想：在软件生产中，引进工业生产中在设计阶段和生产阶段中的试制样品的方法，解决需求规格确立困难的问题。首先，系统开发人员在初步了解用户需求的基础上，迅速而廉价地开发出一个实验型的系统，即“原型”；然后将其交给用户使用，通过使用，启发用户提出进一步的需求，并根据用户的意见对原型进行修改，用户使用修改后系统提出新的需求。这样不断反复修改，用户和开发人员共同探讨改进和完善，直至完成一个满足用户需求的系统。

2. 原型法开发的步骤

（1）确定用户的基本需求。系统开发人员对组织进行初步调查，与用户进行交流，收集各种信息，进行可行性分析，从而发现和确定用户的基本需求。用户的基本需求包括：系统的功能、人机界面、输入和输出要求、数据库基本结构、保密要求、应用范围、运行环境等。但基本不涉及编程规则、安全问题或期末的处理（如工资管理系统在年终产生的报表）。

（2）开发一个初始原型。系统开发人员根据用户的基本需求，在强有力的工具软件支持下，迅速开发一个初始原型，以便进行讨论，并从它开始迭代。通常初始原型只包括用户界面，如数据输入屏幕和报表，但初始原型的质量对生成新的管理信息系统至关重要。如果一个初始原型存在明显缺陷，就需要重新构造一个新原型。

（3）使用和评价系统原型。用户通过对原型的操作、检查、测试和运行，获得对系统最直接的感受，不断发现原型中存在的问题，并对功能、界面（屏幕、报告）以及原型的各个方面进行评价，提出修改意见。

（4）修改原型。根据上一阶段所发现的问题，系统开发人员和用户共同修正、改进原型，得到最终原型。第三阶段和第四阶段需要多次反复，直至用户满意为止。

（5）判定原型完成。判定原型是否完成就是判断有关用户的各项需求是否最终实现。如果已经实现，则进入整理原型提供文档阶段。否则继续修改。

（6）整理原型，提供文档。整理原型，提供文档是把原型进行整理和编号，并将其写入系统开发文档资料中，以便为下一步的运行、开发服务。其中包括用户的需求说明、新系统的逻辑方案、系统设计说明、数据字典、系统使用说明书等。所开发出的系统和相应的文档资料必须得到用户的检验和认可。

3. 原型法的开发工具

用常规的编程方法开发原型，需要相当长的时间。它必须在快速开发工具的支持下，才能快速模型化和及时改进。其工具主要有：

（1）字典编辑器。完成数据流程图、数据字典、数据处理过程的编辑。

（2）概要设计编辑器。根据新系统的数据流程图和数据字典，将数据流程图转换成功能结构图。

（3）详细设计编辑器。完成处理功能的算法描述、解释，输入/输出界面的实现及文件管理等功能。

（4）程序自动生成器。根据模块的设计说明，生成源程序清单。

（5）图形编辑器。完成数据流程图的编辑。编辑原系统的业务流程图和新系统的数据流程图，并自动对数据流程图进行平衡性、一致性和完备性检验，保证数据流程图与数据字典的说明之间完全一致。

（6）文档编辑器。自动向用户提供各阶段的主要文档资料。

（7）原型人员工作台。提供给原型开发人员使用的，具有交互功能、使用方便并能产生反馈信息的工作站。

4. 原型法的优点

由于原型法不需要对系统的需求进行完整的定义，而是根据用户的基本需求快速开发出系统原型，开发人员在与用户对原型的不断“使用—评价—修改”中，逐步完善对系统需求的认识和系统的设计，因而，它具有如下优点：

（1）原型法符合人类认识事物的规律，更容易使人接受。人们认识任何事物都不可能一次完全了解，认识和学习过程都需要循序渐进，人们总是在环境的启发下不断完善对事物的描述。

（2）改进了开发人员与用户的信息交流方式。由于用户的直接参与，能及时发现问题，并进行修改，这样清除了歧义，改善了信息的沟通状况。它能提供良好的文档、项目说明和示范，增强了用户和开发人员的兴趣，从而大大减少了设计错误，降低开发风险。

(3) 开发周期短、费用低。原型法充分利用了最新的软件工具，丢弃了手工方法，使系统开发的时间、费用大大减少，效率和技术等大大提高。

(4) 应变能力强。原型法开发周期短，使用灵活，对于管理体制和组织结构不稳定、有变化的系统比较适合。由于原型法需要快速形成原型和不断修改演讲，因此，系统的可变性好，易于修改。

(5) 用户满意程度提高。由于原型法以用户为中心来开发系统，加强了用户的参与和决策，向用户和开发人员提供了一个活灵活现的原型系统，实现了早期的人—机结合测试，能在系统开发早期发现错误和遗漏，并及时予以修改，从而提高了用户的满意程度。

5. 原型法的缺点

尽管原型法有上述优点，但是它的使用仍有一定的适用范围和局限性，主要表现在：

(1) 不适合开发大型管理信息系统。对于大型系统，如果不经过系统分析来进行整体性划分，很难直接构造一个模型供人评价。而且这种易导致人们认为最终系统过快产生，开发人员忽略彻底的测试，文档不够健全。

(2) 原型法建立的基础是最初的解决方案，以后的循环和重复都在以前的原型基础上进行，如果最初的原型不适合，则系统开发会遇到较大的困难。

(3) 对于原基础管理不善，信息处理过程混乱的组织，构造原型有一定的困难。而且没有科学合理的方法可依，系统开发容易走上机械地模拟原来手工系统的轨道。

(4) 没有正规的分阶段评价，因而对原型的功能范围的掌握有困难。由于用户的需求总在改变，系统开发永远不能结束。

(5) 由于原型法的系统开发不很规范，系统的备份、恢复，系统性能和安全问题容易忽略。

三、面向对象的开发方法

面向对象法（Object Oriented，OO）是一种认识客观世界，从结构组织模拟客观世界的方法。面向对象法产生于20世纪60年代，在20世纪80年代后获得广泛应用。它一反那种功能分解方法只能单纯反映管理功能的结构状态，数据流程模型（DFD）只是侧重反映事物的信息特征和流程，信息模拟只能被动迎合实际问题需要的做法，而面向对象的角度为人们认识事物，进而为开发系统提供了一种全新的方法。这种方法以类、继承等概念描述客观事物及其联系，为管理信息系统的开发提供了全新思路，必将成为21世纪的重要开发方法之一。

1. 面向对象法的基本思想

OO方法认为：客观世界是由许多各种各样的对象所组成的，每种对象都有各自的内部状态和运动规律，不同的对象之间的相互作用和联系就构成了各种不同的系统。人们设计和实现一个客观系统时，如果能在满足需求的条件下，把系统设计成由一些不可变的（相对固定）部分组成的最小集合，这个设计就是最好的。因为它把握了事物的本质，因而不再会被周围环境（物理环境和管理模式）的变化以及用户没完没了的变化需求所左右，而这些不可变的部分就是所谓的对象。客观事物都是由对象组成的，对象是在原来事物基础上抽象的结果。任何复杂的事物都可以通过对象的某种组合而构成。

2. 面向对象法的基本概念

（1）对象。对象是现实世界中具有相同属性、服从相同规则的一系列事物的抽象，也就是将相似事物抽象化，其中的具体事物称为对象的实体。任何事物在一定前提下都可以看成对象。例如，面对同一条大街，如果你的问题是寻找同伴，则你看到的对象是流动人群；如果你的问题是搭车，则你看到的是流动的车辆；如果你的问题是逛商场，则你看到的是繁华的商场。从计算机角度看，对象是把数据（即对象的属性）和对该数据的操作（即对象的行为）封装在一个计算单位中的运行实体；从程序设计者角度看，对象是一个高内聚的程序模块；从用户角度看，对象为他们提供所希望的行为。对象可以是具体的，如一个人、一张桌子、一辆轿车等；对象也可以是概念化的，如一种思路，一种方法等。

（2）对象的属性。对象的属性是实体所具有的某个特性的抽象，它反映了对象的信息特征，而实体本身被抽象成对象。

（3）类。类是具有相同属性和相同行为描述的一组对象，它为属于该类的全部对象提供了统一的抽象描述。例如，动物、人、高校、管理信息系统都是类。

（4）消息。消息是向对象发出的服务请求。在 OO 方法中，完成一件事情的方法就是向有关对象发送消息。消息体现了对象的自治性和独立性，对象间可以通过消息实现交互，模拟现实世界。

消息传递：同样输入—不同对象—不同结果（终态）；过程调用：同样输入—同样输出。

（5）行为。行为是指一个对象对于属性改变或消息收到后所进行的行动的反映。一个对象的行为完全取决于它的活动。

（6）操作。对象行为、动态功能或实现功能的具体方法。每一种操作都会改变对象的一个值或多个值。操作分为两类：①对象自身承受的操作，操作结果改变了自身的属性；②施加于其他对象的操作，操作结果作为消息发送出去。

（7）关系。关系是指现实世界中两个对象或多个对象之间的相互作用和影响。例如，师生关系、上下级关系、机器与配件的关系等。

（8）接口。对象受理外部消息所指定操作的名称或外部通信协议。

（9）继承。指一个类因承袭另一个类的能力和特征的机制。继承的优点是避免了系统内部类或对象封闭而造成的数据与操作冗余现象，并保持接口的一致性。在传递消息时，也无须了解接口的详细情况。而继承机制的最主要优点是支持重用，在层次方面优于传统结构化方法中的过程调用。

3. 面向对象法的开发过程

按照 OO 方法的基本思想，可将其开发过程分为四个阶段：

（1）系统调查和需求分析。对所要研究的系统面临的具体管理问题以及用户对系统开发的需求进行调查研究，弄清目的，给出前进的方向。

（2）系统分析阶段（Object – Oriented Analysis，OOA）。在繁杂的问题领域中抽象地识别出对象及其行为、结构、属性等。

（3）系统设计阶段（Object – Oriented Design，OOD）。根据系统分析阶段的文档资料，进行进一步的抽象、归类、整理，运用雏形法构造出系统的雏形。

(4) 系统实现阶段（Object - Oriented Programming，OOP）。根据系统设计阶段的文档资料，运用面向对象的程序设计语言加以实现。

4. 面向对象法的特点

面向对象法是以对象为中心的一种开发方法。具有以下特点：

(1) 封装性（Encapsulation）。在OO方法中，程序和数据是封装在一起的，对象作为一个实体，它将操作隐藏在行为中，状态由对象的“属性”来描述，并且只能通过对象中的“行为”来改变，外界一无所知。可以看出，封装性是一种信息隐藏技术，是面向对象法的基础。因此，OO方法的创始人Coad和Yourdon认为面向对象就是“对象 + 属性 + 行为”。

(2) 抽象性。在面向对象法中，把抽出实体的本质和内在属性而忽略一些无关紧要的属性称为抽象。类是抽象的产物，对象是类的一个实体。同类中的对象具有类中规定的属性和行为。

(3) 继承性。继承性是指子类共享父类的属性与操作的一种方式，是类特有的性质。类可以派生出子类，子类自动继承父类的属性与方法。可见，继承大大地提高了软件的可重用性。

(4) 动态链接性。动态链接性是指各种对象间统一、方便、动态的消息传递机制。

5. 面向对象法的优缺点

面向对象的方法更接近于现实世界，可以很好地限制由于不同的人对于系统的不同理解所造成的偏差；以对象为中心，利用特定的软件工具直接完成从对象客体的描述到软件结构间的转换，解决了从分析和设计到软件模块结构之间多次转换的繁杂过程，缩短了开发周期，是一种很有发展潜力的系统开发方法。

但是，它需要一定的软件基础支持才可以应用，并且在大型管理信息系统开发中不进行自顶向下的整体划分，而直接采用自底向上的开发，很难得出系统的全貌，会造成系统结构不合理，各部分关系失调等问题。

面向对象系统开发的趋势：分析和设计更加紧密难分。由于重用性提高，程序设计比重越来越小，系统测试和维护得到简化和扩充，开发模型越来越注重对象之间交互能力的描述。

四、计算机辅助设计法

1. CASE的基本思想

严格地讲，CASE（Computer Aided Software Engineering）只是一种开发环境而不是一种开发方法。它是20世纪80年代末从计算机辅助编程工具、第四代语言（4GL）及绘图工具发展而来的。目前，CASE仍是一个发展中的概念，各种CASE软件也较多，没有统一的模式和标准。采用CASE工具进行系统开发，必须结合一种具体的开发方法，如结构化系统开发方法、因向对象方法或原型化开发方法等，CASE方法只是为具体的开发方法提供了支持每一过程的专门工具。因而，CASE工具实际上把原先由手工完成的开发过程转变为以自动化工具和支撑环境支持的自动化开发过程。

2. CASE 方法的特点

CASE 方法具有下列特点：

（1）解决了从客观对象到软件系统的映射问题，支持系统开发的全过程。

（2）提高了软件质量和软件重用性。

（3）加快了软件开发速度。

（4）简化了软件开发的管理和维护。

（5）自动生成开发过程中的各种软件文档。

现在，CASE 中集成了多种工具，这些工具既可以单独使用，也可以组合使用。CASE 的概念也由一种具体的工具发展成为开发信息系统的方法学。

3. 开发工具

为提高软件开发效率和减轻开发人员的劳动强度而设计的软件称为软件工具。软件工具是为支持计算机软件的开发、维护、模拟、移植或管理而研制的程序系统。

软件工具涉及的面很广，种类繁多，目前分类方法也很多，较为流行的分类方法是按生存周期分类，通常分为五大类。

（1）软件需求分析工具。利用形式化语言描述，与自然语言相近，可产生需求分析的文档和相关的图形，如 DFD 图。例如，问题描述语言 PSL，问题分析器 PSA 都是需求分析工具。

（2）软件设计工具。一种是图形、表格、语言的描述工具，如结构图、数据流程图、判定表、判定树、IPO 图等；另一种是转换与变换工具，如程序设计语言 PDL 可实现算法描述到接近可执行代码的描述转换。

（3）软件编码工具。如各种高级语言编译器、解释器、编辑连接程序、汇编程序等。软件编码工具是软件开发的主要工具。

（4）软件测试和验收工具。如静态分析程序 DAVE，程序评测系统 PET。

（5）软件维护工具。如 PERT、TSN、GANTT 图等。

有些软件工具支持多个软件开发阶段，因此，难以明确将其归入上述五类中的某一类。对于依赖数据库技术的管理信息系统开发，目前主要采用面向对象的开发工具。很多 DBMS 支持多个软件开发阶段，既作为系统开发平台又作为系统开发编程工具。

五、管理信息系统开发方式及选择

信息系统的开发方式是指企业组织获得应用系统服务的方式，主要解决由谁来承担系统开发任务，建设所需信息系统的问题。目前主要的开发方式有自行开发、委托开发、联合开发、利用软件包开发等。这几种开发方式各有优点和不足之处，需要根据使用单位的技术力量、资金情况、外部环境等各种因素进行综合考虑和选择。

1. 自行开发

自行开发是由用户依靠自己的力量独立完成系统开发的各项任务。根据项目预算，企业自行组织开发队伍，完成系统的分析和设计方案，组织实施，进行运行管理。随着第四代开发工具的不断发展，应用程序的编写越来越容易，使得用户自行开发在技术上变得更加可行。一些组织和单位有较强专业开发分析与设计队伍和程序设计人员、系统维护使用队伍的，如大学、研究所、计算机公司、高科技公司等，就可以自行开发，完成新系统的建设。

(1) 自行开发的步骤。对于功能比较简单的系统，由企业内部用原型法在很短的时间就可完成。对于功能比较复杂的系统，要用原型法和结构化方法相结合，即在建立一个最终系统之前，构造一个系统模型，开发过程采用结构化的类似步骤。一般经过调查研究，识别需求，确定新系统目标，制订项目计划；研究和建立新系统的模型；选择系统的软件和硬件；用户使用模型提出意见，对模型进行修改，直到用户满意；系统运行和维护等步骤。开发过程应注意两点：一是需要大力加强领导，实行“一把手”原则；二是向专业开发人士或公司进行必要的技术咨询，或聘请他们作为开发顾问。

(2) 自行开发方式的优缺点。自行开发方式的优点是开发速度快，费用少，容易开发出适合本单位需要的系统，方便维护和扩展，有利于培养自己的系统开发人员。缺点是由于不是专业开发队伍，除缺少专业开发人员的经验和熟练水平外，还容易受业务工作的限制，系统整体优化不够，开发水平较低。同时开发人员一般都是临时从所属各单位抽调出来进行信息系统开发工作的，他们都有自己的工作，精力有限，这样就会造成系统开发时间长，开发人员调动后，系统维护工作没有保障的情况。

2. 联合开发

联合开发是由用户（甲方）和有丰富开发经验的机构或专业开发人员（乙方）共同完成开发任务。一般由用户负责开发投资，根据项目要求组建开发团队，建立必要的规则，分清各方的权责，以合同的方式明确下来，协作完成新系统的开发。这样可以利用企业的业务优势与合作方信息技术优势互补，开发出适用性较强、技术水平较高的应用系统。但是，用户要选择有责任心、有经验的合作方，如专业性开发公司、科研机构等联合开发，共同完成信息系统的分析、设计和实施。这种开发方式适合于用户（甲方）有一定的信息系统分析、设计及软件开发人员，但开发队伍力量较弱，需要外援，希望通过信息系统的开发来建立、完善和提高自己的技术队伍，以便于系统维护工作的单位。

这种开发方式的优点是相对比较节约资金，可以培养、增强用户的技术力量，便于系统维护工作，系统的技术水平较高。缺点是双方在合作中沟通容易出现问题，因此，需要双方及时达成共识，进行协调和检查。

3. 委托开发

委托开发是由用户（甲方）委托给富有开发经验的机构或专业开发人员（乙方），按照用户的需求承担系统开发的任务。用户首先要明确自己的需求，然后选择委托单位，签订开发合同，并预付部分资金；开发方（乙方）根据合同要求，独立地完成系统分析、设计、实施，用户对系统验收通过后直接投入运行。采用这种开发方式，关键是要选择好委托单位，最好是对本行业的业务比较熟悉的、有成功经验的开发单位，并且用户（甲方）的业务骨干要参与系统的论证工作，开发过程中需要开发单位（乙方）和用户（甲方）双方及时沟通，进行协调和检查。这种开发方式适合于用户（甲方）没有信息系统的系统分析、系统设计及软件开发人员或开发队伍力量较弱、信息系统内容复杂、投资规模大，但资金较为充足的单位。

委托开发方式的优点是省时、省事，开发的系统技术水平较高。缺点是费用高、系统维护与扩展需要开发单位的长期支持，不利于本单位的人才培养。

4. 利用现成的软件包开发

信息技术的发展促使软件的开发向专业化方向发展，软件开发的标准化和商品化成为软件发展的趋势。一批专门从事管理信息系统开发的公司已经开发出一批使用方便、功能强大的应用软件包。所谓应用软件包是预先编制好的、能完成一定功能的、供出售或出租的成套软件系统。它可以小到只有一项单一的功能，如打印邮签，也可以是具有复杂功能运行在主机上的大系统。为了避免重复劳动，提高系统开发的经济效益，可以利用现成的软件包开发管理信息系统，可购买现成的应用软件包或开发平台，如财务管理系统、小型企业管理信息系统、供销存管理信息系统等。这种开发方式对于功能单一的小系统的开发颇为有效。但不太适用于规模较大、功能复杂、需求量不确定性程度比较高的系统的开发。

利用现成的软件包开发这一方式的优点是能缩短开发时间，节省开发费用，技术水平比较高，系统可以得到较好的维护。缺点是功能比较简单，通用软件的专用性比较差，难以满足特殊要求，需要有一定的技术力量，根据使用者的要求做软件改善和编制必要的接口软件等二次开发的工作。

5. 开发方式的选择

由上可知，不同的开发方式具有不同的优点和缺点，如表 4-1 所示。需要根据用户的实际情况进行选择，也可以综合使用各种开发方式。

表 4-1　四种开发方式的比较

方式 特点比较	自行开发	委托开发	联合开发	利用现成软件包开发
分析和设计能力的要求	较高	一般	逐渐培养	较低
编程能力的要求	较高	不需要	需要	较低
系统维护的难易程度	容易	较困难	较容易	较困难
开发费用	少	多	较少	较少

第三节　管理信息系统开发的规划

一、系统规划概述

1. 管理信息系统规划的概念

管理信息系统规划就是根据组织的总体发展战略和资源状况，对组织信息系统近、中、长期的使命和目标、实现策略和方法、实施方案等内容做出的统筹安排。

一个组织的信息系统规划可以分为战略性规划和执行性规划两部分。战略性规划是宏观指导性的长远规划，执行性规划是对战略规划的具体化和细化。

2. 管理信息系统的战略规划

管理信息系统的战略规划是关于管理信息系统的长远发展的计划，一般包括三年或更长期的计划，也包含一年的短期计划。由于管理信息系统的建设是一项耗资巨大、历时很长、技术复杂且又内外交叉的工程，信息已成为企业的生命线，信息系统与企业的运营方式、文化习惯息息相关，因此，管理信息系统战略规划是企业战略规划的一个重要部分。

在开发系统之前，为了节省信息系统的投资，合理分配和利用信息资源，必须认真地制订管理信息系统战略规划。通过制订规划，找出存在的问题，正确地识别为实现企业目标管理信息系统必须完成的任务，促进信息系统的应用，带来更多的经济效益。一个好的规划可以作为一个标准，考核信息系统人员的工作，明确他们的方向，调动他们的积极性。总之，管理信息系统战略规划对企业开发管理信息系统是非常重要的。

管理信息系统的战略规划的内容主要包括：组织的战略目标、政策和约束、计划和指标的分析；管理信息系统的目标、约束以及计划指标的分析；系统的功能结构。信息系统的组织、人员、管理和运行；组织业务流程重组；信息系统的效益分析和实施计划等。

3. 管理信息系统战略规划的步骤

管理信息系统战略规划的制订一般应包括以下步骤，如图 4-2 所示。

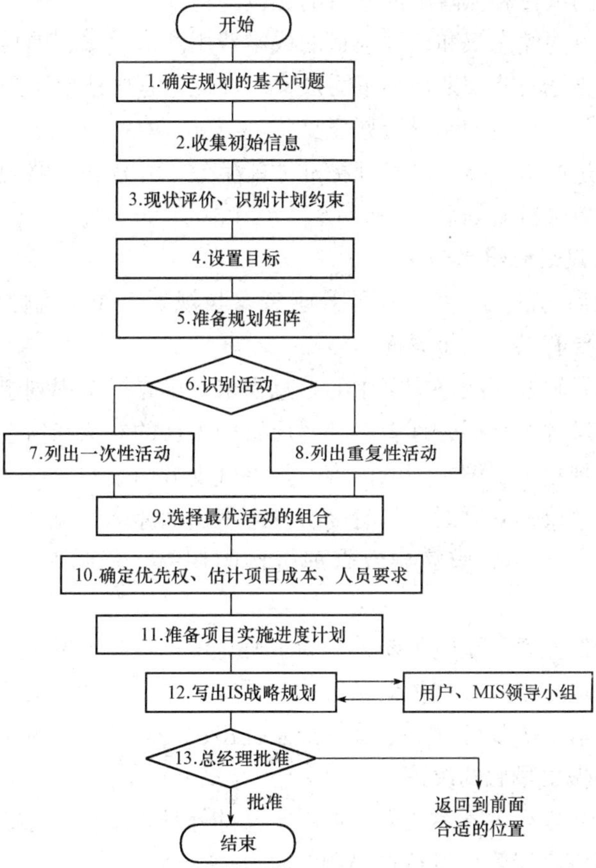

图 4-2　战略规划步骤

第一步，确定规划的基本问题。如规划的年限、规划的方法，确定集中式还是分散式的规划等。

第二步，收集初始信息。包括从各级干部、卖主相似的企业、本企业内部各种信息系统领导小组、各种文件以及从书籍和杂志中收集信息。

第三步，现存状态的评价和识别计划约束。包括目标、系统开发方法、计划活动、现存硬件和它的质量、信息部门人员、运行和控制、资金、安全措施、人员经验、手续和标准、中期和长期优先序、外部和内部关系、现存的设备、现存软件及其质量，以及企业的思想和道德状况。

第四步，设置目标。主要由总经理和计算机领导小组来设置，包括服务的质量和范围、政策、组织及人员等，它不仅包括信息系统的目标，而且应有整个企业的目标。

第五步，准备规划矩阵。列出信息系统规划内容之间相互关系所组成的矩阵，确定各项内容以及它们实现的优先顺序。

第六步、第七步、第八步、第九步，是识别上面所列的各种活动，判断是一次性的工程项目性质的活动，还是一种重复性的经常进行的活动。由于资源有限，不可能所有项目同时进行，只有选择一些好处最大的项目先进行，要正确选择工程类项目和日常重复类项目的比例，正确选择风险大的项目和风险小的项目的比例。

第十步，确定项目的优先权和估计项目的成本费用。依此编制项目的实施进度计划第十一步，然后在第十二步把战略长期规划书写成文，在此过程中还要不断与用户、信息系统工作人员以及信息系统领导小组的领导交换意见。

写出的规划要经过第十三步，总经理批准才能生效，并宣告战略规划任务的完成。如果总经理没批准，要重新进行规划。

4. 管理信息系统规划的组织和管理

（1）高层管理者参与的必要性。高层管理者参与规划工作是确保信息资源开发利用成功的关键。其原因主要有以下几个方面：

①高层管理者最了解各项战略决策中的信息需求，单靠一个规划组来规划这种来自高层的信息资源，他们很难理解高层管理者以及各层管理人员的看法和信息需求，所以作为高层管理者必须亲自参与规划，了解规划的内容，把握规划方向。

②规划中出现了争议和问题时，只有高层管理者出面才能解决。

③规划中经常会发现一些弊病导致管理机构的调整，其调整的最终决策权在高层管理者。

④信息系统的开发效率是至关重要的，为了避免信息资源开发上的浪费，必须有一个自顶向下的全局范围的信息结构，这种信息结构必须得到高层管理者的确认。

⑤总体规划需要对下一步各项子系统的开发提出优先顺序，并做出开发预算，这些内容也必须由高层管理者做出最后的决策。

⑥总体规划往往要进行关于系统内数据项定义的标准化工作，在数据项定义过程中经常会出现一些问题必须由高层管理者负责协调解决。

由此可见，总体规划必须在高层管理者的直接参与并管理下进行。规划的组织则依据不同的规划范围有着不同的形式。

（2）系统规划的组织管理。信息系统规划工作需要成立一个责权明确的领导小组。它在组织的最高层管理者的直接管理者下，由一名负责全面规划工作的信息资源规划者和一个核心小组所组成，并通过一批用户分析员和广大的最终用户相联系。核心小组和用户分析员应该脱产地从事总体规划工作，而广大的最终用户则是临时性或短期地参与规划工作。

全部规划工作应由强有力的核心小组来完成。核心小组成员由高层管理人员与数据处理人员（四五人）组成，具体包括：组织内的业务负责人、财务培训人、数据处理负责人、系统分析负责人等。核心小组成员应由外请顾问进行培训和指导，以便正确行使他们的权力。

信息系统的最终用户是指那些直接使用计算机信息系统的各层管理人员，这些人员中要抽出一部分人在总体规划期间代表所在的部门参加工作，成为用户分析员。用户分析员的人数应该适合组织的规模，并能覆盖全部业务范围。用户分析员要经过培训，学会总体规划方法，并具体负责本部门的规划工作。

5. 诺兰模型

诺兰模型是西方国家进行管理信息系统规划的指导性理论之一。西方发达国家信息系统发展经验表明：一个企业或地区信息系统的发展具有一定的规律性，一般要经历从初级到成熟的成长过程。诺兰（Nolan）总结了这一规律，于1973年首次提出了信息系统发展的阶段理论，被称为诺兰模型。到1980年，诺兰进一步完善该模型，把信息系统的成长过程划分为6个不同阶段，如图4-3所示。

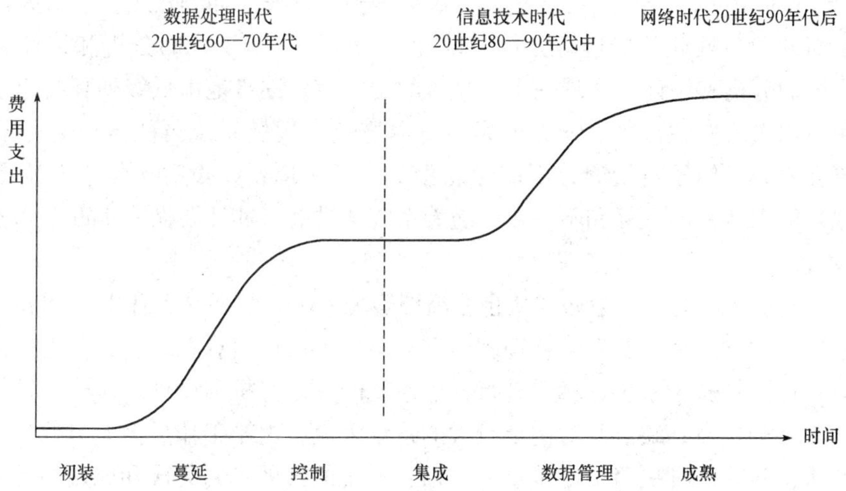

图4-3　诺兰模型

（1）初装阶段。计算机的作用被初步认识，个别人具有了初步使用计算机的能力。各单位一般从财务部门开始购置计算机，初步开发管理应用程序，财务部门工作效率得到较大提高。

（2）蔓延阶段。个别部门尝试成功，计算机的应用很快从少数部门扩散到其他部门，并开发了大量的应用程序，使单位的事务处理效率有了提高，这就是所谓的蔓延阶段。在这个阶段中，数据处理能力发展迅速，但同时出现了许多有待解决的问题，如数据冗余性、不一致性、难以共享等。可见，此阶段只有一部分计算机的应用收到了实际的效益。

（3）控制阶段。计算机数量超出控制，计算机投资比例增长快速，但大量独立性的单项系统应用却带来很多矛盾。这就要求企业加强组织协调，限制盲目扩大计算机应用规模，抑制支出无序增长，对整个企业的系统建设进行统筹规划，特别是利用数据库技术解决数据共享问题。诺兰先生认为，第三阶段将是实现从以计算机管理为主到以数据管理为主转换的关键，一般发展较慢。

（4）集成阶段。在控制的基础上，对子系统中的硬件进行重新连接，建立集中式的数据库和各种信息系统。由于重新装备大量设备，此阶段预算费用又一次迅速增长。

（5）数据管理阶段。计算机信息处理系统为数据资源的统一管理打下了基础，企业开始重视数据的加工处理，提高系统对企业业务的支持水平，数据成为企业的重要资源。

（6）成熟阶段。信息系统可以满足单位中各管理层次（高层、中层、基层）的要求，真正实现信息资源的管理。

诺兰模型总结了发达国家信息系统发展的经验和规律。一般认为模型中的各阶段都是不能跳跃的。这一理论对预测企业信息系统的未来变动、对企业信息系统规划具有指导作用。因此，在确定开发管理信息系统的策略或者在制定管理信息系统规划的时候，首先明确本单位当前处于哪一生长阶段，然后根据该阶段特征来指导管理信息系统建设。

6. 开发管理信息系统的策略

通常，系统规划按照“自上而下”的方法来进行，信息系统的开发实施有三种策略：

（1）“自下而上”的开发策略。从各个基层业务子系统（如物资供应、财务管理、生产管理等）的日常业务处理开始进行分析和设计。完成下层子系统的分析和设计后，再进行上一层子系统的分析和设计。实现一个个具体的功能后，逐步地由低级到高级建立管理信息系统。这种方法边实施边见效，容易开发，可以避免大规模系统可能出现运行不协调的危险。但由于在实施具体子系统时，不能像想象那样完全周密，没有从整个系统出发考虑问题，易导致功能和数据的重复和不一致，随着系统的进展，往往要做许多重大修改，甚至重新规划、设计。

（2）“自上而下”的开发策略。从企业高层管理入手，强调从整体上协调和规划，由全面到局部，由长远到近期，从探索合理的信息流出发来设计信息系统。它首先考虑企业的总体目标、总功能，划分子系统，然后进行各子系统的具体分析与设计。这种开发策略具有系统性、逻辑性强的优点；缺点是对制定较大的系统来说，由于工作量大而影响具体细节，系统开发费用大。这是一种更重要的策略，是信息系统的发展走向集成和成熟的要求。

（3）综合开发的开发策略。由于“自上而下”的方法适用于系统的总体规划，“自下而上”的方法适用于系统设计、系统实施阶段，所以，实际使用时往往将两种方法综合起来，发挥各自的优点。即采用“自上而下”的方法进行总体规划，把企业的管理目标转化为对信息系统的近期和长远目标，新系统的设计和实现采用“自下而上”的方法。

通常，“自下而上”的策略用于小型系统的设计，适用于对开发工作缺乏经验的情况。在实践中，对于大型系统往往使用综合开发方法，即先“自上而下”地做好管理信息系统的战略规划，再“自下而上”地开发策略，从而逐步实现各系统的应用开发。这是建设管理信息系统的正确策略。

二、系统规划的常用方法

制订管理信息系统战略规划的方法有多种，主要有关键成功因素法（Critical Success Factors，CSF）、战略目标集转化法（Strategy Set Transformation，SST）和企业系统规划法

(Business System Planning，BSP）三种。还有几种用于特殊情况，或者作整体规划的一部分使用，如企业信息分析与集成技术（BIAIT)、产出/方法分析（E/MA)、投资回收法(ROI)、征费法（Chargeout)、零线预算法、阶石法等。

1. 关键成功因素法（CSF)

1970 年，哈佛大学 William Zani 教授在管理信息系统模型中用了关键成功变量，这些变量是确定管理信息系统成败的因素。过了 10 年，麻省理工学院 John Rockart 教授把 CSF 提高成为管理信息系统的战略。应用这种方法，可以对企业成功的重点因素进行辨识，确定组织的信息需求，了解信息系统在企业中的位置。所谓的关键成功因素，就是关系组织的生存与组织成功与否的重要因素，它们是组织最需要得到的决策信息，是管理者重点关注的活动区域。不同组织、不同的业务活动中的关键成功因素是不同的，即使在同一组织同一类型的业务活动中，在不同的时期，其关键成功因素也有所不同。因此，一个组织的关键成功因素应当根据本组织的判断，包括企业所处的行业结构、企业的竞争策略、企业在本行业中的地位、市场和社会环境的变动等。

CSF 是通过分析找出企业成功的关键因素，然后再围绕这些关键因素来确定系统的需求，并进行规划。其步骤如下：

(1）了解企业和信息系统的战略目标。

(2）识别影响战略目标的所有成功因素。

(3）确定关键成功因素。

(4）识别性能指标和标准。

确定关键成功因素所用的工具是树枝因果图。例如，某企业有一个目标是提高产品竞争力，可以用树枝图画出影响它的各种因素，以及影响这些因素的子因素，如图 4-4 所示。

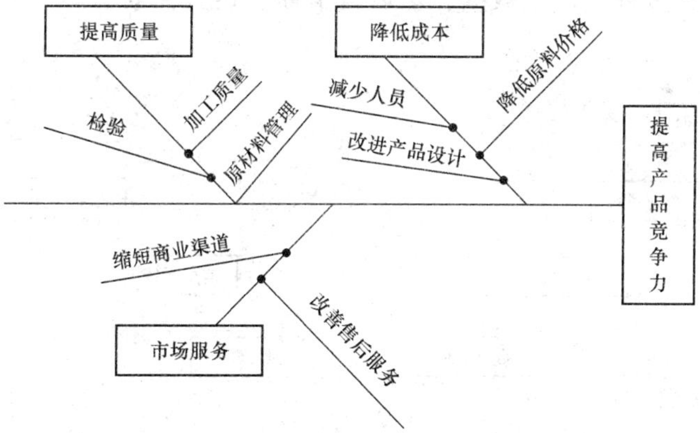

图 4-4　树枝图

如何评价这些因素中哪些因素是关键成功因素，不同的企业是不同的。对于一个习惯于高层人员个人决策的企业，主要由高层人员个人在此图中选择。对于习惯于群体决策的企业，可以用德尔斐法或其他方法把不同人设想的关键因素综合起来。在高层中应用关键成功因素法一般效果好，因为每一个高层领导人员日常总在考虑什么是关键因素。一般不大适合在中层领导中应用，因为中层领导所面临的决策大多数是结构化的，其自由度较小，对他们最好应用其他方法。

2. 战略目标集转化法（SST）

1978 年，William King 把组织的战略目标看成一个“信息集合”，由使命、目标、战略和其他战略变量等组成。战略规划过程是把组织的战略目标转变为管理信息系统战略目标的过程，如图 4-5 所示。

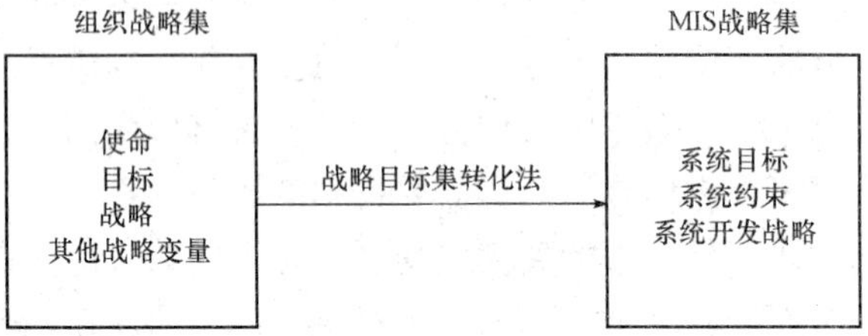

图 4-5　战略目标集转化法

这个方法的第一步是识别组织的战略集，先考查一下该组织是否有写成文的战略或长期计划，如果没有，就要去构造这种战略集合。

第二步是将组织战略集转化成管理信息系统战略，管理信息系统战略应包括系统目标、系统约束以及设计原则等。这个转化的过程包括对应组织战略集的每个元素识别对应管理信息系统战略约束，然后提出整个管理信息系统的结构。最后，选出一个方案送总经理。

3. 企业系统规划法（BSP）

企业系统规划法（Business System Plane，BSP）是由 IBM 公司于 20 世纪 70 年代提出的一种企业管理信息系统规划的结构化的方法论。它与 CSF 法相似，首先自上而下识别系统目标，识别业务过程，识别数据，然后自下而上设计系统，以支持系统目标的实现，如图 4-6 所示。

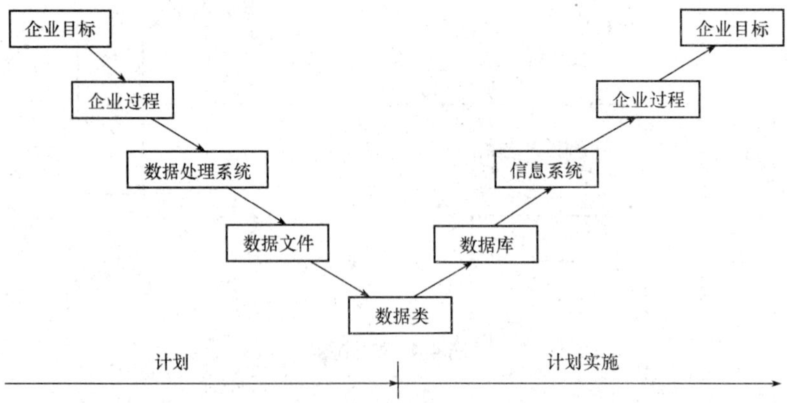

图 4-6　BSP 方法

（1）主要步骤。BSP 方法从企业目标入手，逐步将企业目标转化为管理信息系统的目标和结构。它摆脱了管理信息系统对原组织结构的依从性，从企业最基本的活动过程出发，进行数据分析，分析决策所需数据，然后自下而上设计系统，以支持系统目标的实现。BSP

主要步骤如图 4-7 所示。

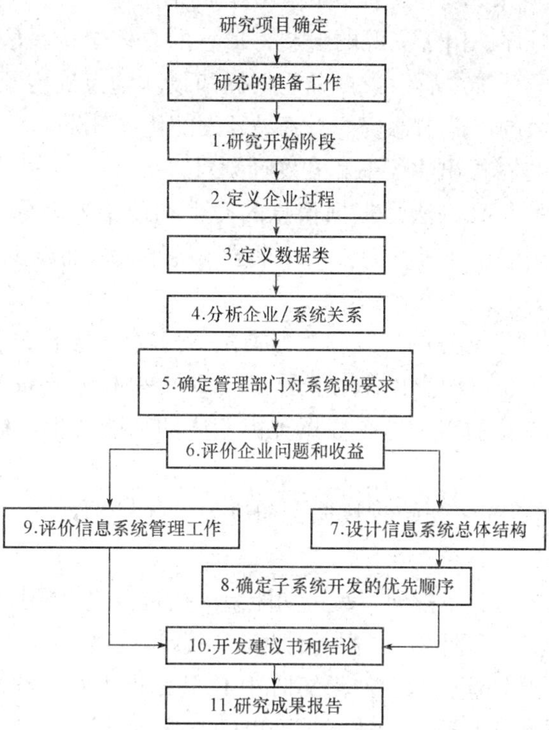

图 4-7　BSP 主要步骤

①研究开始阶段。成立规划组，进行系统初步调查，分析企业的现状，了解企业有关决策过程、组织职能和部门的主要活动、存在的主要问题、各类人员对信息系统的看法。要在企业各级管理部门中取得一致看法，使企业的发展方向明确，使信息系统支持这些目标。

②定义业务过程（又称企业过程或管理功能组）。定义业务过程是 BSP 方法的核心。所谓业务过程就是逻辑相关的一组决策或活动的集合，如订货服务、库存控制等业务处理活动或决策活动。业务过程构成了整个企业的管理活动。识别业务过程可对企业如何完成其目标有较深了解，可以作为建立信息系统的基础。按照业务过程所建造的信息系统，其功能与企业的组织机构相对独立，因此，组织结构的变动不会引起管理信息系统结构的变动。

③业务过程重组。在业务过程定义的基础上，分析哪些过程是正确的；哪些过程是低效的，需要在信息技术支持下进行优化处理；哪些过程不适合计算机信息处理，应当取消。检查过程的正确性和完备性后，对过程按功能分组，如经营计划、财务规划、成本会计等。

④确定数据类。定义数据类是 BSP 方法的另一个核心。所谓数据类就是指支持业务过程所必需的逻辑上相关的一组数据。例如，记账凭证数据包括凭证号、借方科目、贷方科目、金额等。一个系统中存在着许多数据类，如顾客、产品、合同、库存等。数据类是根据业务过程来划分的，即分别从各项业务过程的角度将与它有关的输入输出数据按逻辑相关性整理出来归纳成数据类。

⑤设计管理信息系统总体结构。功能和数据类都定义好之后，可以得到一张功能/数据

类表格，该表格又可称为功能/数据类矩阵或U/C矩阵。设计管理信息系统总体结构主要工作就是可以利用U/C矩阵来划分子系统，刻画出新的信息系统的框架和相应的数据类。

⑥确定子系统实施顺序。由于资源的限制，信息的总体结构一般不能同时开发和实施，总有个先后次序。划分子系统之后，根据企业目标和技术约束确定子系统实现的优先顺序。一般来讲，对企业贡献大的、需求迫切的、容易开发的优先开发。

⑦完成BSP研究报告，提出建议书和开发计划。

（2）子系统的划分。BSP方法是根据信息的产生和使用来划分子系统的，它尽量把信息产生的企业过程和使用的企业过程划分在一个子系统中，从而减少了子系统之间的信息交换。划分子系统的步骤如下：

①作U/C矩阵。利用定义好的功能和数据类做一张功能/数据类表格，即U/C矩阵。矩阵中的行表示数据类，列表示功能，并用字母U（use）和C（create）表示功能对数据类的使用和产生，交叉点上标C的表示这个数据类由相应的功能产生，标U的表示这个功能使用这个数据类。

②调整功能/数据类矩阵。开始时数据类和过程是随机排列的，U、C在矩阵中排列也是分散的，必须加以调整。

首先，功能这一列按功能组排列，每一功能组中按资源生命周期的四个阶段排列。功能组指同类型的功能，如“经营计划”“财务计划”属计划类型，归入“经营计划”功能组。

其次，排列“数据类”这一行，使得矩阵中C最靠近主对角线。因为功能的分组并不绝对，在不破坏功能成组的逻辑性基础上，可以适当调配功能分组，使U也尽可能靠近主对角线。

③画出功能组对应的方框，并起个名字，这就是子系统。

④用箭头把落在框外的U与子系统联系起来，表示子系统之间的数据流。例如，数据类“计划”，由经营子计划系统产生，而技术准备子系统要用到这一数据类。

4. 三种系统规划方法的比较

关键成功因素法（CSF）能抓住主要问题，使目标的识别突出重点。由于高层领导比较熟悉这种方法，所以使用这种方法所确定的目标，高层领导乐于努力去实现。这种方法最有利于确定企业的管理目标。

战略目标集转化法（SST）从另一个角度识别管理目标，它反映了各种人的要求，而且给出了按这种要求的分层，然后转化为信息系统目标的结构化方法。它能保证目标比较全面，疏漏较少，但它在突出重点方面不如前者。

企业系统规划法（BSP）虽然也首先强调目标，但它没有明显的目标导引过程。它通过识别企业“过程”引出了系统目标，企业目标到系统目标的转化是通过业务过程/数据类等矩阵的分析得到的。由于数据类也是在业务过程基础上归纳出来的，所以说识别企业过程是企业系统规划法战略规划的中心，而不能把企业系统规划法的中心内容当成U/C矩阵。

以上三种规划方法各有优缺点，可以把它们综合成CSB方法来使用，即用CSF方法确定企业目标，用SST方法补充完善企业目标，然后将这些目标转化为信息系统目标，再用BSP方法校核企业目标和信息系统目标，确定信息系统结构。这种方法可以弥补单个方法的不足，较好地完成规划，但过于复杂而削弱单个方法的灵活性。因此，没有一种规划方法是十全十美的，企业进行规划时应当具体问题具体分析，灵活运用各种方法。

三、信息采集与可行性研究

管理信息系统的开发需要基于现行系统。研究与了解当前信息处理系统对企业活动的支持，即从总体上了解企业和组织概况、基本功能、信息需求及主要薄弱环节等内容，并进行可行性研究，是制订系统规划的基础。

1. 信息采集

信息采集（Information Gathering）是系统规划中与用户交互的过程，通过信息采集，了解有关组织的信息、人员的信息、工作方面的信息以及环境方面的信息，了解一个企业的总貌及其对信息的总需求，为合理地确定系统目标，进行系统规划和可行性研究打好基础。

（1）信息采集的主要内容。信息采集通过对现有文档、系统用户和管理人员、外源信息等不同途径，收集并整理与整个系统有关的资料、情况及存在问题，主要内容包括：

①企业概况。企业发展规模，行业性质，组织目标和结构，产、供、销的概貌，人员、设备与资金的现状，以及管理水平等。

②组织环境。自然环境和社会环境，与外部单位之间的物质、资金或信息的来往关系等。

③现行管理信息系统概况。现行管理信息系统功能、技术水平、工作效率、可靠性、人才队伍、管理体制，现行管理信息系统在企业中的作用，存在问题等。

④认识问题。企业的领导者、管理部门对管理信息系统的态度以及支持的程度，对管理信息系统的看法以及对信息的需求。

⑤资源情况。开发管理信息系统的人力、资金、环境、条件、时间等。

（2）信息采集的方法。采集信息常用的方法有访谈和问卷调查。召开由主管领导和上层管理人员介绍情况的调查会，印发调查提纲或调查表，走访企业的领导人和管理人员，有目的、有选择地参加某些业务工作，阅读与分析现有系统的资料等。

①访谈。访谈是与用户沟通最直接的方法，其主要目的在于通过与用户的交谈，获得与系统有关的信息，同时帮助用户确定需求。

根据进行谈话的方式，可以将访谈分为主题式访谈和无主题式访谈两种。事先拟定访谈内容的方向、设定访谈的焦点，将焦点集中于某一个主题上，以便于在访谈时与受访者可以针对该主题彼此交换意见、沟通心得，称为主题式访谈。这种方式可以使访谈有系统地进行。事先并没有确定访谈的要点，也未拟定访谈的方向，交谈的内容完全根据当时谈话的情形以及彼此交谈的意愿而定，称为无主题式访谈。其交谈内容的空间很大，受访者可以就任何有关建立新系统的方法，提出自己的意见。

访谈问题的类型可以归纳为开放性问题与封闭性问题两种，可根据具体情况决定采用哪种类型的问题。开放性问题可使受访者自行针对问题表达意见、陈述看法，访谈的重点在于借助与受访者的交谈，以获得有关系统的信息。一个成功的访谈，能增进与受访者的友谊，同时也有利于系统的开发工作。

任何一个访谈在进行之前都要制订计划，确定访谈的目的与对象，并规划此次访谈的目标；配合访谈的目标，事先准备访谈的重点大纲以作为谈话内容的依据，以免误导访谈的方向；了解受访者的个人背景资料，以便于访谈的进行；事先与受访者约定访谈的时间、地点及大概需要花费的时间。同时，也应向受访者说明访谈的重点，让受访者可以先行准备相关的资料。访谈对象一般从业务单位的最高层次的部门主管开始，由上而下，逐一访谈相关人员。

用户访谈时，应该慎用“问题”一词，以免产生负面影响。当询问用户有什么问题时，用户往往强调当前系统的局限性而非期望的特征或改进的需求。除了重点讨论外，应该询问用户需要什么功能，要强调如何改进用户的工作，从而与用户建立更好的关系。

访谈后要有正式的文件记录。每次访谈后，调查人员与受访者通常都会达成某种彼此都能接受的结论，这些结论必须经过共同确认，以便于正式地纳入访谈记录。

②问卷调查。问卷是为了解调查目标的实质内容所设计的一连串与系统有关的问题。问卷问题的类型，常因所要获得的信息内容与复杂性而有所不同，也常因问题的深浅度不同而有不同的问题结构。一般来说，问卷问题的类型可归纳为封闭性问题与开放性问题两种。

封闭性问题可以节省被测者的时间，被测者可以很容易地接受。而问卷的内容可以运用统计的方法进行定量分析。但问题的设计必须以可以量化的问题作为设计原则，不适宜量化表达的问题则不易设计。过分要求特定的答案内容，会限制被测者答案的选择性。

开放性问题使被测者可以自由地针对问题来回答。调查人员很可能从回答的内容中发觉出系统的问题所在，也容易了解现行系统的实质内涵。但开放性问题的受测时间长，被测者不易接受，会影响回收的成效。

问卷问题设计的最终目的，是要能从所设计的问题中得到想要的信息，如果无法得到需要的信息，那么设计的问卷就失去了实质的意义。设计问卷问题一般是先确定想要得到的信息内容，再针对想要得到的信息去设计问卷的内容。一份问卷一般需要五个主要的组成部分，分别是问卷缘由说明、填表须知、被测者联系资料、问卷分类资料、问卷调查资料，设计者可根据需要增减或合并。

问卷内容通常用于询问较简短的问题。一份问卷要能适合被测者的背景，要能使被测者很容易作答，也要使被测者了解问卷的用途。

2. 可行性研究

管理信息系统建设要求总是基于某种需求，在这种需求的实现之前必须认真地研究系统建设的必要性和可能性两个方面的问题，即进行可行性研究（Feasibility Study）。在系统可行性研究中，系统分析人员和业务管理人员，根据企业内部和外部的条件和环境，科学、实际地提出系统目标。

（1）可行性研究的任务。可行性研究的任务就是用最少的代价在尽可能短的时间内确定问题是否能够解决，可行性研究的目的不是解决问题，而是确定问题是否值得去解决。要达到这个目的，必须分析几种主要的可能解法的利弊，从而判断原定的系统目标和规模是否现实，系统完成后所能带来的效益是否大到值得投资开发这个系统的程度。

一般来说，系统可行性研究可从技术可行性（Technical Feasibility）、经济可行性（Economic Feasibility）和运行可行性（Operational Feasibility）三个方面来考虑。

①技术可行性。要确定使用现有的技术能否实现系统，就要对开发系统的功能、性能、限制条件进行分析，确定在现有的资源条件下，技术风险有多大，系统能否实现。这里的资

源包括已有的或可得到的硬件、软件资源，现有技术人员的技术水平和已有的工作基础。

技术可行性一般要考虑的情况包括，在给出的限制范围内，能否设计出系统并实现必需的功能和性能；可用于开发的人员是否存在问题。可用于建立系统的其他资源是否具备；相关技术的发展是否支持这个系统；开发人员在评估技术可行性时，一旦评估错误，将会出现灾难性后果。

②经济可行性。进行开发成本的估算以及了解取得效益的评估，确定要开发的系统是否值得投资开发。对于大多数系统，一般衡量经济上是否合算，应考虑一个最小利润值。经济可行性研究范围较广，包括成本－效益分析、公司经营长期策略、开发所需的成本和资源、潜在的市场前景等。

成本－效益分析的目的是从经济角度评价开发一个新的系统是否可行。成本－效益分析首先是估算新系统的开发成本，然后与可能取得的效益进行比较和权衡。效益分为有形效益和无形效益两种。有形效益可以用货币的时间价值、投资回收期、纯收入等指标进行度量；无形效益主要从性质上、心理上进行衡量，很难直接进行量的比较。系统的经济效益等于因使用新的系统而增加的收入加上使用新的系统可以节省的运行费用。运行费用包括操作人员人数、工作时间、消耗的物资等。

③运行可行性。包括法律可行性和操作使用可行性等方面。法律方面主要是指在系统开发过程中可能涉及的各种合同、侵权、责任以及各种与法律相抵触的问题。操作使用方面主要是指系统使用单位在行政管理、工作制度和人员素质等因素上能否满足系统操作方式的要求。

（2）可行性研究的过程。可行性研究需要的时间长短取决于工程的规模。进行可行性研究的典型过程有以下步骤。

①确定系统规模和目标。分析人员访问关键人员，仔细阅读和分析有关的材料，以便对问题定义阶段书写的关于规模和目标的报告书进一步确认，改正含糊或不正确的叙述，清晰地描述对目标系统的一切限制和约束。这个步骤的工作，实质是为了确保分析人员正在解决的问题确实是要求他解决的问题。

②研究目前正在使用的系统。现有的系统是信息的重要来源。显然，如果目前有一个系统正被人使用，那么这个系统必定能完成某些有用的工作，因此，新的目标系统必须也能完成它的基本功能；另外，如果现有的系统是完美无缺的，用户自然不会提出开发新系统的要求，因此，现有的系统必然有某些缺点，新系统必须能解决旧系统中存在的问题。此外，使用旧系统需要的费用是一个重要的经济指标，如果新系统不能增加收入或减少使用费用，那么从经济角度看新系统不如旧系统。

应该仔细阅读分析现有系统的文档资料和使用手册，也要实地考察现有的系统。应该注意了解这个系统可以做什么，为什么这样做，还要了解使用这个系统的代价。在了解上述信息的时候，用户叙述的往往是“症状”而不是实际问题，分析人员必须分析总结所得到的信息。

绝大多数系统都和其他系统有联系，应该注意了解并记录现有系统和其他系统之间的接口情况，这是设计系统时的重要约束条件。

③导出新系统的高层逻辑模型。优秀的设计过程通常是从现有的物理系统出发，导出现

有系统的逻辑模型，再参考原有系统的逻辑模型，设想目标系统的逻辑模型，最后根据目标系统的逻辑模型建造新的物理系统。

通过前一步的工作，分析员对目标系统应该具有的基本功能和所受的约束已有一定的了解，概括地表达出对新系统的设想，即系统高层逻辑模型。

④导出和评价供选择的解法。分析人员应该从系统逻辑模型出发，导出若干较高层次的物理解法供比较和选择。导出供选择的解法的最简单的途径，是从技术角度出发考虑解决问题的不同方案。例如，分析人员可以使用组合的方法导出若干可能的物理系统，从而为整个工程提供一种可能的方案。

当从技术角度提出了一些可能的物理系统之后，应该根据技术可行性的考虑初步排除一些不现实的系统。例如，如果要求系统的响应时间不超过几秒钟，则批处理执行的系统方案就不合适。只有在去掉了行不通的方案之后，才能最终确定可行的一组方案。

操作可行性也是应该考虑的。分析人员根据使用部门事务处理原则和习惯，检查技术上可行的方案，去掉操作过程中用户很难接受的方案。

分析员还应该估计系统开发的成本和运行费用，并且估计相对于现有系统来说这个系统可以节省的开支或可以增加的收入。在这些估计数字的基础上，对每个可能的系统进行成本－效益分析。一般说来，只有投资预计能带来利润的系统才值得进一步考虑。

⑤推荐可行的方案。根据上述可行性研究结果，决定是否进行这项工程。如果分析人员认为值得继续研究，那么应选择一个最好的解法，并且说明选择这个解法方案的理由。

⑥草拟开发计划。分析人员应该草拟一份开发计划，包括工程进度表和成本估计表。同时把各阶段的结果写成清晰的文档，提请用户和使用部门审查。

可行性研究的成果是可行性分析报告。可行性研究报告要根据对现行系统的分析研究，提出若干个新系统开发的方案，供用户和管理者进行决策。

四、企业流程重组

1. 业务流程重组的概念

业务流程重组 BPR（Business Process Reengineering）的中文的译法还有企业过程再工程、企业流程再造等。它是 20 世纪 80 年代初源于美国的一种企业变革模式，是在全面质量管理（TQM）、敏捷制造（AM）、准时制造（JIT）、零缺陷（Zero Defect）等优秀管理经验的基础上发展出来的一种变革经营、提高企业整体竞争力的变革模式。

BPR 是由一些信息咨询公司为客户构建系统时积累起来的。比较完整的概念归纳是由哈佛大学迈克尔·哈默（Michael Hammer）提出的：

BPR 以企业过程为对象，从顾客的需求出发，对企业过程进行根本的再思考和彻底的再设计；以信息技术（IT）和人员组织为使能器（enabler），以求达到企业关键性能指标（如成本、质量、服务和速度等）和业绩的巨大提高或改善，从而保证企业战略目标的实现。

BPR 理论以一种再生的思想重新审视企业，并对传统管理学赖以存在的基础——分工理论提出质疑，是管理学史上的一次巨大变革。其出发点是为了使顾客满意，企业战略发展；途径是改变企业过程；手段是通过 IT 的应用和人员组织的调整；特征是企业性能的巨大提高；目标在于实现管理的现代化。定义中“根本地”的意思是指不是枝节的、表面的，而是本质的、革命性的，是对现存系统进行彻底的怀疑；“彻底地”的意思是要动大手术，是要大破大立，不是一般性的修补；“巨大提高”是指成十倍、百倍的提高，是在原来线性增长的基础上的一个非线性跳跃，是量变基础上的质变。

BPR 是在企业规模化以后，由组织过程重新出发，从根本思考每一个活动的价值贡献，运用现代的信息科技手段，最大限度地实现技术上的功能集成和管理上的职能集成，以打破传统的职能型组织结构，建立全新的过程型组织结构，使组织内部的非增值活动压缩到最少，使全体活动都面向顾客需要、市场需求的满足而存在，从而实现企业经营在成本、质量、服务和速度等方面的巨大改善，如表 4-2 所示。其主要技术在于简化和优化过程。其过程简化的主要思想是战略上精简分散的过程，职能上纠正错位的过程，执行上删除冗余的过程。

（1）战略上分散的过程，例如，一个高科技企业把主要精力投入房地产，结果经营不善，企业很快破产。

（2）职能上的错位过程，例如，高校的主要战略方向是教学、科研，却往往教师只占 1/3，大部分是后勤职工，明显是错位的，解决的办法就是要后勤社会化。

（3）执行上的冗余过程很常见，如有些手续、过程完全是多余的。

表 4-2　业务流程重组和其他管理方法的比较

项目＼管理方法	业务流程重组（BPR）	企业规模优化（Rightsizing）	全面质量（TQM）	自动化（Automation）
途径	重新根本思考企业运营方式	人员减缩	满足顾客要求	利用科技自动化
变化范围	激进的组织变革	人事、工作权责	由下而上	系统
导向	企业流程	部门功能	工作流程	细步程序
改善的目标	剧烈彻底改善	缓和改善	缓和改善	缓和改善

2. 业务流程重组的管理原则

企业业务流程重组实际上是站在信息的高度，对业务流程的重新思考和再设计，是一个系统工程，包括在系统规划、系统分析、系统设计、系统实施与评价等整个规划与开发过程之中。

进行信息系统分析时，要充分认识信息作为战略性竞争资源的潜能，创造性地对现有业务流程进行分析，找出现有流程存在的问题及产生问题的原因，分析每一项活动的必要性，并根据企业的战略的目标，采用关键成功因素法等，在信息技术支持下，分析哪些活动可以合并、哪些管理层次可以减少、哪些审批检查可以取消等。

（1）业务流程重组的核心原则。流程设计变革中必须坚持以下三个核心原则：

①以流程为中心。业务流程重组不同于以往的任何企业变革，不仅企业的流程设计、组织机构、人事制度等发生根本变革，更重要的是组织的出发点、领导和员工的思维方式、企业的日常运作方式、企业文化等都得到再造，使企业的经营业绩取得巨大提高，最终使企业由过去的职能导向型转变为以顾客为中心的流程导向型。

②坚持以人为本的团队式管理。以流程为中心的企业必须坚持以人为本的新的发展观，既关心人，也关心流程。作为流程小组成员，他们共同关心的是流程的绩效；作为个人，他们需要学习，为以后的发展作准备。

③以顾客为导向。在市场竞争中，一个企业要成功必须能赢得顾客，因此，业务流程重组时必须以顾客为导向，站在顾客的角度考虑问题。

（2）业务流程重组的操作性原则。

①围绕结果设计组织而不是以作业来组织。围绕结果就是围绕企业最终要为顾客提供的产品流程的进行设计和组织，而不是依据以往的工作顺序进行。

例如，一家公司由销售到安装按这样装配线进行：第一部门处理顾客需求；第二部门把这些需求转换为内部产品代码；第三部门把信息传达每个工厂和仓库；第四部门接收这些信息并组装产品；第五部门运送并安装。顾客订单信息按顺序移动，但这个流程却经常出现问题。因此，公司进行业务流程重组时，放弃原来的生产方式，将各部门的责任整合，并由一个顾客服务代表监督整个流程，顾客只要跟这个代表联系就可知道订单进展状况。

②让使用作业结果的人执行作业。假设一个销售人员接到顾客提出改进产品的要求，如果能及时按要求改进，公司就会得到一大笔订单。在传统企业里，销售人员只能把样品的规格数据交给开发部门，然后等待，既不能对开发工作日程进行监督，也不能对开发中的问题提出建议。其实他是公司里对这件事最清楚、最关心的，其结果直接影响他的销售业绩。这显然是一个既糟糕而人们又习以为常的流程。只有让使用作业结果的人执行作业，才能使责任和利益相统一，既调动作业实施者的积极性，又使流程成为有人负责的过程。

③把信息处理与信息生产的工作合并。一直困扰企业管理的一个问题是信息在传送过程中的缺失和曲解，如果从信息产生的地方一次性采集信息，把信息处理与信息生产的工作合并，避免重复输入，就可以解决这个问题。

④将地域上分散的资源加以整合。传统企业的资源被人为地分割，应该进行变革，但人们通常认为地域上资源的分散是无法变革的。分散的资源对使用者能提供更好的服务，却造成成本的不经济，可以利用 IT 技术，将地域上分散的资源加以整合，优化资源配置，获得规模经济。

⑤利用信息技术进行重组企业，而不是让旧的流程自动化。不少企业投入大量资金进行自动化建设，结果却令人失望，主要原因在于用新科技自动化老式的经营方法，原封不动地保留原来的流程。计算机只是加快制造流程的速度，不能解决根本上的绩效不佳。因此，要灵活运用现代信息技术再造流程，才能使绩效得到大幅提高。

⑥联系平行的活动过程，代替把各项活动的结果进行整合。企业再造的工程要求从一开始各环节就需要相互联系，不能指望在一个详尽的分析结果基础上设计一个完美的新流程。因为太长的分析使人们失去耐心，也会使小组成员失去对原有流程的客观判断能力，找不到再造的切入点。

以银行为例，银行有贷款、信用卡、资产融资等各种不同的信用业务，各业务单位一般无法知道顾客有没有超过信用额度，使公司的贷款超过上限。可以设计一个协调平行功能，在流程活动中进行协调，而不是等他们完成后去协调。

⑦在工作中进行决策并实现自我控制。再造是以“再造”这一流程为中心的，成败的

关键在于这一流程的结果，而不是再造的任务过程。再造是一个创造性的流程，无法规定和衡量再造的每一个任务的完成情况，决策只能在再造工作中逐渐形成，使行为者自我管理和自我控制。

⑧新流程应用之前应该进行可行性实验。新流程设计后，如果直接实施，可能会使客户受到粗糙或不完善流程的缺陷的影响。而通过多次反复实验，可以使流程得到不断改进和完善。

3. 企业流程识别的方法

企业流程识别有许多方法，例如，基于时间维度识别方法、基于产品—服务—资源的生命周期识别法、逆推判别法、信息载体跟踪法等。

（1）基于时间维度识别方法。企业的许多工作的过程管理，时间上分为事前、事中、事后三个阶段，事前要做计划，事中要组织、执行计划，事后要统计与分析。基于时间维度识别的方法适合现有企业流程的识别以及新流程的识别。

例如，按照基于时间维度识别的方法，识别物品管理的流程，其中事前包括物品计划(需求计划、采购计划等)、签订采购合同；事中包括物品采购、物品储存、物品使用等活动；事后包括物品结账、物品统计、物品分析等活动。

（2）基于产品—服务—资源的生命周期识别法。现实社会中的组织、企业、公司无一例外是产品制造型、服务型或资源型的。无论哪种类型，运作周期可以分为计划、获得、保管和处置四个阶段，每一个阶段都有一些典型的流程。例如，产品制造型企业或组织，在计划阶段，有需求调查、市场研究、设计、生产能力计划、核算等企业流程；在获得阶段，有采购原材料、补充人员、生产调度、加工制造、检测；在保管阶段，有成品入库、库存管理、质量管理、包装等；在处置阶段，有交货、销售、订货服务、发运、付款、废品处理等。对于服务型和资源型企业或组织，也都有类似的四阶段生命周期。该模型可以帮助系统分析员识别不同阶段的流程，再根据自身的特点进行修正和完善。

（3）逆推判别法。逆推判别法是通过时间结果的逆行来进行流程识别。具体地说，就是在试图识别一个流程时，首先确认关心的流程结果是什么，并找出与该结果直接相关的事件或人，即寻找流程的终点，然后再根据输入和输出的相应关系，逆向寻找和识别相应的流程。例如，进行一个管理信息系统的开发，可先找到开发流程的最终目的，即开发出一个新的管理信息系统。既然是开发出一个新的系统，其最终输出一定是运行和维护，那么在这之前一定要对系统进行调试，调试之前一定要实施系统，而系统实施之前一定要进行相应的系统设计，等等，这样一步步地逆推回去，就可以得到一个基于时间的管理信息系统开发流程。

（4）信息载体跟踪法。从技术的视角来看，管理信息系统就是利用信息技术，完成企业流程中相关的数据处理。而要完成数据处理，必然要掌握信息以及信息流。无论是企业的管理流程还是运作流程，企业一个流程中或多或少总有相关的信息载体。

该方法执行的步骤：确定问题；收集与问题相关的信息载体；了解各信息载体产生的时间序列；按产生的时间序列，对全部信息载体进行排序；按所得的排序，依次分析、掌握每个信息载体的各种属性，了解在每个信息载体上发生了什么样的数据处理（记录、存储、加工、传输或输出），每个数据处理即为一个活动；将获得的每个数据处理按照次序排列，即得到相关的企业流程。

该方法要求企业流程相关的信息载体是完备的，且其流程是正确的。否则会造成对企业流程的错误识别。

4. 业务流程重组的步骤

（1）确认组织的战略目标，把企业过程重组方法与组织的目标联系起来，用战略目标引导业务流程重组的进行。否则，没有针对性，实施企业流程重组可能会使组织与预定的战略方向相偏离。

（2）确认可能受到战略影响的企业流程。例如，当企业决定建立一个“网上商店”的战略时，可能受影响的业务流程有订货方式、销售过程等。

（3）确定每一流程的目标。随着企业的发展，有些过程可能会偏离目标，通过确认，可以使旧的流程重新回到正确目标，使流程重组的工作目标明确。

（4）了解每一重组流程所涉及的人员，确定一个训练有素的企业流程重组的总负责人，指导流程重组的全过程。

（5）每个流程参与者画出自己现在工作过程的流程图。一方面，可以使他们能更好地考虑组织流程的整体需求；另一方面，可以使总负责人明确了解每个参与者对流程的理解。

（6）根据现有的流程图，结合流程的目标，找出实施新的战略目标必须完成的流程，设计一个新的流程雏形。

第四节　管理信息系统开发的分析

一、系统分析概述

开发一个新的或改进现有的管理信息系统时，只有首先弄清现状，确定拟解决的问题，再选择合适的分析方法和遵循一定的工作程序，才能进行后续的设计、实施、运行与评价。这种工作思路与认识事物和解决问题的普遍规律相一致。因此，系统分析是管理信息系统开发过程中最基础、最重要的一环，是管理信息系统开发全过程的基石。系统分析的准确与否、全面与否，将决定着后面系统的设计和实施的成败。

系统分析与信息系统规划和计划工作有着紧密的联系，系统分析就是需要对所用信息系统，新的或对原有系统的改造去解决什么问题的分析，其实质在于确定系统必须做什么。系统分析阶段要求系统分析人员通过从分析公司现有业务的流程开始，试图建立信息系统与组织商业计划的联系，解决企业计划问题所涉及的具体内容，建立一个业务逻辑模型，并使这个业务逻辑模型成为设计新的物理模型（系统设计阶段的主要任务）的基础。

系统需求是系统分析的基础，对一个信息系统的需求分析主要包括四个方面，即信息需求、组织需求、控制需求和设备需求，这些需求分析工作在项目的可行性研究和信息系统计划阶段需要进行详细讨论，但是要把这些需求转变成为系统的逻辑模型，完成系统分析报告或系统需求说明书，在系统分析阶段需要借助一系列的分析工具和辅助技术。系统分析的内容如图 4-8 所示。

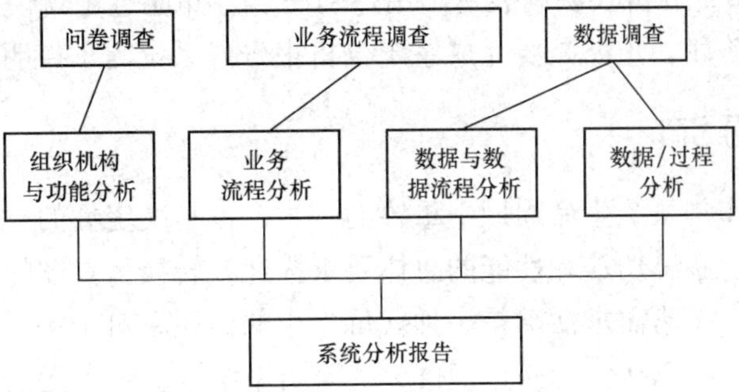

图 4-8　系统分析的内容

系统分析的主要内容应该包括：业务和数据的流程是否通畅，是否合理；数据、业务过程和实现管理功能之间的关系；老系统管理模式改革和新系统管理方法的实现是否具有可行性等。要完成这些工作任务，系统分析需要进行系统需求分析，系统功能分析，数据流程分析，数据字典和 E－R 图、子系统的确定与资源分布，建立新系统的逻辑方案，编写系统分析说明书。系统分析的目的是将用户的需求及其解决方法确定下来，这些需要确定的结果包括：开发者关于现有组织管理状况的了解；用户对信息系统功能的需求；数据和业务流程；管理功能和管理数据指标体系；新系统拟改动和新增的管理模型等。系统分析所确定的内容是今后系统设计、系统实现的基础。系统分析过程分三步进行。

第一步，概要分析。即对企业管理现状、组织结构现状、信息和应用现状进行概要分析和调查，获得第一手资料。

第二步，详细分析。即将调查获得的文档资料进行分析、汇总和处理，弄清组织结构与管理功能间的关系、数据字典和数据间关系、实体－关系模型（E－R 图）、功能与数据间的关系（U/C 矩阵）、子系统划分、计算机软硬件环境支持需求或网络方案等，并进一步进行详细调查和确认。

第三步，系统分析成果总结。即对前两步得到的分析结果进行总结，确定新系统拟采用的逻辑方案，编制系统分析阶段的成果文档－系统分析说明书。

总结系统分析的目标和内容，系统分析的目标就是清楚用户对信息的需求，了解现有系统存在的问题、新系统的工作流程、现有的技术条件和经济条件，提出新系统应具有的功能。要完成上述工作目标，系统分析的内容应该从详细调查入手，对管理业务和数据流程进行调查，借助各种调查方法，使用系统流程图、组织结构图、数据流程图以及决策树和判定树等达到对管理业务和数据流程的详细了解。开展对调查资料的系统化分析，通过目标分析、需求分析和功能分析，确定组织结构与管理功能、功能与数据，子系统规划、数据处理和数据存储，以及信息系统技术环境分析，最终提出新系统的逻辑模型。

从工作任务来看，系统分析阶段的工作则主要集中在分析业务流程，数据与数据流程，功能/数据分析，最后提出分析处理方式和新系统逻辑方案方面。从工作进程来看，系统分析阶段是信息系统规划与计划工作的继续，只是它更关注局部的、详细的工作，而信息系统战略计划更加面向全局的、商业目标的工作。因此，系统分析更具体、更细致。它的任务是定义和制定新的系统应该“做什么”，暂且不涉及“怎样做”。这个阶段工作的关键是“理解”和“表达”，即系统分析要明确表达出用户的需求，并通过逻辑模型表达出来，作为信息系统开发的关键性阶段，主要是要完成系统分析报告或系统需求说明书。

二、系统需求分析

系统需求分析工作是系统生命周期中重要的一步，也是决定性的一步。只有通过系统需求分析，才能把用户对系统功能和性能的总体要求描述，转换为具体的需求规格说明，从而奠定系统开发的基础。忽略需求活动是一种代价不小的错误。对于每个错误列出的需求，将在下游时期付出高达 50～200 倍的修正代价，甚至给系统维护带来无法预期的工作量，更糟的是可能危及系统生存。系统需求分析也是一个不断认识和逐步细化的过程。该过程将系统计划阶段所确定的系统范围逐步细化到可以详细定义的程度，且分析出各种不同的系统元素，然后为这些元素找到可行的解决办法。

好的需求分析应该把技术的轴心放在用户心底最深处，不是他们最低的期望。必须用创新的方式，满足用户那些难以表达的需求，让系统完美地配合他们的需求。分析员的资质和与用户的良好沟通是需求分析成功的重要条件。了解用户需求，是一项持续性的工作，不是做完就结案的短期任务。了解用户对系统的需求，需要技巧、创意和持续不断的努力。必须认识用户的核心需求，将技术和沟通等资源集中起来满足它。需求分析包括需求的汇集、记录和分析三项关联活动。需求汇集最困难的部分不是记录用户要什么，而是在探索性、开发性地帮助用户找出他们到底要什么。需求汇集与规格化是毫无止境的活动，只有在对用户的要求达到一个清晰稳定的了解之后，才能说项目的需求开发完成了。

1. 需求分析过程

（1）问题识别。研究可行性报告和系统实施计划，确定对目标系统的需求，并且提出实现这些需求的条件，以及需求应达到的标准。

①功能需求：列出所开发软件在职能上应做什么，这是最主要的需求。

②性能需求：给出系统主要技术性能指标，包括容量、运行时间和安全性等。

③环境需求：这是对系统运行时软、硬件所处环境的需求。

④可靠性需求：规定按实际运行环境，系统在投入运行后不发生故障的概率。

⑤安全保密需求：应对安全、保密的需求做出恰当的规定，以便设计。

⑥用户界面需求：在需求分析时，必须对用户界面细致地做出规定。

⑦源使用需求：系统运行环境资源和开发资源需在需求分析时确定。

⑧成本与进度需求：根据合同规定，规定开发进度和费用，作为管理的依据。

应当预先估计系统可能达到的目标，给系统的扩充与修改留有余地，同时要关注非功能性需求。

（2）问题分析与综合。从数据流和数据结构出发，逐步细化所有系统功能，找出系统各元素间的联系、接口特性和设计上的限制，分析它们是否满足功能要求，是否合理。依据功能、性能和运行环境需求等，剔除不合理部分，增加需求部分；最终综合成为系统解决方案，给出目标系统详细逻辑模型。分析和综合工作反复进行，直到正确地制定该系统的需求规格说明书为止。

常用的分析方法有面向数据流的 SA 方法，面向数据结构的 Jackson 方法，面向对象的

OOP 方法，以及用于建立动态模型的状态迁移图或 Petri 网等。这些方法都采用图文结合的方式，可以直观地描述系统逻辑模型。

（3）文档编制。已经确定的需求应当得到清晰准确的描述并且编成文档。通常把描述需求的文档称为需求规格说明书。为了表达用户系统输入、输出要求，还需制定数据要求说明书及编写初步用户手册，着重反映被开发系统的用户界面和用户使用的具体要求。从目标系统的精细模型出发，更准确地估计所开发项目的成本与进度，从而修改、完善并且确定系统开发实施计划。

（4）需求分析评审。需求分析的最后一步，应对功能的正确性、完整性和清晰性及其他需求给予评价。评审的主要内容是定义的目标、文档及文档描述、接口描述、数据流与数据结构、图表、主要功能覆盖、约束条件、风险、其他方案、潜在需求、检验标准、初步用户手册、遗漏与估算变化等。为了保证系统需求定义的质量，评审应指定专门机构负责，且严格按规程进行。评审结束后应由评审负责人签署评审意见。通常，在评审意见中包括一些修改意见。必须按照这些修改意见进行修改，待修改完成后还要再评审，直至通过才可进入设计阶段。

2. 需求开发的步骤

系统需求开发是以项目汇集用户需求，且转换成系统必要规格的部分。需求开发包含用户需求的汇集与归集、需求记录和需求分析三个相关活动。上面的过程有些粗略，下面提供的开发程序有助于进一步了解此过程。

（1）找出一组关键性使用者。

（2）访问一般使用者，建立一组初步需求。

（3）建立一套简易的使用者接口雏形。

（4）对重要的一般使用者展示简易的使用者接口雏形，取得用户的反馈意见。持续简化、展示和修订界面，直到一般使用者有兴趣时为止。

（5）开发一套依据使用者的接口雏形外观和使用者接口风格说明，检查其内容，纳入变动管制系统下管制。

（6）完全扩充使用者接口雏形，直到该雏形能够完全展示软件各部分功能。让使用者接口雏形能够涵盖整个系统层面。

（7）将完全扩充了的雏形当作定案规格，纳入变动管制系统中处理。

（8）依据使用者接口雏形，写出详细的一般使用文件并且变成详细的软件规格。

（9）建立分别记录算法与其他软、硬件互动关系的非使用者接口需求文件。

3. 需求分析原则

（1）必须能够表达和理解问题的数据域和功能域。系统定义与开发工作的最终目的是解决数据处理问题，将一种形式的数据转换成另一种形式的数据。其转换过程必定经历数据输入、加工和产生结果等。程序处理的数据域应当包括数据流、数据内容和数据结构。数据流即数据通过一个系统时的变化方式。数据结构即各种数据元素的逻辑组织。

（2）必须自顶向下、逐层分解和细化问题。若将系统需要处理的问题作为整体来看，就显得太大、太复杂，且难理解。可把一个问题以某种方式分解为几个较易理解的部分，并且确定各部分间的接口，从而实现整体功能。在需求分析阶段，可对系统的功能域和信息域进一步分解。这种分解可以是同一层次上的横向分解，也可以是多层次上的纵向分解。这样的分解就是让复杂问题简单化。

（3）必须给出系统的逻辑视图和物理视图。给出系统的逻辑视图（逻辑模型）和物理视图（物理模型），对满足处理需求所提出的逻辑限制条件和系统中其他成分提出的物理限制条件是必不可少的。系统需求的逻辑视图给出系统需要达到的功能和需要处理数据之间的关系，而不是实现的细节。系统需求的逻辑描述是系统设计的基础。系统需求的物理视图，给出处理功能和数据结构的实际表示形式。分析员必须弄清系统元素对系统的限制，并且考虑相应的功能和信息结构的物理表示方式。

4. *需求分析方法*

需求分析方法由对系统数据域和功能域的系统分析过程及其表示方法组成。它定义系统逻辑模型和物理模型的方式。大多数需求分析法是由数据驱动的，这些方法提供一种表示数据域的机制；根据这种表示，确定系统功能及其他特性，最终建立一个待开发系统的抽象模型，即目标系统逻辑模型。数据域有数据流、数据内容和数据结构三种属性。一种需求分析方法总要利用其中的一种或几种属性。目前已经出现许多需求分析方法，每种分析方法都引入不同的记号和分析策略，现予以简要介绍。

（1）支持数据域分析的机制。所有的方法都直接或间接地涉及数据流、数据内容或数据结构等数据域的属性。在多数情况下，数据流的特征是用输入转换成输出的变换过程描述的，数据内容可用数据字典明确表示，也可通过描述数据或数据对象的层次结构隐含地表示。

（2）功能表示的方法。功能一般用数据变换或加工来表示。每项功能都可以用规定的记号标识。功能的说明可用自然语言文本表达，也可以用形式化的规格说明语言表达，还可以用上述两种方式的混合——结构化语言描述。

（3）接口的定义。接口的说明通常是数据表示和功能表示的直接产物。某个具体功能的流进和流出数据流应是其他相关功能的流出或流入数据流。因此，通过数据流分析可以确定功能间的接口。

（4）问题分解的机制以及对抽象的支持。问题分解和抽象主要依靠分析员在不同抽象层次上表示数据域和功能域，以逐层细化的手段建立分层结构来实现。所有的分析方法都提供一种逐层分解的机制，每项子功能还可以在更低一级抽象层次上表示。

（5）逻辑视图和物理视图的应用。大多数方法允许分析员在着手问题的逻辑解决方案之前先分析系统物理视图。通常，同一种表示法既可用来表示逻辑视图，也可用来表示物理视图。为了比较精确地定义系统需求，可以建立一个待开发系统的抽象模型，用基于抽象模型的术语，描述系统的功能和性能，形成系统需求规格说明。这种抽象模型是从外部现实世界问题域抽象而来的，在高级层次上描述和定义系统服务。

对于简单问题，不必建立抽象系统模型；对于复杂问题，必须建立适当的比较形式化的抽象系统模型。不同类型问题需要建立不同类型的系统模型。对于涉及大量数据处理的MIS，中心问题是数据处理，包括数据的采集、传送、存储、变换和输出等，需要明确数据结构和算法，可以采用实体—联系模型。如果通过数据库获取和存放信息，还需考虑数据组织方式和存取方法，建立数据库模型。因此在分析过程中，数据模型是首先考虑的问题。

系统模型的建立是对现实世界中有关实体和活动的抽象和优化，首先应该建立双方能够理解的共同基准。在此基础上，建立系统模型，包括系统提供的各种系统服务。模型表示的细节应有系统输入、系统输出、系统数据处理和系统控制等。建立系统模型以后，还要进行检查。除静态检查外，系统描述可以部分模拟执行，将执行情况与对外部现实世界系统观察得到的系统跟踪信息进行对照，检查模型是否符合要求。

5. 需求调查

（1）需求调查的设计。需求调查的设计应该是围绕组织内部信息流所涉及领域的各个方面。但应该注意的是，信息流是通过物流而产生的，物流和信息流又都是在组织中流动的。故所调查的内容就不能仅仅局限于信息和信息流，应该包括企业的生产、经营、管理等各个方面。也就是说，在调查时既要调查企业内部的信息分类和信息之间的关系（为将来确定数据库和数据库间关系做准备），而且，还要弄清楚这些信息在具体管理活动中是如何被使用和处理的。人们把需求调查内容的设计可以大致地归纳为如下几类：

①组织机构和功能业务。其内容包括当前企业的组织结构、各职能部门的管理功能；其目的是为今后确定系统的功能层次结构和子系统划分做基础准备。

②组织目标和发展战略。其内容包括当前企业的发展计划和战略目标；其目的是为即将开发的管理信息系统在系统功能、运行环境、开发语言、功能扩充、信息扩充、企业与外部间的信息交换和功能连接以及系统的先进性、适应性等方面的设计提供参考，预留接口等。

③工艺流程和产品构成。其主要内容包括当前企业的生产工艺流程或业务管理流程、产品构成或报表栏目格式等；其目的是为将来设计管理信息系统的子系统划分、模块处理过程设计提供可遵循的依据等。

④数据与数据流程。其主要内容包括当前企业关心和要处理的数据及分类、数据信息的流动情况等；其目的是为将来建立数据字典、绘制 E－R 图，进而确定数据库及其结构、数据库之间的联系和在系统中的分布等提供依据。

⑤业务流程与工作形式。其主要内容包括管理业务的实际处理过程、处理方法等，其目的是为将来设计程序处理模块提供依据。

⑥管理方式和具体业务的管理方法。其主要内容包括当前企业的管理制度、规范、方法，甚至企业的组织形式等；其目的是为今后开发管理信息系统提供运行管理制度的制订、对信息和功能的操作权限等提供依据。

⑦决策方式和决策过程。其主要内容包括企业的高层人员的决策方式、程序等；其目的是为待开发的管理信息系统的决策支持系统提供设计依据。

⑧可用资源和限制条件。其内容包括当前企业的管理现状条件，如人员素质、计算机及相关硬件设施状况、系统及应用软件拥有状况、IT 普及应用水平、财力状况、企业的规模等；其目的是为将来开发管理信息系统提供技术培训计划的制订、设备硬件配置、软件引进、开发语言和运行环境、管理信息系统的规模、数据库分布、信息与功能应用扩充等提供依据。

⑨现存问题和改进意见。其主要内容包括当前企业或现行系统在管理或应用中存在哪些处理不畅通、不规范、不一致等，以及哪些地方需要改进、如何改进等；其目的是为拟建的系统提供要改进的部分、改进的方法等依据。

以上只是一种大致的划分，实际工作时应视具体情况增加或修改。围绕上述范围，我们可根据具体情况设计调查问卷的问题或问卷调查表的栏目，目的就是真正调查清楚处理对象现阶段工作的详细情况，为后面的分析设计工作做准备。

（2）需求调查的方法。开发管理信息系统，进行需求分析调查时，采取的调查方式可以是多种多样的。这些调查工作的方式方法可以大致分为（小组）座谈访谈，开放式和封闭式问卷调查，问题送达与确认，以及现场观察法等。在具体的实践中，座谈和问卷调查是两种较为普遍采用的方法。

①座谈访谈式。座谈访谈式调查方法就是通过集体讨论或单独询问的方式获取对拟建系统的各方面情况进行分析。它多用于当系统分析人员对当前企业知之不多或很少时，为了快速地了解和熟悉企业的管理现状，进而获取开发管理信息系统必需的基础信息所采用的一种调查方法。因为，在开发管理信息系统时，有时系统分析员对企业的管理活动比较熟悉或很熟悉，有时系统分析人员是一个纯粹的计算机专业人员，他对企业的管理活动几乎一无所知，此时采取座谈式的需求调查作为需求分析的开始是适宜的。

②问卷（调查表）调查。将调查的问题设计成表格，规划好表格栏目，然后分发给企业内不同层次、不同管理岗位的人员，直接填写。这种方法是一种广泛被采用的快速调查方法，但是，采取这种方法时应注意和考虑几个方面：是否要针对不同的调查对象设置不同的调查表？设计的调查表是否包含了系统建设所需的全部基础资料信息？调查表及问题的设计是否合理？

6. *系统需求分析文档*

系统需求分析文档主要是系统需求规格说明和数据要求说明。需求规格说明包括引言、任务概述、业务需求调查、系统分析（新旧系统数据和功能分析），数据要求说明包括引言、数据逻辑描述和数据采集等。

三、系统功能分析

系统功能分析的依据是以需求调查分析所得到的文档资料为基础，进行初步的汇总和分析。所有这些工作，都是基于管理和业务的、来自客观管理实践活动和从事管理的人的客观行为。系统的功能分析主要有五个方面的内容：组织结构分析、组织结构与业务功能之间的联系分析、业务功能一览表、业务处理过程分析。其中，组织结构分析通常是通过组织结构图来实现的，如图 4-9 所示，将调查中所了解的组织结构具体地描绘在图上，作为后续分析和设计参考，不需要程序实现。

组织结构与业务功能之间的联系分析通常是通过组织结构与业务功能关系图来实现的，是利用系统调查中所掌握的资料着重反映组织结构与业务功能之间的关系，它是后续分析和设计新系统的基础，常作为划分子系统的参考依据。业务功能一览表是把组织内部各项管理业务功能都用一张表的方式罗列出来，它是今后进行业务功能与数据间关系分析、确定新系统拟实现的管理功能和分析建立管理数据指标体系的基础，同时也为今后划分子系统设计功能层次结构提供参考依据。业务处理过程分析是把具体的管理活动的处理过程以流程图的方式绘制出来，是基于实际管理活动的纸面描述，可为今后分析业务功能与数据间关系、设计程序模块提供主要依据。

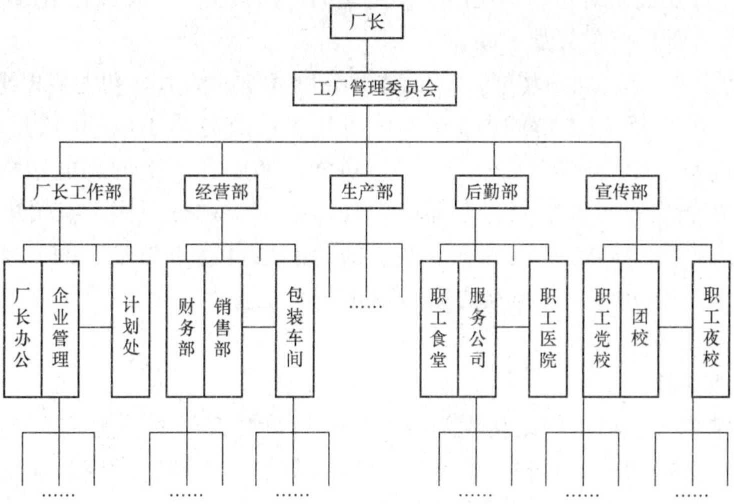

图 4-9　企业组织结构图

1. 组织结构分析

组织与功能分析一般包括组织机构与组织结构、组织功能关系、功能结构和功能重构及组织变革等方面的内容。这一分析的目的并不仅仅以相关图表表达现行系统组织功能结构，更重要的是通过分析，发现结构中存在的问题，提出合理可行的目标系统结构方案。由于历史原因，我国企业大多仍采用职能制或直线职能制。在这种结构下，一定的组织结构与组织机构所赋予的职能决定一定的功能结构，而一定的功能结构决定一定的业务流程和后续流程。

也就是说，组织结构与组织机构的不合理性必然带来功能结构的不合理性。由于在这种结构下职能与机构的强相关性，机构的变动将引起职能变动，影响功能结构和后续流程的变动。随着体制与外部环境的演变，企业组织结构和组织机构将发生改变。现在企业体制远未定型，充满变数，因此在研究现行结构、定义目标结构时，要站在发展变化的高度，发现现行结构中存在的问题，预测未来结构的变化趋势，提出结构与机构的调整、变革方案。

组织机构图是组织机构调查的结果，调查者可向上层领导了解系统的组织情况。每个组织构成都可用组织机构图描述。组织机构图是一个层次结构图。计算机进入管理系统后，相当一部分管理职能将由计算机完成，使管理职能与管理机构相对独立，因此系统的功能组合与分配又应尽可能地方便各机构中的管理人员使用。为此，对功能需求分析的同时还需要对机构的设置及发展做一定的分析，特别是弄清机构与功能的对应关系。任何一个企业，组织机构的变化是常事，因而组织机构的稳定是相对的。

组织结构图把企业组织分成若干部分，并且标明各部分之间可能存在的各种关系。这里所说的各种关系包括上下级领导关系（组织机构图）、物流关系、资金流关系和资料传递关系等。所有这些关系都伴随着信息流，这正是调查者最关心的。要在组织机构图的基础上，把每种内在联系用一张图画出来，或者在组织机构图上加上各种联系符号，以更好地反映、表达各部门间的真实关系。组织结构图不是简单的组织机构表，在描述组织结构图时注意不能只简单地表示各部门间的隶属关系。

系统必须设定所要实现的功能，功能是做某项工作的能力。功能要以组织结构为背景来识别和调查，因为每个组织都是一个功能机构，都有各自不同的功能。调查时要按部门的层次关系进行，然后用归纳法找出它的功能，形成各层次的功能结构。组织结构与功能结构又不完全一致，各组织、各部门的功能，由于种种原因，有可能重叠，许多功能可能还需要多个部门协力完成。一个部门的功能也可能不是唯一的，可能需要完成多项功能。把各部门的功能以及相互之间的功能合作关系用一张二维表格绘制出来，即为组织与功能关系表。

2. 业务功能分析

（1）功能结构图。以组织结构图为背景分析清楚各部门的功能后，分层次将其归纳、整理，形成各层次的功能结构图；自上而下逐层归纳、整理，形成以系统目标为核心的整个系统的功能结构图。现行系统的许多处理功能多数由手工完成。手工处理慢，处理功能分得较细，环节又多，甚至由于某些历史原因造成一些不合理的处理设置。那么，在分析归纳过程中，就要把不合理的流程取消，把功能相似或工作顺序相近的处理功能尽量合并，还有分析归纳后的功能是否达到新系统目标以及应设置的功能是否已经具备等。经分析后的系统功能结构一般是多层次的树型结构，一般最后一级功能是不可再分割的，如图 4-10 所示。

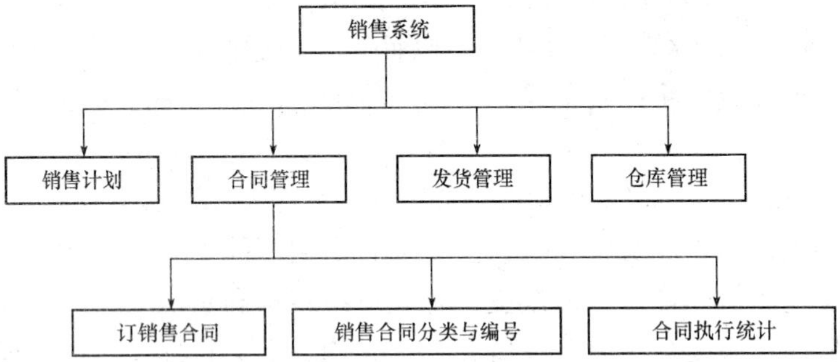

图 4-10　MIS 功能结构

（2）业务功能一览表。业务功能一览表通过图示或表的形式把组织内部各项管理业务功能罗列出来，它是今后进行功能与数据间关系分析、确定新系统拟实现的管理功能和分析建立管理数据指标体系的基础，同时也为今后划分子系统设计功能层次结构提供参考依据。如图 4-11 所示是一家企业的资产财务部业务、职能与职权的概述。

在组织中，常常有这种情况，组织的各个部分并不能完整地反映该部分所包含的所有业务。因为在实际工作中，组织的划分或组织名称的取定往往是根据最初同类业务人员的集合而定的。随着生产的发展，生产规模的扩大和管理水平的提高，组织的某些业务范围越来越大，功能也越分越细，由原来单一的业务派生出许多业务。这些业务在同一组织中由不同的业务人员分管，其工作性质已经逐步有了变化。当这种变化发展到一定的程度时，就要引起组织本身的变化，裂变出一个新的、专业化的组织，由它来完成某

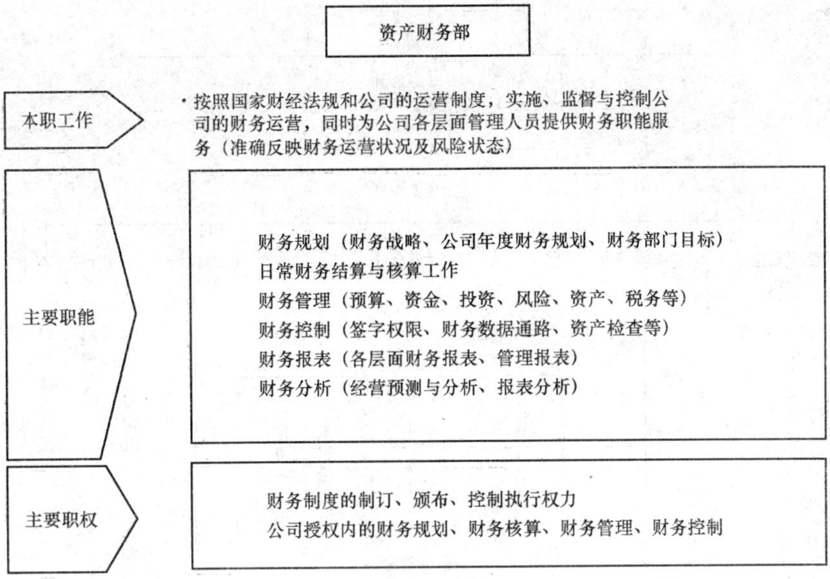

图 4-11　某财务部的职能、职权

一类特定的业务功能。如最早的质量检验工作就是由生产科、成品库和生产车间各自交叉分管的，后来由于产品激烈的市场竞争和管理的需要，这时质量检验科产生了。对于这类变化，事先是无法全部考虑到的，但对于其功能是可以发现的。如果都以功能为准绳设计和考虑系统，那么系统将会对组织结构的变化有一定的独立性，将获得较强的生命力。所以在分析组织情况时还应该画出其业务功能一览表。这样做可以使人们在了解组织结构的同时，对于依附于组织结构的各项业务功能也有一个概貌性的了解，也可以对各项交叉管理、交叉部分各层次的深度以及各种不合理的现象有一个总体的了解，在后面的系统分析和设计时切记避免这些问题。

业务功能一览表是一个完全以业务功能为主体的树型表，其目的在于描述组织内部各部分的业务和功能。要说明的是，每片树叶都必须是一项不可再分的基本业务功能，判断其是否分解到底的一个有效办法，是看是否可以用一句话来说明一个基本活动的内容和目的，如果需要几句话说明，那么这项业务功能就可能需要细分了。但是，不要忘了这句话中要有一个动词。下面仅列举某厂业务功能一览表的一部分，来说明其具体的画法，如图 4-12 所示。

业务功能一览表的处理是系统分析阶段基础性很强的工作，但只对业务功能进行分解说明，因此，对业务的分析还需要对业务过程进行描述，从而明确过程（业务）的基本处理。一个业务过程是一个具有明确起点和终点的行为，其过程有明确的输入和输出。过程并不一定与组织结构一一对应，业务过程确定的是要做什么，而不是如何做。也就是说，要关注的是了解各种职能业务做什么，而不是如何做。通常每个业务过程是以一个动词开始进行描述的，如选择供应商，填写订单等。表 4-3 和表 4-4 所示是一些常见过程的描述。

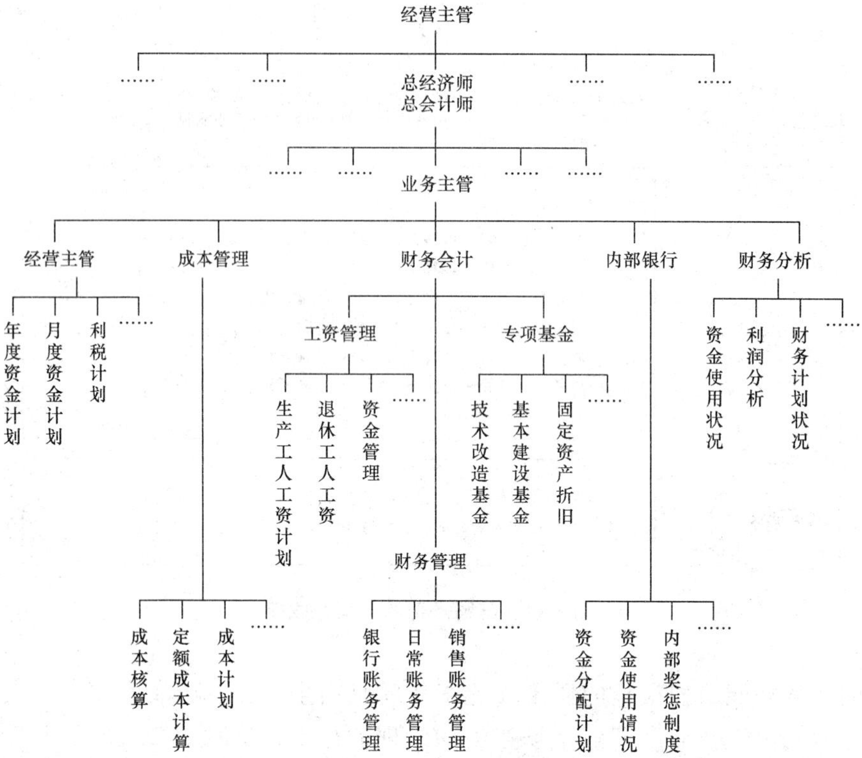

图 4-12　某厂业务功能一览表

表 4-3　业务过程的描述

……	设施管理
市场计划	购置基本器材
进行市场研究	保养设施
分析市场空间	保存存货记录
预测产品销售	……
制订销售计划	销售
……	销售产品
财务计划及控制	开发新市场
预计现金需求	……
预计资本需求	顾客订购
预计盈利目标	接受订单
编制预算	订货
获得和管理资金	发出账单
……	……
生产计划	
计划生产量	
分配生产能力	
安排生产计划	
计划所需物料	
……	

表 4-4　业务过程的分类

支持类	主流类	行政管理类
		财务
市场营销	销售订单过程	应收账
销售分析	提出客户发票	应付账
销售预测	订单存盘	总分类账
推广	运输	成本合计
销售管理		固定资产会计
	库存记录及控制	预算
策略计划	存货状况报告	财务模型
计量经济模型	统计补充存货	关键利率会计
市场营销模型		损益表
模拟	所需物品生产	
决策理论		人事
投资分析	生产安排	工资
设备计划		工资报告
	生产控制	薪金及补偿分析
工程及研究		员工考绩
设计自动化	采购	
企划控制		法律
数字控制	收货	
结构管理		
行业工程	质量控制	
材料清单制作	保养维修	

3. 组织、业务功能、数据库与系统功能之间的联系分析

矩阵图表分析工具是分析组织、业务过程、数据库及系统功能之间联系的主要工具。下面首先从组织结构与业务功能之间的联系分析开始说明矩阵图表。

组织结构与业务功能关系图是利用系统调查中所掌握的资料着重反映组织结构与管理功能之间的关系，它是后续分析和设计新系统的基础，常作为划分子系统的参考依据。

组织结构图反映了组织内部和上下级关系。但是对于组织内部各部分之间的联系程度，组织各部分的主要业务职能和它们在业务过程中所承担的工作等却不能反映出来，它仅仅是企业内部管理活动的纵向关系的反映，这将会给后续的业务处理过程分析、数据与数据流程分析和业务功能与数据间关系分析等带来困难。因此，为了弥补这方面的不足，弄清楚横向关系，还必须要进行组织结构与业务功能之间的联系分析，绘制组织结构与业务功能矩阵图，来反映组织各部分在承担业务时的关系。如图 4-13 所示，在组织结构与业务功能之间的关系图中用横向表示各组织名称，纵向表示业务功能，中间栏填写组织在执行业务过程中的作用。

功能	序号	组织 业务	计划科	质量科	生产科	供应科	销售科	采购科	仓库	工资科	人事科	财务科	审计科	…… …… ……
功能与业务	1	进货管理	*	√		√		√	√			√		
	2	销售管理		√		√	*		√			√		
	3	现金银行					√	√				*	√	
	4	账务系统					√	√	√	√		√	*	
	5	固定资产			*				√					
	6	工资核算			√					*	√	√		
	7	……												

图 4-13　组织结构与业务功能矩阵图

图中：

“*”表示该项业务是对应组织的主要业务（即主持工作的单位）；或“M”表示主要参与者。

“×”表示该单位是参加协调该项业务的辅助单位；或“S”表示部分参与者。

“√”表示该单位是该项业务的相关单位（或称有关单位）。

“空格”：表示该单位与对应业务无关。

关于业务过程、组织、信息系统和数据库之间存在 4 种联系，分别是组织与业务过程之间的联系、信息系统与业务过程的联系、数据库与组织的联系、数据库与信息系统。

（1）组织与业务过程。在实施信息系统过程中负责该过程的人员其实就是使用该信息系统的人。在此不从员工分析开始，因为员工和组织比过程有更大的变动性。为了将信息系统建立在一个长期的基础上，首先要保证在考虑负责执行这些过程的部门和个人之前，这些过程是得到支持的。找到过程和信息需要的关键部门之间的联系，同时还要指出某特殊过程可能出现的重叠（几个部门有相同的主要责任）。在建立各部门之间的信息系统优先级别时，或在获取某一应用的详细说明书时，无疑是重要的参考资料。

（2）信息系统与业务过程。开发信息系统的组织通常不是从无开始的，大多已有一个现成系统以支持业务过程。

（3）数据库与组织。表明了哪些组织依赖哪些数据库的信息。

（4）数据库与信息系统。数据库是为信息系统和组织提供信息的重要来源。通过研究表明某些数据库档案在许多信息系统中得到广泛的应用。

4. *功能重构与组织变革*

过去，由于机构原因带来的功能交叉、重复、缺失现象，需要改变；信息化以后不许再出现职责不明、互相推诿的现象。计算机对功能处理的要求与手工系统不可能、也不应该是一一对应关系，需要以合理的信息流重新定义业务流和工作流，该合并的合并，该取消的取消，该增加的增加，该整合的整合；确保信息入口的统一，出口的规范。若要根据信息流的要求进行功能重构和职能的再分配，必将引起职能与机构的变化。因此在进行功能重构时，需要结合流程重组，进行组织变革，让组织和系统更好地适应。在这个过程中，需要提出目标系统的结构和功能重组方案且让用户参与方案评审。确定后要告诉用户做了哪些改变，且为改变制订实施方案。

四、新系统逻辑模型的建立

完成系统需求分析和系统功能分析之后，系统分析将进入业务流程分析和数据流程分析环节，之后进行数据字典的编辑和处理逻辑的表达环节。这些环节涉及数据思维方式的培养。将在本书的第三篇中进行解释。本章将跳过相关内容从逻辑模型讲起。

系统分析的重要任务之一，就是构造新系统的逻辑模型。它既是系统分析的重要成果，也是下一阶段系统设计的主要依据。新系统逻辑模型主要包括新系统的系统目标及边界，新系统业务处理流程，数据处理流程，新系统总体功能结构和子系统的划分及功能结构五方面内容。其中业务处理流程、数据处理流程及子系统的划分等已做介绍，下面着重介绍新系统目标分析及边界的确定、新系统的总体功能结构。

1. 系统目标

通过对现系统的详细调查分析，已对系统目标和功能等做过分析和研究，在新系统逻辑模型建立之前，必须确定比较明确、具体的系统目标。

（1）系统功能目标。系统功能目标是指系统所能处理的特定业务和完成这些处理业务的质量；系统功能以系统管理者提供的信息量和管理者对系统提供的信息程度、方式和内容的满意度作为衡量标准。

（2）系统技术目标。系统技术目标是指系统应当具有的技术性能和应当达到的技术水平，常用运行效率、响应速度、吞吐量、审核能力、可靠性、灵活性、可修改性、操作使用方便性和通用性等技术指标进行衡量。

（3）系统经济目标。系统经济目标是指系统开发的预期投资费用和经济效益。预期投资费用分别从研制阶段和运行维护投资两方面进行估算。预期经济效益则应从直接经济效益和间接经济效益两方面进行预测。其中直接经济效益可用货币额来度量，而间接经济效益往往从提高管理水平、优化管理方法和提高管理素质方面考虑。

2. 系统总信息流程图及边界的确定

了解系统各层次 DFD 的分析方法后，把各 DFD 按层次综合绘制在一起，就得到了新系统的总信息流程图，包括总 DFD、细化 DFD 和数据流卡片、数据存储卡片和处理逻辑表达工具。在此基础上，再对新系统应具有的边界进行确定分析。

确定系统边界的目的是明确新系统涉及的范围、规模和功能，使系统开发的成本尽可能低，功能尽可能全。

（1）确定系统边界的原则。

①根据确定的系统目标、资源条件和估算的整个信息系统的信息量，合理地确定系统的范围和功能。

②应对企业做全面规划和初步设计，依条件分阶段实施。现阶段设计应为远期目标的子系统留下接口，保证系统开发的完整性。

③划分系统范围时，应按客观需要择取必要的系统结构和功能，不要受现行系统限制。

④新系统在结构合理、信息完整的基础上，力求简单实用。

⑤新系统应当合理利用人力和计算机资源，进行合理分工。

（2）确定系统边界采取的步骤。

①绘制系统的总信息流程图，将有关的数据流卡片、数据存储卡片、处理逻辑工具等相关资料尽量绘制出来。

②根据系统方案的要求，用户要求和先行系统运行的环境及确定系统边界的原则，在总信息流程图上圈出系统范围。

③与用户讨论，协商修改有关内容。

④确定系统范围，做出分析说明。

3. 新系统功能模型

根据以上子系统的划分，便可建立新系统的功能模型，步骤如下：

（1）根据划分的子系统，绘出各子系统新的 DFD。

（2）建立各子系统的功能模型。

（3）建立系统总的功能模型。

4. 新系统逻辑模型

（1）新系统业务流程（TFD）。

（2）新系统数据流程（DFD&DD）。

（3）新系统逻辑结构（子系统划分）。

（4）新系统数据资源分布（C/S 或 B/S 模式）。

（5）新系统管理模型（数学模型和管理模型）。

五、系统分析报告

系统分析阶段的成果就是系统分析报告。它反映这一阶段调查分析的全部情况，全面地总结了系统分析工作，是下一步设计与实现系统的纲领性文件。

系统分析报告形成后，必须组织各方面人员一起对报告以及形成的逻辑方案进行论证，尽可能地发现其中的问题、误解和疏漏。对于问题与疏漏需要及时纠正，对于有争论的问题需要重新核实当初的原始调查资料或进一步深入调查研究，对于重大的问题甚至可能需要调整或修改系统目标，重新进行系统分析。一份好的系统分析报告应该充分展示前段调查的结果，还要反映系统分析的结果，即新系统的逻辑方案，并且提出新系统的设想。系统分析报告的内容有如下几个方面。

1. 现行系统情况简述

主要对分析对象的基本情况进行概括性的描述。它包括现行系统的主要业务、组织机构、存在的问题和薄弱环节，现行系统与外部实体之间有哪些物资以及信息的交换关系，以及用户提出开发新系统请求的主要原因等。

2. 新系统目标

新系统的总目标是什么，其目标如何；新系统拟采用什么样的开发战略和开发方法；人力、资金以及计划进度安排；新系统计划实现后，各部分应该完成什么样的功能；某些指标预期达到什么样的程度；哪些工作是现行系统没有而计划在新系统中增补的；等等。

3. 现行系统状况

现行系统状况主要用两个流程图描述，即现行系统 TFD 和现行系统 DFD。

4. 系统的逻辑方案

主要反映系统分析的结果和对今后建造新系统的设想，主要包括以下六个方面。

（1）系统的结构以及系统所涉及的范围。包括新系统的功能结构和子系统划分。

（2）DFD 的进一步说明。说明新系统与现行系统在界限、处理功能、数据流和数据存储等方面有哪些主要变化，重点是计算机处理和数据存储部分。

（3）数据组织形式。说明新系统采用文件组织形式还是数据库组织形式。

（4）输入和输出的要求。这部分也是系统与环境的接口，反映对输入输出的种类、形式和要求等做一般说明。详细内容将在系统设计阶段考虑。

（5）新系统计算机软、硬件初步配置方案。

（6）与新系统相配套的管理制度和运行体制的建立。

第五节　管理信息系统开发的设计

一、系统设计概述

1. 系统设计的目标

系统分析最终目标是提出系统分析说明书，建立管理信息系统的逻辑模型；而系统设计阶段的目标则是根据新系统的逻辑模型建立基于计算机与通信系统的物理模型，也即根据新系统逻辑功能的要求，考虑实际条件（即经济、技术和运行环境等），进行各种具体设计，提出系统实施方案。可以说系统分析是从用户要求出发，对现有系统进行详细的调查研究，把物理因素一个个抽去，建立系统的逻辑模型，是从具体到抽象。那么，系统设计则是从管理信息系统的逻辑模型出发，以系统说明书为依据，一步步地加入新系统的物理内容，建立系统的物理模型，是由抽象到具体。从而做好了系统实施前的一切准备。

系统设计的内容可以分为总体设计和详细设计两个阶段来完成。系统总体结构设计是将整个系统划分成子系统、决定系统的总体结构、硬件设备和软件配置等。总体设计之后进行详细设计。先从代码设计开始，再进行输入/输出设计、数据库设计、结构程序设计等。系统设计的主要内容包括：

（1）根据系统分析说明书所描述的系统目标、功能、环境与约束条件，确定子系统划分、系统设置与机器选型，确定合适的计算机处理方式和计算机总体结构，确定合适的计算机系统配置。

（2）根据系统分析所得到的系统逻辑模型——数据流程图和数据字典，导出系统的功能模块结构图。

（3）根据系统分析说明书，进行代码设计，完成输入设计、输出设计和安全性、可靠性设计。

（4）根据系统分析说明书及系统的硬、软件配置进行数据库设计。

（5）根据系统分析说明书及以上设计结果，对每一功能模块的详细处理过程进行描述。

（6）系统设计阶段完成以后，最后应以系统设计说明书的形式，给出本阶段的设计结果。

系统设计主要依据系统分析阶段生成的系统分析报告和开发者的知识与经验。系统设计也是一个建模的活动，它使用分析阶段得出的逻辑模型（即需求模型）转化为物理模型

（即解决方案）。一般来说，系统设计是一种技术工作，要求有更多的系统分析员和其他的技术人员（如数据技术人员等）加入。系统设计阶段的目标是定义、组织和构造最终解决方案系统的各个组成部分。

系统设计方法主要有结构化设计方法（以数据流程图为基础构成系统的模块结构）、Jackson 方法（以数据结构为基础建立系统模块结构）、面向对象的设计方法（以对象行为封装、继承性、多形性为基础建立系统模块结构）。

本章主要介绍以数据流程图为基础构成系统模块结构的结构化设计方法。

2. 系统设计的原则

系统设计的优劣直接影响新系统的质量及经济效益。系统设计应在保证实现逻辑模型的基础上，尽可能地提高系统的各项性能。系统设计应按以下几项原则进行。

（1）系统的效率性原则。系统的效率是指系统的处理能力、处理速度、响应时间等与时间有关的指标。对于不同处理方式的系统，其工作效率有不同的含义。如联机实时处理系统的工作效率为响应时间（从发出处理要求到得到应答信号的时间），批处理系统的工作效率为处理速度（处理单个业务的平均时间）。对于一个实时录入、成批处理的事务处理系统，用常用处理能力（标准时间周期内处理的业务个数）来表示系统的工作效率。

一般来说，影响效率性的因素取决于系统中硬件及其组织结构；人机接口是否合理；计算机处理过程的设计质量（如中间文件的数量、文件的存取方式、子程序的安排及软件的编制质量）等。

（2）系统的可靠性原则。系统的可靠性指系统在运行过程中，抗干扰（包括人为的和机器的故障）和保证正常工作的能力。这种能力，体现在工作的连续性和工作的正确性。系统的可靠性包括：检错、纠错能力；在错误干扰下不会发生崩溃性瘫痪，重新恢复及重新启动的能力，硬件、软件的可靠性及存储数据的精度等。系统的平均无故障时间是衡量可靠性的一个指标。

提高系统可靠性的途径主要有：①选取可靠性较高的主机和外部设备；②硬件结构的冗余设计，即在高可靠性的应用场合，应采用双机或双工的结构方案；③对故障的检测、处理和系统安全方面的措施，如对输入数据进行校验，建立运行记录和监督跟踪，规定用户的文件使用级别，对重要文件的拷贝等。

（3）系统的准确性原则。系统的准确性是指系统所能提供的信息的准确程度。系统的准确性与系统硬件、软件的功能直接有关。此外，也与编程质量、人工处理质量和效率等有关。

（4）系统的可维护性原则。系统的可维护性是指系统易于理解、易于修改和扩充。由于系统环境的不断变化，系统本身也需要不断修改和完善。一个可维护性好的系统，各部分独立性强，容易进行变动，从而提高系统的性能，不断满足对系统目标的变化要求。此外，如果一个信息系统容易被修改以适应其他类似组织的需要，这无疑将比重新开发一个新系统成本要低得多。要提高系统的可维护性，在系统分析和设计的过程中，可采用结构化、模块化的方法。

（5）系统的经济性原则。系统的经济性是指系统的收益应大于系统支出的总费用。系统支出费用包括系统开发所需投资和系统运行、维护的费用之和，系统收益除有货币指标外，还有非货币指标。在系统设计时，系统经济性常是确定设计方案的一个重要因素。

上述五个原则，在一定程度上既是互相矛盾又是相辅相成的。例如，为了提高可靠性而采取各种校验和控制措施，则会延长机器工作时间，降低工作效率或提高成本。从系统开发和维护的角度考虑，系统的可维护性是最重要的指标，只有可维护性好，才能使系统容易被修改以满足对其他指标的要求，从而使系统始终具有较强的生命力。对于不同的系统，由于功能及系统目标的不同，对上述各项原则的要求会有所侧重。如对联机情报检索系统，响应时间是最重要的指标；而对银行系统，可靠性与安全性则是首要考虑的因素。

二、系统总体设计

软件需求分析的目的是解决客观需求做什么，确定软件系统开发目标，系统需求规格，而软件设计的任务是解决怎么做，如何实施软件需求，将需求规格转换为体系结构，划分出程序的模块组成，模块间的相互关系，确定系统的数据结构，即组成系统的元素、程序、文件、数据库、文档等。

系统总体设计的目的是根据需求分析得到的软件需求规格说明书为用户提供一个最佳的系统设计方案，确定出最恰当实现软件功能、性能要求集合的软件系统结构，以模块结构图的形式描述系统应完成的功能，为系统详细设计提供齐备的文档，为系统的具体实现提供依据。

管理信息系统的总体结构设计是在系统分析工作的基础上，主要完成系统物理配置方案设计、系统功能模块设计、系统数据存储的总体结构设计工作。

1. 选取合适的系统体系

根据用户的需求，要选取一种合适的系统体系。一种适用的系统体系决定了系统的框架。对于用户来讲，具体如何实现是并不被关心的，用户关心的只是使用的方便及实用，但对于系统设计人员及程序人员来说，却要知道系统到底是什么样的系统，所以系统的选取是系统设计第一步。常用系统体系有层次体系、客户机/服务器结构、浏览器/服务器结构、三层客户机/服务器结构。

（1）层次体系。层次体系就是利用分层的方式来处理复杂的功能，层次系统要求上层子系统可以使用下层子系统的功能，而下层子系统不能够使用上层子系统的功能。一般下层每个程序接口执行当前的一个简单的功能，而上层通过调用不同的下层程序，并按不同的顺序来执行这些下层程序，层次体系就是以这种方式来完成多个复杂的业务功能的。

（2）客户机/服务器结构。客户机/服务器结构简称 C/S 结构，由服务器提供应用（数据）服务，多台客户机进行连接客户机/服务器应用模式的特点是大都基于“胖客户机”结构下的两层结构应用软件。客户端软件一般由应用程序及相应的数据库连接程序组成。服务器端软件一般是某种数据库系统。客户机/服务器应用模式的缺点是客户方软件安装维护困难，数据库系统无法满足成百上千的终端同时联机的需求，由于客户机/服务器间的大量数据通信不适合远程连接，使其只能适合于局域网应用。

（3）浏览器/服务器结构。在当前 Internet/Intranet 领域，浏览器/服务器结构是非常流行的系统体系，简称 B/S 结构。这种结构最大的优点：客户机统一采用浏览器，这不仅让用户使用方便，而且使得客户机不存在安装及维护的问题。软件开发和维护工作转移到了

Web 服务器端。在 Web 服务器端，程序员使用脚本语言编写响应页面。

（4）三层客户机/服务器结构。三层客户机/服务器结构是在常规客户机/服务器结构上提出的，系统在客户机和数据库服务器间添加一个应用服务器。

2. 系统物理配置方案设计

（1）硬件结构的设计。计算机硬件平台的选择在很大程度上决定了整个系统的成本，也决定了整个系统的性能指标。一般来说，如果系统的数据处理是集中式的，则可采用单主机多终端模式，此时要求以大型机或性能较高的小型机作为主机。

对于具有一定规模的企业管理应用，从其管理功能来看，其应用本身就是分布式的，此时所选择的计算机系统的计算模式也应该是分布式的，即客户端以微机为主，可以选用名牌机、品牌机和兼容机。

服务器可采用性能一般的小型机或性能高的微机。计算机及网络的各项技术参数的选择可依据系统要处理的数据量及数据处理的功能要求来决定。

当选定计算机应用系统的计算模式之后，就可以确定系统的网络拓扑结构，并根据系统的逻辑功能划分（如有多少子系统）确定网络的逻辑结构（子网或网段的划分），这实际上也就决定了网络的主要连接设备及服务器等重要部分的构成，此时应遵循的重要原则就是应尽量使信息交换量大的应用放在同一网段内。

目前的结构基本上都是总线结构与星形结构结合起来的典型结构，这样的结构可以说是当前组网的通用形式，它具有结构简单、可靠性高、系统稳定性好的特点。从传输技术的角度讲，它实际上是采用了一种叫 MAC 对 MAC 的帧交换技术，充分利用大容量动态交换带宽。同时在多个节点间建立多个通信链路，最大限度地减少网络数据的帧转发延迟。并利用虚拟网络技术动态调整网络结构，提高网络资源利用率。基于产品的专用网管系统更为网络系统的实时维护提供了强有力的工具。虽然系统结构简单，但是它却充分利用了交换式网络技术来解决通信阻塞的问题，从而避免了 Ethernet、FDDI 的通信竞争问题。另外，由于建网以后整个网络的性能基本上归到服务器身上，所以在以后的网络升级中，增加服务器处理能力即可（包括服务器升级或增加服务器数量）。

中心网络设备方案，实际上，这里就是网络集线器 HUB、机柜、机架和配线架的选用，根据工作站的数量和速度的要求来确定 HUB 的档次和数量。

（2）系统软件结构设计。系统软件结构的设计工作，实际上是对确定的硬件结构中的每台计算机指定相应的计算机系统软件，包括操作系统、数据库管理系统、应用服务器系统、开发工具软件等。

①操作系统的选择。网络操作系统的选用应该能够满足计算机网络系统的功能要求、性能要求，一般要选用网络维护简单，具有高级容错功能，容易扩充和可靠，具有广泛的第三方厂商的产品支持、保密性好、费用低的网络操作系统。

②数据库服务器系统软件的选择。管理信息系统中，数据库服务器是必不可少的网络组成部分。因此，数据库管理系统软件的选择对管理信息系统的建设有着举足轻重的影响。

在数据库管理系统的选择上，主要考虑数据库的性能、数据库管理系统的系统平台、数据库管理系统的安全保密性能、数据的类型等。

在建立数据库时，应尽量做到布局合理、数据层次性好，能分别满足不同层次的管理者的要求。同时数据存储应尽可能减少冗余度，理顺信息收集和处理的关系。不断完善管理、符合规范化、标准化和保密原则。

在数据库选择方面，另一个要注意的因素是数据库软件的行业占有性，这样有利于相互的数据交换。

③应用服务器系统软件及开发工具的选择。系统软件结构中的另一个方面是应用服务器软件及系统开发工具的选择。系统开发工具的选取首先依据的是管理信息系统应用的模式，即是C/S模式还是B/S模式，若系统确定开发的应用为B/S模式就应选择支持B/S模式的应用服务器软件及开发工具。而C/S模式的开发工具及运行环境一般安装在客户端计算机上。

3. 系统功能模块设计

（1）总体设计的一般过程如下：

①系统方案确定。根据从需求分析阶段获得的文档，如系统数据流程图，从可供选择的方案中，进一步设想与选择更佳的系统实现方案。系统分析员综合分析各种方案的利弊，推荐最佳方案，并做详细的实现进度计划。用户与有关专家认真审查分析员推荐的方案，然后提交部门负责人审批。

②功能分解。软件结构设计，首先要把复杂的功能进一步分解成简单的功能，遵循模块划分独立性原则，使划分过的模块的功能对大多数程序员而言是易懂的。功能的分解导致对数据流程图的进一步细化，并选用相应图形工具来描述。

③软件结构设计。功能分解后，用层次图（HC）、结构图（SC）来描述模块组成的层次系统，即反映软件结构。当数据流程图细化到适当的层次，由结构化的设计方法（SD）可以直接映射出结构图。

④数据库设计、文件结构的设计。系统分析员根据系统的数据要求，确定系统的数据结构、文件结构。对需要使用数据库的应用领域，分析员再进一步根据系统数据要求做数据库的模式设计。

⑤制订测试计划。为保证软件的可测试性，软件设计一开始就要考虑软件测试问题。这个阶段的测试计划仅从I/O（输入/输出）功能考虑做的黑盒法测试计划。详细的测试举例与计划，待到详细设计阶段再做。

⑥编写文档。编写的文档有：概要设计文档、用户手册、测试计划、详细项目开发实现计划、数据库设计结果。

⑦审查与复审概要设计文档。

（2）结构化系统设计方法。结构化设计（Structured Design，SD）是国际上应用最广、技术上也较完善的系统设计方法。是基于面向数据流的设计方法（Data Flow Oriented Design）。数据流是软件开发者分析设计的基础，在需求分析（SA）阶段用数据流程图（DFD）来描述数据从系统的输入端到输出端所经历的一系列变换或处理，再用结构图（SC图）描述。这就是包括SA与SD在内的基于数据流的系统设计方法。结构化设计主张采用自顶向下逐步求精的设计方法。

SD方法的步骤：①对DFD进行复审，必要时修改或细化；②根据DFD确定软件结构属于变换型还是事务型；③把DFD映射成SC图；④改进SC图，使设计更完善。

从 DFD 映射成 SC 图的方法要先区分 DFD 的类型是变换型还是事务型。

①变换型系统结构。变换型设计分以下几个步骤：

a. 对变换型数据流程图，要划分出数据输入、数据输出和变换中心三个部分，在 DFD 上用虚线标明分界线。

b. 画出初始的 SC 图，顶层是主控模块，下层（第一层）一般包括输入、输出、变换三个模块。沿数据调用线标注数据流的名称。

c. 根据 DFD 来逐步细化分解输入、输出、变换三个过程，将 SC 图也细化和优化。根据输入、输出、变换各需要几个模块，逐步由顶向下分解，直至画出每个底层模块为止。

②事务型系统结构。事务型设计分以下几个步骤：

a. 在 DFD 中确定事务中心、接收数据、全部处理路径三个部分。

b. 画出初始 SC 图框架，把 DFD 的三个部分分别转换为事务控制模块、接收模块和处理模块。

c. 分解和细化接收分支和处理分支，事务中心常是各条处理路径的起点，由事务中心通往受事务中心控制的所有处理路径。向事务中心提供启动信息的路径是系统接收数据的路径，有时不止一条。处理路径通常是多条的，每条路径的结构可以不一样，有的可能是变换型，有的则是另一个事务型。这一步主要是分解处理路径。在结构图画出后，要细化和优化。模块大小要适中，模块的扇入、扇出不能过大。

三、代码设计

代码是客观实体或属性的一种表示符号，在管理信息系统中，它是人们与计算机的共同语言，起着人们与计算机沟通的作用。采用代码，可以使数据表达标准化，简化程序设计，加快输入，减少出错，节省存储时间，提高处理速度。代码设计是一项重要基础工作，设计时必须进行统一规划、长远考虑。代码是代表事物名称、属性、状态等的符号，为了便于计算机处理，一般用数字、字母或它们的组合来表示。

系统设计阶段的代码设计是未来系统数据规范化管理的基础，特别要强调的是，共享代码的设计质量直接影响未来系统的效率。代码设计的主要工作是完成对共享数据类中的关键字段的码结构设计并形成代码库。所谓共享数据类是指多个子系统都要用到的数据类，如“物资基本信息”“产品基本信息”等。

1. 代码设计的作用

（1）它为事物提供一个概要的而不含糊的认定，便于数据的存储和检索。代码缩短了事物的名称，无论是记录、记忆还是存储，都可以节省时间和空间。

（2）使用代码可以提高处理的效率和精度。按代码对事物进行排序、累计或按某种规定算法进行统计分析，处理十分迅速。

（3）代码提高了数据的全局一致性。这样，对同一事物，即使在不同场合有不同的名称，都可以通过编码系统统一起来，提高了系统的整体性，减少了因数据不一致而造成的错误。

（4）代码是人和计算机的共同语言，是两者交换信息的工具。代码设计在系统分析阶段就应当开始。由于代码的编制需要仔细调查和多方协调，是一项很费事的工作，需要经过一段时间，在系统设计阶段才能最后确定。

在手工处理系统中，许多数据如零件号、设备号、图号等早已使用代码。为了给尚无代码的数据项编码，统一和改进原有代码，使之适应计算机处理的要求，在建立新系统时，必须对整个系统进行代码设计。

现代化企业的编码系统已由简单的结构发展成为十分复杂的系统。为了有效地推动计算机应用和防止标准化工作走弯路，我国十分重视制订统一编码标准的问题，并已公布了 GB/T 2260—2007《中华人民共和国行政区划代码》、GB/T 1988—1998《信息技术 信息交换用七位编码字符集》等一系列国家标准编码，在系统设计时要认真查阅国家和部门已经颁布的各类标准。

2. 代码设计原则

合理的编码结构是信息处理系统是否具有生命力的一个重要因素，在代码设计时，应注意遵循以下一些原则：

（1）适用性。设计的代码在逻辑上必须能满足用户的功能需要，在结构上应当与系统的处理方法相一致。例如，在设计用于统计的代码时，为了提高处理速度，往往使之能够在不需调出有关数据文件的情况下，直接根据代码的结构进行统计。

（2）单义性。每个代码必须具有单义性，或称唯一性。即每个代码应唯一标志它所代表某一种事物或属性；每一种材料、物资、设备等只能有一个代码，不能重复，保持代码单义性。

（3）可扩充性。代码设计时，要预留足够的位置，以适应不断变化的需要。否则，在短时间内，随便改变编码结构对设计工作来说是一种严重浪费。一般来说，代码越短，分类、准备、存储和传送的开销越低；代码越长，对数据检索、统计分析和满足多样化的处理要求就越好。但编码太长，留空太多，多年用不上，也是一种浪费。

（4）规范性。代码要系统化，代码的编制应尽量标准化，尽量使代码结构对事物的表示具有实际意义，以便于理解及交流。

（5）明义性。要注意避免引起误解，不要使用易于混淆的字符。如 O，Z，I，S，V 与 0、2、1、5、U 易混淆；不要把空格当作代码；要使用 24 小时制表示时间等。

（6）合理性。要注意尽量采用不易出错的代码结构，例如，字母—字母—数字的结构（WW2）比字母—数字—字母的结构（如 W2 W）发生错误的机会要少一些；当代码长于 4 个字母或 5 个数字字符时，应分成小段。这样人们读写时不易发生错误。如 726—499—6 135 比 7 264 996 135 易于记忆，并能更精确地记录下来。

3. 代码的总数

若已知码的位数为 P，每一位上可用字符数为 S_i，则可以组成码的总数为：

$$C = \prod_{i=1}^{P} S_i$$

例如，对每位字符为 0 ~ 9 的三位码，共可组成 $C = 10 \times 10 \times 10 = 1\ 000$ 种码。

4. 代码的种类

（1）顺序码。顺序码又称系列码，它是一种用连续数字代表编码对象的码，例如，用 1001 代表张三，1002 代表李四等。

顺序码的优点是短而简单，记录的定位方法简单，易于管理，处理容易，设计和管理也容易。但这种码没有逻辑基础，不适宜分类，本身也不能说明任何信息的特征，在项目比较多的时候，编码的组织性和体系性较差。此外，追加编码只能在连续号的最后添加一个号，删除则造成空码。所以，顺序码通常只起序列作用，作为其他码分类中细分类的一种补充手段。

（2）区间码。区间码把数据项分成若干组，每一区间代表一个组，码中数字的值和位置都代表一定意义。典型的例子是我国公民身份证号码和邮政编码。

区间码的优点是：信息处理比较可靠，排序、分类、检索等操作易于进行。但这种码的长度与它分类属性的数量有关，有时可能造成很长的码。在许多情况下，码有多余的数。同时，这种码的修改也比较困难。

（3）表意码（助记码）。表意码是把直接或间接表示编码化对象属性的文字、数字、记号原封不动地作为编码。例如：TV——电视，B（Black）——黑色，C（Colour）——彩色，CM——厘米，MM——毫米，KG——公斤。表意码的特点是，可以通过联想帮助记忆，容易理解。但随着编码数量的增加，其位数也要增加，给处理带来不便。因此，助记码适用于数据项数目较少的情况（一般少于 50 个），否则可能引起联想出错。

表意码适用于物资的性能、尺码、重量、容积、面积和距离等。例如，TV—B—12 代表 12 英寸黑白电视机，TV—C—20 代表 20 英寸彩色电视机。

（4）合成码。合成码是把编码对象用两种以上的编码进行组合，可以从两个以上的角度来识别、处理的一种编码。合成码的特点是容易进行大分类，增加编码层次，做各种分类统计也很容易。缺点是位数和数据项目个数比较多。

5. 代码结构中的校验位

代码输入的正确性将直接影响整个系统处理工作的正确性。当人们重复抄写代码或将代码通过人工输入计算机时，发生错误的可能性更大。为了保证正确输入，人们有意识地在编码设计结构中原有代码的基础上，另外增加一个校验位，使它事实上变成代码的一个组成部分。校验位通过事先规定的算法计算出来。代码一旦输入，计算机会用同样的数学运算方法按输入的代码数字计算出校验位，并将它与输入的校验位进行比较，以证实输入是否有错。

（1）校验位可以发现以下各种错误：

抄写错误，例如，1 写成 7；

易位错误，例如，1 234 写成 1 324；

双易错误，例如，26 919 写成 21 963；

随机错误，包括以上两种或三种综合性错误或其他错误。

（2）校验位的生成过程如下：

①对代码的每一位数加权求和。

例如：原代码 1 2 3 4 5

各乘以权数 6 5 4 3 2

乘积之和 $S=1\times6+2\times5+3\times4+4\times3+5\times2=6+10+12+12+10=50$

②用加权和除以模数 M 求余数。

设：模数 M = 11

$S/M = 50/11 = 4 \cdots\cdots 6$

③将模数减去余数的差数，即为校验码。

$11 - 6 = 5$，即校验码为5。

所以带校验码的代码为123 455。

从校验码的生成过程可以看出，校验码的产生取决于模数和权数的取法。其中权重因子可以采用自然数1，2，3，4，……几何级数2，4，8，16，……质数3，5，7，9，……模数通常可以选用10，11，13。

6. 代码设计步骤

（1）确定代码对象。从整体出发，在充分调查分析的基础上，确定对象所属的子系统，需要编码的项目，确定编码的名称。

（2）考查是否已有标准代码。如果已有国家标准、部门标准代码，就必须遵循标准；如果没有标准代码，也应该参照国际标准化组织、其他国家、其他部门或其他单位的编码标准，以便将来标准化的需要。

（3）确定代码的使用范围。代码的设计不应该局限于某一企业或某一部门，它应该具有广泛的适用性。不仅能在本单位使用，还能在外单位使用。

（4）确定代码的使用时间。无特殊情况，代码应可永久使用。

（5）决定编码方法根据编码的对象、目的、使用范围、使用期限等特性，选定合适的代码种类及校验方式。

（6）编写代码表，对代码做详细的说明并通知有关部门，以便正确使用代码。

（7）编写相应的代码使用管理制度，保证代码的正确使用。

代码使用时应尽量减少传抄以避免人为造成的错误，在输入代码时，建议用缩写形式输入，然后由系统自动生成相应正确的代码。

四、数据库设计

信息系统的主要任务是通过大量的数据获得管理所需要的信息，这就必须存储和管理大量的数据。因此建立一个良好的数据组织结构和数据库，使整个系统都可以快速、方便、准确地调用和管理所需的数据，是衡量信息系统开发工作好坏的主要指标之一。

数据结构组织和数据库或文件设计，就是要根据数据的不同用途、使用要求、统计渠道、安全保密性等，来决定数据的整体组织形式、表或文件的形式，以及决定数据的结构、类别、载体、组织方式、保密等级等一系列的问题。

一个好的数据结构和数据库应该充分满足组织的各级管理要求。同时还应该使得后继系统开发工作方便、快捷，且易于管理和维护。

管理信息系统的主要任务是通过处理大量的数据获得管理所需要的信息，这就必须存储和管理大量的数据。因此建立一个良好的数据库，使整个系统都可以迅速、方便、准确地调用和管理所需的数据，是评价管理信息系统开发工做好坏的主要指标之一。

数据库设计，就是要依据数据流程图和数据字典，使其满足下面几个条件：符合用户的要求，即能正确地反映用户的现实环境，它应包含用户需处理的所有“数据”，并能支持用户需进行的所有“加工”；能被某个现有的数据库管理系统所接受；具有较高的质量，如易于维护、易于理解、效率较高等。

1. 数据的整体结构

数据的合理组织是十分重要的，应从以下几个方面考虑。

（1）满足管理上的需要。管理信息系统是针对今后管理开发的。因此，在设计数据结构和文件时，应尽可能满足科学管理的要求和实际使用的方便。一般是把某一层次的管理及某一方面的管理所要处理的数据组织在一起。

（2）数据管理上的需要。数据的储存是为管理服务的，在设计时除保证各方面信息的完整，还要把同一方面的内容、同一管理层次的要求，相对集中地组织在一起，这样既可全面地反映客观事物，又能集中反映出其每一个侧面。

（3）减少数据冗余。减少数据冗余不但可以节省存储容量，也可避免由于数据的不一致性所带来的问题，它是衡量数据结构的一个指标。但这与上述相对集中又是矛盾的，因为反映这些侧面的数据集合之间是有交集的，这就不可避免地产生数据的冗余，在设计时就要妥善处理，使数据冗余降低到最低程度。

2. 数据库设计步骤

数据库设计包括以下几个阶段。

（1）数据库结构设计。数据库结构设计操作的对象是实体、属性及其相互关系、域和约束，设计应考虑以下几个方面：

①确定实体。对要处理的实体进行确定和命名。

②分析实体之间的关系。实体之间是属于一对一、一对多、多对多中哪一种关系。

③确定每个实体集的属性，并对每个属性命名，还要分析确定它们之间的关系是属于哪一种。

④选择属性并确定其关系。

⑤分析属性间的约束条件，即分析每个实体集内各个属性间的约束，标识主关键字，函数依赖，多值依赖，定义结构完整性约束。

⑥确定属性的取值范围。对各属性值的取值范围进行分析，并决定其类型和长度。

（2）操作特性设计。操作特性是指对关系数据库的查询、数据处理和报表处理等应用方面的特性。其设计应考虑以下几个方面：

①汇总数据库所要进行的操作，即指明数据库所有要进行的查询、报表、处理的动态特性。

②指出每个实体所要进行的查找、插入、删除、修改的操作。

③确定每个操作的条件、内容和结果。

（3）设计数据库。

①数据库需求分析。主要是分析用户对数据的要求、处理要求及限制条件。

②数据库逻辑设计。将用户的数据需求用逻辑数据模型表达出来。

③数据库物理设计。对数据库的名称和结构及数据库的安全性、一致性、完整性等做出必要的安排。

④子模式设计。

⑤应用程序设计及调试。

（4）数据库维护。数据库系统除能高效而巧妙地检索和处理数据以外，还能保护数据库中的数据，使其不受干扰和破坏。数据库维护包括：

①安全性保护。主要是对数据库实现存取控制，以防止数据泄密。

②完整性保护。完整性是指保证数据的正确性、有效性。

③并发控制。在多个用户同时存取一个数据的操作情况下，应防止数据被破坏。

④数据库恢复。数据库因故障或偶然事故遭受破坏时，使它恢复某一正确状态。

五、输出设计

管理信息系统的目的是提供用户工作所需的信息。多数用户并不关心系统设计的细节，他们判断整个系统的好坏就是看系统输出结果在多大程度上能帮助他们完成自己的工作。尽管有些用户可能直接使用系统或从系统输入数据，但都要应用系统输出所需要的信息。输出设计的目的正是为了正确、及时地反映和组成用于生产和服务部门的有用信息。系统设计过程与实施过程相反，即先确定要得到哪些信息，再考虑为了得到这些信息，需要准备哪些原始资料作为输入，是从输出设计到输入设计的过程。

1. 输出设计的内容

输出设计的内容包括：

（1）输出信息使用方面的内容，包括信息的使用者、使用目的、报告量、使用周期、有效期、保管方法和复写份数等。

（2）输出信息的内容，包括输出项目、位数、数据形式（文字、数字）。

（3）输出格式，如表格、图形或文件。

（4）输出设备，如打印机、显示器、卡片输出机等。

（5）输出介质，如输出到磁盘还是磁带上，输出用纸是专用纸还是普通白纸等。

2. 输出的设备和方式

在系统设计阶段，设计人员应给出系统输出的说明，这个说明既是将来编程人员在软件开发中进行实际输出设计的依据，也是用户评价系统实用性的依据。因此，设计人员要能选择合适的输出设备和方式，并清楚地表达出来。

（1）输出设备。常用的输出设备：显示器、打印机、绘图仪、磁盘、自动传真机、计算机输出缩微胶卷影片以及其他的专用设备。这些设备各有特点，应根据用户对输出信息的要求，结合企业具体情况选择使用。

（2）输出方式。为了提高系统的规范化程度和编程效率，在输出设计上应尽量保持输出流内容和格式的统一性，也就是说，同一内容的输出，对于显示器、打印机、文本文件和数据库文件应具有一致的形式。显示器输出用于查询或预览，打印机输出提供报表服务，文本文件格式用于为办公自动化系统提供剪辑素材，而数据库文件可满足数据交换的需要。

①显示输出方式。显示输出方式是指，将计算机产生的数据和结果，按用户的要求，通过一定输出设备显示出来，供用户查看，这是一种既快速又直观的信息输出方式。屏幕、监视器、液晶显示器或视频输出终端是最普通的计算机输出设备，因为用户经常在显示器前工作，无论它们是多用户的终端还是PC机。屏幕输出的一个重要优势是直观和及时，因为显示器能够实时地反映信息的状态。因此在输出设计时，应设计这种输出方式的功能模块或

程序。

②磁盘文件输出方式。软磁盘输出方式是指，将产生的有关结果信息输出到软磁盘介质中的一种方式。如果信息交换的双方都有计算机但还没有建立网络联系，磁盘文件传输方式是一个很好的选择，它减少了键盘输入可能导致的差错。如果使用磁盘文件传送数据，信息交换双方必须事先规定好文件格式，数据发出方按规定格式写入数据，数据接收方按规定格式读取数据。

磁盘文件输出方式是下级部门向上级部门报送资料的一种主要方式，磁盘输出方式也是数据备份保存的一种主要方式。

③网络传输和卫星通信。在计算机网络和通信技术高度发达的今天，采用网络通信技术可以有效地提供信息的传送效率，降低信息的传输成本，进而提高信息的利用率。通过网络传送可以使发送方所发出的信息直接转换为接收方的输入数据，减少了不必要的重复输入。网络输出同时支持多种媒体（文本、图形、声音、视频等）的传输。由于网络传输的一系列优越性，这种输出方式将逐步成为今后管理信息系统的一种主要输出形式。网络输出要求信息的发送方和接收方都要在统一的网络协议和数据标准规范下来完成相应的输入和输出。

④打印输出方式。打印输出方式是指，计算机自动地将用户所需管理信息从打印机上输出。技术的进步使打印机的打印速度比以前更快，性能更好，价格更便宜，对纸张的要求更低。虽然从社会可持续性发展的要求来看，将来的趋势是企业采用显示输出或网络输出方式以达到无纸化办公，但目前大部分企业在日常工作中仍然主要依靠打印输出方式。因为大多数人在处理信息时还是习惯于看纸上的内容，而不愿意去读屏幕上的文档。而且有些场合必须要使用打印输出，如交回式文档。

打印输出也有不足之处，一是购买、打印、储存和处理纸张的成本很高；二是打印的信息生命期较短，可能会很快过期。

⑤其他信息传递方式。

a. 音频输出。许多企业使用自动电话系统来处理电话业务并为客户提供信息。例如，通过使用声讯电话可以核实考试成绩、检查电话卡账户余额或查询股票价格。

b. 自动传真和回传系统。一些企业使用自动传真和回传系统，通过该系统，传真会在几秒钟内传到用户的传真机上，用户能够以传真的方式打印输出。例如，计算机企业允许用户通过传真索取产品数据、关于新驱动设备的信息或技术支持。

c. 专门输出形式。今天的零售终端（POS）就是能够处理信用卡交易，打印详细收据，改变存货记录的一种计算机终端。自动柜员机（ATM）处理银行转账、打印存款单据和提现收据。在企业内部或外部，一个系统的输出经常成为另一系统的输入。例如，企业里，应收账款系统的支付数据为总账系统的输入。

（3）输出形式。数据的输出形式有三种：报表形式，图形形式，文字形式。常用的是报表输出形式和图形输出形式。究竟采用哪种输出形式，应根据系统分析和管理业务的要求而定。一般来说，对于基层或职能部门的管理者，应采用报表方式给出详细的记录数据；而对于高层领导或宏观、综合管理部门，则应该采用图形方式给出数据统计分析结果或综合发展趋势的直观信息。

①报表输出。这是输出形式中最常见的一种方法。报表输出的关键在于如何根据信息使

用者的具体要求和使用习惯来编排报表内容。常见的有两种编排形式：一类是二维报表形式；另一类是自由编排格式。好的输出设计应给予信息使用者一定的选择权，使其能在其权限范围内自由选择、组织、编排，显示他所需要的信息。

②图形信息。管理信息系统用到的图形信息主要有直方图、圆饼图、曲线图、地图等。图形信息在表示事物的趋势、多方面的比较等方面有较大的优势，可以充分利用大量历史数据的综合信息，表示方式直观，常为决策用户所喜爱。

③文字形式。

3. 输出报告

输出报告定义了系统的输出。输出报告中既标出了各常量、变量的详细信息，也给出了各种统计量及其计算公式、控制方法。

设计输出报告时要注意以下几点：

（1）方便使用者。

（2）考虑系统的硬件性能。

（3）尽量符合原系统的输出格式，如确需修改，应与有关部门协商，征得用户同意。

（4）输出表格要考虑系统发展的需要。例如，是否有必要在输出表中留出备用项目，以满足将来新增项目的需要。

（5）输出的格式和大小要根据硬件能力，认真设计，并试制输出样品，经用户同意后才能正式使用。

（6）设计输出报告之前应收集好各项的有关内容，填写到输出设计书上，如表 4-5 所示。这是设计的准备工作。

表 4-5　输出设计书

输出设计书					
资料代码	GZ－01	输出名称		工资主文件一览表	
处理周期	每月一次	形式	形式打印报表	种类	0－001
份数	1	报送	财务科		
项目号	项目名称	位数及编辑		备注	
1	部门代码	X（4）			
2	工号	X（5）			
3	姓名	X（12）			
4	级别	X（3）			
5	基本工资	9 999. 99			
6	奖金	999. 99			

六、输入设计

输入设计对系统的质量有着决定性的影响。输出数据的正确性直接决定处理结果的正确性，如果输入数据有误，即使计算和处理十分正确，也无法获得可靠的输出信息。同时，输入设计是信息系统与用户之间交互的纽带，决定着人机交互的效率。

（一）输入设计的原则

输入设计的目标是在保证向信息系统提供正确信息和满足需要的前提下，尽可能做到输入方法简单、迅速、经济，方便使用者。输入设计必须根据输出设计的要求来确定，并遵循如下原则：

（1）控制输入量。输入量应保持在能满足处理要求的最低限度，避免不必要的重复与冗余。输入量越少，错误率越小，数据准备时间也越少。

（2）减少输入延迟。输入数据的速度往往成为提高信息系统运行效率的瓶颈，为减少延迟，可采用周转文件、批量输入等方式。

（3）减少输入错误。输入的准备及输入过程应尽量简易、方便，并有适当查错、防错、纠错措施，从而减少错误的发生。

（4）避免额外步骤。在输入设计时，应尽量避免不必要的输入步骤，当步骤不能省略时，应仔细验证现有步骤是否完备、高效。

（5）尽早保存。输入数据应尽早地用其处理所需的形式记录下来，以避免数据由一种介质转换到另一种介质时需要转录及可能发生的错误。

（6）及时检查。应尽早对输入数据进行检查，以便使错误及时得到改正。

（二）数据输入设备的选择

输入设计首先要确定输入设备的类型和输入介质，目前常用的输入设备有以下几种：

（1）读卡机。在计算机应用的早期，读卡机是最常用的输入设备。这种方法把源文件转换成编码形式，由穿孔机在穿孔卡片上打孔，再经验证、纠错，而后进入计算机。这种方法成本较低，但速度慢，且使用不方便，已被键盘—磁盘输入装置取代。

（2）键盘—磁盘输入装置。由数据录入人员通过工作站录入，经拼写检查，可靠性验证后存入磁记录介质（如磁带、磁盘等）。这种方法成本低、速度快，易于携带，适用于大量数据输入。

（3）光电阅读器。采用光笔读入光学标记条形码或用扫描仪录入纸上文字。光符号读入器适用于自选商场、借书处等少量数据录入的场合。而纸上文字的扫描录入尚处于试用阶段，读错率和拒读率较高，价格较贵、速度慢，但无疑具有较好的发展前景。

（4）终端输入。终端一般是一台联网微机，操作人员直接通过键盘键入数据，终端可以在线方式与主机联系，并及时返回处理结果。

（三）输入设计与校验

1. 输入设计

在输入设计中，遵循的准则是“使用方便，操作简单，便于录入，数据准确”。具体做法如下：

（1）采用人机对话，自动引导的方式。为了使用户能清楚完整地输入数据，如输入记账凭证、员工登记、输入期初数据等，一般都采用人机对话方式引导用户进行输入，并给予帮助信息，出错提示信息等。这样会使用户感到使用方便、操作简单。

（2）减少数据输入量。无论输入部门信息、材料进出还是输入记账凭证，都要涉及汉字的输入问题。由于汉字输入速度较慢，大大降低了输入速度。因此在输入时，允许用户输入编码，系统自动取出相应的汉字。例如，在记账凭证录入时，银行存款——工商行的科目代码为20101，用户只需输入20101，则“银行存款——工商行”科目名称系统自动给出，减少了数据的输入量，提高输入速度。

（3）保证数据的正确性。在管理信息系统中，为了防止随意对生成数据的修改，保证数据的真实性，管理信息系统往往不允许对生成数据进行修改，也就是说数据一经输入，便摆脱了管理者的干预，由信息系统自动进行处理，有误差、错误不容易发现。因此对输入的数据进行正确性检查，是一个非常重要的步骤，也是十分关键的环节。

2. 校验方式

输入设计的目标是要尽可能减少数据输入中的错误，在输入设计中，要对全部输入数据设想其可能发生的错误，对其进行校验。

（1）输入错误的种类。

①数据本身错误。指由于原始数据填写错误或穿孔出错等原因引起的输入数据错误。

②数据多余或不足。这是在数据收集过程中产生的差错，如数据（单据、卡片等）的散失、遗漏或重复等原因引起的数据错误。

③数据的延误。数据延误也是数据收集过程中所产生的差错，不过它的内容和数据量都是正确的，只是由于时间上的延误而产生差错。这种差错多由开票、传送等环节的延误而引起，严重时，会导致输出信息无利用价值。因此，数据的收集与运行必须具有一定的时效性，并要事先确定产生数据延迟时的处理对策。

（2）数据出错的校验方法。数据的校验方法：由人工直接检查，由计算机用程序校验，以及人与计算机两者分别处理后再相互查对校验等多种方法。常用的方法是以下几种，可单独使用，也可组合使用。

①静态检验。静态检验即人工校验。这种方法一般是在输入之前，由人工对数据进行检查。也可在数据输入之后，由计算机将输入的有关数据重新输出（打印或输出），然后由人工将计算机输出的数据与原始数据逐个核对，检查它们是否一致。例如，用户有若干张原始单据输入计算机，计算机通过输出模块将用户输入的原始数据打成“汇总明细单”输出，输入员用“原始单据”与“汇总明细单”逐笔核对，进行静态检验。

②屏幕显示检验。通过CRT屏幕将输入数据显示出来，提供人工检验。例如，录入员将凭证输入计算机后，审核员调用“审核模块”将凭证显示在屏幕上进行人工检验。

③二次录入检验。二次录入检验也称为重复输入校验。对同一张单据，由两个操作员各输入一次，然后计算机程序自动进行两次录入数据的校对，如果不相同，则打印或显示出错误信息。

④逻辑检验。逻辑检验是对输入的数据是否符合逻辑性，有关数据的值是否合理的一种校验方法，将逻辑检验方法设计在输入程序中，由计算机自动检验。例如，输入日期时，计算机马上进行逻辑性检查：年月日是否大于0，月份是否在1～12之间等。

⑤金额计算检验。金额计算检验是指在凭证输入的过程中，由计算机程序自动根据有关数据进行一次金额计算，再与输入的金额核对的一种检验方法。例如，一张凭证中有数量、单价、金额等数据，当输入了数量、单价、计算机自动计算出金额，如果输入的金额不一致，则金额输入错误。

⑥平衡检验。采用借贷记账法，其记账规则是“有借必有贷，借贷必相等”。利用这种

平衡关系，可在每张凭证数据输入时，由计算机程序自动进行借贷金额平衡检验。若借方金额等于贷方金额，方可进行下一步处理，否则数据不对，输出错误信息。

⑦校验位校验。根据已编好的数码，通过一定的数学模型，求得一位数字加在代码后面作为校验位，以验证输入的代码的正确性。

⑧控制总数校验。采用控制总数校验时，工作人员先用手工求出数据的总值，然后在数据的输入过程中由计算机程序累计总值，将两者对比校验。

⑨数据类型校验。校验是数字型还是字母型。

⑩格式校验。即校验数据记录中各数据项的位数和位置是否符合预先规定的格式。例如，姓名栏规定为 18 位，而姓名的最大位数是 17 位，则该栏的最后一位一定是空白。该位若不是空白，就认为该数据项错位。

⑪顺序校验。即检查记录的顺序，例如，要求输入的数据无缺号时，通过顺序校验，可以发现被遗漏的记录。又如，要求记录的序号不得重复时，即可查出有无重复的记录。

3. 出错的改正方法

出错的改正方法应根据出错的类型和原因而区别处理。

（1）原始数据出错。发现原始数据有错时，应将原始单据送交填写单据的原单位修改，不应由键盘输入操作员或原始数据检查员等想当然地予以修改。

（2）机器自动检错。当由机器自动检错时，出错的恢复方法有以下几种：

①待输入数据全部校验并改正后，再进行下一步处理。

②舍弃出错数据，只处理正确的数据。这种方法适用于做动向调查分析的情况，这时不需要太精确的输出数据，例如，求百分比等。

③只处理正确的数据，出错数据待修正后再进行同法处理。

④剔出出错数据，继续进行处理，出错数据留待下一运行周期一并处理。此种方法适用于运行周期短而剔出错误不致引起输出信息准确性显著下降的情况。

4. 原始单据的格式设计

输入设计的重要内容之一是设计好原始单据的格式。研制新系统时，即使原系统的单据很齐全，一般也要重新设计和审查原始单据。

设计原始单据的原则：

（1）便于填写。原始单据的设计要保证填写得迅速、正确、全面、简易和节约，具体地说应做到：填写量小，版面排列简明、易懂。

（2）便于归档。单据大小要标准化、预留装订位置，标明传票的流动路径。

七、模块功能与处理流程设计

1. 程序模块

在系统总体设计阶段划分的每个模块，最终需要对应的程序模块来完成，一个程序模块就是一个程序（一个过程）。一个系统模块可由若干个程序模块来完成。

2. 程序模块化分原则

（1）程序模块独立性。程序模块所完成的功能是一个相对独立的特定功能，可以表示是需求要做的单一事情，并且和其他程序模块的联系尽可能少。也就是说，一个程序模块工作不依赖于另一个程序模块的存在。

（2）程序模块的可靠性、通用性、可维护性、简单性。

①可靠性。程序模块运行应无差错，才可把它整体地加到系统中去。

②通用性。在设计模块时尽可能使其通用化，以便扩大应用性。

③可维护性。设计完善的程序模块应易于修改。

④简单性。减少复杂性，有利于人们理解，使程序模块易于设计，易于使用，程序模块功能应可以预测，模块接口要避免冗余并保持一致性，程序模块设计力争单入口、单出口。

（3）程序模块的大小应适中。程序模块不宜太大，以易于阅读和理解。最主要的是要使模块功能不太复杂，边界明确，模块分解不应降低模块独立性。过小的模块有时不值得单独存在，可以把它合并到上级模块中去。模块数目过多会导致系统接口复杂，组装软件要根据设计约束和移植的需要来进行。

3. 程序框图

程序框图的作用是描述程序算法的，主要有程序流程图、盒图（N-S 图）和 PAD 图。编程人员根据程序框图进行编程。

4. 流程图

程序流程图使用历史最悠久，广为人们接受，是初学者容易掌握的程序设计工具，但它存在着许多缺点，不适用于描述结构化程序。

（1）流程图本质上不支持逐步求精，它容易使编程人员过早地考虑程序控制细节，而不是考虑程序整体。

（2）由于流程线可以任意转移方向，因此不符合结构程序设计的要求。

（3）对于大型软件而言，流程图不容易阅读和修改。

程序流程图使用的符号，如图 4-14 所示。

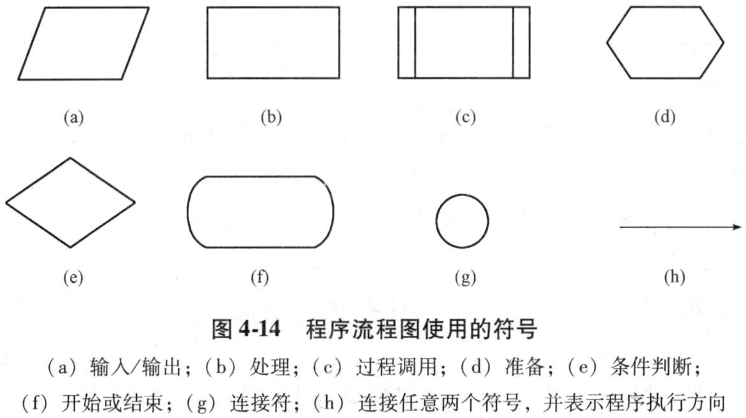

图 4-14 程序流程图使用的符号

（a）输入/输出；（b）处理；（c）过程调用；（d）准备；（e）条件判断；
（f）开始或结束；（g）连接符；（h）连接任意两个符号，并表示程序执行方向

八、系统安全设计

（一）系统安全的定义与安全级别

1. 系统安全的定义

国际标准组织定义系统安全是为数据处理系统建立和采取的技术和管理的安全保护，保

护计算机硬件、软件、数据不因偶然和恶意的原因而遭到破坏、更改和显露。

我国专家定义系统安全是计算机的硬件、软件和数据受到保护，数据不因偶然和恶意的原因而遭到破坏、更改和显露，系统连续正常运行。

2. 安全的内容

（1）物理安全指系统设备及相关设施受到物理保护，免予破坏、丢失等。

（2）逻辑安全包括信息完整性、保密性、可用性。其中信息完整性指信息不会被非授权修改及信息保持一致性等；信息保密性指高级别信息仅在授权情况下流向低级别的客体与主体；信息可用性指合法用户的正常请求能及时、正确、安全地得到服务或回应。

3. 安全威胁的来源

企业管理信息系统安全威胁的来源，如图 4-15 所示。

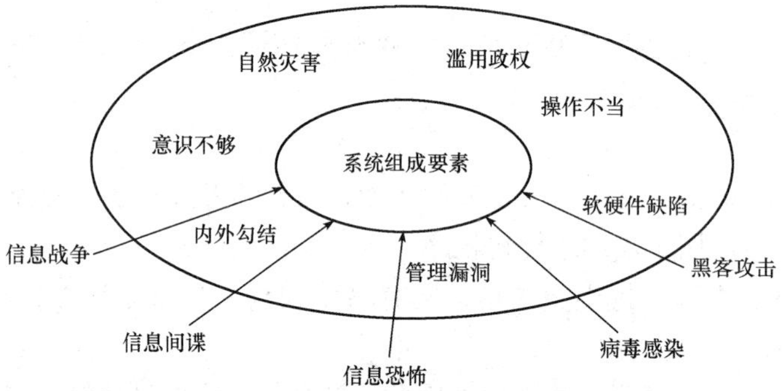

图 4-15　企业管理信息系统安全威胁的来源

4. 系统安全级别

系统安全级别分为用户自由保护级、系统审计保护级、安全标记保护级、结构化保护级、访问验证保护级。

（1）用户自由保护级。用户自由保护级将管理信息系统的用户与数据隔离，使用户具有自主安全保护能力，通过口令等保护机制，具有鉴别用户身份的基本能力。

（2）系统审计保护级。系统审计保护级与“用户自由保护级”一样，不同之处是实施的访问控制粒度为单个用户，并控制访问权限的扩散，对安全相关的事件提供访问审计记录，为用户提供唯一标识，并具有将身份标识与用户所有可审计的行为相关联。

（3）安全标记保护级。安全标记保护级实施强制访问控制的安全保护策略，即以敏感标记为主体和客体，指定安全其安全等级是一个二维组，第一维是分类等级（如密码、电子印章等），第二维是范畴。

（4）结构化保护级。结构化保护级是基于一个明确定义的形式化安全保护策略，包括自主访问控制、强制访问控制、客体复用、标记等，具有身份鉴别和审计能力。

（5）访问验证保护级。与“结构化保护级”相比，访问验证保护级具有访问监控功能，扩展了审计能力，增加了系统恢复机制。

（二）数据安全与解决方案

1. 数据安全的定义

硬件与软件都无法构成管理信息系统的核心价值，只有存储于计算机中的数据、流动于网络中的信息才是真正的财富。

来自权威机构的统计数字显示，50%以上的数据丢失是由于硬件故障或软件错误造成的，30%以上的数据丢失是由人的错误操作造成的，病毒和自然灾害造成的数据丢失不到15%。由此不难看出，硬件故障、软件错误、人的误操作是数据丢失的最主要原因。

数据安全涉及数据的保密性（Confidentiality）、完整性（Integrity）、可用性（Availability）、可控性（Controllability）。保密性要求对抗对手的被动攻击，保证数据不泄露给未经授权的人；完整性要求对抗对手的主动攻击，防止数据被未经授权的人篡改；可用性要求保证数据及信息系统确实为授权使用者所用；可控性要求对数据及系统实施安全监控。

2. 数据安全的策略

（1）在终端用户方面，应了解员工可以利用计算机设备和应用软件做什么，包括数据和应用所有权，即帮助终端用户理解他们能够使用哪些应用和数据，哪些应用和数据是他们可以和其他人共享的。

（2）硬件的使用。加强企业内正在执行的指导方针，规定对于工作站、笔记本电脑和手持式设备的正确操作。

（3）互联网的使用。明确互联网、用户组、即时信息和电子邮件的正确使用方式。

（4）从系统管理员的角度，包括：

①凡是存储在数据库中的数据，应该使用数据库管理系统提供的安全功能，例如，触发器功能、定时备份功能、数据库加锁功能、表加锁功能和列加锁功能等。对于重要的数据项，可以采取对数据项加密的方法。在目前条件下，加/解密的粒度是每个记录的字段数据。只有以记录的字段数据为单位进行加/解密，才能适应数据库操作。如果加密粒度是文件，显然这样做的效率是很低的，因为数据库一般很大，在操作之前将整个数据库加密出来费时很大。如果加密粒度是记录，就不能适应数据库的查询、修改、添加记录的操作，在做这些操作之前也需要将整个记录解密/加密。如果解密/加密的粒度是记录的字段数据，系统效率就会很高。

②账户管理。了解密码配置，以及在需要的时候，如何切断某个特定用户的使用权限。

③补丁管理。了解对发布补丁消息的正确反应，以及如何进行补丁监控和定期的维护。

④事件报告制度。不是所有的紧急事件都是同样的重要，所以策略里必须包括一个计划，规定每个紧急事件应该通报哪些人。

⑤数据备份策略。了解信息系统的数据备份需求，制定完备的备份策略。

⑥灾难恢复策略。了解当灾难发生时应怎样以最快的速度使系统恢复正常运转。系统故障恢复技术包括RAID技术、数据备份技术、高可用集群、容灾技术等。这些技术从不同的方面保护系统正常运行，并提供故障后业务系统的快速恢复能力。

（三）数据备份

1. 数据备份和恢复技术

数据备份和恢复技术可解决因各种原因引起的数据丢失问题，并在需要时快速恢复业务数据，为数据的安全性提供可靠的保证。

2. 数据备份方案

在众多的储存设备中，磁带是数据备份首选的介质。因为磁带能够不断满足对数据备份新的要求，并且价格低廉，扩展能力极强。磁带机出现的历史相当悠久，其存储容量很大、存储安全，单位储存成本也很低。目前，在服务器方面磁带机使用得比较多，因此，磁带机也一直被誉为“服务器的最佳搭档”。

具有自动备份功能的磁带机及磁带库产品将多盘磁带、存放磁带的智能机械臂系统和磁带库管理、控制、监测、诊断系统集成在一个产品里，可以实现自动换带，提高磁带库的可用性。结合专业备份软件，根据系统管理员的设置，可以完成定时间、定文件、定目录、定数据库的自动备份任务，以及磁带库的自动诊断、感应、识别、恢复或报警，以及磁带库自动日常维护和磁带机自动清洗等。

（四）访问控制设计

可能操作系统的用户可以分为三种：没有授权的人、注册的用户以及与系统开发和维护相关的特权用户。

1. 访问控制的问题

设一个企业有多个管理信息系统的子系统（例如，MRP－II、人力资源管理、营销管理、质量管理），一个子系统有多个功能，有多个用户，有多个角色，每个用户属于一个或多个角色，每个角色可能可以操作多个系统的多个功能。访问控制的问题就是不仅能够实现访问控制的功能，同时还可以方便权限的管理，能够灵活地进行配置以适应系统的不同需求，提高系统的可扩展性。

2. 基于角色的访问控制设计

基于角色的访问控制设计需要一套既行之有效，又方便灵活的设计方案，要采用各种控制机制和保护技术。根据需要，定义各种角色，并设置合适的访问权限，而用户根据其责任和资历再被指派为不同的角色。角色可以看成是一个表达访问控制策略的语义结构，它可以表示承担特定工作的资格。

在用户申请某操作时，系统需要检测用户所拥有的角色集合，并且根据这些角色集合所包含的权限来判断该用户是否可以进行该操作，如果可行则置许可证发放标志为真，这种方式称为用户牵引方式。同时，系统为了执行某些静态约束，如同一用户不能属于两个互斥的角色，还定义了互斥角色表。

九、系统设计报告

系统设计报告，也称为系统设计说明书，它是系统设计阶段的主要成果，是新系统的物理模型，也是系统实施的重要依据。其主要内容如下：

（1）模块设计。系统中各主要功能的结构图名称和它们之间的关系、功能的简要说明，主要模块的控制结构图、过程结构图及伪码等。

（2）代码设计。各类代码名称、功能，相应的编码表，使用范围，使用要求及对代码的评价等。

（3）用户界面的详细设计说明。

（4）数据库及文件的设计说明。

（5）人工过程的有关设计。包括工作地的平面布置图，人员配备及组织机构的调整建议。

（6）实施方案的总计划。对工作任务进行分解，即对项目开发中的各项工作（包括文件编制、审批、打印、用户培训、使用设备的安排等），按层次进行分解，指明每项任务的要求及负责人，对各项工作给出进度要求，做出各项实施费用的估算及总预算。

（7）实施方案的审批。参加审议人员除了用户、系统研制人员、程序员外，还包括有关专家、管理人员等，最后由领导批准。系统设计说明书与计算机系统选择方案报告，是系统设计阶段的全部工作成果。它们是由各方面人员多次协商、讨论与修改，并且用户感到比较满意时，经有关领导审批的。一旦确定下来，即成为下一步实施阶段的指导性文件。

以下引用一份可参考的系统设计报告的格式和基本内容：

一、引言

1. 摘要

说明所涉及的系统名称、目标和功能。

2. 背景

项目的承担者；用户；本项目和其他系统或机构的关系和联系。

3. 工作条件与限制

（1）硬件、软件、运行环境方面的限制。

（2）保密和安全的限制。

（3）有关部门业务人员提供确切的数据及其定义。

（4）有关系统软件文本。

（5）网络协议标准文本。

（6）国家安全保密条例。

4. 参考和引用资料

5. 专门术语定义

二、系统总体技术方案

1. 计算机系统配置

（1）计算机系统的选择原则。

（2）硬件配置。说明硬设备基本配置要求，列出明细表，画出硬件配置图。

（3）软件配置。说明与硬件相协调的系统软件，列出软件明细表，对自制软件或复制软件进行说明。

（4）计算机系统的地理分布。

2. 模块设计

（1）各主要模块的控制结构图、相应的过程结构图与伪码，它们的名称、功能和接口说明。

（2）模块设计的评价与验收。

3. 代码设计

（1）代码表的类型、名称、功能、使用范围、使用要求的说明等。

(2) 代码设计原则与校验码计算分工。

(3) 代码设计的评价与验收。从识别信息、信息标准化、节省存储单元、提高运算速度、节省计算机的处理费用以及代码的特性去进行评价。

4. 输入设计

(1) 输入项目。

(2) 输入的承担者。对输入工作承担者的安排，指出操作人员的水平与技术专长，说明与输入数据有关的接口软件的来源。

(3) 主要功能要求。从满足正确、迅速、简单、经济、方便使用者等方面的要求去说明。

(4) 输入要求。主要输入数据类型、来源、所用设备介质、格式、数值范围、精度等。

(5) 输入校验。校验方法和效果。

(6) 输入设计的评价与验收。

5. 输出设计

(1) 输出项目。

(2) 输出接收者。

(3) 主要功能。

(4) 输出要求。输出数据类型、所用设备介质、格式、数值范围、精度等。

(5) 输出设计的评价和验收。

6. 数据库设计

(1) 概述。目标、主要功能及用户的安排。

(2) 需求规定。精度、有效性、时间要求及其他专门要求。

(3) 运行环境要求。设备、支撑软件、安全保密等要求。

(4) 逻辑结构设计。本系统内所使用的数据结构中有数据项、记录、文件的标识、定义、长度及它们之间的关系。

(5) 物理结构设计。本系统内所使用的数据结构中有关数据项的存储要求、访问方法、存取单位、存取的物理关系、设计考虑和保密处理。

(6) 数据库保证。数据库的安全性、保密性、完整性。

(7) 评价和验收。

7. 网络设计

系统的网络结构、功能的设计。

8. 安全保密设计，故障防范措施

三、实施方案说明书

1. 实施方案说明

(1) 项目的说明。系统名称、子系统名称、程序名称、程序语言及使用的设备等。

(2) 数据项目的说明。

(3) 处理内容的说明。

2. 实施的总计划

(1) 工作任务的分解。对于项目开发中需完成的各项工作，包括文件编制、审批、打印、用户培训工作，使用设备的安排工作，按层次进行分解，指明每项任务的要求。

（2）进度。给予每项工作任务的预定开始日期和完成日期，规定各项工作完成的先后顺序以及每项工作任务完成的标志。

（3）预算：逐项列出本开发项目所需要的费用，如办公费、差旅费、机时费、资料费、通信设备和专用设备的租金等。

3. 实施方案的审批

说明经审批的实施方案概况和审批人员。

第六节 管理信息系统开发的实施

一、程序设计与调试

1. 程序设计

系统实施阶段最主要的工作是程序设计。程序设计是根据系统设计文档（系统设计说明书）中有关模块的处理过程描述，选择合适的计算机程序语言，编制出正确、清晰、健壮、易维护、易理解、工作效率高的程序的过程。

在管理信息系统的开发过程中，程序设计就是实现系统功能的重要手段，因而程序设计是非常重要的一步。

随着计算机应用水平的提高，软件越来越复杂，同时硬件价格不断地下降，软件费用在整个应用系统中所占的比重急剧上升，从而使人们对程序设计的要求发生了变化。在过去的小程序设计中，主要强调程序的正确和效率，但对于大型程序，特别是采用了先进的软件开发技术和工具后，人们则倾向于首先强调程序的可维护性、可靠性和可理解性，而后才是效率。

因此，要设计出性能优良的程序，除了要正确实现程序说明书所规定的各项功能外，还要求程序设计时应特别遵循以下五项原则。这些原则随着系统技术和计算机技术的发展而不断变化，不是一成不变的。

（1）可靠性。系统的可靠性指标在任何时候都是系统质量的首要指标。可靠性指标可分解为两个方面的内容：一方面是程序或系统的安全可靠性，如数据存取的安全可靠性，通信的安全可靠性，操作权限的安全可靠性，这些工作一般都要在系统分析和设计时来严格定义；另一方面是程序运行的可靠性，这一点只能在调试时严格把关（特别是委托他人编程时）来保证编程工作的质量。

（2）可维护性。系统在其运行期间，逐步暴露出的隐含错误需要及时排错；同时，用户新增的要求也需要对程序进行修改或扩充；此外，计算机软硬件的更新换代也要求应用程序做相应的调整或移植。所以说，由于排错、改正、改进的需要，因而系统的可维护性是必要的。考虑到管理信息系统一般要运行 3 ~ 10 年的时间，因而系统维护的工作量是相当大的。

（3）可理解性。可理解性要求程序清晰，没有太多繁杂的技巧，能够让他人比较容易地读懂。可理解性对于大规模工程化地开发软件非常重要，这是因为程序的维护工作量很大，程序维护人员经常要维护他人编写的程序。如果程序不便于阅读，那么对程序检查与维护工作将会带来极大的困难，而无法修改的程序是没有生命力的程序。

（4）效率。程序效率是指程序能否有效地利用计算机资源（如时间和空间），也就是指系统运行时应尽量占用较少的空间，却能用较快的速度完成规定的功能。近年来，硬件价格大幅度下降，而其性能却不断完善和提高，所以效率已经不像以前那样举足轻重了。相反，程序设计人员的工作效率则日益重要。提高程序设计人员工作效率，不仅能降低软件开发成本，而且可明显降低程序的出错率，进而减轻维护人员的工作负担。

（5）健壮性。健壮性是指系统对错误操作、错误数据输入能予以识别与禁止的能力，不会因错误操作、错误数据输入及硬件故障而造成系统崩溃。这是系统长期平稳运行的基本前提。

2. 程序设计语言的选择

不管使用哪种语言，在实际的管理信息系统开发过程中，设计语言的选择都应考虑以下因素：

（1）管理系统所处理问题的性质。管理信息系统以数据处理为主，故应选择数据处理能力强的语言。

（2）计算机的软、硬件和所选语言在相应机器上所能实现的功能。有的程序设计语言尽管在文本的规定上具有较强的语言功能，但限于具体的计算机条件（大型机、小型机、微型机、计算机的内存容量等条件），其功能没能全部实现。即使有的语句功能实现了，但其实际处理能力和效率可能有所下降，如最大文件个数、文件的类型、数字的精度等。

（3）系统的可维护性和可移植性。分析用户对计算机语言的掌握程度，选择用户较为熟悉，或易于学习、易于应用的语言，便于用户维护。并且要考虑语言本身的结构化程度好坏，便于系统的维护和修改。

3. 结构化程序设计方法

目前程序设计的方法大多是按照结构化方法、原型方法、面向对象的方法进行的。而且，也推荐这种充分利用现有软件工具的方法，因为这样做不但可以减轻开发的工作量，还可以使得系统开发过程规范，使得系统功能更强，更易于维护和修改。

结构化程序设计（Structured Programming，SP）方法是 E. Djkstra 等人于 1972 年提出的，用于详细设计和程序设计阶段，指导人们用良好的思想方法，开发出易于理解，又正确的一种程序设计方法。用 SP 方法设计程序，任何程序逻辑都可以用顺序、选择和循环三种基本结构来表示。SP 方法中的每一种基本结构都只有单一的入口和单一的出口。任何一个程序模块的详细执行过程可按自顶向下逐步加细的方法确定，编出的程序结构十分清晰。

（1）顺序结构。顺序结构是一种线性有序的结构，按语句或命令的自然顺序从上到下一条一条地执行。几乎所有的高级语言都具有这种特征，如赋值语句、输入/输出语句等。

（2）选择结构。选择结构是一种双向或多向语句，它根据表达式（Exp）条件成立与否或根据不同情况（CASE）选择程序执行路径的结构。当执行完被选择的语句后，程序将控制转向后续语句。

二、系统测试

1. 测试的概念

人们常常有一种错觉，认为程序编写出来之后就接近尾声了，或者认为一个程序输入一些数据运行一两次就“通过”了，事情并没有这么简单。据统计，一个较好的程序员，在他交付的程序中，错误率为1%，而一个水平低的程序员编写的程序，可能每个语句都含有一两个错误。在一个大型的软件系统中，“错误百出”是不必大惊小怪的，这是由于人类本身能力的局限，人免不了要犯错误。当然这并不是说可以姑息系统开发中的错误。恰恰相反，随着信息技术在国民经济一些重要领域的应用日益广泛，软件系统的任何错误，都可能造成生命财产的重要损失。问题的关键是尽早发现和纠正这些错误，减少错误造成的损失，避免重大损失。

目前，检验软件有三种手段：正确性证明、静态检查和动态检查。

程序正确性证明技术目前还处于初级阶段，近期内还不可能适用于大型系统。设置命题及其证明需要大量的脑力劳动，推导过程冗长，例如，一个433行的ALGOL程序，其证明长达46页。人们自然要问，怎样“证明”这46页中没有错误？尽管如此，正确性证明仍是一个诱人的课题，对未来的软件可能产生深远影响。

静态检查指人工评审软件文档或程序，发现其中的错误。这种方法手续简单，是一种行之有效的检验手段。据统计，30%～70%的错误是通过评审发现的，而且这些错误往往影响很大。因此，这是开发过程中必不可少的质量保证措施。系统开发的每一个阶段都要对所产生的文档进行评审，这样，错误将得到及时发现与纠正，使开发成本大为降低。评审强调要有局外专家参加，可取各家之长。评审是直接检查软件文档，错误的排除也比较容易，也容易发现产生错误的原因。

动态检查就是测试，即有控制地运行程序，从多种角度观察程序运行时的行为，发现其中的错误。也就是说，测试是为了发现错误而执行程序。测试只能证明程序有错误，而不可能证明程序没有错误。

而通过遍历所有程序路径来说明程序没有错误的方法耗费巨大，因此认为测试能说明程序没有错误的想法是十分有害的。在这种认识指导下，人们往往会潜意识地寻找那些容易使程序通过的测试数据，忽视那些容易暴露程序错误的数据，使隐藏的错误不被发现，而不能达到测试的目的。

根据Glen Myers的定义，测试的目的在于：①测试是指“用意在发现错误而执行一个程序的过程”；②一个好的测试用例是指这个测试用例有很高的概率可以发现一个尚未发现的错误；③一个成功的测试是指它成功地发现了一个尚未发现的错误。

测试的目的是为了发现程序的错误。因此，测试的关键问题是如何设计测试用例，即设计一批测试数据，通过有限的测试用例，在有限的研制时间、研制经费的约束下，尽可能多地发现程序中的错误。

测试有模块测试、联合测试、验收测试、系统测试四种类型。

（1）模块测试。模块测试是对一个模块进行测试，根据模块的功能说明，检验模块是否有错误。这种测试在各模块编程后进行。

模块测试一般由编程人员自己进行，模块测试有以下项目：

①模块界面调用参数（流入数据）数目、顺序、类型。

②内部数据结构，如初始值是否正确，变量名称是否一致，共用数据是否有误。

③独立路径是否存在不正确的计算、不正确的循环及判断控制。

④错误处理，预测错误的产生及后处理，看是否和运行一致。

⑤边界条件对数据大小界限和判断条件的边界进行跟踪运行。

（2）联合测试。联合测试即是通常说的联调。联合测试可以发现总体设计中的错误，例如模块界面的问题。按照前面分“版本”的实现方法，这种测试是各个版本实现后完成有关接口的测试。

各个模块单独执行可能无误，但组合起来相互产生影响，可能会出现意想不到的错误，因此要将整个系统作为一个整体进行联调。联合测试方法有两种，即根据模块结构图由上到下或由下到上进行测试。

①由上到下。设置下层模块为假模块，检查控制流，较早发现错误，而不至于影响下层模块。但这种方法要制作的假模块太多，而且不能送回真实数据，可能发现不了内在的错误。

②由下到上。先设置上层模块为假模块，测试下层模块执行的正确性，然后逐步向上推广。这种方法方便，设计简单，但要到最后才能窥得全貌，有一定的风险。

较好的方法是二者结合，高层由上到下，低层由下到上，到中层进行会合。

（3）验收测试。验收测试检验系统说明书的各项功能与性能是否实现，是否满足要求。

验收测试的方法一般是列出一张清单，左边是需求的功能，右边是发现的错误或缺陷。

常见的验收测试有 a 测试和 b 测试，这两种测试都是由用户进行的。但前者由使用者在应用系统开发所在地与开发者一同进行观察记录，后者由用户在使用环境中独立进行。

（4）系统测试。系统测试是对整个系统的测试，将硬件、软件、操作人员看作一个整体，检验它是否有不符合系统说明书的地方。这种测试可以发现系统分析和设计中的错误。如安全测试是测试安全措施是否完善，能否保证系统不受非法侵入。俗话说“没有不透风的墙”，那么什么才算是安全的呢？即安全的标准是什么？可以这样定义：如果入侵一个系统的代价超过从系统中获得的利益时，那么这个系统是一个安全的系统。例如，压力测试就是测试系统在正常数据数量以及超负荷量（如多个用户同时存取）等情况下是否还能正常地工作。

2. 测试的原则

测试阶段应注意以下一些基本原则：

（1）测试用例应包括输入数据和预期的输出结果。

（2）不仅要选用合理的输入数据作为测试用例，而且也应选用不合理的输入数据作为测试用例。

（3）既要检查程序是否完成了它应做的工作，又要检查它是否还做了它不应做的事情。例如，对于工资管理程序，要检查它是否为每个职工产生了一个正确的工资单，还要检查它是否产生了多余的工资单。

（4）测试用例应长期保留，直到这个程序被废弃。精心编制测试用例对今后的测试带来方便。一旦程序被修改、扩充，需要重新测试。这在很大程度上将重复以前的测试工作。保留测试用例可以验证发现的错误是否已经改正，也可以易于发现因修改、扩充而产生的新错误。

传统的测试方法分为“白箱测试”和“黑箱测试”。

白箱测试是根据一个软件部件的内部控制结构，测试是否依据设计正确地执行。

黑箱测试是根据一个软件部件由外部界面所能观察到的功能效果，测试它是否与其他部件正确地沟通，一般指输入正确时，看是否有正确的输出。

三、测试用例设计

既然测试工作不可能采用穷举测试方法，那么测试用例的选择就是测试的关键问题。好的测试用例应以尽量少的测试数据发现尽可能多的错误。下面介绍几种测试用例的设计技术。

1. 语句覆盖法

一般来说，程序的某次运行并不一定执行其中的所有语句。因此，如果某个含有错误的语句在测试中并没有执行，这个错误便不可能发现。为了提高发现错误的可能性，应在测试中执行程序中的每一个语句。语句覆盖法就是要选择这样的测试用例，使程序中的每个语句至少能执行一次。

2. 判断覆盖

判断覆盖是指设计测试用例使程序中的每个判断的取“真”值和取“假”值的每一个分支至少通过一次。

3. 条件覆盖

条件覆盖是指执行足够的测试用例，使判断中的每个条件获得各种可能的结果。

一般来说，条件覆盖比判断覆盖要求严格，因为判断覆盖的对象是每个判断结果，而条件覆盖考虑每个判断中的每个条件。但是，由于条件覆盖分别考虑每个条件而不管同一判断中诸条件的组合情况，因此，测试用例有可能满足条件覆盖的要求，但不满足判断覆盖的要求。

4. 条件组合覆盖

设计测试用例时，要使判断中每个条件的所有可能取值至少出现一次，并且每个判断本身的判定结果也至少出现一次。

5. 路径覆盖

设计测试用例，使它覆盖程序中所有可能的路径。路径覆盖的测试功能很强。但对于实际问题，一个不太复杂的程序，其路径数可能相当庞大而且不可能完全覆盖。

以上这五种测试均属于“白箱测试”，下面是“黑箱测试”的例子。

6. 边界值测试

经验证明，程序往往在处理边缘情况时犯错误，因此检查边缘情况的测试用例效率是比较高的。例如，某个输入条件说明了值的范围是 -1 ~ 1，则可以选 -1、0.1、0.99 和 1.001 为测试用例。再如一个输入文件可以有 1 ~ 255 个记录，则分别设计有 0 个、1 个、255 个、256 个记录的输入文件，等等。

把边界值的概念扩大，可以设计出种种的测试用例。例如，对文件只处理第一个记录、中间一个记录、最后一个记录、不存在的记录等。

从以上列举的这些例子可以看出，这种方法表面上看起来很简单，但许多程序的边界情况极其复杂，要找出适当的测试用例，需要有一定的经验和创造性。使用得当，这种方法是相当有效的。

四、排错

测试是为了发现程序存在的错误，排错是确定错误的位置和性质，并改正错误。关键是要找到错误的具体位置，一旦找到错误所在位置，修正错误相对容易得多。下面一些方法可以帮助确定错误的位置。

1. 试探法

分析错误的外在表现形式，猜想程序故障的大概位置，采用一些简单的纠错技术，获得可疑区域的有关信息，判断猜想是否正确。经过多次试探，找到错误的根源。这种方法与个人经验有很大关系。

2. 跟踪法

对于小型程序，可采用跟踪法。跟踪法分为正向跟踪和反向跟踪。正向跟踪是沿着程序的控制流，从头开始跟踪，逐步检查中间结果，找到最先出错的地方。反向跟踪是从发现错误症状的地方开始回溯，人工沿着控制流往回追踪程序代码，直到确定错误根源。

3. 对分查找法

若已知程序中的变量在中间某点的预期正确值，则可以用赋值语句把变量置成正确值，运行程序看输出结果是否正确。若输出结果没有问题，说明程序错误在前半部分，相反则在后半部分。然后对有错误的部分再用这种方法，逐步缩小差错的范围。

4. 归纳法

从错误征兆的线索出发，分析这些线索之间的关系，确定错误的位置。首先要收集、整理程序运行的有关数据，分析出错的规律，在此基础上提出关于错误的假设，若假设能解释原始测试结果，说明假设得到证实；否则要重新分析，提出新的假设，直到最终发现错误原因。

5. 演绎法

分析已有的测试结果，设想所有可能的错误原因，排除不可能的、互相矛盾的原因。对剩下的原因，按可能性的大小，逐个作为假设解释测试结果，直至找到错误原因。必要时，对列出的原因加以补充修正。

五、系统转换

1. 系统转换概述

系统开发出来经过测试、试运行以后，就可以着手进行系统的转换工作，让系统进入实际运行。系统转换不可能一天完成，需要一个转换过程，并建立与之相适应的一整套健全的管理制度。

系统转换的方式有直接方式、并行方式和分阶段三种转换方式。

2. 系统转换的主要工作

根据信息系统实际开发和应用的情况，确定了系统转换的方式以后，除了做好组织准备、物质准备和人员培训等准备工作之外，最重要并且工作量最大的是数据准备和系统初始化工作。

六、系统维护与评价

（一）系统维护

管理信息系统交付使用以后，研制工作即告结束。但是信息系统不同于其他产品，它不是“一劳永逸”的最终产品。在它的运行过程中，还有大量运行管理、维护和评价的工作要做。本章讨论系统维护、系统的安全性与可靠性、系统监理与审计以及系统的评价。

交付使用的管理信息系统有“样品即产品”的特点。它不像其他工业产品，可以先生产一个样品，经过试验、改进再正式投入批量生产，它需要在使用中不断完善。一方面，精心设计、精心实施、经过调试的系统，也难免有不尽如人意的地方：或者有的地方效率还可提高，或者使用不够方便，甚至还有错误。这些问题只有在实践中才能暴露。另一方面，管理环境的变化，也会对信息系统提出新的要求，信息系统只有适应这些要求才能生存下去。因此，系统的维护是系统生存的重要条件。近年来，系统维护的成本逐年增加。现在，在系统整个生命周期中，2/3 以上的经费用在维护上。从人力资源的分布看，现在世界上 90% 的软件人员在从事系统的维护工作，开发新系统的人员仅占 10%。这些统计数字说明系统维护任务是十分繁重的。重开发、轻维护是造成我国信息系统低水平和重复开发的原因之一。

1. 维护的内容

系统维护包括以下几个方面的工作：

（1）程序的维护。在系统维护阶段，会有一部分程序需要改动。根据运行记录，发现程序的错误，这时需要改正；或者随着用户对系统的熟悉，用户有更高的要求，部分程序需要改进；或者环境发生变化，部分程序需要修改。

（2）数据文件的维护。业务发生了变化，从而需要建立新文件，或者对现有文件的结构进行修改。

（3）代码的维护。随着环境的变化，旧的代码已不能适应新的要求，必须进行改造，制定新的代码或修改旧的代码体系。代码维护的困难主要是新代码的贯彻，因此各个部门要有专人负责代码管理。

（4）机器、设备的维护。包括机器、设备的日常维护与管理。一旦发生故障，要有专人进行修理，保证系统的正常运行。

2. 维护的类型

依据信息系统需要维护的原因不同，系统维护工作可以分为四种类型：

（1）更正性维护。这是指由于发现系统中的错误而引起的维护。工作内容包括诊断问题与改正错误。

（2）适应性维护。这是指为了适应外界环境的变化而增加或修改系统部分功能的维护工作。例如新的硬件系统问世，操作系统版本更新，应用范围扩大。为适应这些变化，信息系统需要进行维护。

（3）完善性维护。这是指为了改善系统功能或应用户的需要而增加新功能的维护工作。系统经过一个时期的运行之后，某些地方的效率需要提高，或者使用的方便性还有待提高，或者需要增加某些安全措施等。这类维护占维护工作的绝大部分。

（4）预防性维护。这是主动性的预防措施。对一些使用寿命长，目前尚能正常运行，但可能会发生变化的部分进行维护，以适应将来的修改或调整。例如，将专用报表功能改成通用报表生成功能，以适应将来报表格式的变化。

四类维护工作所占的比例如图 4-16 所示。

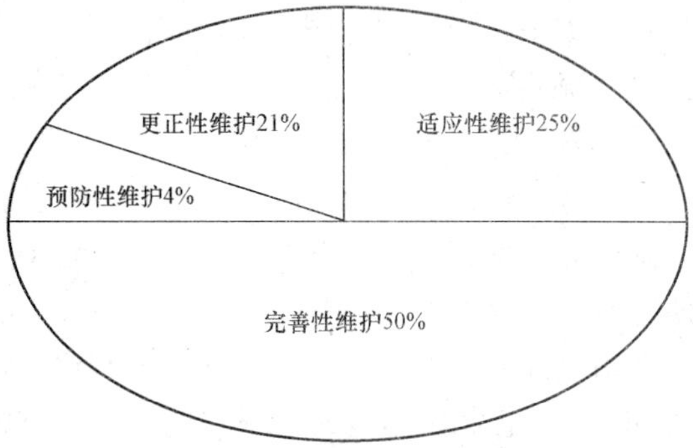

图 4-16　四类维护工作所占的比例

3. 系统维护的管理

系统的修改，往往会“牵一发而动全身”。程序、文件、代码的局部修改，都可能影响系统的其他部分。因此，系统的修改必须通过一定的批准手续。通常对系统的修改应执行以下步骤：

（1）提出修改要求。操作人员或业务领导以书面形式向主管人员提出对某项工作的修改要求。此修改要求不能直接向程序员提出。

（2）领导批准。系统主管人员进行一定调查后，根据系统的情况和工作人员的情况，考虑这种修改是否必要、是否可行，做出是否修改、何时修改的答复。

（3）分配任务。系统主管人员若认为要进行修改，则向有关的维护人员下达任务，说明修改的内容、要求、期限。

（4）验收成果。系统主管人员对修改部分进行验收。验收通过后，将修改的部分嵌入系统，取代旧的部分。

（5）登记修改情况。登记所做的修改，作为新的版本通报用户和操作人员，指明新的功能和修改的地方。某些重大的修改可被看作一个小系统的开发项目，因此，要求按系统开发的步骤进行。

（二）系统评价

管理信息系统投入运行后，如何分析其工作质量？如何对其带来的效益和所花成本的投入产出进行分析？如何分析一个信息系统对信息资源的利用程度？如何分析一个信息系统对组织内各部分的影响？这些是评价体系所要解决的问题。要在平时运行管理工作的基础上，定期地对其运行状况进行集中评价。进行这项工作的目的是通过对新系统运行过程和绩效的审查，检查新系统是否达到预期目的，并指出系统改进和扩展的方向。

系统评价主要的依据是系统日常运行记录和现场实际监测数据。评价的结果可以作为系统改进的依据。通常，新系统的第一次评价与系统的验收同时进行，以后每隔半年或一年进行一次。参加首次评价工作的人员包括系统研制人员、系统管理人员、用户、用户领导和系统外专家，以后各次的评价工作主要由系统管理人员和用户参加。

1. 系统评价的主要指标

系统评价主要分为下列三类指标。

（1）经济指标。包括费用、系统收益、投资回收期和系统运行维护预算等。

（2）性能指标。包括系统的平均无故障时间 TMBF，连机作业响应时间，作业处理速度，系统利用率，对输入数据的检查和纠错功能，输出信息的正确性和精确度，操作方便性，安全保密性、可靠性、可扩充性和可移植性等。

（3）应用指标。包括企业领导、管理人员、业务人员对系统的满意程度，管理业务覆盖面，对生产过程的管理深度，提高企业管理水平，对企业领导的决策参考等。

2. 评价方法

（1）定性方法。

①结果观察法，完全通过观察对系统的效果进行评价。

②模拟法，采用人工或计算机做定性的模拟计算，估计实际的效果。

③对比法，与基本相同的系统进行对比，得出大致结果。

（2）分层次分析方法。主要有专家打分（特尔斐）方法和贝德尔（Bedell）方法等。

3. 系统评价报告

系统评价后，应写出系统评价报告。系统评价报告一般包括以下五个方面。

（1）系统运行的一般情况。这是从系统目标及用户接口方面考查系统，包括：

①系统功能是否达到设计要求。

②用户付出的资源（人力、物力、时间）是否控制在预定界限内，以及资源利用率。

③用户对系统工作情况的满意程度（响应时间、操作方便性和灵活性等）。

（2）系统的使用效果。这是从系统提供的信息服务的有效性方面考查系统，包括：

①用户对所提供的信息的满意程度（哪些有用，哪些无用，引用率）。

②提供信息的及时性。

③提供信息的准确性和完整性。

（3）系统的性能。系统的性能包括计算机资源的利用情况（主机运行时间的有效部分的比例，数据传输与处理速度的匹配、外存是否够用、各类外设的利用率），系统可靠性（平均无故障时间、抵御误操作的能力、故障恢复时间）和系统可扩充性。

（4）系统的经济效益。

①系统费用。包括系统的开发费用和各种运行维护费用。

②系统收益。包括有形效益和无形效益，如库存资金的减少、成本的下降、生产率的提高、劳动费用的减少、管理费用的减少、对正确决策影响的估计等。

③投资效益分析。

（5）系统存在的问题及改进意见。其中，系统的技术性能评价和经济效益评价是整个系统评价的主要内容。

4. 技术性能评价

系统技术性能方面的评价主要是评价现有系统硬件和软件在技术性能上是否满足应用系统的要求。

（1）对信息系统的功能评价。在新系统的开发规划中，明确地规定了新系统实现的功能目标。因此，对新系统的功能评价，就是按照规划检查新系统的功能实现情况。例如，预期的功能是否已经全部实现，是否能够满足用户的要求，服务质量如何，人员组织和安全及保密措施是否完善等。

（2）系统操作方面的评价。这方面的评价主要是根据输入出错率、输出的及时性和利用情况等进行评价。

（3）现有硬件和软件的评价。对管理信息系统中现有硬件和软件进行评价的目的是检查系统内有否未被充分利用的资源，或者由于某些资源不足与性能不够完善而影响系统功能和效率的提高。对硬件和软件系统评价的方法和工具是硬件监控器、软件监控程序、系统运行记录和现场实际观测记录。

①利用性能监控器和软件监控程序进行评价。硬件监控器既能收集 CPU 工作情况的数据，也能收集外部设备工作情况的数据。软件监控程序可以记录特定程序或程序模块执行情况的数据。

②根据系统运行记录和现场观测情况进行评价新系统日常运行记录是进行系统评价的主要参考资料。通过对运行记录的分析，可以检查使用得最多、最频繁的软件设计是否合理、目前效果如何，以及系统的故障率等其他一些问题。通过对计算机运行情况的现场观测，还可有效地观察系统资源安排是否合理。

5. 系统经济评价

在对信息系统经济效益评价时，需要处理好宏观经济效益与微观经济效益，目前主要处理经济效益与长远经济效益以及直接经济效益与间接经济效益的关系。

宏观经济效益是系统带给社会的全部利益，包括直接效益和间接效益。微观效益是从企业角度出发得到的系统实际经济效益。目前经济效益是指近期可得到的，长远经济效益是指未来才显示出来的。直接经济效益主要是指可用货币或定量计算的经济效益。有些效益无法定量分析，只能定性分析，称其为间接经济效益。评价时，应该做到直接经济效益和间接经济效益的统一。

（1）信息系统直接经济效益的评价。管理信息系统经济效益的基本指标是年经济效益的变化。系统正式投入运行后，由于合理地利用现有资源，使产品产量增加；减少工时损失和生产设备停工损失，使劳动生产率提高，缩短产品生产周期；由于改善组织管理，减少了储备，提高了产品质量，降低了非生产费用。

上述因素可由一些综合性指标进行计算，常用的评价指标有年利润增长额、年经济效益、系统的投资效益系数和投资回收期等。

（2）信息系统间接经济效益的评价。信息系统与其他先进技术应用一样，必然会给企业带来一系列的变化，促进管理工作的进一步科学化。这类综合性的经济效益称为系统间接经济效益。这种效益是无法用具体统计数字计算出来的，只能做定性分析。衡量信息系统的间接经济效益应从五个方面进行评价。

①管理体制是否进一步合理化。

a. 企业各环节相互衔接、相互配合和相互制约。

b. 信息系统实行信息资源的集中管理，应该加强垂直和横向的业务联系，做到纵横结合，使各职能部门在分工的基础上相互协调一致。

c. 管理信息系统在实现信息管理的同时，也对企业的管理体制进一步合理化。

②管理方法是否进一步科学化。管理信息系统的建立，应该使企业的经济管理由静态变为动态。评价时尚需审查信息系统是否辅助和加强了以计划和控制为核心的动态管理。

③管理的基础数据是否进一步科学化。和手工信息处理系统不同，进入信息系统的数据应该及时和正确。反过来，信息系统的运行，应该促进管理基础数据向统一化、规范化方向发展。

④管理效果是否进一步最佳化。管理信息系统辅助企业管理应当促使管理人员更多地应用经济数学方法和定量分析技术，如生产计划的方案优化和产品销售的统计预测等，从而由定性决策变为定量决策。

⑤管理人员的劳动性质是否发生了变化。这方面的评价主要是看信息系统建立之后，是否能把管理人员真正地从繁杂的数据处理中解脱出来，帮助管理人员去从事更有创造意义的分析与决策活动。

6. 系统验收

对系统的评价是专业人员分别对各项指标进行技术评定，而系统验收则是投资项目单位或使用系统的企业，同时聘请有关专家和主管部门人员参加，按照系统总体规划和合同书、计划任务书进行的全面检查和综合评定。其内容不仅包括上述系统评价的各项指标内容，还包括企业的相应管理措施和应用水平，检查是否达到建立管理信息系统的目标。

（1）管理机构。企业应由主管领导分管信息工作；由信息管理机构负责管理信息系统的规划，开发配备必要的专业技术人员；运行、维护以及数据管理等综合管理工作；各业务部门应该设有专职或兼职的信息工作人员。

（2）建立信息分类编码体系。建立企业的信息分类编码体系表；各部门应有相应的编码规划，使用的标准要明确，如使用国家标准、行业标准或企业标准等；各类企业编码的编制、修改、维护和审批的权限。

（3）信息管理的工作规范和制度。制定必备的信息、软件、文档管理制度和各工作岗位规范；基层数据采集、维护由各部门负责，信息部门协调各部门对数据的更新、维护等日常工作，定期提出评价；对外部信息网络的数据交换由信息部门统一负责并且组织实施。

（4）总体规划和系统分析。经过评审的总体规划报告应该包括需求调查分析，目标系统规划，开发策略和计划，可行性分析及效益分析。系统分析报告应该包括现行系统的分析，系统目标及总体结构、逻辑模型，子系统划分，数据库模式，基本处理功能和数据字典等；物理配置及网络规划应该包括规模、配置、选型、通信条件及拓扑结构等；信息分类编码表应该包括部门代码明细表等。

（5）系统功能。建成以企业关键指标体系为对象的共享数据库和部门专用库；按规划建成覆盖企业主要管理职能和生产过程的子系统；建成数据传输网络，覆盖企业主要管理部门和生产车间；随时查询订单执行情况和生产进度，编制生产计划，根据市场或合同变化调整计划；具有为企业领导决策服务的动态信息查询，综合分析及预测功能；具有与企业其他系统资源共享功能，以统一的接口与多种外部信息网络连接，向管理信息系统传输数据。

（6）技术指标。系统的平均无故障时间，连机作业响应时间、作业处理速度等。

七、信息系统运行管理

信息系统运行阶段从企业验收并启用信息系统时开始，是信息系统生命周期中时间最长的一个阶段，也是信息系统为用户取得经济效益的阶段。系统的进行管理成为这一阶段企业信息化工作的主要任务。要做到信息系统的正确和安全运行，就必须建立健全信息系统运行管理的制度，提高运行管理人员的素质，记录系统运行状态，对其安装状态进行监控和管理，对系统进行必要的修改与扩充，目标就是使系统能更好地为决策者服务，取得经济效益和社会效益。企业信息系统的运行管理工作必须由了解系统功能及目标、能与企业管理人员直接接触的信息管理专业人员专职负责。

1. 信息系统运行管理制度

企业启用新管理信息系统后，企业的业务流程、工作方法、各职能部门之间以及企业与外部环境之间的相互关系都发生了一定的变化。必须建立健全信息系统运行管理体制，以保证系统的安全和正常工作。信息系统运行管理制度包括系统操作规程、系统安全保密制度、系统修改规程、系统定期维护制度以及系统运行状况记录和日志归档等。

信息系统的运行制度表现为硬件、软件、数据、信息等要素必须处于监控之中。例如，对放置中央计算机的机房进行安全管理，其目的是防止各种非法人员进入机房，保护机房内的设备、机内的程序和数据的安全。

其他管理制度包括重要的系统软件和应用软件管理制度、数据管理制度、权限管理制度、网络通信安全管理制度、病毒的防治管理制度、人员调离的安全管理制度等，根据系统具体情况制定。

2. 信息系统运行的组织与人员

（1）信息系统运行的组织。要对系统的运行进行有效的管理，需要有相应的组织结构来保证，并将信息系统的运行纳入整个企业的日常工作。要充分发挥信息系统的作用，提高效益，就必须将企业的经营决策与信息支持密切结合起来。

系统运行组织的建立与信息系统在企业中的地位是分不开的。目前国内企业组织中负责系统运行的大多是信息中心、计算中心、信息处等信息管理职能部门。随着人们认识的提高，信息系统在企业中的地位也在逐步提高。目前企业常见的信息系统运行组织机构如图4-17所示。

图4-17（a）所示方式中信息系统部门与其他职能部门平行，信息资源可以被整个企业共享，但信息系统部门的决策能力较弱，系统运行中有关的协调和决策工作将受到影响；图4-17（b）所示方式中信息系统部门在经理之下、各职能部门之上，系统作为企业的参谋中心，有利于信息资源的共享，并且在系统运行过程中便于向领导提供决策支持，但容易造成脱离管理或服务较差的现象；图4-17（c）所示方式中信息系统部门不但存在于各部门之

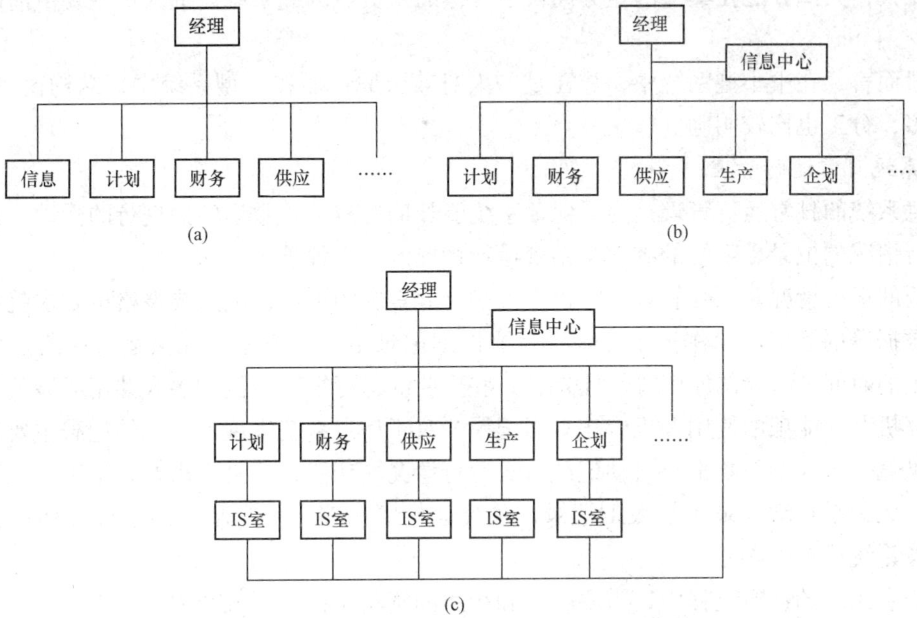

图 4-17　企业常见的信息系统运行组织结构

上，又在各业务部门设立了信息室，信息室（可能只是一个人）又归信息中心领导，这样信息系统既能从企业的高度研究系统的发展，又能深入了解各部门对信息系统的需求。

（2）CIO 的职责。需要强调的一点是信息主管（Chief Information Officer，CIO）的作用。信息主管其实是一个人，但其在信息系统部门中的地位很重要，可以把他当作组织的一个重要组成部分来看待。CIO 一般由企业的高层人士担任，相当于企业的副总经理，甚至更高。企业设置 CIO 这个职位，体现了企业对信息资源和信息技术的重视。以信息主观为首的信息系统部门具有以下一些职责：

①制定系统规划。对管理信息系统实施和更新换代、系统的管理维护和使用、资金计划、人员安排和培训等做出统一规划。

②负责信息处理的全过程。与企业领导和有关管理部门一起，确定合理、统一的信息流程，按照流程协调各个有关部门在信息处理方面的关系，同时负责对各个部门每时每刻产生的信息进行收集、整理、加工和存储，确保信息的准确性和一致性。

③信息的综合开发。对各方面的信息进行综合处理和分析，得到对全局更为重要的信息，将其提供给各个管理部门，尤其是决策层，并由系统以适当的形式发布。

④搞好信息标准化等基础管理。和有关部门一起，共同搞好系统运行中的基础管理工作，主要是西西编码等标准化、规范化工作。

⑤负责系统的运行和维护。作为系统主要的日常技术性工作，包括系统硬件软件维护、数据库管理的检查数据录入情况、机房日常管理、用户服务等。

（3）信息系统运行的人员配置。运行期间的信息系统部门内部人员大致包括系统维护管理员、管理人员和操作人员。系统维护管理员包括软硬件维护员、数据库维护员和网络维护员等；管理人员包括耗材管理员、资料管理员、机房值班员和培训规划人员等；操作人员则数量庞大，大部分是在具体的业务岗位上工作的人员。因此系统内部人员主要由前两种人员构成。

一般而言，在中小型系统中，往往是一人身兼数职；而在大型系统中，结构比较复杂，人员较多，分工也比较明确。

3. 系统日常运行管理

信息系统的日常运行管理是为了保证系统能长期有效地正常运转而进行的活动，具体有系统运行情况的记录、系统的维护与系统运行情况的检查评价等工作。

系统的运行情况对系统管理、评价来说是十分重要的资料，因此要严格按要求就系统软硬件及数据等的运作情况作记录。特别是要详细记录系统不正常与无法运行时所发生的现象、发生的时间及可能的原因等。此外，一些重要的运行情况，例如多人共用或涉及敏感信息的计算机及功能项的使用等也应作书面记录。对于信息系统来说，信息的记载主要靠手工方式，虽然一般大型系统都有自动记载自身运行情况的功能，但是也需要有手工记录作为补充手段。无论是自动记录还是人工记录，系统运行情况都应作为基本的系统文档作长期保管，以备系统维护时参考。

在信息系统的运行过程中，需要收集和积累的资料包括以下五个方面：

（1）有关工作数量的信息。开机的时间，每天（周、月）提供的报表的数量，每天（周、月）录入数据的数量，系统中积累的数据量，修改程序的数量，数据使用的频率，满足用户临时要求的数量等反映系统的工作负担，所提供的信息服务的规模以及计算机应用系统功能的最基本的数据。

（2）工作的效率。即系统为了完成所规定的工作，占用了多少人力、物力及时间。

（3）系统所提供的信息服务的质量。信息系统提供服务的质量包括生成的报表是否满足管理工作的需要，管理人员使用起来是否方便，使用者对于提供的方式是否满意，所提供信息的精确程度是否符合要求，信息提供得是否及时，临时提出的信息需求能否得到满足等。

（4）系统的维护修改情况。系统中的数据、软件和硬件都有一定的更新、维护和检修的工作规程。这些工作都要有详细的、及时的记载，包括维护工作的内容、情况、时间、执行人员等。这不仅是为了保证系统的安全和正常运行，而且有利于系统的评价及进一步扩充。

（5）系统的故障情况。系统故障无论大小，都应该及时地记录以下这些情况：故障的发生时间、故障的现象、故障发生时的工作环境、处理的方法、处理的结果、处理人员、善后措施和原因分析。故障不只是指计算机本身的故障，而是对整个信息系统来说的。

通常情况下，人们往往比较重视系统生故障时有关情况的记载，而系统正常运行时的信息容易被忽视。事实上，要全面地掌握系统的情况，必须十分重视正常运行时的情况记录。如果缺乏平时的工作记录，就无从了解瞬时情况。如果没有日常的工作记录，表示可靠性程度的平均无故障时间指标就无从计算。

对于任何信息系统，都必须有严格的运行记录制度，并要求有关人员严格遵守和执行。各种工作人员都应该担负起记录运行信息的责任。硬件操作人员应该记录硬件的运行及维护情况，软件操作人员应该记录各种程序的运行及维护情况，负责数据校验的人员应该记录数据收集的情况，包括各类错误的数量及分类，录入人员应该记录录入的速度、数量、出错率等。要通过严格的制度及经常性教育，使所有工作人员把记录运行情况作为自己的重要任务。

记录时，一方面要强调记录的真实性，另一方面应尽量采用固定的表格（或登记簿）进行登记。这些表格（或登记簿）的编制应该使填写者容易填写，节省时间。同时，需要填写的内容应该含义明确，用词确切，并且尽量给予定量的描述。对于不易定量化的内容，则可以采取分类、分级的办法。总之，要努力通过各种手段，尽量详尽、准确地记录系统运行的情况。

本章小结

管理信息系统的结构化系统开发方法将整个开发过程划分成五个首尾相连的阶段，主要包括系统规划、系统分析、系统设计、系统实施、系统运行五个阶段，本章以结构化系统开发的生命周期为主线，对五个阶段一一进行了理论阐述。

案例分析

亿达信息的战略转型[1]

2016年6月，亿达信息技术有限公司（以下简称亿达信息）在大连发布了新的十年战略——由传统的IT服务公司迈向聚焦客户体验的创新型整合服务公司，以提升终端客户的体验和满意度为核心，利用大数据、云计算、AI（人工智能）等作为技术支撑，更专业地服务于B2B、B2C的客户。“十年前有十年前的市场机会，2008年国际金融危机后有那时的市场机会，今后有今后的市场机会!”亿达信息首席执行官郑时雨对记者如是说。

一、成长的十年

亿达信息成立于2006年，当时是一家传统的软件外包企业。公司创立之初以日本市场为核心，最初合作的日本客户包括SoftBank集团、富士施乐集团等。十年来，亿达信息的销售收入增长了15倍，平均年复合增长率35%，并在北京、上海、深圳、成都、武汉、广州、东京设有分支机构，从创立初的几百人到目前超过3 000名员工为客户提供专业服务；先后通过了ISO 9000、ISO 20000、ISO 27001、CMM3、CMMI和PIPA等国际安全和质量认证。通过创新的技术和专业化的IT解决方案与服务体系，亿达信息已经成长为一家以IT为工具，为客户提供端到端的、整合的IT服务公司；形成了具有竞争力和高附加值的业务核心，分别在应用软件开发、业务流程外包、产品工程服务、嵌入式软件开发、IT技术支持管理、企业资源规划ERP实施、移动互联网技术等领域与全球知名企业建立长期稳定合作关系，致力于实现客户价值，帮助用户不断提升运营效率并降低运营成本。在应用软件开发与维护方面，亿达信息拥有经验丰富、业界一流的开发团队，借助CMMI和ISO 9001质量和流程标准以及完善的软件开发方法论，在全球范围内为客户提供覆盖应用开发与维护项目

---

1 佟文立．亿达信息的战略转型［J］．商业观察，2016（7）：62－63.

全过程的服务，并根据客户的需求提供多种交付方式：offshore 方式能帮助客户节省 70% 的成本，onshore 模式能节省 30% 的成本，而 ODC 模式则是用稳定的开发团队和严格的信息安全管理使客户利益最大化。

在业务流程外包方面，亿达信息作为受托方，运用专业领域的知识，调配人员和设备，进行业务的运用管理，向客户提供高效、高品质的服务，使客户实现降低运营成本，控制企业规模，集中人才和资源支撑主营业务，以提高业绩快速成长的目标。

在移动技术服务方面，亿达信息作为专注于移动技术领域的 TP（Technique Provider），拥有和 OP（Operate Provider）运营商、CP（Content Provider）内容服务提供商、SP（Service Provider）服务提供商、DP（Device Provider）设备提供商同时合作提供技术服务的丰富经验。在 ERP 咨询实施方面，亿达信息提供 SAP 各产品全部应用模块/技术系统的实施服务和运营维护服务，基于 SAP 产品的 IT 技术服务，基于 SAP 各产品的二次开发的设计开发服务，以及 SAP 产品为主体的系统集成服务。

在 IT 管理服务方面，亿达信息拥有专注于提供多语种服务的 IT 技术团队，能够帮助客户在 2～3 个月的极短时间内成功建立高端 IT 服务交付中心，可覆盖全球尤其是亚太区客户的技术支持中心能力，提供高端 IT 技术支持及多语言的服务，能够大幅降低客户 IT 服务的运营管理成本。自 2008 年开始，亿达信息陆续开始在欧美市场和中国国内市场的布局。在欧美市场上以制药行业为重点，目前已与全球前十大药企中的 6 家开展合作，包括拜耳、阿斯利康、赛诺菲等。在中国市场上，除与中石油、中石化、国家电网等大型国有企业合作外，还与腾讯、华为等全球 IT 投入最大的企业建立了战略合作伙伴关系。

二、从节省成本到创造价值

亿达信息作为软件和信息服务行业的一个缩影，从其转型中也能看出行业发展的轨迹。过去，中国出口导向型的软件和信息服务业通常依靠国内外的成本差价获取利润，但随着国内人力成本的提高，这种商业模式必然面临挑战。此外，由于中国出口导向型的软件和信息服务行业提供低附加价值服务的量已经很大，面临来自国外的竞争也很激烈。例如，越南、菲律宾的成本就比中国国内的很多城市要便宜。而作为主要的传统出口市场，当今的日本市场已不同于十年前仅凭借中日之间的成本差即可赢得日本客户的时代，新的市场形势和客户需求要求中国企业对业务模式和管理模式做出及时调整。但与此同时，作为一个朝阳产业，尤其是像中国这样快速发展、走向现代化的国家，对软件和信息服务行业的需求越来越旺盛。曾经的亿达信息以成本控制模式为主，成本有优势时就不会在意服务的含金量，因此附加值要低些，对客户来讲纯粹是节约成本的模式；而现在和今后，在面向客户经营的解决方案模式下，服务的附加价值将是一个快速提升的过程。在给客户提供更大价值的同时，报价和利润也会相应提高，从而更能适应人力资源成本的上升趋势。而从面向客户的成本节约型服务转向面向客户的解决方案型服务，需要把过去给客户做的片段的服务变成面向客户的端到端的完成的服务体系。在这个服务转型过程中，需要更深入到客户的行业中，深入到客户的业务当中去，以了解客户的需求，变成一个以技术为驱动的行业解决方案专家。例如，世界 500 强中前 10 强的制药企业中已经有 7 家是亿达信息的客户，亿达信息在大连成立了制药行业的创新中心，建立了创新平台，用云计算、大数据、移动互联网这些新的技术来帮助制药企业在中国、在亚太市场上展开生产、销售、管理等活动。过去，中国企业由于处在管理比较落后、投资能力比较差的阶段，还没有太多资金投入到IT资产和应用上。但现在，国内大量企业开始有IT需求，尤其是互联网在中国普及后，每个行业、每个产业、每个企业都需要大量IT投入，这就给软件和信息服务行业提供一个巨大的市场。以海外市场为主时，亿达信息曾为很多优秀的国际大企业提供服务；现在和今后，亿达信息将转向国内市场中的优秀大型企业，例如腾讯、华为、中石油、中国电信等。除了已经合作的腾讯、华为等大客户外，还有更多新兴的互联网企业也需要专业的技术支持服务，亿达信息将考虑通过建立通用性的专业平台来支持他们。郑时雨表示，以前很多中国企业买不起专业的IT服务，因此行业的主要市场在国外，而随着国内市场的迅速发展，需求已非常旺盛。现在市场呈现出新的特点，很多企业都转型为由数据驱动发展，很多商业模式的变化都通过个人和消费者来驱动，服务的价值大于市场的价值。在这种情况下，IT系统和数字化已成为企业价值创造的主要手段，客户体验的持续提升已经成为企业首要的核心问题。因此，在亿达信息也要由传统的IT服务公司向聚焦客户体验创新性整合服务公司转型，从帮助企业节省成本，转变为通过服务帮助企业创造价值。亿达信息过去十年间通过服务日本客户和欧美客户积累了丰富的IT服务经验和对业务品质的高要求。本次亿达信息调整战略方向着重在中国市场上发力，将在国际市场上积累的经验与中国市场的特点相结合，将服务进一步行业化、专业化、系统化，帮助中国客户的IT部门或产品部门满足其终端客户的需求和认可。

思考题

1. 亿达信息从哪几个方向进行业务战略转移？
2. 从亿达信息的战略转向分析未来我国IT行业的发展方向。

第五章

信息安全

★导入案例

2001 年 2 月，Delta 航空公司下属的大西洋东南航空由于计算机故障，导致 400 多个航班被取消和延误。

2001 年 3 月，西雅图地区发生的里氏 6.9 级地震，影响了包括波音公司在内的许多公司。

2003 年 7 月 4 日，首都机场离港系统因设备发生故障而瘫痪 93 分钟，无法为旅客办理登机手续，导致 71 个出港航班发生延误，至少 3 000 名旅客无法准时登机。（摘自《京华时报》、中华网）

2005 年 5 月 1 日，黄金周的第一天，下午 2 点多钟，北京市铁路局的计算机售票系统出现临时性故障，致使全市各火车站的售票窗口、代售网点的售票工作全部处于瘫痪状态，时间长达一个多小时。而很多打算当日购票外出的乘客也因此被迫改变了离京日程。直到下午 3 点 50 分左右，瘫痪的票务网络系统才开始恢复正常。售票系统出现问题的过程中，至少有近 2 000 名乘客停滞在火车站，北京站公安段为此出动了 300 余名警力在现场维持秩序，以防发生拥挤等突发事件。（摘自《计算机世界》《北京青年报》、新华网）

第一节　信息安全及技术概述

一、信息安全概述

顾名思义，信息安全即保障“信息”的“安全”。信息安全的保障涉及信息的产生、存储、处理、传输和使用各个环节，与各个环节中的信息和系统安全密切相关。信息是伴随着人类社会的发展而存在的，人们对信息安全的保障从未停止过。从遥远的古代到具有“智能”特征的信息处理系统（计算机）的出现之前，所有信息的存在和处理形式都较为简单，信息安全的概念虽然存在，但是由于处理方式过于简单，没有专门的研究。从20世纪中叶起，随着计算机与现代通信技术的发展，基于这些技术的信息资源共享成了信息时代到来的标志。由于信息存在和处理形式的复杂化，信息安全需要更加系统、全面的研究。

（一）信息安全的特征[1]

信息安全主要是指保护信息系统，使其在没有危险、不受威胁、不出事故的安全环境中运行。从技术角度来说，信息安全的特征主要表现在系统的可靠性、可用性、保密性、完整性、不可抵赖性、可控性等方面。

1. 可靠性

可靠性是信息系统能够在规定条件下和规定的事件内完成规定的功能的特性。可靠性是系统安全的最基本要求之一，是信息系统建设和运行的目标。

信息系统的可靠性包括抗毁性、生存性和有效性。

2. 可用性

可用性是信息可被授权实体访问并按需求使用的特性，即信息服务在需要时，允许授权用户或实体使用的特性；或者即使网络部分受损或需要降级使用时，仍能为授权用户提供有效服务的特性。可用性是信息系统面向用户的安全性能。信息系统最基本的功能是向用户提供服务，而用户的需求是随机的、多方面的，有时还有时间要求。可用性一般采用系统正常使用时间与整个工作时间之比来度量。

3. 保密性

保密性是网络信息不泄露给非授权的用户、实体或过程，或供其利用的特性，即防止信息泄露给非授权个人或实体，信息只为授权用户使用的特性。保密性是在可靠性和可用性基础之上，保障信息安全的重要手段。

4. 完整性

完整性是网络信息在未经授权的情况下不被进行改变的特性，即网络信息在存储或传输过程中保持不被偶然或蓄意地删除、修改、伪造、乱序、重放、插入等破坏和丢失的特性。完整性是一种面向信息的安全性，它要求保持信息的原样，即信息的准确生成、正确存储及传输。

5. 不可抵赖性

不可抵赖性也称作不可否认性，是指在信息系统的信息交互过程中，确信参与者的真实同一性，即所有参与者都不可能否认或抵赖曾经完成的操作和承诺。利用信息源证据可以防止发信方不真实地否认已发送信息，利用递交接收证据可以防止收信方事后否认已经接收的信息。

6. 可控性

可控性是对网络信息的传播及内容具有控制能力的特性。

---

1 陈洪林．集团企业信息安全体系设计［D］．合肥：合肥工业大学，2007.

（二）信息安全风险[1]

1. 信息安全风险的含义

所谓风险，是指一定的条件下，在一定的时期内，不利事件发生的可能性，既强调风险发生的不确定性，又强调风险所造成的损失的不确定性。信息安全风险即指信息资产的保密性、完整性以及可用性遭到破坏的可能性。

2. 信息安全风险的特征

信息安全本身已经发展成涉及数学、通信、计算机、管理及工程学等多门学科的复杂系统，信息安全所面临的安全风险不仅种类繁多，而且各种风险之间的关系错综复杂，具有如下特征：

（1）客观性和不确定性。信息安全风险在信息系统的各个层次和生命周期的各个阶段是客观存在的，并且伴随着各种不确定因素的不断变化而呈现出不确定性。

（2）多层次性和多样性。信息安全风险的作用层面包括物理层面、链路层面、网络层面、传输层面、系统层面和应用层面，因此具有多层次性；信息安全风险包括技术风险、管理风险和环境风险等，因此又具有多样性。

（3）可变性和动态性。信息安全风险在其生命周期内发生动态变化，因此具有可变性；而同时，在信息系统生命周期中的不同阶段则呈现出不同的风险，因此具有多样性。

（4）可测性。信息安全风险虽然呈现出不确定性，但是可以利用各种定性和定量的风险方法对其进行预测和衡量。

3. 信息安全风险的分类

（1）人员风险。由于组织内部缺乏人员安全管理、人员岗位职责不明确并且意识教育匮乏，来自组织内部人员的无意或恶意的失误或攻击，以及来自组织外部人员组织的恶意或好奇的攻击，会使组织的各种业务面临较大的风险。

（2）组织风险。组织在信息安全管理方面由于基础薄弱、职责不清、技术服务能力差等原因，致使组织在信息安全管理方面处于失控的状态，加大了信息安全风险。

（3）物理环境风险。由于组织缺乏对组织场所的安全保卫，或者缺乏防水、防火、防雷等防护措施，在面临偷盗或自然灾难时，可能会造成极大的损失。

（4）信息机密性和完整性风险。信息作为组织信息技术系统装载的业务数据，是一种具有非常重要价值的资产，甚至有一些观点认为，信息是组织的血液，是“一种在资产负债表之外，经过逐渐积累的，可以被用来提升组织竞争优势的信息”。与实物资产相比，信息非常分散，并且容易复制，信息是组织业务流程中重要的输入和输出数据，例如客户资料、产品设计等，如果不能得到正确的识别、评估、保存和管理，那么就可能面临被窃取、损毁和丢失的风险，不仅会对依赖于这些关键信息的核心业务造成严重损坏，还会对组织的信誉和声望造成巨大损失，甚至会摧毁整个组织。因此信息风险管理，主要是保证信息的机密性、完整性和可用性。

（5）系统风险。一般所用的计算机操作系统，以及大量的应用软件在组织业务交流的过程中使用，是在定制应用产品时，来自这些系统和应用软件的问题和缺陷就会对一系列系

---

[1] 程建华．信息安全风险管理、评估与控制研究［D］．长春：吉林大学，2008.

统造成影响，特别是在多个应用系统互联时，其影响会涉及整个组织的多个系统。例如，有的系统具有维护困难、结构不完善、缺乏文档、设计漏洞等多个问题，有时就会在系统升级和安装补丁的时候增加较高的风险。因此系统风险要求机构对系统应用要在协同、维护、测试、版本管理、配置管理、系统管理、监控等方面具备管理能力。

（6）通信操作风险。如果在通信加密、应用分区、防病毒、IDS 等安全措施出现技术或管理问题时，被攻击者利用后，会引发信息安全风险。

（7）基础设施风险。基础设施包括支撑业务应用系统的网络（局域网、广域网、互联网、专线网、无线网）、硬件（服务器、主机、应用终端、共享设备）、物理环境，它们是组织业务赖以生存的基础（如电力、WEB 服务器、数据库服务器等），一旦出现故障或中断，它所承载的应用也会出现问题或停顿。基础设施风险要求组织在应用层、网络层、链路层、物理层面进行综合防御。

（8）业务连续性风险。依赖于信息系统服务的组织关键业务可能因系统的“宕机”而中断，或是因系统服务效能的降低（如响应时间过长）造成新客户的流失或老客户的转移。业务连续性风险，要求机构具备信息技术服务、安全事件处理和灾难恢复能力。

（9）第三方合作风险。第三方指服务供应商、销售商。随着外包业务的兴起，许多组织业务依赖于供应商和销售商的服务提供，由于不完备的合同、第三方服务能力性能下降、不适应快速增长的业务需求、缺乏第三方的管理经验、产品支持失效、过短的升级周期、功能性不足等多种风险因素，导致第三方服务失效。第三方合作风险要求在合同谈判、转换服务上加强风险管理。

（10）风险评估风险。不专业的风险评估人员、不科学的评估方法、不一致的评估标准常常会造成系统风险评估的不一致、不正确的风险评估结果，造成风险决策出现失误。

在信息系统的运行过程中，由于不知晓国家法律，或是明知故犯，使组织面临由于个人隐私泄露所造成的风险属于法律风险。决策风险也是风险的一种，对风险评估的结果加以应用，进行风险决策和控制选择是信息安全风险管理的核心，也是最终目标。如果在风险分析、评估、控制方面不能全面、科学反映组织的安全状态，决策者可能会在安全投资方面出现重大失误。风险决策要依据风险评估的结果在风险避免、风险减缓、风险转移和风险承受四个方面进行权衡决策，避免决策失误。

（三）信息安全技术概述[1]

1. 密码技术[2]

密码技术是对信息进行重新编码，隐藏信息内容，使非法用户无法获取信息真实内容的一种技术手段。密码技术提供了信息加密保护的基本方法，通过不同的加密机制和加密算法实现对信息的保密，防止信息伪造。

为了满足电子商务活动对机密性、完整性、身份确认性和不可抵赖性的要求，必须对电子商务活动进行安全控制，通常电子商务安全控制是由一系列的安全技术来保证的。作为保障电子商务信息安全的技术基础，密码技术在解决电子商务交易数据安全问题上发挥着极其

1 汤发俊．电子商务的信息安全技术研究［D］．南京：南京理工大学，2006.

2 田轶．基于 J2EE 与 OpenSSL 的物流系统安全性研究及实现［D］．北京：北京邮电大学，2008.

重要的作用。在电子商务交易安全保密防护措施中，密码技术被用于信息加密、信息认证、身份认证和密钥管理，是保证电子商务交易信息安全的重要手段。

密码技术主要由两部分组成：密码编码和密码分析。密码编码的任务是构造安全性能高的密码算法，实施对消息的加密与认证密码；分析的任务是破译密码或伪造认证码，对窃取机密信息或进行诈骗破坏活动的行为做分析，如信息加密和解密过程分析。密码编码和密码分析技术相辅相成，对立统一，相互促进和发展。

在密码学中，需要变换的原消息称为明文消息。明文经过变换成为另一种隐蔽的形式，称为密文消息，完成变换的过程称为加密，由密文恢复出明文的过程称为解密。

对明文进行加密时采用的一组规则称为加密算法，对密文进行解密时采用的一组规则称为解密算法。加密和解密操作通常在密钥的控制下进行，并有加密密钥和解密密钥之分。

数据加密技术是安全认证技术的基础。采用数据加密的方法可以隐蔽和保护需要保密的消息，使未授权者不能提取信息。加密技术是利用一定的加密算法，将明文转换成隐蔽形式的密文，阻止非法用户理解原始数据，从而确保数据的保密性。由明文变成密文的过程称为加密（Encryption），由密文还原为明文的过程称为解密（Decryption）；加密和解密的规则称为密码算法。在加密和解密过程中，由加密者和解密者使用的加解密可变参数称为做密钥（Key）。

广泛应用的两种加密技术是对称密钥加密体制（私钥加密体制）和非对称密钥加密体制（公钥加密体制）。对称加密技术要求加密解密双方拥有相同的密钥，适合对大数据量进行加密，最常见的对称密钥加密是 DES（Data Encryption Standard）算法；非对称加密技术是加密和解密双方拥有不同的密钥，它需要使用一对密钥来分别完成加密和解密操作，一个公开发布，称为公有密钥；一个由用户自己秘密保存，称为私有密钥。常用的算法有 RSA 等。

（1）对称密钥加密体制。对称密钥加密体制又称单密钥加密体制。在这种加密方法中，信息的加密和解密都使用相同的密钥，或者从一个密钥可以很容易地推导出另一个密钥。该体制的优点是简单，通信双方只需交换彼此密钥，即可实现加密过程。实现方法：甲方向乙方发送消息时，用甲方的加密密钥进行加密，乙方在收到数据后，用甲方所给的密钥进行解密即可，是收发双方共享的密钥。

（2）非对称密钥加密体制。非对称密钥加密体制又称公钥加密体制。公钥加密的思想是由 Diffie 和 Hellman 在 1976 年提出的。该思想的加密密钥和解密密钥不一样，即使在加密密钥公开的情况下也不至危及解密密钥的安全。每个用户都有两个密钥：加密密钥（简称公钥）和解密密钥（简称私钥），公钥公开，私钥自己秘密保存。该体制的特性是，从公钥方推导出私钥几乎不可能，用公钥密钥对报文进行加密，只能用私钥密钥对其进行解密。它的工作过程：假设报文要由甲方发送给乙方，乙方自己决定私钥，由私钥计算得出公钥告诉甲方，甲方按乙方提供的公钥进行报文加密，将加密报文再传送给乙方，乙方收到经过加密的报文后，再用自己的私钥进行解密，完成整个加密解密过程。在传输过程中，即使有第三方窃取经过加密的报文，也只能得到乙方传给甲方的公钥以及甲方发给乙方的密文，而无法得到乙方的私钥，从而无法解密报文，此方法可以有效防止第三方对信息窃听和盗取。

2. Hash 函数

Hash 函数也称散列函数，是一种接受任意长的消息为输入，并产生固定长度的输出

H（x）的算法，这个输出称为消息摘要或指纹。严格地说，它并不是一种密码算法，但是和公钥体制密切相关。本质上这是一种数学变换函数，把可变长度输入串变换为一定长度的输出串，而且此过程不可逆。

Hash 函数的目的是为文件、报文或其他数据产生一个“指纹”，所以要求有如下性质：

（1）函数 H 适用于任何大小的数据分组。

（2）函数 H 产生定长度输出。

（3）对于任何给定数据 M，计算 H（M）是容易的。

（4）对于任何给定的散列值 h，要计算出 M 使 H（M）=h，实际上是不可行的，这就是上面提到的单向函数性质。

Hash 函数可用于消息或文件完整性的检验。例如，可以对一个二进制文件计算摘要，将结果与可靠站点或媒介中的同一文件的摘要相比，如果文件没有改变，则两个摘要是相同的。Hash 函数的另一个常用方法是数字签名：待签名的消息要先经摘要，然后对这个固定长的摘要签名。

3. 数字指纹

数字指纹又称数字摘要、安全 Hash 编码法（Secure Hash Algorithm，SHA）或 MD5（MD Standards for Message Digest），它是使用单向 Hash 函数加密算法对一个任意长度的报文进行加密，摘成一串 128 比特的密文，这段密文称为数据摘要或报文摘要。数据摘要是一个唯一对应一段数据的值，它所谓单向是指不能被解密。不同的数据其摘要不同，相同数据其摘要也相同，因此摘要成为数据的“指纹”，以验证消息是否是“真身”。

4. 数字签名

对文件进行加密只解决了传送信息的保密问题，而防止他人对传输的文件进行破坏，以及如何确定发信人的身份还需要采取其他的手段，这一手段就是数字签名。在电子商务安全保密系统中，数字签名技术有着特别重要的地位，在电子商务安全服务中的源鉴别、完整性服务、不可否认服务中，都要用到数字签名技术。在电子商务中，完善的数字签名应具备签字方不能抵赖，他人不能伪造，在公证人面前能够验证真伪的能力。

目前的数字签名是建立在公共密钥体制基础上的，它是公用密钥加密技术的另一类应用。它的主要方式是：报文的发送方从报文文本中生成一个 128 位的散列值（或报文摘要），发送方用自己的私人密钥对这个散列值进行加密来形成发送方的数字签名。然后，这个数字签名将作为报文的附件和报文一起发送给报文的接收方。报文的接收方首先从接收到的原始报文中计算出 128 位的散列值（或数字指纹），接着再用发送方的公用密钥来对报文附加的数字签名进行解密。如果两个散列值相同，那么接收方就能确认该数字签名是发送方的。通过数字签名能够实现对原始报文的鉴别。

（1）具有数字摘要的数字签名。公开密钥由于其算法的复杂性及加密解密的速度过慢等缺陷，不适用于大容量文件的传输。因此，对大容量文件的处理常常采用数字摘要的形式，如图 5-1 所示。

在此过程中，首先采用 Hash 函数算法，对原文信息进行加密压缩形成数字摘要。然后，使用 A 自己的私有密钥对数字摘要进行加密，将结果与原文一起传送。B 使用 A 的公开密钥对数字摘要进行解密，然后，采用 Hash 函数算法，对原文信息进行加密压缩形成数字摘

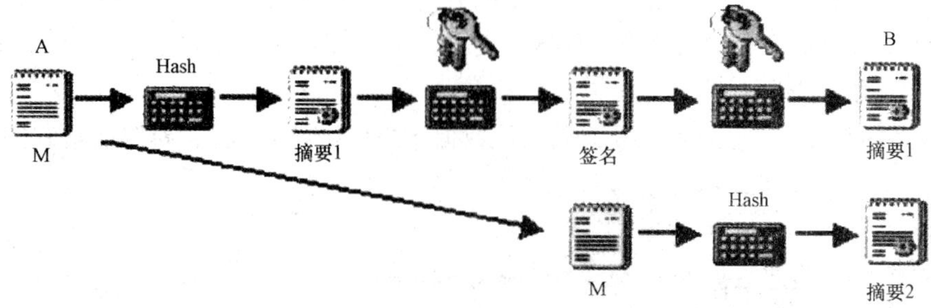

图 5-1　具有数字摘要的数字签名

要，并与收到的数字摘要进行比较。这种方式在提供数字签名的同时，保证了数据的完整性。

（2）直接用私钥进行加密的数字签名。如果签名数据很短，也可以不做 Hash 函数运算，直接用私钥对签名数据加密而完成数字签名行为，如图 5-2 所示。

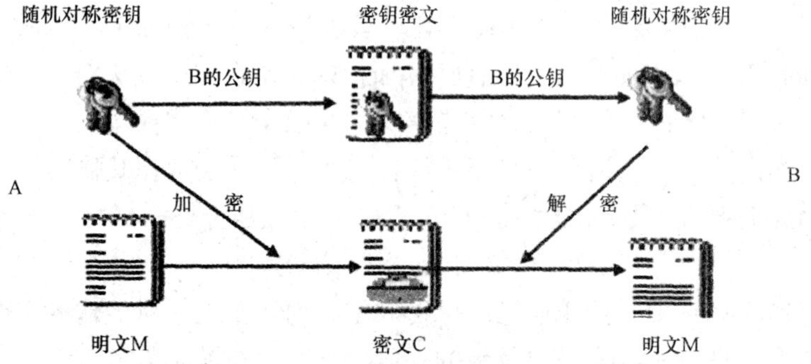

图 5-2　直接用私钥进行加密的数字签名

5. 数字信封

所谓数字信封，就是信息发送端用接收端的公钥，将一个对称通信密钥进行加密而形成的数据。此数字信封传送给接收端，只有指定的接收方才能用自己的私钥打开数字信封，获取该对称密钥，于是，接收方可以用以解读传送来的密码通信信息。这就好比在生活中，将一把钥匙装在信封中，邮寄给对方，对方收到信件后，将钥匙取出，用它打开保险箱的道理一样，如图 5-3 所示。

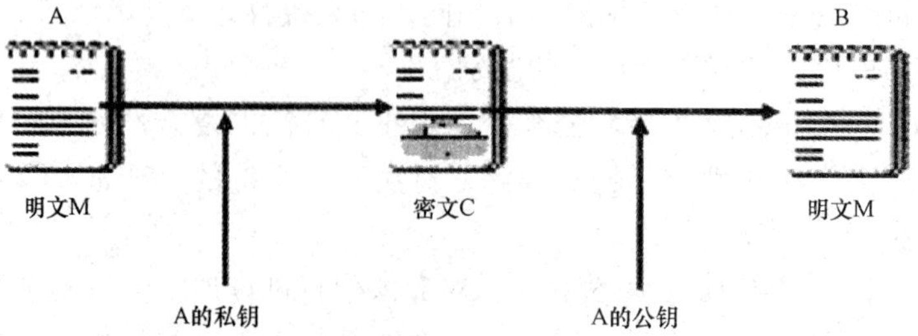

图 5-3　数字信封

使用数字信封的过程如下：

（1）A 产生随机对称密钥，并对明文 M 加密得到密文 C。

（2）A 使用 B 的公钥对随机对称密钥进行加密得到密钥密文（这部分称为数字信封），并连同密文 C 一起传送给 B。

（3）B 首先使用自己的私有密钥对密钥密文进行解密，取出随机对称密钥。

（4）B 使用随机对称密钥对密文 C 进行解密，得到数据明文。

数字信封将对称密钥和非对称密钥巧妙结合，是两种技术的综合运用，分别体现了两者的优点。

6. 数字时间戳

服务获得的时间戳数据可以用来证明在某一时刻数据已经存在。数字签名配合时间戳服务，能更好地支持数据的抗抵赖性。

在书面合同中，文件签署的日期和签名一样，均是十分重要的防止文件被伪造和篡改的关键性内容。数字时间戳服务（Digital Time Stamp Service，DTS）是网上电子商务安全服务项目之一，能提供电子文件的日期和时间信息的安全保护。

时间戳（Time – stamp）是一个经加密后形成的凭证文档，它包括三个部分：

（1）需加时间戳的文件的摘要。

（2）DTS 收到文件的日期和时间。

（3）DTS 的数字签名。

一般来说，时间戳产生的过程为：用户首先将需要加时间戳的文件用 Hash 编码加密形成摘要，然后将该摘要发送到 DTS，DTS 在加入了收到文件摘要的日期和信息后再对该文件加密（数字签名），然后送回用户。

书面签署文件的时间是由签署人自己写上的，而数字时间戳则不然，它是由认证单位 DTS 来加的，以 DTS 收到文件的时间为依据。

7. 数字证书

数字证书就是互联网通信中标志通信各方身份信息的一系列数据，提供了一种在互联网上验证身份的方式，其作用类似于司机的驾驶执照或日常生活中的身份证。它是由一个权威机构（CA 机构），又称为证书授权中心发行的，负责签发证书、认证证书、管理已颁发证书的机关。它需要制定政策和具体步骤来验证、识别用户身份，并对用户证书进行签名，以确保证书持有者的身份和公钥的拥有权。CA 也拥有一个证书（内含公钥）和私钥。网上的公众用户通过验证 CA 的签字从而信任 CA，任何人都可以得到 CA 的证书（含公钥），用以验证它所签发的证书。

（1）数字证书内容。一个标准的 X. 509 数字证书包含以下一些内容：

①证书的版本信息。

②证书的序列号，每个证书都有一个唯一的证书序列号。

③证书所使用的签名算法。

④证书的发行机构名称，命名规则一般采用 X. 500 格式。

⑤证书的有效期，现在通用的证书一般采用时间格式，它的计时范围为 1950—2049 年。

⑥证书所有人的名称，命名规则一般采用 X. 500 格式。

⑦证书所有人的公开密钥。

⑧证书发行者对证书的签名。

（2）数字证书功能。在现实生活中，数字证书的功能归纳起来有以下几个方面：

①验证签名者身份。

②表明签名者确认被签名文件的内容。

③确保已签名文件的内容不被篡改。

④防止签名者的抵赖行为。

（3）证书授权中心。以机构作为电子商务交易中受信任的第三方，承担公钥体系中公钥的合法性检验的责任。中心为每个使用公开密钥的用户发放一个数字证书，数字证书的作用是证明证书中列出的用户合法拥有证书中列出的公开密钥。CA 机构的数字签名使得攻击者不能伪造和篡改证书。它负责产生、分配并管理所有参与网上交易的个体所需的数字证书，因此是安全电子交易的核心环节。

由此可见，建设证书授权（CA）中心是开拓和规范电子商务市场必不可少的一步。为保证用户之间在网上传递信息的安全性、真实性、可靠性、完整性和不可抵赖性，不仅需要对用户的身份真实性进行验证，也需要有一个具有权威性、公正性、唯一性的机构，负责向电子商务的各个主体颁发并管理符合国内、国际安全电子交易协议标准的电子商务安全证书。

8. 安全认证协议

目前，有两种安全认证协议被广泛应用，即安全套接层协议和安全电子交易协议。

（1）安全套接层协议。安全套接层协议（Secure Socket Layer，SSL），是 Netscape 公司提出的基于 WEB 应用的安全协议，它包括服务器认证、客户认证（可选）、SSL 链路上的数据完整性和 SSL 链路上的数据保密性。使用 SSL 可保证信息的真实性、完整性和保密性，主要适用于点对点之间的信息传输，常用 Web Server 方式。但由于 SSL 不对应用层的消息进行数字签名，因此不能提供交易的不可否认性，这是 SSL 在电子商务中使用的最大不足。鉴于此，网景公司在从 Communicator 4.04 版开始的所有浏览器中引入了一种被称作“表单签名（Form Signing）”的功能，在电子商务中，可利用这一功能来对包含购买者的订购信息和付款指令的表单进行数字签名，从而保证交易信息的不可否认性。

综上所述，在电子商务中采用单一的 SSL 协议来保证交易的安全是不够的，但采用“SSL + 表单签名”模式能够为电子商务提供较好的安全性保证。

（2）安全电子交易协议（SET）。

①SET 提供的服务。SET 协议为电子交易提供了许多保证安全的措施。它能保证电子交易的机密性、数据完整性、交易行为的不可否认性和身份的合法性。

a. 确保不可抵赖性。SET 协议的重点就是确保交易双方的身份认证和交易行为的不可抵赖性。其理论基础就是不可否认机制，采用的核心技术包括 X.509 数字证书标准、数字签名、数字指纹、双重签名等技术。

b. 确保合法性。SET 协议使用数字证书对交易各方的合法性进行验证。通过数字证书的验证，可以确保交易双方都是合法的、可信赖的。

c. 保证客户交易信息的保密性和完整性。SET 协议采用了双重签名技术对 SET 交易过程中消费者的支付信息和订单信息分别签名，使商家看不到支付信息，只能接收用户的订单信息；而金融机构看不到交易内容，只能接收到用户支付信息和账户信息，从而充分保障消费者账户和订购信息的安全性。

（3）SET 的安全性分析。

a. 采用数字指纹技术保证信息的完整性。SET 协议是通过数字签名方案来保证消息的完整性和进行消息源的认证的，数字签名方案采用了与消息加密相同的加密原则。即数字签名通过 RSA 加密算法结合生成数字指纹，数字指纹是消息通过 Hash 函数处理后得到的唯一对应于该消息的数值，消息中每改变一个数据位，都会引起信息摘要中大约一半数据位的改变。而两个不同的消息具有相同的数字指纹的可能性极其微小，因此 Hash 函数的单向性使从信息摘要得出的计算是不可行的。数字指纹的这些特征保证了信息的完整性。

b. 采用公钥加密和私钥加密相结合的方法保证数据的保密性。SET 协议中，支付环境的信息保密性是通过公钥加密法和私钥加密法相结合的算法来加密支付信息而获得的。它采用的公钥加密算法是 RSA 的公钥密码体制，私钥加密算法是采用 DES 数据加密标准。这两种不同加密技术的结合应用在 SET 中被形象地称为数字信封，RSA 加密相当于用信封密封，消息首先以 56 位的 DES 密钥加密，然后被装入使用 1 024 位 RSA 公钥加密的数字信封在交易双方传输。这两种密钥相结合的方法保证了交易中数据信息的保密性。

c. 采用双重签名技术保证交易双方的身份认证。SET 协议应用了双重签名（Dual Signatures）技术。在一项安全电子商务交易中，持卡人的订购信息和支付指令是相互对应的。商家只有确认了对应于持卡人的支付指令对应的订购信息，才能够按照订购信息发货；而银行只有确认了与该持卡人支付指令对应的订购信息是真实可靠的才能够按照商家的要求进行支付。为了达到商家在合法验证持卡人支付指令和银行在合法验证持卡人订购信息的同时不会侵犯顾客的私人隐私这一目的，SET 协议采用了双重签名技术来保证顾客的隐私不被侵犯。

9. 信息隐藏技术

近几年来，在传统密码学之外兴起了一种新的信息安全技术——信息隐藏技术（Information Hiding），又称为数字水印技术，它是运用各种信号处理的方法将需要保密的信息隐藏在一般的声像数据中，当非法用户截获到加密文件后，只能解读文件载体的内容，而不会意识到其中含有秘密信息，或者即使知道其中含有隐秘信息也不能解读出来。

（1）信息隐藏技术的基本原理。信息能够隐藏在多媒体数据中的原因有两方面：

①多媒体信息本身存在很大的冗余性，从信息论的角度看，未压缩的多媒体信息的编码效率是很低的，所以将某些信息嵌入到多媒体信息中进行秘密传送是完全可行的，并不会影响多媒体信息本身的传送和使用。

②人眼或人耳本身对某些信息都有一定的掩蔽效应，例如人眼对灰度的分辨率只有几十个灰度级；对边缘附近的信息不敏感等。利用人的这些特点，可以很好地将信息隐藏而不被察觉。

如图 5-4 所示，信息隐藏系统分为隐秘信息（数字水印）嵌入和隐秘信息（数字水印）提取两部分。隐秘信息嵌入可以看成通过嵌入函数 f 进行函数映射 $S=f(C, M, K)$。其中，C 代表隐蔽载体，M 代表秘密信息，K 代表嵌入密钥。隐秘信息提取可看成隐秘信息、嵌入的逆过程，信息提取可能需要原始的隐蔽载体，不需要原始隐蔽载体的信息提取技术称为盲检测。由此可知，信息隐藏系统包含隐蔽载体、秘密信息、嵌入密钥、隐藏算法四个要素。嵌入到隐蔽载体中的秘密信息也称为数字水印，它必须具有保真性、稳健性、安全性和低复杂性等。所谓保真性也称为不可见性，是指嵌入水印后的媒体在视觉或听觉上不能明显感觉出区别。所谓稳健性，是指水印系统能抵抗各种信号处理和攻击的能力。所谓安全性是指水印不易被复制、伪造、非法检测和移去的能力。所谓低复杂性，是指水印的嵌入和提取算法复杂度低，便于推广应用。

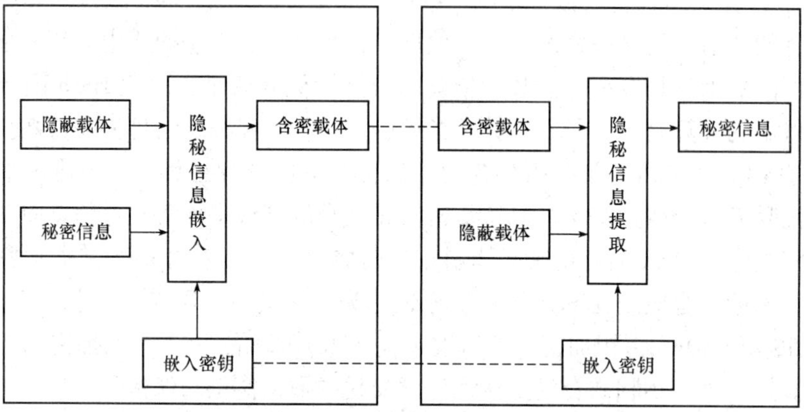

图 5-4　信息隐藏技术原理图

（2）信息隐藏技术的优点。信息认证和访问控制技术相当于给要保护的信息加上一扇门，可以防止非法的用户接近和使用。密码技术的方法是把要保护的信息变换成非法用户（不知密钥的人）无法看懂的无意义的内容。而信息隐藏技术是把要保护的信息隐藏在多媒体载体中，使非法用户不会注意到隐藏信息的存在或不能检测到信息。信息隐藏技术不但能够防止非法用户提取水印信息，而且能躲避攻击。传统的密码技术可以用于保护数字作品，但是媒体一旦解密后，就可以随意地传播、复制；同时由于解密算法的复杂性，所以难以满足实时性的要求。信息隐藏技术正好能克服这些缺点。

10. 防火墙技术

防火墙现已成为各企业网络中实施安全保护的核心，安全管理员的目的是选择性地拒绝进出网络的数据流量，这些工作都是由防火墙来做的。

“防火墙”是一个通用术语，是指在两个网络之间执行控制策略的系统。防火墙通常是由软件系统和硬件设备组合而成，在内部网和外部网之间构建起安全的保护屏障，其结构如图 5-5 所示。

防火墙可以被看成阻塞点。所有内部网和外部网之间的连接都必须经过此阻塞点，在此进行检查和连接，只有被授权的通信才能通过此阻塞点。防火墙使内部网络与外部网络在一定条件下隔离，从而防止非法入侵及非法使用系统资源。同时，防火墙还可以执行安全管制措施，记录所有可疑的事件。其有以下两点基本准则：

一切未被允许的就是禁止的。基于该准则，防火墙应封锁所有信息流，然后对希望提供的服务逐项开放。这是一种非常实用的方法，可以造成一种十分安全的环境，因为只有经过仔细挑选的服务才被允许使用。其弊端是安全性高于用户使用的方便性，用户所能使用的服

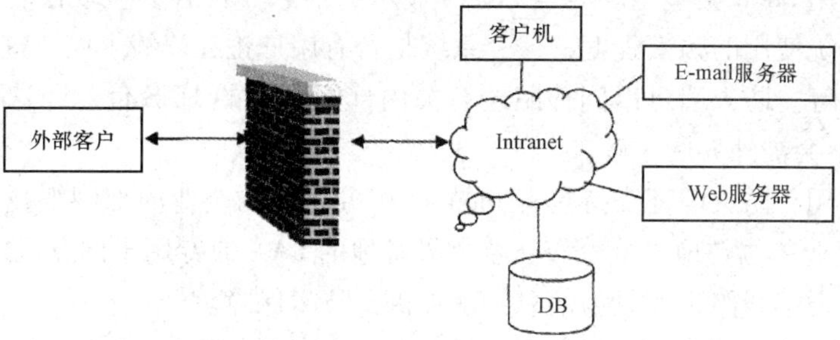

图 5-5　防火墙结构

务范围受到限制。

一切未被禁止的就是允许的。基于该准则，防火墙转发所有信息流，然后逐项屏蔽可能有害的服务。这种方法构成了一种更为灵活的应用环境，可为用户提供更多的服务。其弊端是在日益增多的网络服务面前，网管人员疲于奔命，特别是受保护的网络范围扩大时，很难提供可靠的安全防护。

（1）防火墙的功能。

①防火墙是网络安全的屏障。一个防火墙（作为阻塞点、控制点）能极大地提高一个内部网络的安全性，并通过过滤不安全的服务而降低风险。由于只有经过精心选择的应用协议才能通过防火墙，所以网络环境变得更安全。如防火墙可以禁止诸如众所周知的不安全的NFS 协议进出受保护网络，这样外部的攻击者就不可能利用这些脆弱的协议来攻击内部网络。

防火墙同时可以保护网络免受基于路由的攻击，如 IP 选项中的源路由攻击和 ICMP 重定向中的重定向路径。防火墙可以拒绝所有以上类型攻击的报文并通知防火墙管理员。

②对网络存取和访问进行监控审计。如果所有的访问都经过防火墙，那么，防火墙就能记录下这些访问并做出日志记录，同时也能提供网络使用情况的统计数据。当发生可疑动作时，防火墙能进行适当的报警，并提供网络是否受到监测和攻击的详细信息。另外，收集一个网络的使用和误用情况也是非常重要的，既可以清楚防火墙是否能够抵挡攻击者的探测和攻击，也能清楚防火墙的控制是否充足。而网络使用统计对网络需求分析和威胁分析而言是非常重要的。

③防火墙可以强化网络安全策略。通过以防火墙为中心的安全方案配置，能将所有安全软件（如口令、加密、身份认证、审计等）配置在防火墙上。与将网络安全问题分散到各个主机上相比，防火墙的集中安全管理更经济。例如，在网络访问时，一次一密口令系统和其他的身份认证系统完全可以不必分散在各个主机上，而集中在防火墙一体上。

④防止内部信息的外泄。通过利用防火墙对内部网络的划分，可实现内部网重点网段的隔离，从而限制了局部重点或敏感网络安全问题对全局网络造成的影响。再者，隐私是内部网络非常关心的问题，一个内部网络中不引人注意的细节可能包含了有关安全的线索而引起外部攻击者的兴趣，甚至因此而暴露了内部网络的某些安全漏洞。使用防火墙就可以隐蔽那些透漏内部细节如 Finger、DNS 等服务。Finger 显示了主机的所有用户的注册名、真名，最

后登录时间和使用 Shell 类型等。但是 Finger 显示的信息非常容易被攻击者所获悉。攻击者可以知道一个系统使用的频繁程度，这个系统是否有用户正在连线上网，这个系统是否在被攻击时引起注意等。防火墙可以同样阻塞有关内部网络中的 DNS 信息，这样一台主机的域名和 IP 地址就不会被外界所了解。

除了安全作用，防火墙还支持具有 Internet 服务特性的企业内部网络技术体系 VPN。通过 VPN，将企事业单位在地域上分布在全世界各地的 LAN 或专用子网有机地连成一个整体。不仅省去了专用通信线路，而且为信息共享提供了技术保障。

（2）防火墙的基本类型。根据防护和隔离不同的层次，防火墙可以分为以下几种类型：

①数据包过滤型（Packet Filter）防火墙。数据包过滤（Packet Filtering）技术是在网络层对数据包进行选择，选择的依据是系统内设置的过滤逻辑，称为访问控制表（Access Control Table）。通过检查数据流中每个数据包的源地址、目的地址、所用的端口号、协议状态等因素（或它们的组合）来确定是否允许该数据包通过。数据包过滤防火墙逻辑简单，价格便宜，易于安装和使用，网络性能和透明性好，它通常安装在路由器上。路由器是内部网络与 Internet 连接必不可少的设备，因此在原有网络上增加这样的防火墙几乎不需要任何额外的费用。

数据包过滤的优点是一个过滤路由器能协助保护整个网络，数据包过滤对用户透明，过滤路由器速度快、效率高；缺点是不能彻底防止地址欺骗，一些应用协议不适合于数据包过滤，正常的数据包过滤路由器无法执行某些安全策略。

②应用层网关（Application Layer Gateways）防火墙。应用层网关是在网络应用层上建立协议过滤和转发功能。它针对特定的网络应用服务协议使用指定的数据过滤逻辑，并在过滤的同时，对数据包进行必要的分析、登记和统计，形成报告。实际中的应用网关通常安装在专用工作站系统上。

数据包过滤和应用层网关防火墙有一个共同的特点，就是它们仅仅依靠特定的逻辑判定是否允许数据包通过。一旦满足逻辑，则防火墙内外的计算机系统建立直接联系，防火墙外部的用户便有可能直接了解防火墙内部的网络结构和运行状态，这有利于实施非法访问和攻击。

③代理服务型（Proxy Service）防火墙。代理服务型防火墙通常由两部分构成，即服务器端程序和客户端程序。客户端程序与中间节点连接，中间节点再与要访问的外部服务器实际连接。与包过滤防火墙不同的是，内部网与外部网之间不存在直接的连接，同时提供日志（Log）及审计（Audit）服务。

（3）防火墙的体系结构。

①屏蔽路由器（Screening Router）。屏蔽路由器可以用厂家专门生产的路由器来实现，也可以用主机来实现。屏蔽路由器作为内外连接的唯一通道，要求所有的报文都必须在此通过检查。路由器上可以安装基于 IP 层的报文过滤软件，实现报文过滤功能。许多路由器本身带有报文过滤配置选项，但一般比较简单。单纯由屏蔽路由器构成的防火墙的危险包括路由器本身及路由器允许访问的主机。屏蔽路由器的缺点是一旦被攻后很难发现，而且不能识别不同的用户。

②双穴主机网关（Dual Homed Gateway）。双穴主机网关是用一台装有两块网卡的堡垒

主机做防火墙。两块网卡各自与受保护网和外部网相连。在堡垒主机上运行防火墙软件，可以转发应用程序、提供服务等。与屏蔽路由器相比，双穴主机网关堡垒主机的系统软件可用于维护系统日志、硬件拷贝日志或远程日志。但弱点也比较突出，一旦黑客侵入堡垒主机并使其只具有路由功能，任何网上用户均可以随便访问内部网。

③被屏蔽主机网关（Screened Gateway）。屏蔽主机网关易于实现，也最为安全。一个堡垒主机安装在内部网络上，通常在路由器上设立过滤规则，并使这个堡垒主机成为从外部网络唯一可直接到达的主机，这确保了内部网络不受未被授权的外部用户的攻击。如果受保护网是一个虚拟扩展的本地网，即没有子网和路由器，那么内部网的变化不影响堡垒主机和屏蔽路由器的配置。危险带限制在堡垒主机和屏蔽路由器。网关的基本控制策略由安装在上面的软件决定。如果攻击者没法登录，内网中的其余主机就会受到很大威胁。这与双穴主机网关受攻击时的情形相似。

④被屏蔽子网（Screened Subnet）。被屏蔽子网就是在内部网络和外部网络之间建立一个被隔离的子网，用两台分组过滤路由器将这一子网分别与内部网络和外部网络分开。在很多实现中，两个分组过滤路由器放在子网的两端，在子网内构成一个 DNS，内部网络和外部网络均可访问被屏蔽子网，但禁止它们穿过被屏蔽子网通信。有的屏蔽子网中还设有一堡垒主机作为唯一可访问点，支持终端交互或作为应用网关代理。这种配置的风险仅包括堡垒主机、子网主机及所有连接内网、外网和屏蔽子网的路由器。如果攻击者试图完全破坏防火墙，他必须重新配置连接三个网的路由器，既不切断连接又不要把自己锁在外面，同时又不使自己被发现，这样也还是可能的。但若禁止网络访问路由器或只允许内网中的某些主机访问它，则攻击会变得很困难。在这种情况下，攻击者得先侵入堡垒主机，然后进入内网主机，再返回来破坏屏蔽路由器，并且整个过程中不能引发警报。

二、防火墙技术的应用与发展

自从 1986 年美国 Digital 公司在 Internet 上安装了全球第一个商用防火墙系统，提出防火墙的概念以来，防火墙技术得到了飞速发展。目前有几十家公司推出了功能不同的防火墙系统产品。第一代防火墙，又称数据包过滤防火墙，主要通过对数据包源地址、目的地址、端口号等参数来决定是否允许该数据包通过，对其进行转发，但这种防火墙很难抵御 IP 地址欺骗等攻击，而且审计功能很差。第二代防火墙，也称代理服务器，它用来提供网络服务级的控制，起到外部网络向被保护的内部网络申请服务时中间转接作用，这种方法可以有效地防止对内部网络的直接攻击，安全性较高。第三代防火墙有效地提高了防火墙的安全性，称为状态监控功能防火墙，它可以对每一层的数据包进行检测和监控。随着网络攻击手段和信息安全技术的发展，新一代功能更强大、安全性更强的防火墙已经问世，这个阶段的防火墙已超出了原来传统意义上防火墙的范畴，演变成一个全方位的安全技术集成系统，称为第四代防火墙，它可以抵御目前常见的网络攻击手段，如 IP 地址欺骗、特洛伊木马攻击、Internet 蠕虫、口令探寻攻击、邮件攻击等。

新一代防火墙是加强放行数据的安全性，因为网络安全的真实需求是既要保证安全，也必须保证应用的正常进行。新一代防火墙既有数据包过滤的功能，又能在应用层进行代理。对于较传统的防火墙来说，新一代防火墙具有先进的过滤和代理体系，能从数据链路层到应用层进行全方位安全处理，TCP/IP 协议和代理的直接相互配合，能够提供透明代理模式，减轻客户端的配置工作，使本系统的防欺骗能力和运行的健壮性都大大提高；除了访问控制功能外，新一代的防火墙还集成了其他许多安全技术，如 NAT、VPN、病毒防护等，使防火墙的安全性提升到新的高度。

（一）新一代智能防火墙技术

智能防火墙从技术特征上，是利用统计、记忆、概率和决策的智能方法来对数据进行识别，并达到访问控制的目的。新的数学方法消除了匹配检查所需要的海量计算，高效发现网络行为的特征值，直接进行访问控制。由于这些方法多是人工智能学科采用的方法，因此被称为智能防火墙。智能防火墙的关键技术主要包括以下几种：

1. 防攻击技术

智能防火墙能智能识别恶意数据流量，并有效地阻断恶意数据攻击。智能防火墙可以有效地解决 SYN Flooding、Land Attack、UDP Flooding、Fraggle Attack、Ping Flooding、Smurf、Ping of Death、Unreachable Host 等的攻击。防攻击技术还可以有效地切断恶意病毒或木马的流量攻击。

2. 防扫描技术

智能防火墙能智能识别黑客的恶意扫描，并有效地阻断或欺骗恶意扫描者。对目前已知的扫描工具如 ISS、SSS、NMAP 等，智能防火墙可以防止被扫描。防扫描技术还可以有效地解决恶意代码的恶意扫描攻击。

3. 数据包擦洗和协议正常化技术

智能防火墙支持数据包擦洗技术，对 IP、TCP、UDP、ICMP 等协议的擦洗，可实现协议的正常化，消除潜在的协议风险和攻击。这些方法对消除 TCP/IP 协议的缺陷和应用协议的漏洞所带来的威胁，效果显著。

4. AAA 技术

IPv4 版本的一大缺陷是缺乏身份认证功能，所以在 IPv6 版本中增加了该功能。然而 IPv6 的推广尚需时日，IPv4 在相当长一段时间内还会继续存在。智能防火墙增加了对 IP 层的身份认证，基于身份来实现访问控制。

5. 防欺骗技术

智能防火墙提供基于 MAC 的访问控制机制，可以防止 MAC 欺骗和 IP 欺骗，支持 MAC 过滤，支持 IP 过滤。将防火墙的访问控制扩展到 OSI 的数据链路层。

6. 入侵防御技术

智能防火墙为了解决准许放行包的安全性，对准许放行的数据进行入侵检测，并提供入侵防御保护。入侵防御技术采用了多种检测技术，特征检测可以准确检测已知的攻击，特征库涵盖了目前流行的网络攻击；异常检测基于对监控网络的自学习能力，可以有效地检测新出现的攻击；检测引擎中还集成了针对缓冲区溢出等特定攻击的检测。智能防火墙完成了深层数据包监控，并能阻断应用层攻击。

智能防火墙技术的优点主要包括智能防火墙成功地解决了普遍存在的拒绝服务攻击（DDOS）的问题、病毒传播问题和高级应用入侵问题，代表着防火墙的主流发展方向。新一代智能防火墙自身的安全性较传统的防火墙有很大的提高，在特权最小化、系统最小化、内核安全、系统加固、系统优化和网络性能最大化方面，与传统防火墙相比有质的飞跃。

智能防火墙技术的应用领域主要包括入侵防御、防范黑客攻击、防范潜在风险、防范恶意数据攻击、防范 MAC 欺骗和 IP 欺骗等几个方面。

总之，与传统防火墙相比，智能防火墙在保护网络和站点免受黑客的攻击，阻断病毒的恶意传播，有效监控和管理内部局域网，保护必需的应用安全，提供强大的身份认证授权和审计管理等方面，都有广泛的应用价值。

（二）新一代嵌入式防火墙技术

嵌入式防火墙就是内嵌于路由器或交换机的防火墙。嵌入式防火墙是某些路由器的标准配置。用户也可以购买防火墙模块，安装到已有的路由器或交换机中。嵌入式防火墙也被称为阻塞点防火墙。由于互联网使用的协议多种多样，所以不是所有的网络服务都能得到嵌入式防火墙的有效处理。嵌入式防火墙工作于 IP 层，所以无法保护网络免受病毒、蠕虫和特洛伊木马程序等来自应用层的威胁。就本质而言，嵌入式防火墙常常是无监控状态的，它在传递信息包时并不考虑以前的连接状态。

嵌入式防火墙技术的优点主要包括：嵌入式防火墙弥补并改善各类安全能力不足的企业边缘防火墙、防病毒程序、基于主机的应用程序、入侵检测告警程序以及网络代理程序，确保了企业内部与外部的网络具有以下功能：不论企业局域网的拓扑结构如何变更，防护措施都能延伸到网络边缘为网络提供保护；基于硬件、能够防范入侵的安全特性能独立于主机操作系统与其他安全性程序运行，甚至在安全性较差的宽带链路上都能实现安全移动与远程接入，可管理的执行方式使企业安全性能够被用户策略而非物理设施来进行定义。

一套嵌入式防火墙安全性解决方案能够为那些需要在家访问公司局域网的远程办公用户提供了保护，帮助企业确保网络最薄弱和未保护领域的安全，如笔记本电脑和远程 PC 机，实行集中式管理的嵌入式客户机方案，并实现了跨越企业边缘防火墙的可靠网络连接，为企业和政府站点提供天衣无缝的安全性。

（三）新一代分布式防火墙技术

针对传统边界防火墙的欠缺，专家提出“分布式防火墙”的概念。从狭义和与边界防火墙产品对应来讲，分布式防火墙产品是指那些驻留在网络中的主机（如服务器或桌面机）并对主机系统自身提供安全防护的软件产品；从广义来讲，“分布式防火墙”是一种新的防火墙体系结构，它包含以下几种类型：

1. 网络防火墙

用于内部网与外部网之间（即传统的边界防火墙）和内部网子网之间的防护产品，后者区别于前者的一个特征是需支持内部网可能有的 IP 和非 IP 协议。

2. 主机防火墙

对于网络中的服务器和桌面机进行防护，这些主机的物理位置可能在内部网中，也可能在内部网外，如托管服务器或移动办公的便携机。

3. 中心管理

边界防火墙只是网络中的单一设备，管理是局部的。对分布式防火墙来说，每个防火墙作为安全监测机制可以根据安全性的不同要求布置在网络中的任何需要的位置上，但总体安全策略又是统一策划和管理的，安全策略的分发及日志的汇总都是中心管理应具备的功能。中心管理是分布式防火墙系统的核心和重要特征之一。

分布式防火墙技术克服了传统防火墙的缺陷，它的优势在于：在网络内部增加了另一层安全，可有效抵御来自内部的攻击，消除网络边界上的通信瓶颈和单一故障点，支持基于加密和认证的网络应用；与拓扑无关，支持移动计算。

分布式防火墙技术主要应用在企业的网络和服务器主机上，目的在于堵住内部网的漏洞，解决来自企业内部网的攻击。分布式防火墙实施在企业各个网络端点上，克服了传统防火墙的缺陷，有效保护了主机，适应了新的网络应用的需要。

（四）新一代防火墙技术的发展趋势

随着新的网络攻击的出现，新一代防火墙技术也有一些新的发展趋势。这主要可以从防火墙体系结构、数据包过滤技术和防火墙系统管理三方面来体现。

1. 防火墙的体系结构发展趋势

随着网络应用的增加，防火墙技术对网络带宽提出了更高的要求。这意味着防火墙要能够以非常高的速率处理数据。另外，在以后几年里，多媒体应用将会越来越普遍，它要求数据穿过防火墙所带来的延迟要足够小。为了满足这种需要，一些防火墙制造商开发了基于ASIC的防火墙和基于网络处理器的防火墙。从执行速度的角度来看，基于网络处理器的防火墙也是基于软件的解决方案，它在很大程度上依赖于软件的性能，但是由于这类防火墙中有一些专门用于处理数据层面任务的引擎，从而减轻了CPU的负担，该类防火墙的性能要比传统防火墙的性能好许多。

与基于ASIC的纯硬件防火墙相比，基于网络处理器的防火墙具有软件色彩，因而更加具有灵活性。基于ASIC的防火墙使用专门的硬件处理网络数据流，比起前两种类型的防火墙具有更好的性能。但是纯硬件的ASIC防火墙缺乏可编程性，这就使它缺乏灵活性，从而跟不上防火墙功能的快速发展。理想的解决方案是增加ASIC芯片的可编程性，使其与软件更好地配合。这样的防火墙就可以同时满足来自灵活性和运行性能的要求。

2. 防火墙包过滤技术发展趋势

（1）使防火墙具有病毒防护功能。现在，防火墙通常被称之为“病毒防火墙”，当然目前主要还是在个人防火墙中体现，因为它是纯软件形式，更容易实现。这种防火墙技术可以有效地防止病毒在网络中的传播，比等待攻击的发生更加主动。拥有病毒防护功能的防火墙可以大大减少企业的损失。

（2）多级过滤技术。所谓多级过滤技术，是指防火墙采用多级过滤措施，并辅以鉴别手段。在分组过滤（网络层）一级，过滤掉所有的源路由分组和假冒的IP源地址；在传输层一级，遵循过滤规则，过滤掉所有禁止出或/和入的协议和有害数据包，如nuke包、圣诞树包等；在应用网关（应用层）一级，能利用FTP、SMTP等各种网关，控制和监测Internet提供的所用通用服务。这是针对以上各种已有防火墙技术的不足而产生的一种综合型过滤技术，它可以弥补以上各种单独过滤技术的不足。

这种过滤技术在分层上非常清楚，每种过滤技术对应于不同的网络层，从这个概念出发，又有很多内容可以扩展，为将来的防火墙技术发展打下基础。

（3）一些防火墙厂商把在AAA系统上运用的用户认证及其服务扩展到防火墙中，使其拥有可以支持基于用户角色的安全策略功能。该功能在无线网络应用中非常必要。

具有用户身份验证的防火墙通常采用应用级网关技术，数据包过滤技术的防火墙不具有。用户身份验证功能越强，它的安全级别越高，但它给网络通信带来的负面影响也越大，因为用户身份验证需要时间，特别是加密型的用户身份验证。

3. 防火墙的系统管理发展趋势

防火墙的系统管理也有一些发展趋势，主要体现在以下几个方面：

（1）集中式管理，分布式和分层的安全结构是将来的趋势。集中式管理可以降低管理成本，并保证在大型网络中安全策略的一致性。快速响应和快速防御也要求采用集中式管理系统。目前这种分布式防火墙早已在 CISCO（思科）、3 Com 等大的网络设备开发商中开发成功，也就是目前所指的“分布式防火墙”和“嵌入式防火墙”。另外，“混合型”和“智能型”等新特性的防火墙也随着企业的应用需求而产生。

（2）强大的审计功能和自动日志分析功能。这两点的应用可以更早地发现潜在的威胁并预防攻击的发生。日志功能还可以使管理员有效地发现系统中存在的安全漏洞，及时地调整安全策略。不过具有这种功能的防火墙通常是比较高级的，早期的静态数据包过滤防火墙是不具有的。

（3）网络安全产品的系统化。随着网络安全技术的发展，现在有一种提法，称为“建立以防火墙为核心的网络安全体系”。因为在现实中发现，仅现有的防火墙技术难以满足当前网络安全需求，通过建立一个以防火墙为核心的安全体系，就可以为内部网络系统部署多道安全防线，各种安全技术各司其职，从各方面抵御外来入侵。

如现在的 IDS 设备就能很好地与防火墙一起联合。一般情况下，为了确保系统的通信性不过多受到安全设备的影响，IDS 设备不能像防火墙一样置于网络入口处，只能置于旁路位置。而在实际使用中，IDS 的任务往往不仅在于检测，很多时候在 IDS 发现入侵行为以后，也需要 IDS 本身对入侵及时遏制。显然，要让处于旁路侦听的 IDS 完成这个任务很难，同时主链路又不能串接太多类似设备。在这种情况下，如果防火墙能和 IDS、病毒检测等相关安全产品联合起来，充分发挥各自的长处，协同配合，共同建立一个有效的安全防范体系，那么系统网络的安全性就能得到明显提升。

第二节 信息安全体系

一、信息安全体系概述

各种信息安全技术及相应的实现机制是信息安全建设中所必需的材料，信息安全整体建设的体系结构相当于蓝图。信息安全要做成什么“模样”？信息安全建设应该考虑哪些方面？到底什么才是全面而完整的信息安全？这些问题都要由信息安全体系结构来回答。信息安全体系结构的设计并没有严格意义的统一标准，不同领域不同时期，人们对信息安全的认识都不尽相同，对解决信息安全问题的侧重也有所差别。早在 1989 年，ISO 组织就发布了一个 ISO 7498－2 标准，即《信息处理系统 开放系统互连 基本参考模型 第 2 部分：安全体系结构》，这个标准提供了安全服务与相关机制的一般描述，确定在参考模型内部可以提供这些服务与机制的位置。ISO 7498 - 2 被引入国内后，便成为 GB/T 9387.2—1995。后来，人们又根据信息安全建设的动态性和过程性特点，提出了 P2DR、PPDRR 等模型。美国的 IATF 提出了人、技术和操作三要素共同构成信息保障体系的观点。信息安全管理标准 BS 7799 提出了建立信息安全管理体系（ISMS）的目标。

1. ISO 安全体系结构

ISO 安全体系结构的主要内容：①安全服务，包括认证服务、访问控制、数据保密服务、数据完整性服务和抗抵赖服务；②安全机制，ISO 安全体系结构中定义了一些安全机制，包括加密机制、数据签名机制、访问控制机制、数据完整性机制、鉴别交换机制、业务流填充机制、路由控制机制、公证机制等；③安全管理，其重要内容是实施一系列的安全政策，对系统和网络上的操作进行管理，包括安全服务管理和安全机制管理。ISO 安全体系在结构概念上是一个大而全的设计。④ISO 的模型完全实用化比较困难。

2. P2DR 模型

Policy 策略、Protection 防护、Detection 检测和 Response 响应组成了完整的 P2DR 模型。在模型中，Policy 策略是核心，是管理因素的体现，提出了控制要求、控制目标和行为规范，在信息安全控制体系中起到指导的作用，Protection 防护、Detection 检测和 Response 响应是技术因素的体现，通过信息安全技术的应用，对安全政策中提出的控制要求提供支持，实现控制目标。模型通过将管理和技术的因素相结合，为组织的信息安全保障建设提供了有效的指导。

3. PPDRR 模型

PPDRR 模型即 Policy（策略）、Protection（保护）、Detection（检测）、Response（响应）和 Recovery（恢复）。

信息安全策略是一个组织解决信息安全问题最重要的步骤，也是这个组织整个信息安全体系的基础，反映出这个组织对现实安全威胁和未来安全风险的预期，反映出组织内部业务人员和技术人员安全风险的认识与应对。保护是安全的第一步，但采取丰富的安全防护措施并不意味着安全性就得到了可靠保障，因此要采取有效的手段对网络进行实时检测，使安全防护从单纯的被动防护演进到积极的主动防御。响应指在遭遇攻击和紧急事件时及时采取措施。恢复指系统受到安全危害与损失后，能迅速恢复系统功能和数据。在这个模型中，防护、检测、响应和恢复在安全策略的指导下构成一个完整的、动态的安全循环，是基于时间关系的。

4. IATF 信息安全模型

IATF 是由美国国家安全组织专家编写的一个全面描述信息安全保障体系的框架，它提出了信息保障时代信息基础设施的全套安全需求。IATF 提出了信息保障依赖于人、操作和技术来共同实现组织职能、业务运作的思想，对技术、信息基础设施的管理也离不开这三个要素。人借助技术的支持，实施一系列的操作过程，最终实现信息保障目标，这就是 IATF 最核心的理念。IATF 定义了实现信息保障目标的工程过程和信息系统各个方面的安全需求。在此基础上，对信息基础设施就可以做到多层防护，这样的防护被称为“深度保护战略”。

5. BS7799 和信息安全管理体系（ISMS）

BS7799 是国际信息安全管理标准体系，包含两个部分：第一部分是被采纳为 ISO/IEC

17799：2000 标准的信息安全管理实施细则，它在 10 个标题框架下列举定义了 127 项作为安全控制的惯例，供信息安全实践者选择使用；第二部分是建立信息安全管理体系（ISMS）的一套规范，详细说明了建立、实施和维护信息安全管理体系的要求，指出实施机构应该遵循的风险评估标准。作为一套管理标准，BS7799－2 指导相关人员怎样去应用 ISO/IEC 17799，其最终目的在于建立适合企业需要的信息安全管理体系，ISMS 是一个系统化、程序化和文档化的管理体系，技术措施只是作为依据安全需求，有选择有侧重地实现安全目标的手段而已。

为了实现 ISMS，组织应该在计划（Plan）阶段通过风险评估来了解安全需求，然后根据需求设计解决方案；在实施（Do）阶段将解决方案付诸实现，解决方案是否有效？是否有新的变化？应该在检查（Check）阶段予以监视和审查；一旦发现问题，需要在措施（Act）阶段予以解决，以便改进。ISMS 通过这样的过程周期，组织就能将确切的信息安全需求和期望转化为可管理的信息安全体系。

二、企业信息安全体系架构[1]

IT 研究与顾问咨询 Gartner 公司将企业信息安全体系架构视为企业进行信息安全管理的指南，用于在企业内部以一致的方式记载和交流信息安全管理成果。Gartner 基于其企业信息安全体系架构实践和对信息安全管理的深入理解，提出了企业信息安全体系架构（EISA）模型。Gartner 认为，要建立 EISA，必须给组织提供某种机制，使组织能够充分利用通用的原则和最佳实践，将信息安全的业务需求转换成可操作的信息安全和风险管理解决方案。

Gartner 建议 EISA 架构应包括业务、信息和技术三个视角，概念层、逻辑层和实现层三个层面。其中业务视角包括信息安全组织和流程，信息视角包括执行信息安全职能所需要的各类信息，技术视角包括基础设施的安全架构、安全服务架构和应用安全架构，定义了实现安全需求的软硬件配置。概念层描述相对抽象的意图、目标、特性和模型，在相当长的时期内保持稳定；逻辑层详细描述在对环境、资源等进行各种可能的选择分析和权衡基础上确定的实现概念层目标的各种思想、方法、技术、设计；实现层描述实现概念层目标和逻辑层设计的具体模型。

1. 企业信息安全体系架构的三个视角

企业信息安全体系的建立是为了保障业务运作。从企业的可实施角度，在企业信息安全体系架构实践的基础上，结合对信息安全管理的理解，提出从管理、控制和技术三个视角来综合考虑企业信息安全体系的构建。

（1）管理视角，关注企业的信息安全管理架构。信息安全管理架构描述企业信息安全工作如何开展，信息安全管理职能如何与企业内的其他业务职能沟通协作，实现对信息安全的有效管理。如同企业内的其他业务管理架构一样，信息安全管理架构应包括组织、流程、管理制度三个要素。

1　罗革新，吕增江，崔广印，等. 大型企业信息安全体系架构设计初探［J］. 勘探地球物理进展，2008（6）：471－478.

（2）控制视角，关注企业的信息安全控制架构。信息安全控制架构全面描述了企业信息安全对业务运作过程的要求，业务运作对信息安全技术的要求，以及网络和信息系统所采用的保护方式。

（3）技术视角，关注企业的信息安全技术架构。信息安全技术架构从技术角度描述了企业信息技术基础设施和应用系统的安全保护措施，包括应用安全架构、信息安全服务架构、信息技术基础设施安全架构三个方面。

企业信息安全体系架构的三个视角是相互联系、相互合作的，由此构成一个有机融合的整体。信息安全管理架构包含信息安全风险管理的流程、信息安全管理的职责和相应的信息安全制度，使企业能够正确地评价信息系统所面临的安全风险，并根据等级保护的基本要求，选择和实施合理的安全控制，从而实现对信息系统的等级保护。信息安全控制架构规范了对企业信息系统的基本保护要求，包括两个方面：一方面，该架构建立在对风险合理预期基础之上，同时也是信息安全风险管理的成果；另一方面，该架构是企业进行信息安全需求分析并确定安全控制的重要工具，是信息安全风险管理的输入。信息安全技术架构描绘了企业基础设施和应用的信息安全架构，以及信息安全服务的架构，是控制架构中技术控制要求的实际实现。

2. 企业信息安全体系架构的三个层次

企业信息安全体系架构必须能够指导企业将信息安全的战略和业务的要求转换成可操作的信息安全风险管理实践。在实现信息安全目标的过程中，不同层级的管理者和实施者关心不同详细程度的信息。因此从概念层、逻辑层和实现层三个层次来考虑企业信息安全体系架构就显得更加重要，并具有可操作性。

（1）概念层，定义了信息安全体系架构的概念模型。概念模型由概念要素组成，包含目标和特征，是高度抽象的模型，在较长的时间内保持稳定。概念模型为规划者所关心，阐述了实现企业信息安全战略目标所需要的管理、控制和技术组件。

（2）逻辑层，定义了信息安全体系架构的逻辑模型。逻辑模型由功能逻辑元素组成，描述了如何通过功能逻辑元素及元素间的合作关系来实现概念模型要求的目标和特征，与具体的资源和产品无关。逻辑模型为设计者所关心，是在环境、资源、各种可能选择分析和权衡基础上确定的实现概念层目标的各种思想、方法、技术和设计。

（3）实现层，定义了信息安全体系架构的实施模型。实施模型由具体的物理实现元素组成，描述用什么资源和产品来实现逻辑设计方案，解决部署和配置等方面的问题。实施模型涉及具体的资源、产品，为构建者所关心，是概念层目标和逻辑层设计的具体实现。

概念层、逻辑层和实现层之间的关系：上层模型指导下层模型，下层模型是上层模型的细化和实现。通过这种内在的指导和实现关系，信息安全体系架构提供了将业务对信息安全的要求转换成具体的信息安全控制方案的工具。

三、企业信息安全体系架构的意义

企业信息安全体系架构是企业信息安全建设和运作的蓝图，是企业构建信息安全保障体系的核心内容。通过对企业信息安全体系架构的描述，以及在企业内部进行广泛的宣传与推广，可以帮助企业规范信息安全的管理、建设和运作，提高信息安全的整体保障水平。最重要的是，企业信息安全体系架构提供了一种将业务对信息安全的需求转换成可操作的信息安全和风险管理解决方案的机制。因此，根据上述三个视角、三个层次的建设理念，提出MCT（管理、控制和技术）企业信息安全体系架构模型。

该信息安全体系架构模型从企业信息安全风险管理的角度出发，构建了组织、人员，信息安全流程，制度和标准规范，基于等级保护的安全控制基本要求体系、基础设施与应用的安全架构以及共享信息安全服务等关键要素，强调从组织、人员技能、流程、基础设施、标准规范等五个方面实现信息安全体系的核心功能，规划了以等级保护为基础的控制架构，以符合国家关于信息安全保障体系与等级保护的要求。

第三节　信息安全的风险控制[1]

尽管信息系统的安全威胁是普遍存在的，但信息化已经成为现在以及未来企业发展的必然趋势，是企业实现第三利润源泉功能的必要条件。实际上，任何安全措施都是相对的，只要能够保证管理信息系统在现有的技术条件下是相对安全的，在管理信息系统的风险与其所带来的竞争优势之间做一个权衡即可。而目前的信息安全技术和管理能力是可以保证信息的相对安全性的。因此，在物流信息系统的开发与运行过程中，一定要加强技术控制和管理控制。技术控制通过与系统直接相关的技术手段防止安全事故的发生，包括技术架构设计原则的制定，安全域划分和信息安全保障技术等手段；管理控制主要从企业组织管理上采取措施，它不受系统本身的控制，是施加于信息管理系统之上的，包括信息安全组织的创建和信息安全政策的制定。

一、组织安全

信息安全组织是指建立一定的组织结构并确定相应组织成员。在企业中，管理层应当建立适当的信息安全组织，用以协调企业内部的各项资源，实现信息安全控制的目标，信息安全组织的功能通过组织的成员完成，各个成员的职责由管理层指定。

1. 信息安全组织的职能

信息安全组织的职能包括：

（1）信息安全管理活动的发起，信息安全策略的制定、审核、批准和维护，在企业内部强制实行对其实施过程的监督，并对策略的实施进行审计，以确定策略的严格执行并对执行效果进行评估。

（2）在信息安全保障过程需要多部门合作时，信息安全组织起到协调各部门的作用。信息安全组织负责批准信息安全的特殊方法和程序，如风险评估，任命信息安全管理的特殊角色并明确其责任，实施全员安全意识计划等。要实现此项职责，信息安全组织应由企业内部各个部门和管理层的代表组成。

（3）企业中每个角色都有其信息安全的责任，信息安全组织负指派每个角色的信息安全责任，将责任落实到人。

1　贾斌．企业信息安全风险分析与控制［D］．西安：西北工业大学，2006.

(4) 对需要对信息系统进行操作的人员和程序授予其相应的权限，保证所有的操作行为和被操作对象都在企业的控制之下。

(5) 企业的活动需要与企业自身之外的第三方进行合作，这些合作行为为信息安全的控制和信息安全组织负责，包括制定及实施相关策略。

信息安全组织是企业建立信息安全保障体系的推动者、策划者和制定者，需要由有经验的信息安全专家参与其中，可以是组织内部的人员，也可以是组织外部的、受到组织邀请的人员。建立完善的信息安全组织，是企业信息安全保障的首要条件。

2. 信息安全模型

企业信息安全应是协作性的安全，即信息安全是通过各种角色责任集成而实现的。安全组织架构模型是一个基于角色的层次模型，该模型如图 5-6 所示。

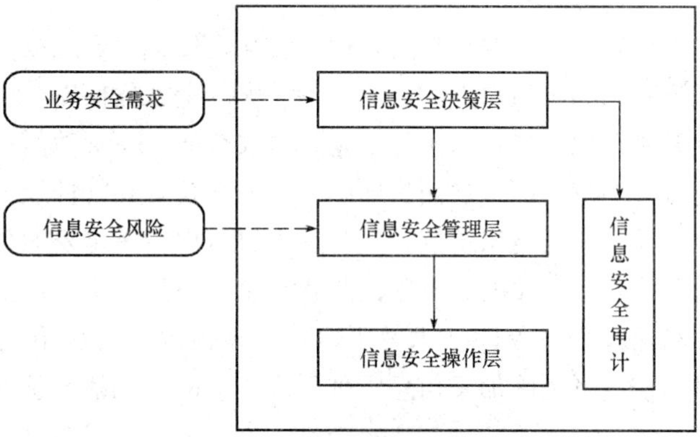

图 5-6　信息安全责任模型

信息安全模型说明如下：

(1) 信息安全的责任是管理信息安全风险，使业务安全需求得到满足。

(2) 信息安全决策层负责业务安全需求范围的确定、企业信息安全目标的建立、企业信息安全战略规划的制定、信息安全政策和风险管理实施计划的批准。

(3) 信息安全管理层负责根据信息安全决策层的决策，分析信息安全需求，建立或维护企业信息安全体系来管理信息安全风险管理，保障业务的安全。

(4) 信息安全操作层的责任是执行风险管理计划。

(5) 信息安全审计责任是独立于信息安全管理和操作层的责任体。信息安全审计负责审计信息安全活动是否满足业务安全的需求和风险管理的目标。审计的结果直接向决策层报告。

二、人员安全

人员是企业活动的执行者，因此对企业的活动起到决定性的作用。具有良好责任感的、遵守企业政策的高素质的人员，是信息安全保障实现的决定性环节。

人员安全包括：

1. 人员来源的保证

在人员选择的时候，应考虑其背景、资质是否能够胜任其所申请的职位，根据其职位所涉及信息的敏感程度的不同，其审查程序也不同，敏感程度越高，审查程序越严格。对于个别重要的职位，应当定期进行审查。

2. 人员职责的明确

将信息安全责任包含在工作责任中，每个人员都应当清楚地知道自己的职责，明白哪些事情可以做，哪些事情不能做。

3. 法规约束

通过法律、法规、政策的形式明确人员的责任和义务，以及违反这些责任和义务应承担的后果，如与被企业录用的人员签订合同和保密协议等。

4. 安全培训

通过定期或不定期的、组织内部或组织外部的培训来提高人员安全意识，增强其对组织安全政策和程序的理解。

5. 人员本身的安全

人员是企业的资源，人员的损失会对企业的正常运行造成影响。企业应当采取一定的措施来保证人员本身的安全，保障企业在遭受人员伤亡的时候，可以正常运作。

三、安全政策

1. 基本框架

本章在“信息安全体系概述”一节中提及的国际通用的ISO/IEC 17799：2000信息安全管理实施细则为企业制定安全管理政策，安全政策应当覆盖标准所要求的所有10个安全域，具体如下：

（1）信息安全方针。为企业信息安全管理提供政策性的支持和指导，使信息安全管理工作制度化。

（2）信息安全组织。建立相应的管理组织，负责信息安全管理政策的制定、执行、执行情况的监督，并负责信息安全管理的交流工作。

（3）资产分类与管理。对企业的信息资产分类，根据资产不同的敏感程度采取适当措施进行保护。

（4）人员安全。对人为的错误、偷窃、滥用等行为对信息系统造成的伤害进行管理。

（5）实体和环境安全。防止对信息系统所处的环境及对信息的未经授权的访问、控制及破坏。

（6）通信管理。确保对信息设备的操作处于正确的指导之下。

（7）访问控制。控制对信息和信息系统的访问，对需要访问系统的人员进行正确的授权，防止未经授权的访问。

（8）信息系统的开发和维护。保证所使用的信息系统本身的安全性。

（9）业务连续性管理。保证在遭受灾难的情况下，企业的关键业务能够持续运行下去。

（10）法律符合性。企业的所有规定和活动必须符合相关的法律法规。

以上10个安全域从整体上描述了企业信息安全管理体系所应该包含的内容。

对每个安全域的要求，企业应当制定相应的管理策略并严格执行。

2. 信息安全政策制定原则和过程

（1）信息安全政策的建立应遵循以下原则：

①完整性。安全政策应当包含企业信息安全管理的所有方面，为了防止因为缺乏管理措施而导致的信息安全漏洞的出现，所有与信息安全相关的企业活动和人员活动都应该在适当的信息安全管理政策的指导下进行，降低企业的管理风险；

②可操作性。制定的信息安全政策应当能够被顺利执行。管理政策应当简单易懂并易于执行，防止由于过于复杂的操作过程或者由于超出现有能力范围的执行过程出现在管理政策中，导致在现实中政策难以执行，使管理政策形同虚设。

③经济性。执行管理政策所需要的资源应当控制在一定的范围之内，不能大于其所要控制的风险发生所带来的损失。

④有效性。企业的安全政策应能够有效地控制系统所面临的弱点，对企业的业务起到促进作用。所制定的管理政策应当以正式的途径在企业内部颁布，确保人员及时熟悉相关管理政策的最新版本及内容。

⑤可审计性。所有的管理政策中所规定的执行过程或方法必须具有可审计性，用以监督管理政策的执行情况，使信息安全组织可以对政策的执行效果做出评估，并根据评估的结果对政策内容做出修改和调整。

（2）信息安全政策的制定工作由信息安全组织负责，包括以下几步：

①识别需要保护的对象。

②识别保护对象可能面临的威胁。

③确定需要采取的管理措施并制定执行政策。

④制订应急方案。

⑤颁布实施。

⑥对执行结果进行审计。

安全政策的制定是一个循环的过程，随着企业的发展和技术的进步，政策中可能出现不合理的部分，利用审计的结果对政策中不合理的部分进行修改，这一任务由信息安全组织负责。

四、技术架构设计原则

技术架构的设计应遵循以下原则：

1. 系统性原则

这个安全体系的建设要有系统性和适应性，不因网络和应用技术的发展、系统升级和配置的变化而导致系统在整个生命期中安全保护能力和抗御风险能力的降低。

2. 技术先进性原则

采用先进的安全体系进行结构设计，选用先进、成熟的安全技术和设备，实施中采用先进可靠的工艺和技术，提高系统运行的可靠性和稳定性。

3. 可控性原则

系统的所有安全设备（管理、维护和配置）都应自主可控；系统安全设备的采购必须有严格的手续；安全设备必须有相应机构的认证或许可；安全设备供应商和实施方案的设计和施工单位应具有相关的资质。

4. 适度性原则

系统安全方案应充分考虑保护对象的价值与保护成本之间的平衡性，在允许的风险范围内尽量减少安全服务的规模和复杂性，使之具有可操作性，避免超出用户所能理解的范围，而变得难以执行或者无法执行。

5. 技术与管理相结合原则

系统安全建设是一个复杂的系统工程，包括产品、过程和人的因素，因此在考虑技术解决方案的同时应考虑管理、法律、法规方面的制约和调控。技术应为管理、法律、法规的实现提供支持。

6. 系统可伸缩性原则

企业信息系统和网络系统将随着网络和应用技术的发展而发生变化，同时信息安全技术也在发展，因此安全系统的建设必须考虑系统可升级和可伸缩性，重要和关键的安全设备不因网络变化或更换而废弃。

五、安全域划分

安全域指具备一定的目标安全功能，结构上相对独立，执行共同的一组安全政策的系统部件及其行为的集合。就安全域的定义来看，企业的整个信息系统本身就是一个安全域，信息系统的任何一个子系统也构成一个安全域。

安全域可以从物理上划分，也可以从逻辑上划分。安全域的物理划分是依据系统组成的物理位置，如楼层、建筑、地理位置等。安全域的逻辑划分是依据政策和管理，如信息系统所属的部门。逻辑上划分的安全域更能反映安全政策的要求。

安全域最好的划分方法是将物理划分和逻辑划分结合起来，多数情况下，物理上的区分往往与逻辑上的区分紧密联系。由于现实应用系统的复杂性，安全域可能具有包容性，即一个大的安全域又可以划分为若干个小的安全域，还有可能有些系统组件即属于这个安全域，又属于那个安全域。

在划分了安全域之后，可以根据不同的安全域所面临的风险的不同和所执行的安全政策的不同对其进行信息安全保障。

安全域的信息安全保障包括以下三个方面：

（1）域内保障。对安全域内部所面临的风险进行控制。

（2）域边界保障。域边界是安全域与其他安全域或用户交换信息的接口，所有穿越域边界的行为应当在控制之下。

（3）域外保障。对所有潜在的可能对安全域进行访问的行为进行控制。

六、信息安全保障技术

以本章“信息安全体系概述”一节中提及 P2DR 模型对信息安全进行分类：

（一）防护技术（P）

1. 人员认证体系

当用户向服务器提出访问请求时，服务器要求用户提交数字证书。收到用户的证书后，服务器利用认证中心的公开密钥对认证中心的签名进行解密，获得信息的散列码。然后服务器用与认证中心相同的散列算法对证书的信息部分进行处理，得到一个散列码并与对签名解密所得到的散列码进行比较，若一致则表明此证书确实是认证中心签发的，而且是完整的未被篡改的证书。这样，用户通过了身份认证。服务器从证书的信息部分取出用户的公钥，以后向用户传送数据时，以此公钥加密，对该信息只有用户可以进行解密。业界实现协议有Kerberos v5 和 X. 509 等协议。

系统包括认证服务器和 Cache 服务器。认证服务器负责密钥管理和证书签发。Cache 服务负责保存用户证书，减少服务器载入，实现网络加速。

2. 网络认证体系

系统主要是通过身份认证和安全策略检查的方式，对未通过身份认证或不符合安全检查策略的用户终端进行网络隔离，并帮助终端进行安全修复，以达到快速有效强制执行企业终端安全策略的目的。当用户试图接入网络时，系统首先对其进行身份认证，拒绝不合法的用户。

对于合法的用户，由安装在客户端的 Agent 收集客户端的有关信息，交由安全策略服务器进行安全认证，如果客户端的安全策略执行情况与要求相符合，则通过认证，允许客户端接入网络；如果不符合，则强制其进入安全修复服务器进行修复，直到客户端符合安全策略后，才可以接入网络。

3. 防火墙体系

防火墙系统通过建立防火墙规则，检测防火墙状态，实现边界安全，提供访问控制，并实现安全策略。防火墙作为内外部网络之间通信的唯一通道，在不同安全策略的两个网络连接处，建立一个安全控制点，通过允许拒绝或重新定向经过防火墙的数据流，实现对进出内部网络的服务和访问的审计和控制。

4. 应用网关

应用交换系统，采用 4 ~ 7 层交换技术，将数据交换与数据内容建立起联系，不仅仅根据数据包的 IP 地址和端口来传递数据，还可以打开数据包，进入数据包内部并根据包中的信息做出负载均衡、内容识别等判断，智能地在各个服务器之间分配数据流量。应用交换系统通过 Ping、HTTP、TCP 等检测方法，对后台服务器的状态进行检查，一旦发现死机或提供项服务失败时，将服务器从服务器组中移出，保证系统的可靠性。

5. 开发工程过程

根据统计过程理论，如果使用一个不加改变的工程过程，那么输出的结果的质量在统计意义上也是不变的。如果质量好则会一直好下去，如果差则会一直差，这就是过程的能力。对工程过程如果不加以改善，那么该工程过程的能力会很弱，但对过程的改善必须针对关键过程实施，否则改善的成本很高，而收效很低。

6. VLAN

VLAN 通过划分虚拟工作组设定安全域。每个 VLAN 具有一个广播域，通过设定策略，能够提高系统性能，并提供一定程度的安全保护。

7. 病毒防御系统

安装病毒防御系统可以使企业网络系统抵御病毒攻击的能力增强，减少受到病毒损害的可能性：

（1）网络防病毒系统部署。设定独立的病毒服务器，安装网络版的防病毒软件。

（2）网关防病毒系统部署。网关防病毒功能是在网关处对通过的网络数据流进行病毒扫描以保护用户网络不受计算机病毒的侵害。网关防病毒与主机防病毒的最大区别在于主机防病毒产品保护的范围仅仅是所在主机自身上的文件系统，而网关防病毒保护的范围则是用户网络中的所有主机，同时还可以避免网络内部的主机主动传播病毒到网络外部的主机。

（二）检测技术（D）

1. 入侵检测

通过入侵检测系统（IDS）发现入侵事件，以便对其做出及时的反应，保护企业网络。

IDS 通常采用管理控制中心和检测引擎组成的分布式体系结构，通过监视网络或系统资源，寻找违反安全策略的行为或攻击迹象，为网络系统提供保护。

IDS 首先采集来自网络系统不同节点（不同子网和不同主机）隐藏了网络入侵行为的数据，例如系统日志、网络数据包、文件与用户活动的状态和行为；接着通过模式匹配、异常检测和完整性分析等技术，IDS 对数据进行分析以寻找入侵；最后，一旦发现入侵，IDS 就进入响应过程，并在日志、报警和安全控制等方面做出反应。

入侵检测系统主要分为网络入侵检测与主机入侵检测两部分，各部分的功能如下：

（1）网络入侵检测系统。网络入侵检测系统是实时的网络违规自动识别和响应系统。它运行于敏感数据需要保护的网络上，通过实时监听网络数据流，识别、记录入侵和破坏性代码流，寻找网络违规模式和未授权的网络访问尝试。当发现网络违规模式和未授权的网络访问尝试时，网络信息安全检测系统预警系统能够根据系统安全策略做出反应。该系统可安装于防火墙前后，可以对攻击防火墙本身的数据流进行响应，同时可以对穿透防火墙进行攻击的数据流进行响应。在被保护的局域网中，入侵检测设备应安装于易受到攻击的服务器或防火墙附近。这些保护措施主要是为了监控经过出口及对重点服务器进行访问的数据流。入侵检测报警日志的功能是通过对所有对网络系统有可能造成危害的数据流进行报警及响应。这些数据流引起的报警日志，可以作为受到网络攻击的主要证据。

（2）主机入侵检测系统。主机入侵检测系统是为网络安全管理员提供一个软件工具，对网络中运行的服务器进行自动实时监测，以发现可能的入侵和越权使用行为。通过对服务器的数据进行分析（数据包括操作系统的安全日志、进程、网络通信数据以及关键文件的信息等），采用预定义的模式匹配，基于统计异常分析和状态迁徙技术，识别入侵和越权使用行为并产生相应报警信息，通知管理员及时采取安全措施。主机入侵检测系统是网络入侵检测系统的有效补充。

2. 安全监控

信息安全管理本质上是对信息安全系统执行的“检测”，检测的内容包括信息安全过程的执行状况、安全政策执行的状况、安全控制运行的状况等。将监测到的状况与基准进行比较，如果在基准范围内，则属于正常；如果不在基础范围内，就属于异常。

状态检测包括手工和自动两种方式，但检测到的状态数据要统一进行分析和处理。基准的定义取决于安全管理对象，但所有的基准都依赖于安全政策。

3. 安全审计

在每个待审计的系统上都安装代理和控制器，这些组件一起配合收集环境内的所有被审计事件，这些数据被收集于中央库中。系统整合异构系统和应用软件的审计数据，对事件进行详细分析，系统管理员通过使用这些数据来协调监控和系统报警工作，并报告跨平台用户的活动信息。

系统包括代理端和审计服务器两部分。代理端负责收集待审计信息并实现存储转发功能。在审计服务器上建立中央数据库，存储各种审计日志用于分析、报告，管理员可以在服务器上查看、分析各种审计日志，并生成各种报表。

（三）响应技术（R）

1. 主页恢复

系统利用一定的算法对 Web 网站的内容生成一个摘要，并将 Web 网站的内容在安全目录中进行备份。系统会定期对 Web 网站的内容进行检测并与事先生成的摘要进行核对，一旦发现内容发生变化，则从安全目录中将 Web 网站的内容进行恢复。

系统一般包括检测端和控制台两部分。检测端是整个系统的核心，在需要保护的 Web 服务器上运行，负责对系统的扫描，发现非法操作，并向控制台提出警告。在控制台上，管理员可以通过 IE 浏览器在本地或远程连接登录控制台对 Web 服务器进行监控与管理，制定相应的控制策略，包括对非法操作的响应。

2. 备份系统

备份利用的冗余纠错的方法，对关键的设备提供适当的冗余度，保证在其中一台不工作的情况下，网络仍旧能够正常通信。

3. 灾备中心

利用冗余的原理，为整个主用系统建立一个系统级的备份（包括运行系统以及运行环境），在主用系统遭受灾难无法使用时，业务暂时转移到灾备中心进行。

灾备中心是在远离主用系统的地方，为企业的关键业务所依赖的系统建立的备份，包括硬件设备、运行环境、软件配置以及相关数据。在主用系统瘫痪的情况下，可以暂时替代主用系统的功能，恢复企业的关键业务。对于用户来说，在主用系统与灾备中心之间的切换应当是透明的。

第四节　信息管理规章制度

一、信息管理办法

第一条　总则

信息管理制度是单位的基本管理制度，是单位正确决策的前提和依据。为使单位的信息管理规范化、系统化，特制定本办法。

第二条　管理原则和体制

（1）单位按集中与分散结合、纵向与横向结合的原则建立信息管理系统。

（2）单位级信息管理由单位信息部统筹和协调。各部门负责各职责范围内的信息管理工作。

第三条　管理分工和内容

（1）综合信息系统。由信息部负责，主要范围为国家、地方法律、法规、政策文件，国家、地方社会经济、科技发展动态、本公司及上级企业经营管理，公司整体规划、计划及有关综合统计汇总信息、材料，公司订阅的图书、报纸、杂志资料。

（2）行政信息系统。由行政部负责，主要范围为地方政府、上级企业文件、指示，单位各类公文、往来函电记录，办公用品功能和市场价格，车辆运行、维修及消耗情况。

（3）人事信息系统，由人事部负责，主要范围为国家、地方劳动人事政策，工资福利，社会保障政策，人才市场信息，人事、工资档案，以及人员培训、考核、考勤等人事执行情况。

（4）财务信息系统。由财务部负责，主要范围为国家财务、会计、税收、利率、汇率制度和政策。单位上级、本部和下属企业财务报表，资金使用状况，国家通用的会计、审计、税收惯例和准则，公司融资、社会资金走向，金融、货币、财政信息。

（5）其他信息系统。根据实际情况可由各部门建立。

第四条　信息处理程序

单位信息处理流程包括信息的收集、加工、传递、存储、反馈等环节。

（一）信息的收集

1. 信息收集来源

（1）单位内部各部门已有的生产、经营、管理活动所记载的信息。

（2）单位外部公共图书、情报信息机构收集的信息。

（3）通过社会调查、外出考察获得的信息。

2. 信息收集的媒体

（1）统计报表。

（2）报纸、期刊。

（3）年鉴。

（4）书籍。

（5）论文与报告。

（6）原始记录和文件。

（7）互联网与局域网。

3. 信息收集方式

（1）原件。

（2）剪贴复印。

（3）文摘卡片。

（4）相关笔记。

（二）信息的加工

1. 信息加工的方法

（1）筛选。依据围绕单位的中心工作、参考价值大、有前瞻性和启发作用的原则进行选择。

（2）鉴别。核实和查证，去伪存真，衡量效用。

（3）分类。按单位需要分类。

（4）综合。对信息进行定性定量分析，对其进行编辑和研究。

2. 信息加工的媒体

(1) 文字。

(2) 表格。

(3) 图示。

(4) 影像、录音。

(三) 信息传递

1. 传递方式

(1) 空间传递。通过阅读、宣传、会议、电话、邮政网络等传递信息。

(2) 时间传递。通过写字、印刷、影像、录音等媒体随时间流逝而传递。

2. 传递方向

(1) 单位内部传递。在单位内自上而下、自下而上、平行、交叉传递信息。

(2) 单位内外传递。

3. 传递时间

各种信息传递可规定其时限。

(四) 信息的存储

(1) 建立信息档案。

(2) 信息存储电子化，即运用计算机信息管理系统技术。

(五) 信息的使用

(1) 为领导决策服务，即信息自下而上的传递，提供决策依据、素材。

(2) 为贯彻单位各部门日常经营管理事务服务，即信息自上而下的传递。

(3) 为单位各部门日常经营管理事务服务，由各个信息系统自行使用信息或上下传递。

(4) 为单位协调工作服务，即信息平行的传递。

(5) 为特定的咨询问题服务。

(6) 为适应上级领导部门和有关部门需要服务。

(7) 为公共关系目的服务。

第五条　信息的反馈

建立信息反馈机制，评估信息管理效果、效率，改进信息管理作业。

第六条　附则

(1) 本制度未尽事项，依其他办法、规定配套使用。

(2) 本制度由信息部门解释、补充、执行，经单位领导办公会议批准颁行。

二、公司信息资源管理办法

第一条　总则

(1) 为适应分公司信息化发展要求，充分利用信息资源为生产、经营、管理和决策服务，保证各类信息合理、有序流动，保证信息安全，遵循总部有关规定，特制定本管理办法。

(2) 信息资源是分公司的重要资产，是进行生产、经营、管理和决策的重要基础，必须加强对信息的采集传输、日常维护、信息平台建设、信息整合、信息共享各方面的管理，以股份公司信息化建设“五个统一”原则为指导，不断提高信息资源的管理和使用水平。

(3) 本管理办法所涵盖的信息资源范畴，主要是指分公司内部有关生产经营管理方面的信息（以下称内部信息）。

管理的对象主要是由信息系统形成的信息、使用计算机编制的信息、专业系统采集的原始信息等，包括各类文本信息、数据库信息、Web 页面信息、图形图像信息、多媒体信息等；印刷品作为信息的主要载体之一，尽可能进行电子化的处理，也应纳入信息资源管理之内。

第二条 管理体系

(1) 分公司信息资源管理体系依照信息化管理“一个整体，两个层次，归口管理，分工负责”的方针建立，信息中心归口管理，各业务部门专业管理。

(2) 分公司信息工作领导小组是分公司信息资源管理体系的最高层次，负责审定分公司有关信息资源管理的规章、制度、办法，负责审核有关标准、规范、重要需求等。

(3) 信息中心是分公司信息资源的归口管理部门，负责信息资源的组织、协调、采购、服务等日常管理工作，主持信息平台、信息整合等系统建设工作，负责有关技术支持工作。信息资源管理业务工作接受股份公司信息系统管理部的指导。

(4) 各级业务部门既是信息资源的使用单位，也是专业信息资源的主要管理单位，负责本部门业务范围内有关信息资源的日常管理工作，协同信息中心全面开展信息资源的管理工作。

第三条 内部信息的管理

(1) 信息中心负责分公司内部信息的管理，组织各业务部门进行内部信息的需求分析，各业务部门依据业务职责提出各种内部信息需求，并分别按本部门形成和管理的信息（以下简称“部门内自管信息”）需要其他部门提供的信息分别汇总，确定信息内容、信息提供时间和信息提供方式等，需要其他部门提供的重要信息由分公司信息工作领导小组予以审核确认。

(2) 信息中心组织汇总各业务部门需要其他部门提供的信息，并进行归类，对各部门需要其他部门提供的信息归纳为部门间共享信息，理顺信息来源和信息使用渠道，并分别反馈给各部门核对认可。

(3) 部门间共享信息源由信息中心协调信息需求部门落实，实施信息共享，消除信息滞留在部门或个人的现象，任何个人和部门无权独占信息资源。

(4) 各级下属单位的内部信息除供本单位内部使用外，按要求及时提供给上级相关部门及领导。

第四条 信息整合和统一信息平台

(1) 信息整合是对分散在各部门的信息资源进行物理或逻辑的集中存储、整理、分类、分级和发布，并提供相应的授权访问，从而发挥信息资源的最大效用。信息整合的主要内容包括各部门确认的结构化信息、非结构化信息及页面信息。

(2) 建立统一信息平台是实施信息整合、进行有效信息资源管理的基本策略。统一信息平台是各部门发布、访问、共享信息资源的工作平台。信息中心负责建立统一信息平台，将各部门内自管信息、部门间共享信息、外购信息全部接入信息平台，并实施信息整合。各部门有责任支持和配合统一信息平台的建设工作。

（3）统一信息平台的建设除包含针对结构化数据的数据整合和非结构化数据的内容整合外，还包含应用系统的应用整合和业务流程的业务整合。统一信息平台的建设首先要完成数据整合和内容整合工作，提供信息集成和管理，个性化信息服务，针对互联网和企业内部网的信息搜索功能等。

（4）信息中心负责统一信息平台的运行和维护，及时实施信息整合、信息分发等处理，保证信息的畅通交流和充分共享。

第五条　信息的分级和授权

根据信息本身在生产、经营和管理中的重要性，结合有关保密规定，按部门内自管信息、部门间共享信息、外购信息分别制定信息分级标准。

部门内自管信息按 A1、A2、A3 三级分级。A1 级信息提供给本部门所有人员访问，A2 级信息提供给相关处（科）室人员访问，A3 级信息提供给相关处（科）室负责人和部门负责人访问。

部门间共享信息按 B1、B2、B3、B4 四级分级。B1 级信息提供给相关部门所有人员访问，B2 级信息提供给相关部门相关处（科）室人员访问，B3 级信息提供给相关部门相关处（科）室负责人和部门负责人访问，B4 级信息提供给相关部门负责人和公司负责人访问。

外购信息分级主要考虑和外部信息公司所签合同，按 C1、C2 两级分级。C1 级信息在分公司范围内使用，C2 级信息在本单位内使用。

按以上信息分级标准对各类信息进行分级，并形成信息的分级属性。部门内自管信息由本部门实施分级，部门间共享信息和外购信息由信息中心会同有关业务部门实施分级，并由信息工作领导小组确认。

依据部门管理职责和个人岗位职责，结合信息分级属性，对部门和个人进行信息授权，保证信息准确送达和安全使用。个人的信息授权列表由部门负责人审查。

个人岗位或职责发生变动后，必须及时更改信息授权，避免信息授权不当的风险，并报信息中心备案。

第六条　信息资源的安全。

（1）为保证信息资源的安全，分别建立相应安全控制策略，包括管理员权限管理策略、用户权限管理策略、信息资源授权策略、信息资源存储安全策略、信息资源传输安全策略等。

（2）管理员权限管理策略。根据统一信息平台系统管理的不同功能，建立相应的管理员角色，包括系统管理员、负责用户管理的管理员组、负责信息资源目录管理的管理员组，以及相应的二级管理员组。

（3）用户权限管理策略。普通用户可以查看被授权的信息，并能将自己的信息与其他特定的用户或用户组进行共享。只有负责用户管理的管理员组有权完全管理和维护系统的用户信息，相应的二级管理员操作文件只能管理和维护所管部门的用户信息，用户可以维护自身的用户信息。

（4）信息资源授权策略。对于普通受控信息采用用户组共享方式授权或针对单个用户直接授权的方式，对于高度受控信息只能采用针对单个用户直接授权的方式。

（5）信息资源存储安全策略。根据信息资源不同的安全级别和对访问效率的不同要求，对信息资源的存储进行非加密存储、部分加密存储或者完全加密存储。

（6）信息资源传输安全策略。根据信息资源不同的安全级别和对访问效率的不同要求，对信息资源的传输进行非加密传输、部分加密传输或者完全加密传输。

第七条　内部网站管理

内部网站是为满足企业内部信息共享和保密的需求而建立的公用信息平台，主要用于发布企业内部生产经营管理信息及有关市场、经济信息。

内部网站目前仍是分公司内部共享信息的平台，现阶段需按建设统一信息平台的要求加强管理，待条件成熟后，逐步向统一信息平台过渡。内部网站在技术及内容上必须考虑与统一信息平台的兼容。信息中心负责分公司内部网站的管理和统一规划，负责网站的设计，根据分公司公用信息平台、网络安全管理规定及信息保密规定，监督、考核网站的建设和运营，并提供技术支持，实现对内部网站的统一管理，保障内部网站的运行安全。

内部网站信息资源管理应遵循信息共享和信息安全兼顾的原则，保证信息及时、准确，保证使用安全、可靠。发布的信息内容严格遵守有关规定，不得违反国家、股份公司及分公司的相关规章制度。

内部网站要加强信息安全管理，严格对内容发布程序和访问权限进行控制，同时做到内外网严格分离，防止未经授权的非法访问。

内部网站在满足分公司信息使用的同时，需对总部有关部门提供必要的访问通道和链接，保证总部能够及时了解分公司的生产经营状况。

内部网站上的信息发布需经各业务部门业务领导、保密领导小组确认，内部网站的信息未经授权，禁止对外披露、发布。擅自对外泄漏内部信息，影响企业经营业务或造成经济损失的，应严肃追查，并对相关责任人员或部门追究违纪责任。

第八条　源信息的维护

分公司各单位内自管信息由各单位负责源信息的维护，信息管理部门予以必要的配合和支持。

部门间共享信息由信息提供部负责源信息的维护，按要求适时更新信息，保证共享信息的时效性。信息中心予以配合和督促，并与企业管理部共同负责信息共享的监督与考核。

各源信息维护部门在维护信息时应标明信息的类别、级别等必要标志。

信息中心根据相关管理制度组织源信息上网共享和加密，并对源信息的更新、维护进行监管和考核。

第九条　信息质量管理

为了保证信息资源管理的科学性，保证信息的提供准确、及时、便于利用，符合安全、保密要求，必须建立、健全信息质量反馈制度，以保证分公司信息资源的质量。信息中心是信息质量的考核单位，各业务部门有义务监督其他业务部门所提供信息的质量是否符合准确性、及时性和规范性要求，将信息质量反馈也纳入各部门信息考核当中。

信息中心负责组织有关信息质量反馈意见的收集，信息使用部门负责提出关于信息准确性、文件操作时效性和一致性的意见，由信息中心汇总并分别送达各信息提供部门，协助和督促信息提供部门不断提高共享信息的质量，同时不断完善信息平台的性能和功能，并定期检查跟踪反馈记录。

第十条　附则

（1）本办法自发布之日起执行。

（2）本办法由分公司信息中心负责解释。

三、信息系统管理与维护制度

公司信息系统的使用与维护，必须按照信息系统的管理规定来执行。具体规定如下：

（1）用于安装信息系统的机器，必须严格按公司的统一要求购置，计算机的分辨率指定为 1 024 ×768 像素。

（2）操作信息系统的人员，必须是参加过公司统一培训的人员，而且须固定，不能随便更换。若有特殊情况需更换人员，需向公司汇报。

（3）信息操作员有使用、管理所用计算机软件的责任与义务，有管理并对系统中数据保密的权利与义务。操作员必须严格按操作手册操作和维护软件；严禁在运行机器上安装、使用与项目无关的软件；严禁无关人员操作机器或未经许可将软件及数据交予第三者。

（4）信息操作员在信息系统安装时，必须严格按照安装手册进行安装。安装后须确认软件能正常进行业务信息处理。

（5）开展作业后，信息操作人员必须及时按规定将信息录入系统中，不得拖延或随意修改已录入的信息。

（6）信息操作人员不得在系统中录入与业务无关的信息，不得随意制作单据。

（7）单据中涉及的编码，应按照公司的统一要求进行编制。

（8）如计算机设备出现故障，需要重装系统软件及信息系统软件，必须及时向公司有关人员报告情况。

（9）信息系统软件在使用过程中出现异常，必须及时向公司有关人员报告情况。

（10）设备使用者必须对设备进行日常保养与维护。内容包括：设备表面清洁；计算机中文件、邮件的分类与后备；过期冗余文件、邮件的适时清除；磁盘碎片的定期整理；对磁盘文件尤其是外来磁盘文件的查毒、杀毒处理等。

（11）计算机设备在使用过程中禁止插拔电源插头、数据连线，每天使用结束后应关闭计算机设备及电源开关，应尽量避免非正常情况下的强行关闭。

（12）严禁使用人员私自打开计算机机箱，私自拆、装计算机零部件，擅自移动台式计算机设备。

（13）在计算机设备的散热部位上严禁放置物品，以免妨碍其正常的散热。

四、机房管理制度

（一）目的

为进一步规范公司机房的管理，为公司计算机信息系统的安全、正常运行提供可靠保障，信息部决定即日起实行机房管理制度。

（二）适用范围

公司计算机机房。

（三）职责

（1）信息部负责公司计算机机房的日常管理。

（2）信息部负责人为公司计算机机房安全、管理责任人。

（3）总务部协助信息部对公司计算机机房进行安全、保卫管理。

（四）工作程序

1. 来访者登记

机房重地，非公莫入。非信息部人员须经信息部负责人批准后，由接待人员陪同方可进入机房，到访人员和接待人员须在“机房值班日记”中的“来访者登记簿”内记录来客姓名、来访时间、来访者单位、来访事由、操作设备、涉及设备、接待人等。

2. 常规检查

（1）每天早上上班后、午休后、下班前检查机房设备有无异常情况，如遇异常情况，需及时报告。

（2）认真填写值班日记。值班日记主要内容包括日期、设备名称、出现的问题、处置情况、值班人、备注等。

（3）下班前，应关闭机房内所有照明灯。

（4）管理好机房钥匙。上班后，打开机房门；下班前，负责锁好机房门。

原则上，值班人应在自己当班期间，解决该时间段内出现的问题。若实在不能解决，应及时报告部门领导并在值班日记中进行详细记录，留待下轮接班人解决。

（五）卫生清洁

进入机房的人员，需要换上专用拖鞋。每周一的早上务必对机房进行一次彻底打扫，平日注意机房保洁，若遇特殊情况需要打扫时切勿延怠。

1. 清洁范围

（1）各种电气机柜（包括配电柜、主机、电池柜）的表面。

（2）每个计算机柜的表面。

（3）配线柜的表面。

（4）机房内所有地面。

（5）墙面（包括各种墙面开关表面）。

（6）进门脚垫。

（7）机房门口旁侧鞋柜的清洁及拖鞋的检查，如果发现拖鞋不干净，及时督促相关人员清洗干净。

2. 清洁方法

（1）柜体、墙面：用潮布擦干净。

（2）地面：用潮抹布或潮墩布擦干净。

（3）进门脚垫：换上备用脚垫，用水将脏的脚垫冲干净后晾干。

（六）交接班

1. 值班人员

信息部所属人员。因故不能值班者，请事先自行调换。

2. 交接班时间

每周一早上上班后及时进行交接班，由上周值班人将值班记录簿及机房钥匙送交接班人，并交代清楚遗留问题。

（七）注意事项

1. 人身安全

机房清洁时，要注意以人为本。由于配电柜及 UPS 电池柜带电，在机房清洁时，请不要打开柜门。

2. 机房安全

由于机房地板下面铺设了电缆及电气开关，打扫机房卫生时，必须将抹布或墩布拧干后再使用，以免将水渗漏到地板上，造成安全隐患。除计算机主机外，机房 UPS 开关勿接其他设备。

（八）约束机制

本制度为规范机房管理而制定，如果发现本部人员无故违反此规定，则按公司相关考核制度予以惩罚。

本章小结

信息安全主要是指保护信息系统，使其在没有危险、不受威胁、不出事故的安全环境中运行。信息安全的特征主要表现在系统的可靠性、可用性、保密性、完整性、不可抵赖性、可控性等方面。

信息安全风险主要有人员风险、组织风险、物理环境风险、信息机密性/完整性风险等 12 种。

信息安全技术是信息安全的基础，主要有信息保密技术、信息隐藏技术、消息认证技术、密钥管理技术、数字签名技术和防火墙技术等。

信息安全体系结构用于描绘信息安全的目标和信息安全建设的主要内容。主要有 ISO 安全体系结构、P2DR 模型、PPDRR 模型、IATF 信息安全模型、BS7799 和信息安全管理体系（ISMS）用于构建信息安全体系结构。

Gartner 建议的企业信息安全架构应包括业务、信息和技术三个视角和概念层、逻辑层和实现层三个层面。

物流信息安全体系架构是物流企业信息安全建设和运作的蓝图，是物流企业构建信息安全保障体系的核心内容。通过对物流企业信息安全体系架构的描述，以及在物流企业内部进行广泛的宣传与推广，可以帮助物流企业规范信息安全的管理、建设和运作，提高信息安全的整体保障水平。

信息系统风险的控制主要从组织和人员安全、安全政策、技术架构设计原则安全域划分、信息安全保障技术几个方面入手。

案例分析

一、守护大数据时代的信息安全[1]

当前，我们正迈向一个崭新的大数据时代：数据资源日趋丰富，数据应用层出不穷，大数据技术不断创新，大数据产业体系逐渐成熟。与此同时，网络信息安全形势异常严峻，黑客攻击、网络病毒等威胁着数据资产安全，个人数据隐私侵犯时有发生，网络信息安全成为大数据快速发展的瓶颈。

在此背景下，2015 年 5 月 26 日至 27 日，“聚合创新引领——中国大数据时代信息安全产业创新发展高峰论坛”在贵阳国际生态会议中心举行。来自政府、企业、学界的专家和学者分析了当前国际国内信息安全面临的挑战和威胁，探讨了保障大数据安全和隐私保护、发展大数据经济等重大问题，为发展大数据产业建言献策。

1. 中国工程院院士沈昌祥：执行分级制度，保障信息安全

“没有网络安全，就没有信息安全。随着海量数据的进一步集中和信息技术的进一步发展，信息安全成为制约大数据产业快速发展的瓶颈。”沈昌祥介绍，在大数据时代，信息安全面临着新挑战。“一方面，大数据承载着越来越多的关注度，易成为网络攻击的显著目标；另一方面，由于数据来源涵盖面非常广阔，大数据将加大隐私泄露风险。此外，病毒、木马等恶意代码能够轻易隐藏到海量的非结构化数据中，大数据易成为高级可持续攻击的载体。”在沈昌祥看来，大数据信息安全的类型主要体现在这些方面：“一个是网络安全，大数据与网络不可分，随着越来越多的交易、对话、互动和数据在网上进行，针对大数据的网络犯罪更加猖獗；另一个是系统安全，作为大数据的主要载体，云计算平台等系统安全将直接影响大数据安全；个人设备作为大数据的外延，攻击个人设备可能获得操作大数据的权限。”此外，还涉及供应链安全、数据安全等方面。

面对严峻的网络信息安全形势，我国应如何做好大数据时代信息安全保护工作？沈昌祥建议，“按照我国现有的信息安全等级保护制度，全过程加强大数据信息安全保障能力，是解决大数据安全的唯一出路。”沈昌祥介绍，国家信息系统实行五级保护，即从保护能力上划分为五个级别：第一级为用户自主保护级；第二级为安全审计保护级；第三级为安全标识保护级；第四级为结构化保护级；第五级为访问验证保护级。“此外，还应坚持积极防范，构建基于等级保护的大数据纵深防御防护体系架构。”沈昌祥介绍，具体来讲，就是要加强大数据资源、环境、系统整体防护，建设多重防护、多级互联体系结构，确保大数据处理环境可信；加强处理流程控制，防止内部攻击，提高计算节点自我免疫能力；加强全局层面安全机制，制定数据控制策略，梳理数据处理流程，建立安全的数据处理新模式；加强技术平台支持下的安全管理，基于安全策略，与业务处理、监控及日常管理制度有机结合。“只有这样，我们才能保证攻击者进不去，即使进去了非授权者也拿不到重要信息，窃取到保密信息却看不懂；同时，攻击者也无法更改系统和信息，不会造成系统工作瘫痪。”沈昌祥说。

1　白萍，牛悦．守护大数据时代的信息安全［N］．贵阳日报，2015－05－28（B09）．

2. 中国人民公安大学校长程琳：技术管理双轮驱动，提高安全水平

“互联网与传统行业融合形成‘互联网＋’，进一步促进了社会进步和经济发展，然而互联网在带来便利、提高效率的同时，也为各种破坏活动提供了可乘之机，网络欺骗、信息窃取、网络谣言、网络暴力等网络犯罪活动屡屡发生。”程琳介绍，在“互联网＋”大背景下，网络犯罪将可能引发更加严重的危害，各种攻击行为将更加灵活、隐蔽，安全已成为“互联网＋”的核心要素。

“对于公安部门来说，必须适应新形势，运用新技术，维护互联网安全。”程琳介绍，目前的技术和管理手段在遏制网络犯罪行为方面还不能满足需要，主要表现在以下几个方面：

（1）网络犯罪活动的预警体系尚未建立。目前，我国还没有建立全国性的网络监测预警体系，基础数据积累不足，各行业数据共享不够，对于网络活动异常行为的监测能力还较弱，大数据分析、研判等技术能力不够成熟，还不足以支撑对网络犯罪的事先预警。

（2）网络犯罪活动的取证能力相对薄弱。互联网及业务的开放性使用户身份易于隐匿，攻击行为难以跟踪。我国在涉网犯罪行为分析建模与界定、海量信息实时数据挖掘和关联分析、网络行为追踪溯源等核心技术发展方面还相对落后，网络犯罪的跟踪、取证能力相对薄弱。

（3）互联网安全管理体系不够完善。相对于网络犯罪行为的快速演变，互联网安全相关法律法规的修订完善还相对滞后；互联网安全管理的意识、手段和人员还不能适应互联网传播高效、交互匿名、互联互通的特点；网络犯罪的执法人才缺口仍然较大，执法能力和技术手段较为薄弱，对网络犯罪的威慑力度不够。

“当前，要提高互联网安全水平，就需要在技术和管理方面双轮驱动，共同发力。”在程琳看来，首先要建立互联网信任体系，规范网络用户行为。“包括在全国范围内构建互联网实名认证系统，互联网用户上网需与身份证绑定，让不法分子难以在网络中隐匿身份。”此外，程琳还指出，为打造安全可控互联网环境，还应建设覆盖全国的互联网监测预警系统和安全大数据中心，全面监控互联网异常行为；增强互联网安全取证能力，包括与相关单位联合成立互联网安全取证实验室，利用基础数据库、互联网服务提供商和公众提供的相关数据资源，搜取犯罪证据，捕捉案件线索；加强公安部门互联网安全执法力量建设，提升网络执法人才水平等。

3. 银联移动支付顾问专家、联汇通宝董事长黄雷：国家安全支付标准已经形成

“移动支付在中国已经酝酿十年，国家安全支付标准已经形成，安全支付产品已经成熟，为各行业移动支付应用提供了坚实的基础，我们将迎接移动互联网支付的全面爆发。”对于见证了中国移动支付的兴起、发展和成熟，银联移动支付顾问专家、联汇通宝董事长黄雷代表移动金融这个新生领域，在会上就中国移动支付行业的背景、银联手机支付发展的历程、移动支付安全标准、银联移动支付产品的介绍等方面作了主题发言。“从2012年的1 000多亿，到2013年突破万亿，我们的移动支付将在衣食住行多个方面得到充分应用，中国的移动支付市场具有极大的潜力。”黄雷列出了这样一组数据：截至2014年，21～30岁的人使用移动支付占到了46.1%；每周使用两到三次的达到了41.3%，而这个数据在2013年只有18.1%。

在目前中国移动支付行业的发展背景下，银联手机支付的发展也同步推进，对移动安全

支付也制定了一系列标准。黄雷指出，在移动终端实现安全支付有四个步骤，“首先是金融体系银行卡的升级，然后是在这个大背景下，人民银行制定了IC芯片卡PBOC，这也是在手机上实现安全支付的基础。”而在PBOC的基础之上，POS机等中国银联移动支付从前置系统开始逐步升级。在应用上，目前国内已推出了SD卡支付、无卡支付、MPOS支付等方式。黄雷认为，移动终端安全支付分为两个方面，一个是在手机上实现小额的快捷支付，另一个是如何保证大额的安全支付。

对于小额快捷支付（无卡支付）安全上的标准，黄雷介绍，终端安全插件采用了二次加密，采用软键盘输入，而传输方式采用银行的加密通道，同时软件产品需通过国家银行卡中心严格检查。而大额有磁条卡支付上，银联手机支付采用了目前国内最先进的、最安全的智能加密技术，采用硬件级加密，是无法破解的。“目前银联手机安全支付产品有很多，我们目前最希望达到的状态是NFC支付。”黄雷介绍，NFC支付是用户直接通过手机，通过跟IC芯片卡的非接触对接就可以实现大额支付。“NFC手机的普及和IC芯片卡的发行，让NFC支付成为移动安全支付的新宠儿。我们也跟各个行业的APP进行了合作，通过移动APP，对我们的安全支付体系进行支付。”

4. 交通部信息安全中心主任李璐瑶：网络信息技术支撑运输运营管理和服务

“交通运输作为国民经济和社会发展的基础领域和重要设施，其影响权重事关公众利益、社会稳定和国家安全，它的瘫痪会对一个国家的经济安全和社会福祉产生灾难性影响。”李璐瑶发表了以《大数据时代交通行业的安全问题与策略思考》为主题的演讲，探讨当下我国交通运输安全态势和信息安全保障策略。

“这些年交通运输的发展呈现出高速发展的态势，我国目前在交通运输层面已成为世界级大国。”李璐瑶首先介绍了我国目前交通运输业发展规模和信息化水平。她指出：“在公、铁、水、航道发展的同时，网络和信息技术作为支撑现代交通运输运营管理和服务的主要技术手段，已经覆盖和贯穿到各种运输方式和综合构建的领域和全过程，成为我们区域不可缺少的重要支撑手段和方式。”李璐瑶认为，在交通网络和信息技术广泛应用的条件下，行业生产管理服务原生、衍生、派生的海量多样化数据信息以指数级发展，对优化产业结构，提升运行水平，提升服务质量的作用是不可估量的。

交通行业的大数据形态分为静态数据和动态数据，李璐瑶介绍：“静态数据主要包括基础数据、运载工具、服务对象和运输主体；动态数据是一个过程信息，包括运输行为、组织管理、公共服务以及交通发展过程化的一些轨迹的数据化。”她指出，在业态高速发展的过程中，动静态数据相互联系作用推演，不断的交互迭代，形成行业大数据的总体形态。

李璐瑶认为大数据对交通的作用可以从四个维度去认识，“第一，会对我们整个综合智慧交通的发展提供支撑；第二，由于交通运输行业属于服务性行业，它将为人民群众的整体生活质量和需求提供更高的满足；第三，它对于国家的宏观调控，对国家产业的发展提供支撑；第四，对国家安全和社会稳定提供支撑和保障。”对于交通运输信息安全保障的策略，李璐瑶认为可以从提升关键基础设施数据保护的理念、加快关键基础设施信息保护的相关政策法规和标准制定、加快自主可控产品技术革新和明确数据开放范围并加强管控四个层面去考虑。

二、得安：专业打造信息安全平台[1]

山东得安信息技术有限公司（以下简称“得安公司”），成立于1997年，是国家密码管理局首批认定的商用密码科研、生产定点单位和销售许可单位，公司始终秉持“坚持自主创新，铸就民族品牌；实现智力报国，共创美好人生”的企业宗旨，全心全意用实力与行动为国家信息安全事业的发展保驾护航。

1. 信息系统安全现状

随着企业业务系统信息化程度的不断提升，为了保证企业信息的安全，各企业都十分重视安全系统建设，但是由于不同时期实施的安全系统缺乏统一的密码安全标准，使安全系统处于独立状态，不能进行有效整合，不利于业务系统之间安全信息交换和设备共享等。

首先，安全系统重复建设，增加了企业运营成本。各业务系统独立建设安全系统，导致企业内部安全系统大量存在，增加了业务系统建设的难度，也增加了企业的运营成本。同时各业务系统的设计人员对安全的认识不一致，导致各安全系统自成体系，安全强度不易衡量，使企业整体运行风险难以控制。而各业务系统使用的安全强度和密钥长度不同，使企业内部业务系统互联互通性降低。其次，在开发过程中大量使用单一硬件密码设备，对密码设备厂商产生严重的依赖，并且业务系统开发时没有考虑资源共享，每个业务系统都单独建设安全系统以及采购硬件密码设备，导致安全系统大量存在，安全设备大量堆积，安全系统无法资源共享，难以集中管理和维护。

针对企业安全系统当前现状，目前迫切需要对企业内部众多安全系统进行有效整合，加强安全系统资源共享，减少安全系统的重复建设，从而创造更大的社会价值。

得安公司专注信息安全十余年，是国内最早专注于商用密码理论研究及技术应用的企业之一，目前得安安全产品体系已覆盖硬件产品、标准接口、认证/授权服务、安全应用等多个层面。在技术更新一日千里、外部环境复杂多变的今天，得安公司依托得安研究院，专注于信息安全核心密码理论与技术，及应用安全领域的创新研究工作，为金融、政府、通信、能源、交通等领域的重要信息系统和基础信息网络提供软硬件一体化的信息安全保障服务。

2. 统筹规划搭建安全平台

得安密码安全云服务平台是基于得安公司多年的安全集成开发经验，于2004年开始研制一款基于云计算关键技术的高性能密码平台。

平台将多款高端密码设备和软件中间件技术有机融合，以高安全性、高效率、高稳定性为目标，以先进的分布式计算和并行处理技术为核心，是国内最早的、最稳定的、最先进的密码安全云服务平台。

该平台面向金融、证券、能源等具有高安全性和高性能需求的电子商务、电子政务领域应用，成功解决了传统的单一密码产品的分散性、低效率、脆弱性等关键问题，大大提高了密码安全服务系统的稳健性、高效性和成熟性。其已应用于中国建设银行、中国邮政储蓄银行等多家金融单位，是国内最成熟、应用最广泛的密码安全云服务平台。得安于2004年开始为中国建设银行开发的信息安全基础项目，以服务平台的方式为各信息系统开发项目提供信息加/解密、密码校验、数据完整性校验、数字签名与验签和密钥管理等安全机制，为建

1 张兰兰．得安：专业打造信息安全平台［N］．中国信息化周报，2015－07－20（021）．

行信息系统的开发、推广和维护提供了统一的安全基础。2004 年到 2014 年已完成七期项目的建设，目前正在进行新一代密码服务平台的开发；并且平台目前已经在建行 EAIH、EAIB、ECTIP 等三十多个信息系统中推广应用，为建行业务发展提供了强有力的安全支持和安全保障。而从 2009 年开始，密码安全云服务平台便在中国邮政储蓄银行 POS 系统中推广，中国邮政储蓄银行密码安全云服务平台已经完成在全国包括 35 个一级省行、门户网站、IC 卡系统、储蓄全国中心等系统的上线工作，目前系统运行良好，项目三期工程正在建设中。

密码安全云服务平台采用层次设计原则，通过统一的安全平台提供密钥管理服务、密码运算服务、密码设备管理服务等，通过简单易用的开发接口和组件屏蔽密码运算和密钥管理的底层实现细节。平台提供多算法支持，支持多台异构加密机并行提供密码运算服务；程序设计采用模块化设计原则，遵循模块内紧内聚、模块间松耦合的设计原理。

在保障系统安全稳健、高效成熟的同时，创造了良好的经济效益和社会效益，可有效解决企业安全子系统重复建设、密码设备大量冗余、难以维护等问题，荣获中国建设银行金融科技进步一等奖和中国人民银行科技发展三等奖。

3. 专业成就优势

得安公司专注信息安全领域，十余年来不断积累经验、突破创新，专业成就显著，优势突出。其密码安全云服务平台可统一安全系统，降低业务系统资源投入。密码安全云服务平台通过为业务系统提供统一的密码安全服务，减少了企业各业务系统在安全系统开发中的投入，企业各业务系统由原来的单独开发安全系统到使用统一的安全系统，减少了重复开发带来的资源重复投入。

安全系统集中管理，降低业务系统维护成本。密码安全云服务平台为企业业务系统提供统一的密码安全服务，平台由专门的人员进行维护，各业务系统不需专门对安全系统进行维护，降低了企业业务系统的维护成本。同时可灵活选择硬件加密设备，降低业务系统运行风险。密码安全云服务平台通过管理和调度多个厂商、多个型号的硬件加密设备，为业务系统提供统一的密码运算服务，使业务系统对硬件加密设备的选择具有更高的自由度，降低了业务系统对单一厂商硬件加密设备的依赖。

丰富的安全开发接口，提高业务系统整体的可集成性。密码安全云服务平台为业务系统提供功能强大的安全开发接口，业务系统程序无须重新开发安全接口，只需集成该接口就可以实现对密码安全服务的透明引用，降低系统耦合度，提高业务系统稳定性。业务系统程序通过调用安全开发接口透明引用密码安全云服务平台的安全服务，降低了业务系统和安全系统的耦合度，提高了业务系统的稳定性。

4. 安全创造价值

得安密码安全云服务平台是一款为信息系统提供基础密码安全服务的安全管理平台，它整合目前主流的硬件加密产品，以服务平台的形式为各信息系统开发项目提供统一、完整的密码安全机制，提高了信息系统和业务数据的机密性、完整性和抗抵赖性，降低信息系统开发项目中密码运算和密钥管理的工作复杂度，使业务系统开发人员可以很方便地集成安全系统，为企业信息化发展提供保障。

面对云计算、物联网、大数据等领域新技术新应用带来的新的信息安全挑战，密码安全云服务平台采用动态配置模式，可根据业务系统压力情况适时添加或者删除硬件加密设备，在不添加新硬件设备的条件下，满足业务系统不同时段的压力需求。同时平台还可以使85%闲置硬件资源运转起来，在不增加硬件投资的情况下提升安全服务能力与质量，达到提升企业投资回报率的目的。

思考题

1. 大数据时代我国信息安全面临哪些挑战？我们应该如何面对这些挑战？
2. 得安公司的业务优势体现在哪几个方面？

第二篇　管理信息系统应用篇[1]

第六章

供应链管理基础设置

第一节　系统管理

一、注册系统管理

请先将计算机系统时间调整为2016年10月1日。

执行“开始”|“程序”|“用友ERP－U8.72”|“系统服务”|“系统管理”命令，启动系统管理。执行“系统”|“注册”命令，打开“登录”对话框。

系统中预先设定了一个系统管理员admin，第一次运行时在“操作员”文本框中输入“admin”，系统管理员密码为空，单击“确定”按钮，以系统管理员身份进入系统管理。

二、增加操作员

（1）以系统管理员的身份注册进入系统管理后，执行“权限”|“用户”命令，打开“用户管理”窗口。

（2）单击工具栏上的“增加”按钮，打开增加用户的对话框。

（3）输入编号“001”，姓名“王杰”；认证方式为“用户＋口令（传统）”；口令和确认口令均为0；并在所属角色列表中选择“账套主管”角色。

（4）单击“增加”按钮，保存设置。

（5）同理，增加操作员“李明”，在所属角色列表中选择“采购主管”“销售主管”“仓库主管”和“存货核算员”，然后保存设置。

1　注：本篇的应用操作需要在计算机中预装用友ERP－U8.72软件。

三、建立账套

（1）在“系统管理”窗口中执行“账套”｜“建立”命令，打开“创建账套—账套信息”对话框。

（2）新建账套录入如下：账套号为“001”；账套名称为“供应链账套”；启用会计期间为“2016年10月1日”；账套路径默认；非集团账套；不建立专家财务评估数据库。

（3）单击“下一步”按钮，打开“单位信息”对话框。输入如下单位信息：单位名称为中国促贸有限公司，单位简称为“中国促贸”；单位地址为“北京市促贸路188号”；法人代表为“刘军”；邮政编码为“100018”；联系电话为“010－26528181”；税号为“1101082012345098”。

（4）单击“下一步”按钮，打开“核算类型”对话框。选择“商业”企业类型，行业性质默认为“2007新会计制度科目”，科目预置语言选择“中文（简体）”，从“账套主管”下拉列表框中选择“001 王杰”。

（5）单击“下一步”按钮，打开“基础信息”对话框。分别选中“存货是否分类”“客户是否分类”“供应商是否分类”和“有无外币核算”复选框。

（6）单击“完成”按钮，打开“创建账套”对话框，单击“是”按钮。由于系统需要按照用户输入的上述信息进行建账，因此需要一段时间，请耐心等候。建账完成后，自动打开“编码方案”对话框。

（7）按如下资料修改分类编码方案。

①科目编码级次：4－2－2－2。

②部门编码级次：2－2。

③客户分类编码级次：2－2。

④供应商分类编码级次：2－2。

⑤存货分类编码级次：2－3。

⑥收发类别编码级次：1－2。

⑦结算方式编码级次：2。

（8）单击“确定”按钮后，再单击“取消”按钮，进入“数据精度定义”对话框，默认系统预置的数据精度。

（9）在“数据精度定义”对话框中单击“确定”按钮后，打开“创建账套”对话框。单击“否”按钮，结束建账过程，暂时不启用任何系统。

四、设置操作员权限

（1）查看“王杰”在001账套的权限。在“系统管理”窗口中执行“权限”｜“权限”命令，打开“操作员权限”窗口。在“操作员权限”窗口中选择“001账套”，时间为“2016年”，从窗口左侧操作员列表中选择“001 王杰”，可以看到“账套主管”复选框为选中状态。

（2）为操作员李明赋权。在“操作员权限”窗口中选中“002 李明”，选择“账套主管”右侧下拉列表框中的“001 供应链账套”。单击“修改”按钮，在右侧对话框中进行修改。选中“采购管理”“销售管理”“库存管理”“存货核算”“应付款管理”“应收款管理”和“总账”复选框，单击“保存”按钮。

五、启用供应链及其相关子系统

执行“开始”|“程序”|“用友 ERP－U8.72”|“企业应用平台”命令，以账套主管王杰的身份注册进入企业应用平台。在“操作员”文本框中可以输入操作员编码，也可以输入操作员姓名。此处输入编码“001”，密码“0”，选择“001 账套”，操作日期为“2016 年 10 月 1 日”。单击“确定”按钮，进入企业应用平台窗口，在窗口左侧的“工作列表”中单击“基础设置”标签。执行“基本信息”命令，打开“基本信息”对话框。执行“系统启用”命令，打开“系统启用”对话框。选中“采购管理”系统前的复选框，弹出“日历”对话框。选择启用会计期间，本实验为“2016 年 10 月 1 日”。系统弹出提示“是否启用当前系统”窗口。单击“是”按钮，确认并完成采购管理系统的启用。重复以上步骤，分别启用“销售管理”“库存管理”“存货核算”“总账”“应收”和“应付”系统，完成供应链管理系统及其相关子系统的启用。

六、账套备份

（1）在 C 盘建立“供应链账套备份”文件夹。

（2）将账套输入至 C：\“供应链账套备份”文件夹中。

（3）由系统管理员（Admin）注册系统管理，在“系统管理”窗口中，执行“账套”|“输出”命令，打开“账套输出”对话框。

（4）在“账套号”文本框中选择“001 供应链账套”。

（5）单击“确定”按钮，打开“选择账套备份路径”对话框。

（6）在“选择账套备份路径”对话框中，打开 C：\“供应链账套备份”文件夹，单击“确定”按钮。

（7）系统弹出“输出成功”对话框，单击“确定”按钮，备份完成。

第二节　业务基础设置

将系统时间调整为 2016 年 10 月 1 日，如果不调整系统时间，则需要在每次登录账套时将操作日期修改为 2016 年 10 月 × 日；因为如果操作日期与账套建账时间跨度超过 3 个月，则该账套在演示版状态下不能再执行任何操作。

一、建立部门档案和职员档案

（1）执行“机构人员”|“部门档案”命令，打开“部门档案”窗口。按表 6-1 所示输入部门信息。

（2）执行“机构人员”|“人员档案”命令，打开“人员列表”窗口。按表 6-1 内容输入职工信息。

表 6-1　部门职员档案

一级部门编码和名称	二级部门编码和名称	人员类别	职员编码和姓名	性别	是否业务员
01 公司总部	0101 经理办公室	在职人员	001 王杰	男	是
	0102 行政办公室	在职人员	003 王宏	男	是
02 财务部	无	在职人员	002 李明	女	是
03 销售部	0301 批发部	在职人员	004 林清远	男	是
	0302 门市部	在职人员	005 何盛昌	男	是
04 采购部	无	在职人员	006 徐敏利	女	是
05 仓储部	无	在职人员	007 张红	女	是
06 运输部	无	在职人员	008 王易	男	是

二、客户/供应商分类

执行“客商信息”|“客户分类”命令，打开“客户分类”窗口。按表 6-2 所示输入客户分类信息。执行“客商信息”|“供应商分类”命令，打开“供应商分类”窗口，按表 6-2 所示输入供应商分类信息。

表 6-2　客户和供应商分类资料

类别名称	一级分类编码和名称	二级分类编码和名称
供应商	01 服装商	0101 批发商
	02 手表商	0102 代销商
		0201 批发商
		0202 代销商
客户	01 经销商	0101 北京市经销商
	02 批发商	0201 广东省批发商
		0202 山东省批发商
	03 子公司	0301 上海子公司
	04 零散客户	0401 零散客户

三、付款条件

执行“收付结算”|“付款条件”命令，打开“付款条件”窗口，按表 6-3 所示输入付款条件。

表 6-3　付款条件

付款条件编码	信用天数	优惠天数 1	优惠率 1	优惠天数 2	优惠率 2	优惠天数 3	优惠率 3
01	30	10	4	20	2	30	0
02	60	20	2	40	1	60	0
03	60	30	2	45	1	60	0

四、客户档案

（1）执行“客商信息”|“客户档案”命令，打开“客户档案”窗口。该窗口分为左

右两部分，左窗口显示已经设置的客户分类，选中某一客户分类，则在右窗口中显示该分类下所有的客户列表。

（2）单击“增加”按钮，打开“增加客户档案”对话框。该对话框中共包含 4 个选项卡，即“基本”“联系”“信用”“其他”，可对客户不同的属性分别归类记录。

（3）按表 6-4 所示输入客户信息。

（4）选中窗口右侧的第一条记录，即北京王府井百货公司所在的那一条记录，使其底色变蓝，然后单击工具栏中的“修改”按钮，系统弹出“修改客户档案”对话框。

（5）单击“银行”按钮，系统弹出“客户银行档案”窗口，输入信息。

五、供应商档案

（1）执行“客商信息”｜“供应商档案”命令，打开“供应商档案”窗口。窗口分为左右两部分，左窗口显示已经设置的供应商分类。选中某一供应商分类，则在右窗口中显示该分类下所有的供应商列表。

（2）单击“增加”按钮，打开“增加供应商档案”窗口。

（3）按表 6-4 所示输入供应商信息。

表 6-4　客户和供应商档案

所属类别	客户编码	客户名称	客户简称	所属分类码	所属银行	开户银行	银行账号	税号	信用额度（万元）	付款条件	默认值
客户	001	北京王府井百货公司	北京王府井	0101	中国建设银行	中国建设银行	11007788	010111177788	200	01	是
	002	广州市东山百货公司	广州东山	0201	中国工商银行	中国工商银行	21338899	020222001888	500	02	是
	003	烟台市大山百货公司	烟台大山	0202	中国银行	中国银行山东省分行	123456789012345	09998883388	500	03	是
	004	上海昌运贸易公司	上海昌运	0301	中国建设银行	中国建设银行	22117788	02155559999	800		是
	005	零散客户	零散客户	0401							

续表

所属类别	客户编码	客户名称	客户简称	所属分类码	所属银行	开户银行	银行账号	税号	信用额度（万元）	付款条件	默认值
供应商	001	上海永昌服装厂	上海永昌	0101		中国工商银行	21118899	02133221188			是
	002	北京大地服装厂	北京大地	0102		中国建设银行	02106688	02155889966			是
	003	上海钻石手表厂	上海钻石	0201		中国建设银行	11055899	01055998877			是
	004	奥尔马表厂	奥尔马	0202		中国银行	01008899	01022331199			是

六、存货相关信息设置

(1) 执行“存货” | “存货分类”命令，打开“存货分类”窗口，按表6-5所示输入存货分类。

(2) 计量单位设置。执行“存货” | “计量单位”命令，打开“计量单位”窗口，录入如下信息：

① 01：自然单位，无换算率。包括件、条、套、只、对、盒、箱、次。

② 02：换算1组，固定换算率。1盒 =10只，1箱40盒。

③ 03：换算2组，固定换算率。1包 =20件/条，1大包 =10包。

单击“分组”按钮，打开“计量单位组”窗口。

单击“增加”按钮，输入计量单位组的编码、名称、换算类别等信息。

输入全部计量单位组后，退出“计量单位组”窗口，显示计量单位组列表。

选中“01自然单位 <无换算率>”计量单位组。单击“单位”按钮，打开“计量单位”对话框。

单击“增加”按钮，输入计量单位编码、名称、所属计量单位组、换算率等信息。

单击“保存”按钮，保存计量单位信息。

单击“退出”按钮，退出“自然单位组”计量单位的设置。

选中“02换算1组 <固定换算率>”计量单位组，单击“单位”按钮，打开“计量单位”对话框。

单击“增加”按钮，输入计量单位编码 9，计量单位名称“只”，单击“保存”按钮。

输入计量单位编码 901，计量单位名称“盒”，在“换算率”文本框中输入 10，单击“保存”按钮；再输入计量单位编码 902，计量单位名称“箱”，在“换算率”文本框中输入 400，单击“保存”按钮。

单击“退出”按钮，退出“换算 1 组”计量单位的设置。

选中“03 换算 2 组 <固定换算率>”计量单位组，单击“单位”按钮，打开“计量单位”对话框。

单击“增加”按钮，输入计量单位编码 10，计量单位名称“件或条”，单击“保存”按钮。

然后输入计量单位编码 1001，计量单位名称“包”，在“换算率”文本框中输入 20，单击“保存”按钮；再输入计量单位编码 1002，计量单位名称“大包”，在“换算率”文本框中输入 200，单击“保存”按钮。单击“退出”按钮，退出“换算 2 组”计量单位的设置。

（3）存货档案。执行“存货”｜“存货档案”命令，打开“存货档案”窗口。选中“（01）商品（01001）服装”存货分类。单击“增加”按钮，打开“增加存货档案”对话框。根据所给资料填制“001 永昌女装”的存货档案的“基本”选项。单击“保存”按钮，保存存货档案信息。重复上述步骤，输入表 6-5 所示全部存货档案。

表 6-5 存货分类和存货档案

存货分类		存货编码及名称	计量单位组	计量单位	税率/%	属性	参考成本/元	参考售价/元	售价/元
一级	二级								
01 商品	01001 服装	001 永昌女装	换算 2 组	件或条	17	外购、销售	200	280	
		002 永昌女裤	换算 2 组	件或条	17	外购、销售	160	220	
		003 永昌女套装	自然单位	套	17	外购、销售	350	500	
		004 永昌男衣	换算 2 组	件或条	17	外购、销售	300	500	
		005 永昌男裤	换算 2 组	件或条	17	外购、销售	200	280	
		006 永昌男套装	自然单位	套	17	外购、销售	800	1 200	
		007 大地女风衣	换算 2 组	件或条	17	外购、销售	120	200	
		008 大地男风衣	换算 2 组	件或条	17	外购、销售	150	220	

续表

存货分类		存货编码及名称	计量单位组	计量单位	税率/%	属性	参考成本/元	参考售价/元	售价/元
一级	二级								
01 商品	01002 手表	009 奥尔马女表	换算 1 组	只	17	外购、销售、代销	800	1 200	1 300
		010 奥尔马男表	换算 1 组	只	17	外购、销售、代销	850	1 300	1 400
		011 奥尔马情侣表	自然单位	对	17	外购、销售、代销	2 000	2 500	2 800
		012 钻石女表	换算 1 组	只	17	外购、销售	120	200	220
		013 钻石男表	换算 1 组	只	17	外购、销售	140	220	240
		014 钻石情侣表	自然单位	对	17	外购、销售	480	600	630
02 劳务	02001 劳务费用	015 运输费	自然单位	次	7	外购、销售、应税劳务			

七、设置结算方式

执行“收付结算” | “结算方式”命令，打开“结算方式”窗口。按“01 现金支票、02 转账支票、03 商业承兑汇票、04 银行承兑汇票、05 电汇”输入结算方式。

八、开户银行

执行“收付结算” | “本单位开户银行”命令，打开“本单位开户银行”窗口。按“编码：01；银行账号：110001016688；开户银行：中国工商银行北京分行”输入开户银行信息。

九、仓库档案

执行“业务” | “仓库档案”命令，打开“仓库档案”窗口。按下列实验资料设置企业仓库。

01：永昌服装仓，采用先进先出法。

02：大地服装仓，采用全月平均法。

03：手表仓，采用售价法。

十、收发类别

执行“业务” | “收发类别”命令，打开“收发类别”窗口，按表 6-6 所示输入收发类别。

表 6-6　收发类别

一级编码及名称	二级编码和名称	一级编码和名称	二级编码和名称
1 入库	101 采购入库	2 出库	201 销售出库
	102 采购退货		202 销售退货
	103 盘盈入库		203 盘亏出库
	104 调拨入库		204 调拨出库
	105 其他入库		205 其他出库

十一、采购类型

执行“业务”｜“采购类型”命令，打开“采购类型”窗口，按表 6-7 所示输入采购类型。

十二、销售类型

执行“业务”｜“销售类型”命令，打开“销售类型”窗口，按表 6-7 所示输入销售类型。

表 6-7　采购类型和销售类型

采购类型		销售类型	
名称	入库类别	名称	出库类别
01 厂商采购	采购入库	01 批发销售	销售出库
02 代销商进货	采购入库	02 经销商批发	销售出库
03 采购退回	采购退货	03 销售退回	销售退货
		04 门市零售	销售出库

十三、费用项目

（1）执行“业务”｜“费用项目分类”命令，打开“费用项目分类”窗口，设置一个“无分类”。

（2）执行“业务”｜“费用项目”命令，打开“费用项目档案”窗口，按表 6-8 所示输入费用项目。

表 6-8　费用项目

费用项目编码	费用项目名称
01	运输费
02	装卸费
03	包装费
04	业务招待费

十四、发运方式

执行“业务” | “发运方式”命令，打开“发运方式”窗口，按表6-9所示输入发运方式。

表6-9 发运方式

发运方式编码	发运方式名称
01	公路运输
02	铁路运输
03	水运
04	邮寄

第三节 财务基础设置

分析企业业务流程、管理要求和会计核算要求，设计总账系统的参数和相应的基础设置。将系统时间调整为2016年10月1日。如果不调整系统时间，则需要在每次登录账套时将操作日期修改为2016年10月×日。由001操作员（密码为0）登录“企业应用平台”系统。

一、设置总账系统参数

（1）在“企业应用平台”窗口中打开“业务工作”选项卡，执行“财务会计” | “总账”命令，打开“总账”系统。

（2）在“总账”系统中执行“总账” | “设置” | “选项”命令，打开“选项”对话框。

（3）单击“权限”标签，然后再单击“编辑”按钮。

（4）取消“允许修改、作废他人填制的凭证”复选框的选中状态。

（5）单击“确定”按钮。

二、设置会计科目辅助核算类别

（1）在“企业应用平台”窗口中打开“基础设置”选项卡，执行“基础档案” | “财务” | “会计科目”命令，打开“会计科目”对话框。

（2）在“会计科目”对话框中双击“1122 应收账款”，或在选中“1122 应收账款”后单击“修改”按钮，打开“会计科目_修改”对话框。

（3）在“会计科目_修改”对话框中单击“修改”按钮。

（4）选中“客户往来”复选框，默认“受控系统”为“应收系统”。

（5）单击“确定”按钮。以此方法修改其他的会计科目：“应收票据”和“预收账款”辅助核算为“客户往来”，受控于“应收系统”；修改会计科目“应付票据”和“预付账款”辅助核算为“供应商往来”，受控于“应付系统”；增加“220201 应付货款”科目，设置为“供应商往来”；增加“220202 暂估应付款”科目，增加“410401 未分配利润”科目；

增加“222101 应交增值税”科目，增加“22210101 进项税额”科目，增加“22210102 销项税额”科目。

三、修改会计科目

（1）在“会计科目”对话框中双击“1321 代理业务资产”，打开“会计科目修改”对话框。

（2）在“会计科目修改”对话框中单击“修改”按钮。

（3）修改会计科目名称为“受托代销商品”，单击“确定”按钮。

四、设置凭证类别

（1）在“企业应用平台”窗口中打开“基础设置”选项卡，执行“基础档案”｜“财务”｜“凭证类别”命令，打开“凭证类别”对话框。

（2）在“凭证类别”对话框中选中“收款凭证”“付款凭证”“转账凭证”单选按钮。

（3）单击“确定”按钮，打开“凭证类别”窗口。

（4）单击“修改”按钮，根据表 6-10 所示设置各种凭证类别的限制内容。

表 6-10　凭证类别

类别字	类别名称	限制类型	限制科目
收	收款凭证	借方必有	10011002
付	付款凭证	贷方必有	10011002
转	转账凭证	凭证必无	10011002

（1）在“企业应用平台”窗口中打开“业务工作”选项卡，执行“财务会计”｜“总账”｜“设置”｜“期初余额”命令，打开“期初余额录入”对话框。

（2）在“期初余额录入”对话框中，依次录入每一个会计科目的期初余额（见表 6-11）。

（3）单击“试算”按钮，生成“期初试算平衡表”。

表 6-11　总账系统期初余额　　单位：元

资产			负债和所有者权益		
科目	方向	金额	科目	方向	金额
库存现金	借	8 000	短期借款	贷	200 000
银行存款	借	380 000	暂估应付款	贷	155 000
库存商品	借	1 019 500	长期借款	贷	500 000
商品进销差价	贷	−2 600	实收资本	贷	1 200 000
受托代销商品	借	41 500	盈余公积	贷	207 600
发出商品	借	272 000	未分配利润	贷	220 000
固定资产	借	880 000			
累计折旧	贷	121 000			
合计	借	2 482 600	合计	贷	2 482 600

第七章

采购管理

第一节　初始化

将系统日期修改为2016年10月31日，以操作员“王杰”（密码为1）的身份登录001账套的“企业应用平台”。

一、设置系统参数

1. 设置采购管理系统参数

参数包括：启用受托代销业务；允许超订单到货及入库；“订单/到货单/发票单价录入方式”为手工录入；专用发票默认税率为17%。

（1）在企业应用平台中打开“业务工作”选项卡，执行“供应链”|“采购管理”命令，打开采购管理系统。

（2）在系统菜单下，执行“设置”|“采购选项”命令，弹出“采购选项设置”对话框。

（3）打开“业务及权限控制”选项卡，对本单位需要的参数进行选择。选中“启用受托代销”和“允许超订单到货及入库”以及“订单/到货单/发票单价录入方式”选项区域中的“手工录入”单选按钮，其他选项可以按系统默认设置。

（4）打开“公共及参照控制”选项卡，修改“单据默认税率”为17%。

（5）所有参数选定后，单击“确定”按钮，保存系统参数的设置。

2. 修改存货档案

将奥尔马女表、男表、情侣表设置为“受托代销”属性。

（1）打开“基础设置”选项卡，执行“存货”|“存货档案”命令，打开“存货档案”窗口。

（2）选中窗口左边的“手表”类存货，再选中右侧“存货档案”窗口中的“009 奥尔马女表”所在行，单击“修改”按钮，打开“修改存货档案”对话框。

（3）选中“受托代销”复选框。

（4）单击“保存”按钮，保存对存货档案的修改信息。

（5）单击“下一张”按钮，打开“修改存货档案”的“010 奥尔马男表”对话框；重复上述步骤，保存所有需要修改的存货档案信息。再单击“下一张”按钮，打开“修改存货档案”的“011 奥尔马情侣表”对话框；重复上述步骤，保存所有需要修改的存货档案信息。

（6）单击“退出”按钮退出。

3. 设置库存管理系统参数

参数包括：有受托代销业务；有组装业务；采购入库审核时改现存量；销售出库审核时改现存量；其他出入库审核时改现存量；不允许超可用量出库；自动带出单价的单据包括全部出库单；其他设置由系统默认。

（1）打开“业务工作”选项卡，执行“供应链”|“库存管理”命令，打开库存管理系统。

（2）在库存管理系统的菜单下，执行“初始设置”|“选项”命令，打开“库存选项设置”对话框。

（3）选中“通用设置”选项卡中的“有无受托代销业务”“有无组装拆卸业务”“采购入库审核时改现存量”“销售出库审核时改现存量”和“其他出入库审核时改现存量”复选框。

（4）打开“专用设置”选项卡，在“自动带出代价的单据”选项区域中选中“销售出库单”“其他出库单”和“调拨单”复选框。

（5）打开“可用量控制”选项卡，默认不允许超可用量出库。

（6）打开“可用量检查”选项卡，选中“出入库检查可用量”复选框。

（7）单击“确定”按钮，保存库存系统的参数设置。

4. 设置存货核算系统参数

核算方式为“按仓库核算”；暂估方式为“单到回冲”；销售成本核算方式为“按销售发票”；受托代销成本核算方式为“按普通销售发票”；零成本出库按参考成本价核算；结算单价与暂估单价不一致，需要调整出库成本；其他设置由系统默认。

（1）打开“业务工作”选项卡，执行“供应链”|“存货核算”命令，打开存货核算系统。

（2）在存货核算系统菜单中执行“初始设置”|“选项”|“选项录入”命令，打开“选项录入”对话框。

（3）在“核算方式”选项卡中设置核算参数：核算方式为“按仓库核算”；暂估方式为“单到回冲”；销售成本核算方式为“按销售发票”；委托代销成本核算方式为“按普通销售核算”；零成本出库按参考成本价核算。

（4）打开“控制方式”选项卡，选中“结算单价与暂估单价不一致是否需要调整出库成本”复选框。其他选项由系统默认。

（5）单击“确定”按钮，保存存货核算系统参数的设置。

5. 应付款管理系统参数设置（见表7-1）和初始设置

基本科目设置：应付科目220201，预付科目1123，采购科目1401，税金科目22210101，银行承兑科目2201，商业承兑科目2201。

结算方式科目设置：现金支票、转账支票、电汇结算方式科目1002。

表7-1 应付款管理系统选项

应付款核销方式	按单据	单据审核日期依据	单据日期
控制科目依据	按供应商	受控科目制单方式	明细到单据
采购科目依据	按存货	汇兑损益方式	月末处理

（1）执行“业务工作”|“财务会计”命令，进入应付款管理系统。

（2）在系统菜单下，执行“设置”|“选项”命令，弹出“账套参数设置”对话框。

（3）打开“常规”选项卡，单击“编辑”按钮，使所有参数处于可修改状态。“单据审核日期依据”选择“单据日期”。

（4）打开“凭证”选项卡，“受控科目制单方式”选择“明细到单据”。

（5）单击“确定”按钮，保存应付款管理系统的参数设置。

（6）执行“设置”|“初始设置”命令，打开“初始设置”对话框。单击“设置科目”中的“基本科目设置”，根据实验要求对应付款管理系统的基本科目进行设置。

（7）执行“结算方式科目设置”命令，根据实验要求对应付款管理系统的结算方式科目进行设置。

二、期初数据录入

1. 采购管理系统期初数据录入

（1）录入以下两张期初暂估入库单：

“2016年9月18日，永昌女套装100套，单价350元，入永昌服装仓，购自永昌服装厂。”

“2016年9月8日，永昌男套装150套，单价800元，入永昌服装仓，购自永昌服装厂。”

①重新注册进入系统，在供应链系统中打开采购管理模块。

②在系统菜单下，执行“采购入库”|“采购入库单”命令，打开“期初采购入库单”窗口。

③单击“增加”按钮，按实验资料要求录入第1张期初采购入库单信息。

④单击“保存”按钮，保存期初采购入库单信息。

⑤单击“增加”按钮，录入第2张采购暂估入库单信息。单击“保存”按钮。

⑥如果需要修改期初暂估入库单的信息，则先打开需要修改的暂估单，单击“修改”按钮，修改完毕，再单击“保存”按钮即可。

⑦如果需要删除暂估单，则打开需要删除的暂估单，单击“删除”按钮即可。

（2）录入以下两张期初受托代销入库单：

“2011年12月10日，奥尔马女表20只，单价800元，入手表仓，奥尔马表厂委托代销。”

“2011年12月28日，奥尔马男表30只，单价850元，入手表仓，奥尔马表厂委托代销。”

①执行“采购入库”|“受托代销入库单”命令，打开“期初采购入库单”窗口。

②单击“增加”按钮，按实验资料要求录入期初受托代销入库单信息。

③单击“保存”按钮。

④单击“增加”按钮，录入新的受托代销入库单信息，并单击“保存”按钮。

⑤单击“退出”按钮，期初受托代销入库单全部录入之后，单击“退出”按钮，退出期初采购入库单录入界面。

⑥如果需要修改期初受托代销入库单的信息，则先打开需要修改的单据，单击“修改”按钮，修改完毕，再单击“保存”按钮即可。

⑦如果需要删除受托代销入库单，则打开需要删除的单据，单击“删除”按钮即可。

2. 录入库存管理系统期初数据（见表7-2）

表7-2　库存系统和存货系统期初数据

仓库名称	存货编码和名称	数量	单价/元	金额/元	期初差异	差价科目
永昌服装仓	001 永昌女装	100	200	20 000	—	
永昌服装仓	004 永昌男衣	200	300	60 000	—	
永昌服装仓	002 永昌女裤	100	160	16 000	—	
永昌服装仓	005 永昌男裤	200	200	40 000	—	
永昌服装仓	003 永昌女套装	50	350	17 500	—	
永昌服装仓	006 永昌男套装	30	800	24 000	—	
大地服装仓	007 大地女风衣	300	120	36 000	—	
大地服装仓	008 大地男风衣	500	150	75 000	—	
手表仓	009 奥尔马女表	50	800	40 000	—	
手表仓	010 奥尔马男表	60	850	51 000	—	
手表仓	012 钻石女表	100	120	12 000	1 200	1407 商品进销差价
手表仓	013 钻石男表	200	140	28 000	1 400	1407 商品进销差价

注：存货期初差异计入“商品进销差价”账户。

库存管理系统期初数据录入方法有两种：一是在库存管理系统中直接录入，二是从存货核算系统中取数，这里只介绍直接录入方式。

①在库存管理系统中执行“初始设置”|“期初结存”命令，打开“库存期初”窗口。

②在“库存期初”窗口中将仓库选择为“永昌服装仓”。

③单击“修改”按钮，再单击“存货编码”栏中的参照按钮，选择“永昌女装”；在“数量”栏中输入100，在“单价”栏中输入200。

④按此方法继续输入“永昌服装仓”的其他期初结存数据。单击“保存”按钮，保存录入存货信息。

⑤在“库存期初”窗口中将仓库选择为“大地服装仓”。单击“修改”按钮，依次输入“大地服装仓”的期初结存数据并保存。

⑥在“库存期初”窗口中将仓库选择为“手表仓”。单击“修改”按钮，依次输入“手表仓”的期初结存数据并保存。

⑦单击“审核”或“批审”按钮，确认该仓库录入的存货信息。

3. 存货核算系统期初数据录入

（1）存货期初数据录入与审核。存货期初数据录入方法有两种：一是直接录入，二是从库存管理系统取数。其直接录入方法与库存管理系统类似，在此不再赘述。这里主要讲述用取数的方法录入存货核算期初数据，具体数据如表7-2所示。

①在用友ERP－U8.72存货核算系统中执行“初始设置”｜“期初数据”｜“期初余额”命令，打开“期初余额”窗口。

②仓库选择“永昌服装仓”。

③单击“取数”按钮，系统自动从库存管理系统中取出该仓库的全部存货信息。

④可以将供应商等信息补充完整。

⑤按此方法继续对大地服装仓和手表仓进行取数操作。

⑥单击“对账”按钮，选择所有仓库，系统自动对存货核算与库存管理系统的存货数据进行核对。如果对账成功，单击“确定”按钮。

⑦单击“退出”按钮退出。

（2）存货期初差异录入。按计划价或售价核算出库成本的存货，应该在存货核算系统中录入期初差异余额。

①在存货核算系统中，执行“初始设置”｜“期初数据”｜“期初差异”命令，打开“期初差价”窗口。

②仓库选择“手表仓”。

③录入钻石女表的差价1 200元，录入钻石男表的差价1 400元和差价科目“1407商品进销差价”。

④单击“保存”按钮，系统弹出“保存完毕”信息提示框，单击“确定”按钮。

三、期初记账

1. 采购管理系统期初记账

（1）执行“采购管理”｜“设置”｜“采购期初记账”命令，打开“期初记账”对话框。

（2）单击“记账”按钮，弹出“期初记账完毕”信息提示框。

（3）单击“确定”按钮，完成采购管理系统期初记账。

2. 存货核算系统期初记账

（1）执行“存货核算系统”｜“初始设置”｜“期初数据”｜“期初余额”命令，打开“期初余额”窗口。

（2）单击“记账”按钮，系统弹出“期初记账成功”信息提示框，单击“确定”按钮，完成期初记账工作。

第二节　采购业务

将系统日期修改为2016年10月31日，以操作员001（密码为0）的身份登录001账套的“企业应用平台”。

一、设置采购专用发票“允许手工修改发票编号”

（1）在“基础设置”选项卡中执行“单据设置”｜“单据编号设置”命令，打开“单据编号设置”对话框。

（2）选择“单据类型”｜“采购管理”｜“采购专用发票”选项，单击“修改”按钮，选中“手工改动，重号时自动重取”复选框。

（3）单击“保存”按钮，再单击“退出”按钮退出。

（4）如果需要修改其他单据编号的设置，可以重新选中需要修改的单据类型，选中“手工改动，重号时自动重取”复选框，并保存修改设置。

二、单据设计

（1）在“基础设置”选项卡中执行“单据设置”｜“单据格式设置”命令，打开“单据格式设置”窗口。

（2）在“单据格式设置”窗口中执行“U8 单据目录分类”｜“采购管理”｜“专用发票”｜“显示”｜“专用发票显示模板”命令，在窗口右侧打开“专用发票”。

（3）单击“单据格式设置”窗口，执行“编辑”｜“表体项目”命令（或右击，选择快捷菜单中的“表体项目”），打开“表体”对话框。

（4）选中“换算率”“采购单位”和“件数”复选框。

（5）单击“确定”按钮，再单击“保存”图标保存。

（6）按此方法继续设计采购模板中的采购到货单和采购订单中的表体项目“换算率”“采购单位”和“件数”，分别在确定后保存。

（7）按照上述方法，在库存管理模块中设置“采购入库单”。在采购入库单显示模板的表体项目中增加“库存单位”“应收件数”“件数”“换算率”和“应收数量”。单击“确定”按钮，再单击“保存”图标保存。

三、第 1 笔业务

采购部业务员徐敏利于 2016 年 10 月 8 日向上海永昌服装厂提出采购请求，请求采购永昌男衣 50 包（10 000 件），报价 280 元/件（56 000 元/包）；男裤 50 包（10 000 条），报价 180 元/条（36 000 元/包）；男套装 200 套，报价单价 760 元。

（1）在“业务工作”选项中执行“供应链”｜“采购管理”命令，打开采购管理系统。

（2）执行“请购”｜“请购单”命令，打开“采购请购单”窗口。

（3）单击“增加”按钮，选择采购类型为“普通采购”，修改采购日期为“2016－10－08”，部门为“采购部”，采购类型为“厂商采购”，“存货编码”选择“永昌男衣”，在“数量”栏中输入 50，在“无税单价”栏中输入 56 000。继续输入永昌男裤和永昌男套装的信息。

（4）单击“保存”按钮。

（5）单击“审核”按钮，直接审核该请购单。

四、第 2 笔业务

2016 年 10 月 8 日，上海永昌服装厂同意采购请求，但要求修改采购价格。经协商，本公司同意对方提出的订购价格：永昌男衣单价 300（60 000 元/包），男裤单价 200（40 000 元/包），男套装单价 800 元，并正式签订订货合同，要求本月 10 日到货。

（1）在采购管理系统中，执行“采购订货”|“采购订单”命令，打开“采购订单”窗口。

（2）单击“增加”按钮，修改订单日期为“2016－10－08”。

（3）单击“生单”下拉按钮，选择“请购单”，打开“过滤条件选择”对话框。

（4）单击“过滤”按钮，打开“拷贝并执行”窗口。

（5）双击鼠标左键选中需要拷贝的请购单，即打上“Y”选中标志。

（6）单击“确定”按钮，选中的“请购单”资料自动传递到采购订单中。

（7）修改不含税单价信息：男衣 60 000 元，男裤 40 000 元，男套装 800 元；补充录入供货单位、业务员；在“计划到货日期”栏选择“2016－10－10”。修改完成后单击“保存”按钮。

（8）单击“审核”按钮，审核确认拷贝生成的采购订单。

五、第 3 笔业务

2016 年 10 月 10 日，收到上海永昌服装厂发来的男士服装和专用发票，发票号码为 ZY00 098，该批服装为本月初采购。发票载明永昌男衣 50 包，单价 300 元；男裤 50 包，单价 200 元；男套装 200 套，单价 800 元。经检验质量全部合格，办理入库（永昌服装仓）手续。财务部门确认该笔存货成本和应付款项，尚未付款。

1. 生成采购到货单

（1）在采购管理系统中执行“采购到货”|“到货单”命令，打开“到货单”窗口。

（2）单击“增加”按钮，修改日期为“2016－10－10”。

（3）单击“生单”下拉按钮，选择“采购订单”；单击“过滤”按钮，系统弹出“拷贝并执行”窗口。

（4）在“拷贝并执行”窗口中选中所选的采购订单，单击“确定”按钮，系统自动生成到货单。

（5）单击“保存”按钮。根据采购订单生成采购到货单。

（6）单击“审核”按钮，再单击“退出”按钮。

2. 生成采购入库单

（1）在企业应用平台中启动“库存管理系统”。

（2）在库存管理系统中执行“入库业务”|“采购入库单”命令，打开“采购入库单”窗口。

（3）单击“生单”下拉按钮，选中“采购到货单（批量）”；单击“过滤”按钮，弹出“到货生单列表”窗口。

（4）双击“选择”按钮，选中栏出现“Y”标志。

（5）在表体中的“仓库”栏空白位置参照输入相关信息，单击“仓库”栏参照按钮，选择“永昌服装仓”。

（6）单击“确定”按钮，系统显示“生单成功”。

（7）系统显示生成采购入库单。可以对生成的采购入库单进行有限制的修改。

（8）单击“审核”按钮，确认保存采购入库单。

3. 填制采购发票

（1）在采购管理系统中执行“采购发票”｜“专用采购发票”命令，打开“专用发票”窗口。

（2）单击“增加”按钮，输入表头部分的信息。默认业务类型为“普通采购”，修改发票日期为“2016 年 10 月 10 日”，并修改发票号为“ZY00098”。

（3）单击“生单”下拉按钮，选择“入库单”（也可以选择采购订单）。

（4）执行“入库单”命令，打开“过滤条件选择”对话框。

（5）单击“过滤”按钮，系统显示“拷贝并执行”窗口。双击所要选择的采购入库单，选择栏显示“Y”标志。

（6）单击“确定”按钮，系统将采购入库单自动传递过来，生成采购专用发票。

（7）所有信息输入、修改完成后，单击“保存”按钮，保存参照采购入库单生成的采购专用发票。

4. 采购结算

（1）在采购管理系统中执行“采购结算”｜“自动结算”命令，系统弹出“采购自动结算”对话框。

（2）根据需要输入结算过滤条件和结算模式，如单据的起止日期；选择“入库单和发票”结算模式；单击“过滤”按钮，系统自动进行结算。如果存在完全匹配的记录，则系统弹出信息提示对话框，单击“确定”按钮；如果不存在完全匹配的记录，则系统弹出“状态：没有符合条件的红蓝入库单和发票”信息提示框。

（3）执行“结算单列表”命令，单击“过滤”按钮，双击需要查询的结算表，可以打开结算表，查询、打印本次自动结算结果。

（4）单击“退出”按钮。

5. 采购成本核算

（1）在存货核算系统中执行“业务核算”｜“正常单据记账”命令，打开“正常单据记账条件”窗口。

（2）选择“仓库”中的“永昌服装仓”。

（3）单击“确定”按钮，再单击“过滤”按钮，打开“正常单据记账列表”窗口。

（4）单击“全选”按钮。

（5）单击“记账”按钮，系统显示“记账成功”，将采购入库单记账。

（6）单击“退出”按钮。

（7）执行“财务核算”｜“生成凭证”命令，打开“生成凭证”窗口。

（8）单击“选择”按钮，打开“查询条件”对话框。

（9）选中“（01）采购入库单（报销记账）”复选框。

（10）单击“确定”按钮，打开“未生成凭证单据一览表”窗口。

（11）单击“选择”栏，或单击“全选”按钮，选中待生成凭证的单据，单击“确定”按钮。

（12）选择“转账凭证”，分别录入或选择“存货”科目编码为1405，“对方”科目编码为1401。

（13）单击“生成”按钮，生成一张转账凭证。修改凭证日期为“2016－10－31”。

（14）单击“保存”按钮。

（15）单击“退出”按钮退出。

6. 财务部门确认应付账款

（1）进入应付款管理系统，执行“应付单据处理”｜“应付单据审核”命令，打开“应付单过滤条件”对话框，输入相关查询条件。

（2）单击“确定”按钮，系统弹出“应付单据列表”窗口。

（3）单击“选择”栏，或单击“全选”按钮。

（4）单击“审核”按钮，系统完成审核并给出审核报告。

（5）单击“确定”按钮后退出。

（6）执行“制单处理”命令，打开“制单查询”对话框，选择“发票制单”。

（7）单击“确定”按钮，打开“采购发票制单”窗口。

（8）选择“转账凭证”，修改制单日期为“2016－10－31”，再单击“全选”按钮，选中要制单的“采购入库单”。

（9）单击“制单”按钮，生成一张转账凭证，单击“保存”按钮。

（10）打开总账系统，执行“凭证”｜“查询凭证”命令。选择“未记账凭证”，打开所选凭证，可以查询在应付款系统中生成并传递至总账的记账凭证。

六、第4笔业务

2016年10月14日，向上海钻石手表厂订购钻石女表2 000只，单价120元。要求本月20日到货。

在采购管理系统中填制并审核一张“采购订单”，订单日期为2016－10－14，计划到货日期为2016－10－20。

七、第5笔业务

2016年10月18日，向上海钻石手表厂订购钻石男表1 000只，单价140元。要求本月25日到货。

填制一张“采购订单”，订单日期为2016－10－18，计划到货日期为2016－10－25。

八、第6笔业务

2016年10月25日，向北京大地服装厂订购大地男风衣1 000件，单价150元；订购大地女风衣500件，单价120元，要求2016年10月30日到货。

填制一张“采购订单”，订单日期为2016－10－25，计划到货日期为2016－10－30。

九、第7笔业务

2016年10月30日，收到北京大地服装厂的专用发票，发票号码为ZY00168。发票载明大地男风衣1 000件，单价150元；女风衣500件，单价120元，增值税率17%。全部验收入库，尚未支付款项。

1. 生成采购到货单

（1）在采购管理系统中执行“采购到货”｜“到货单”命令，打开“到货单”窗口。

（2）单击“增加”按钮，修改日期为“2016－10－30”，选择采购类型为“厂商采购”，部门为“采购部”。

（3）单击“生单”下拉按钮，选择“采购订单”，弹出“过滤条件选择”对话框。单击“过滤”按钮，打开“拷贝并执行”窗口。

（4）在“拷贝并执行”窗口中选中要生成到货单的第4号订单中的“大地男风衣”和“大地女风衣”的选择栏，再单击“确定”按钮，生成一张采购到货单。

（5）单击“保存”按钮，再单击“审核”按钮。

2. 采购入库单

（1）在库存管理系统中执行“入库业务”｜“采购入库单”命令，打开“采购入库单”窗口。

（2）单击“生单”下拉按钮，选择“采购到货单”。

（3）选择“采购到货单”时，系统自动弹出“过滤条件选择”对话框。

（4）单击“过滤”按钮，出现待选择的“采购到货单”。单击“选择”栏，或单击“全选”按钮，“选择”栏出现“Y”标志。窗口下部显示所选择单据的表体记录。

（5）在表体中的空白位置参照输入相关信息。

（6）单击“确定”按钮，系统弹出“生单成功！”

（7）系统显示生成的采购入库单。

（8）单击“审核”按钮，确认并保存采购入库单。

3. 填制采购发票

（1）在采购管理系统中执行“采购发票”｜“专用采购发票”命令，打开“专用发票”窗口。

（2）单击“增加”按钮。默认业务类型为“普通采购”，修改发票号码为“ZY00168”。

（3）单击“生单”下拉按钮，选择“入库单”。

（4）系统自动弹出“过滤条件选择”对话框，单击“过滤”按钮，系统显示“拷贝并执行”窗口。

（5）分别单击第6号入库单前的选择栏（共两行），再单击“确定”按钮，系统将采购入库单自动传递过来，生成采购专用发票。

（6）单击“保存”按钮，保存采购专用发票。

4. 采购结算

（1）在采购管理系统中执行“采购结算”｜“自动结算”命令，系统自动弹出“自动结算”窗口。

（2）单击“过滤”按钮，系统自动进行结算。

5. 采购成本核算

（1）在存货核算系统中执行“业务核算”｜“正常单据记账”命令，打开“正常单据记账条件”对话框。

（2）选择“大地服装仓”。

（3）单击“过滤”按钮，打开“正常单据记账列表”窗口。

（4）单击“全选”按钮。

（5）单击“记账”按钮，将采购入库单记账。

（6）单击“退出”按钮，退出“正常单据记账列表”窗口。

（7）执行“财务核算”｜“生成凭证”命令，打开“生成凭证”窗口。

（8）单击“选择”按钮，打开“查询条件”对话框。

（9）选中“采购入库单（报销记账）”复选框。

（10）单击“确定”按钮，打开“未生成凭证单据一览表”窗口。

（11）单击“选择”栏，或单击“全选”按钮，选中待生成凭证的单据，单击“确定”按钮。

（12）选择“转账凭证”，分别录入（或选择）“存货”科目编码为1405，“对方”科目编码为1401。

（13）单击“生成”按钮，生成一张转账凭证，修改凭证日期为“2016－10－31”。

（14）单击“保存”按钮。

（15）单击“退出”按钮退出。

6. 财务部门确认应付账款

（1）在应付款管理系统中执行“应付单据处理”｜“应付单据审核”命令，打开“应付单过滤条件”对话框。

（2）单击“确定”按钮，系统显示“应付单据列表”。

（3）单击“选择”栏，或单击“全选”按钮。

（4）单击“审核”按钮，系统完成审核并给出审核报告。

（5）单击“确定”按钮后退出。

（6）执行“制单处理”命令，打开“制单查询”对话框，选择发票制单。

（7）单击“确定”按钮，打开采购发票制单窗口。

（8）选择“转账凭证”，修改制单日期为2016－10－31，再单击“全选”按钮，选中要制单的采购入库单。

（9）单击“制单”按钮，生成一张转账凭证，单击“保存”按钮。

第八章

销售管理

第一节　初始化

将系统日期修改为2016年10月31日，以操作员001（密码为0）的身份登录001账套的“企业应用平台”。

一、设置销售管理系统参数

参数包括：有委托代销业务；有零售日报业务；有分期收款业务；允许超发货量开票；直运销售业务；销售生成出库单；普通销售有订单；新增发货单参照订单生成；新增退货单、新增发票参照发货单生成；其他设置由系统默认。

（1）在企业应用平台中执行“供应链”｜“销售管理”命令，打开销售管理系统。

（2）在系统菜单下执行“设置”｜“销售选项”命令，打开“销售选项”对话框。

（3）打开“业务控制”选项卡，选中“有零售日报业务”“有委托代销业务”“有直运销售业务”“有分期收款业务”“销售生成出库单”和“普通销售必有订单”复选框。

（4）打开“其他控制”选项卡，“新增发货单默认”选择“参照订单”；“新增退货单默认”选择“参照发货”；“新增发票默认”选择“参照发货”；其他选项按系统默认设置。

（5）单击“确定”按钮，保存销售系统的参数设置。

二、应收款管理系统参数和初始设置

（一）应收款管理系统参数

应收款管理系统参数如表 8-1 所示。

表 8-1　应收款管理系统参数

应收款核销方式	按单据	单据审核日期依据	单据日期
控制科目依据	按客户	受控科目制单方式	明细到单据
销售科目依据	按存货	坏账处理方式	应收余额百分比法

（二）初始设置

1. 初始设置分类

初始设置分为以下几类：

（1）基本科目设置：应收科目 1122，预收科目 2203，销售收入科目 6001，税金科目 22210102。

（2）控制科目设置：按客户设置。应收科目 1122，预收科目 2203。

（3）产品科目设置：按商品设置。销售收入和销售退回科目 6001，应交增值税 22210102。

（4）结算方式科目设置：现金支票、转账支票、电汇科目 1002。

（5）坏账准备设置：提取比率 1%，坏账准备期初余额为 0，坏账准备科目 1231，对方科目 6602。

2. 初始设置具体步骤

具体设置步骤如下：

（1）执行“企业应用平台” | “财务会计” | “应收款管理”命令。

（2）在系统菜单下执行“设置” | “选项”命令，打开“账套参数设置”对话框。

（3）打开“常规”选项卡，单击“编辑”按钮，使所有参数处于可修改状态，按实验要求设置系统参数。

（4）打开“凭证”选项卡，按实验要求修改凭证参数的设置。

（5）单击“确定”按钮，保存应收款管理系统的参数设置。

（6）执行“初始设置” | “基本科目设置”命令，根据实验资料对应收款管理系统的基本科目进行设置。

（7）执行“控制科目设置”命令，根据实验资料对应收款管理系统的控制科目进行设置，即按客户设置应收款、预收款科目。

（8）执行“产品科目设置”命令，根据实验资料对应收款管理系统的产品科目进行设置，即按存货设置销售收入科目、应交增值税科目和销售退回科目。

（9）执行“结算方式科目设置”命令，根据实验资料对应收款管理系统的结算方式科目进行设置。

（10）执行“坏账准备设置”命令，分别录入相关内容并确认。

（11）以上已经完成应收款管理设置，单击“退出”按钮，退出初始设置。

三、单据编号设置

在企业应用平台中打开“基础设置”选项卡，执行“单据设置”|“单据编号设置”命令，打开“单据编号设置”对话框。选择“编号设置”选项卡，执行“销售”|“销售专用发票”命令，单击对话框右上方的“修改”按钮，选中“手工改动，重号时自动重取(T)”复选框。单击“保存”按钮保存设置，再单击“退出”按钮。

四、销售管理系统期初数据录入

在销售管理系统启用期初录入，对于已经发货而尚未开具发票的货物，应该作为期初发货单录入销售管理系统的期初数据中，以便将来开具发票后进行发票复核，即销售结算。

1. 录入如下两张期初发货单

2016 年 9 月 8 日，永昌女套装 500 套，单价 500 元，永昌服装仓；广州市东山百货公司，销售部门为批发部，销售类型为批发销售。

2016 年 9 月 10 日，钻石女表 100 只，单价 220 元，手表仓；烟台市大山百货公司，销售部门为批发部，销售类型为批发销售。

具体步骤如下：

（1）在企业应用平台中，登录供应链中的销售管理子系统。

（2）执行“设置”|“期初录入”|“期初发货单”命令，打开“期初发货单”窗口。

（3）单击“增加”按钮，按照实验要求输入期初发货单的信息。

（4）单击“保存”按钮，保存发货单信息。

（5）单击“审核”按钮，审核确认发货单信息，再单击“增加”按钮，录入、保存并审核第 2 张期初发货单，只有审核后的发货单才可用于销售发票录入时参照。

（6）期初发货单全部录入、审核完毕，单击“退出”按钮，退出期初发货单录入与审核界面，完成期初发货单录入与审核工作。

2. 录入期初分期收款发货单

2016 年 9 月 15 日，给上海子公司（上海昌运贸易公司）发出永昌男套装 400 套，单价 1 500 元，属于永昌服装仓，销售部门为批发部，销售类型为批发销售。

具体步骤如下：

（1）在销售管理系统中执行“设置”|“期初录入”|“期初发货单”命令。

（2）单击“增加”按钮，按实验要求输入分期收款发货单信息。注意“业务类型”必须选择“分期收款”。

（3）单击“保存”按钮，然后单击“审核”按钮，确认并保存输入的信息。

第二节　销售业务

将系统日期修改为 2016 年 10 月 31 日，以操作员 001（密码为 0）的身份登录 001 账套的“企业应用平台”。人员信息录入：销售部，业务员林清远；仓储部，仓管员张红。

一、第1笔普通销售业务

2016年10月8日，收到广州市东山百货公司2015年12月8日购买永昌女套装的价税款292 500元（电汇 DH02001899），本公司于10月4日开具销售专用发票（ZY000108），确认出库成本。

本笔业务处理流程：

销售管理系统——根据发货单生成销售专用发票并现结。

应收款管理系统——审核收款单，制单传递至总账系统。

存货核算系统——正常单据记账，确认并结转销售成本，制单并传递至总账系统。

1. 销售管理系统开具专用发票

（1）在企业应用平台中打开“业务工作”选项卡，执行“供应链”|“销售管理”|“销售开票”|“销售专用发票”命令，打开“销售专用发票”窗口。

（2）单击“增加”按钮，系统自动弹出“参照生单”窗口，“客户”选择“广州东山”，默认业务类型为“普通销售”，可以重新选择。

（3）设置过滤条件，例如，输入或参照输入起始结束日期、部门业务员、订单号等信息，确认后单击“过滤”按钮，系统根据过滤条件显示符合条件的全部单据。

（4）在显示的发货单记录中的“选择”栏双击，出现“Y”表示选择成功。

（5）选择存货信息。系统自动显示该发货单的存货信息，选择需要开具发票的存货，在其前面单击，出现“Y”表示选择成功。选择完毕，单击“OK 确定”按钮。

（6）系统根据所选择的发货单和存货自动生成一张销售专用发票。修改发票日期、发票号，确认后单击“保存”按钮，确认并保存发票信息。

（7）由于开票的同时收到款项，所以单击“现结”按钮，系统自动弹出“销售现结”窗口。输入结算方式、结算号、结算金额等信息。

（8）结算信息输入并确认后，单击“确定”按钮，系统在专用发票上盖章确认，并显示“现结”字样。

（9）单击“复核”按钮，保存销售专用发票的信息。单击“退出”按钮。

2. 应收款管理系统审核收款单并制单

（1）在企业应用平台打开“业务工作”选项卡，执行“财务会计”|“应收款管理”|“应收单据处理”|“应收单据审核”命令，系统弹出“应收单过滤条件”对话框。

（2）选择“包含已现结发票”复选框。

（3）单击“确定”按钮。选择需要审核的应收单据，在记录的“选择”栏处双击，出现“Y”，表示选择成功。

（4）单击“审核”按钮，系统弹出“本次审核成功单据【1】”信息提示对话框。单击“确定”按钮，再退出应收单据审核。

（5）执行“制单处理”命令，系统自动打开“制单查询”对话框，设置单据过滤条件，选择“现结制单”复选框。

（6）单击“确定”按钮，打开“现结制单”窗口。单击“全选”按钮。

（7）选择凭证类别为“收款凭证”，单击“制单”按钮，系统根据所选择的现结制单自动生成收款凭证。单击“保存”按钮，系统显示“已生成”标志。制单完毕，单击“退出”按钮，退出应收款管理系统。

3. 存货核算系统结转销售成本并制单

（1）在企业应用平台中登录存货核算系统。

（2）执行“初始设置”｜“科目设置”｜“存货科目”命令，打开“存货科目”窗口。

（3）单击“增加”按钮，系统自动增加一行记录，参照输入存货仓库编码、存货类别和存货科目、分期收款发出商品科目、委托代销发出商品科目等。如仓库编码01，永昌服装仓，存货科目为“1405 库存商品”，分期收款发出商品科目为“1405 库存商品”。设置完毕，单击“保存”按钮。

（4）执行“初始设置”｜“科目设置”｜“对方科目”命令，打开“对方科目”窗口。

（5）单击“增加”按钮，根据收发类别设置存货对方科目。例如，采购入库的对方科目为“1401 材料采购”，销售出库的对方科目为“6401 主营业务成本”。

（6）执行“业务核算”｜“正常单据记账”命令，系统自动弹出“过滤条件选择”对话框。设置过滤条件为“永昌服装仓”“专用发票”。

（7）单击“过滤”按钮，系统显示符合条件的单据。选择需要记账的单据，单击“记账”按钮。

（8）执行“财务核算”｜“生成凭证”命令，打开“生成凭证”窗口。

（9）单击“选择”按钮，打开生成凭证的“查询条件”对话框。选择“销售专用发票”复选框。

（10）单击“确定”按钮，系统打开“未生成凭证单据一览表”窗口。选择需要生成凭证的单据，单击“确定”按钮。

（11）选择凭证类别，核对入账科目是否正确，确定无误后单击“生成”按钮，系统自动生成了一张结转销售成本的凭证。修改凭证类别，单击“保存”按钮，系统显示“已生成”标志。

（12）单击“退出”按钮。

（13）执行“财务核算”｜“凭证列表”命令，可以查询生成的结转销售成本的凭证。

二、第2笔普通销售业务

2016年10月10日，给烟台市大山百货公司开具2015年12月10日销售钻石女表的销售专用发票（ZY000165），款项尚未收到。

本笔业务处理流程：

销售管理系统——开具销售专用发票。

应收款管理系统——审核应收单，制单并传递至总账系统。

1. 销售管理系统开具销售专用发票

（1）在销售管理系统中执行“销售开票”｜“销售专用发票”命令，打开“销售发票”窗口。

(2) 单击“增加”按钮，系统自动弹出“参照生单”窗口。默认业务类型为“普通销售”，可以重新选择。

(3) 设置过滤条件，单击“过滤”按钮，系统根据过滤条件显示符合条件的全部单据。

(4) 在显示的发货单记录中选择客户为“烟台大山”，或者选择日期为“2015 年 12 月 10 日”的发货单，在所选择单据前单击，出现“Y”表示选择成功。

(5) 选择存货信息。系统自动显示该发货单的存货信息，选择需要开具发票的存货，在其面前单击，出现“Y”表示选择成功。选择完毕，单击“OK 确定”按钮。

(6) 系统根据所选择的发货单和存货单自动生成一张销售专用发票。修改发票信息，如开具发票的日期和发票号等信息，确认后单击“保存”按钮，确认并保存发票信息。

(7) 单击“复核”按钮，保存销售专用发票的信息。

2. 应收款管理系统审核应收单并制单

(1) 在企业应用平台中，打开“业务工作”选项卡，执行“财务会计” | “应收款管理” | “应收单据处理” | “应收单据审核”命令，系统自动弹出“应收单过滤条件”对话框。

(2) 设置过滤条件。

(3) 单击“确定”按钮。选择需要审核的应收单据，在记录的“选择”栏处双击，出现“Y”，表示选择成功。

(4) 单击“审核”按钮，系统弹出“本次审核成功单据 1 张”信息提示对话框。单击“确定”按钮。

(5) 执行“制单处理”命令，系统自动打开“制单查询”对话框。设置单据过滤条件，默认选择“发票制单”。

(6) 在需要制单的记录前的“选择”栏中输入 1，或单击“全选”按钮，系统显示 1，表示选择的单据成功，可以生成凭证。

(7) 选择凭证类别为“转账凭证”，单击“制单”按钮，系统根据所选择的应收单自动生成转账凭证。单击“保存”按钮，系统显示“已生成”标志。

(8) 执行“单据查询” | “凭证查询”命令，可以查询根据应收单生成的转账凭证。查询完毕，单击“退出”按钮。

三、第 3 笔普通销售业务

2016 年 10 月 10 日，北京王府井百货公司打算订购钻石女表 1 000 只，出价（不含税）180 元/只。要求 2016 年 10 月 31 日前发货，本公司报价（不含税）为 210 元。2016 年 10 月 12 日，本公司与北京王府井百货公司协商，对方同意钻石女表销售单价为 200 元，但订单数量减为 800 只。本公司确认后于 2016 年 10 月 13 日发货（手表仓），本公司以现金代垫运费 500 元。当日开具销售专用发票，发票号为 ZY000122，贷款尚未收到。

本笔业务处理流程：

销售管理系统——填制报价单并审核。

销售管理系统——填制或生成销售订单。

销售管理系统——根据销售订单生成发货单。

库存管理系统——生成销售出库单并审核。

销售管理系统——销售专用发票。

销售管理系统——代垫运费单。

应收款管理系统——应收单审核并制单。

1. 销售管理系统填制报价单、销售订单，生成销售发货单

（1）在销售管理系统中执行“销售报价”｜“销售报价单”命令，打开“销售报价单”窗口。

（2）单击“增加”按钮，输入表头信息：业务类型为“普通销售”，销售类型为“批发销售”，日期修改为“2016 年 10 月 10 日”，客户是“北京王府井百货公司”，业务员为“林清远”，税率为 17%。表体中的存货为钻石女表，数量 1 000 只，无税单价 210 元/只。单击“保存”和“审核”按钮。

（3）执行“销售订货”｜“销售订单”命令，打开“销售订单”窗口。

（4）单击“增加”按钮，再单击“生单”下拉按钮，选择“报价”，系统自动显示订单参照报价单过滤窗口。选择 2016 年 10 月 10 日的北京王府井百货公司的报价单，选中标志为“Y”，同时选择下半部的存货钻石女表，选中标志为“Y”，单击“确定”按钮。

（5）系统根据报价单自动生成一张销售订单。修改订单与报价单不一致的信息，如日期为 2016－10－12，无税单价为 200，数量为 800，信息确认后单击“保存”按钮，再单击“审核”按钮。

（6）执行“销售发货”｜“发货单”命令，打开“发货单”窗口。

（7）单击“增加”按钮，系统自动显示“参照生单”窗口。

（8）在“参照生单”管理窗口中单击“过滤”按钮，系统显示复核条件的销售订单。单击出现“Y”，选中销售订单和存货。

（9）单击“OK 确定”按钮，系统自动参照销售订单生成销售发货单，修改发货日期为“13 日”，输入发货仓库为“手表仓”。单击“保存”按钮，再单击“审核”按钮。

（10）单击“退出”按钮，退出“销售发货单”窗口。

2. 销售出库单

（1）在企业应用平台中登录库存管理系统。

（2）执行“出库业务”｜“销售出库单”命令，系统根据销售发货单自动生成了销售出库单。按“翻页键”查看，单击“审核”按钮，确认销售出库单，单击“确定”按钮。

3. 销售专用发票

（1）在销售管理系统中执行“销售开票”｜“销售专用发票”命令，打开“销售专用发票”窗口。

（2）单击“增加”按钮，系统自动弹出“参照生单”窗口。默认业务类型为“普通销售”，可以重新选择。

（3）设置过滤条件，单击“过滤”按钮，系统根据过滤条件显示符合条件的全部单据。

（4）在显示的发货单记录中选择客户为“北京王府井百货公司”，或者选择日期为“2016 年 10 月 13 日”的发货单，在所选择单据前单击，出现“Y”表示选择成功。

（5）选择存货信息。系统自动显示该发货单的存货信息，选择需要开具发票的存货，在其前面单击，出现“Y”表示选择成功。选择完毕，单击“OK 确定”按钮。

（6）系统根据所选择的发货单和存货自动生成一张销售专用发票。修改发票日期和发票号，确认后单击“保存”按钮，保存发票信息。

（7）单击“复核”按钮，保存销售专用发票的信息，然后退出。

（8）执行“代垫费用”｜“代垫费用单”命令，打开“代垫费用单”窗口。

（9）单击“增加”按钮，输入代垫费用及其相关内容。

（10）单击“保存”按钮，再单击“审核”按钮审核。

4. 应收款管理系统审核应收单并制单

（1）在企业应用平台打开“业务工作”选项卡，执行“财务会计”｜“应收款管理”｜“应收单据处理”｜“应收单据审核”命令，系统自动弹出“条件过滤选择”对话框，设置过滤条件。

（2）单击“确定”按钮。选择需要审核的应收单据，包括王府井的运费单据和应收单据，在记录的“选择”处单击，出现“Y”表示选择成功。

（3）单击“审核”按钮，系统弹出“本次审核成功单据 2 张”信息提示对话框。

（4）执行“制单处理”命令，系统自动打开单据过滤窗口。设置单据过滤条件，选择“发票制单”和“应收单制单”，单击“确定”按钮。

（5）单击“全选”按钮，在需要制单的两个记录前的“选择标志”栏分别填 1 和 2，表示选择 1 的单据生成一张凭证，选择 2 的单据生成另一张凭证。

（6）选择凭证类别为“转账凭证”，单击“制单”按钮，系统根据所选择的应收单自动生成两张转账凭证；分别单击“保存”按钮，系统显示“已生成”标志。单击“下一张”按钮，在第 2 行科目名称栏输入 1001，修改凭证类别为“付款凭证”，再单击“保存”按钮。

（7）执行“单据查询”｜“凭证查询”命令，可以查询根据应收单生成转账凭证。查询完毕，单击“退出”按钮。

四、第 4 笔普通销售业务

2016 年 10 月 15 日，广州市东山百货公司有意向本公司订购永昌男衣 800 件、永昌男裤 800 条，本公司报价（不含税）分别为 400 元和 280 元。2016 年 10 月 16 日，广州市东山百货公司同意我公司的报价，并决定追加订货永昌男衣追加 200 件，永昌男裤追加 200 条，需要分批开具销售发票。本公司同意对方的订货要求。

本笔业务处理流程：

销售管理系统——销售报价单。

销售管理系统——销售订单。

（1）在销售管理系统中执行“销售报价”｜“销售报价单”命令，打开填制报价单的窗口。

（2）单击“增加”按钮，输入表头信息：业务类型为“普通销售”，销售类型为“批发销售”，日期修改为“2016 年 10 月 15 日”，客户是“广州市东山百货公司，”业务员为

"林清远"，税率为17%。表体中的存货为永昌男衣，数量800件，报价400元/件；永昌男裤800条，单价280元/条。输入完毕后单击"保存"按钮，再单击"审核"按钮。

（3）执行"销售订货"｜"销售订单"命令，打开销售订单窗口。

（4）单击"增加"按钮，在单击"生单"下拉按钮，选择"报价"，参照报价单生成销售订单，修改销售订单日期为"16日"，分别修改永昌男衣和永昌男裤数量为1 000。信息确认后单击"保存"按钮，再单击"审核"按钮。

五、第5笔普通销售业务

2016年10月18日，按销售订单发货（永昌服装仓），给广州市东山百货公司分别发出永昌男衣和永昌男裤各200件（条），本公司支付运杂费200元（现金支票XJ01000588）。次日开具两张销售专用发票，发票号分别为ZY000278和ZY000279。对方电汇（DH0077889）款项93 600元已经收到，即付200件永昌男衣的价税款。200条永昌男裤款项暂欠。确认出库成本。

本笔业务需要根据第4笔业务的销售订单生成销售发货单，同时根据销售发货单生成销售专用发票和销售出库单。

本笔业务处理流程：

销售管理系统——销售发货单。

销售管理系统——销售专用发票、支付费用单。

应收款管理系统——应收单审核、制单。

库存管理系统——销售出库单。

1. 销售管理系统填制销售发货单、销售专用发票和支付费用单

（1）登录销售管理子系统，执行"销售发货"｜"发货单"命令，打开"发货单"窗口。

（2）单击"增加"按钮，系统弹出"参照生单"窗口。

（3）在"参照生单"窗口中单击"过滤"按钮，系统显示符合条件的销售订单，单击出现"Y"表示选中销售订单和相应的存货。若要选中多条存货，则要按住Ctrl键。

（4）单击"OK确定"按钮，系统自动参照销售订单生成销售发货单，修改发货日期为"18日"，输入发货仓库为"永昌服装仓"，分别修改男衣和男裤数量为200。单击"保存"按钮，再单击"审核"按钮。

（5）单击"退出"按钮，退出销售发货单窗口。

（6）执行"销售开票"｜"销售专用发票"命令，进入销售专用发票窗口。

（7）单击"增加"按钮，系统显示"发票参照发货单"窗口。单击"过滤"按钮，系统显示符合条件的发货单，选中客户为"广州市东山百货公司"的发货单，同时在存货中选择"永昌男衣"。

（8）单击"OK确定"按钮，系统自动根据所选发货单生成销售专用发票，修改日期和发票号，单击"保存"按钮，再单击"现结"按钮，在"结算"对话框中输入结算方式、结算金额等信息，单击"确定"按钮。最后单击"复核"按钮，确认并保存该专用发票。

（9）单击"增加"按钮，在发货单的过滤窗口中选择广州市东山百货公司的发货单和

永昌男裤的存货。选定后单击“OK 确定”按钮。

（10）修改发票日期和发票号，确认后单击“保存”按钮，再单击“支出”按钮，系统自动进入支付费用单输入窗口。输入支付的运杂费信息，单击“保存”按钮，再单击“审核”按钮。

（11）单击“退出”按钮，即退出“销售费用支出单”窗口，回到销售发票界面。

（12）单击“复核”按钮，确认并保存该发票。

2. 应收款管理系统审核并制单

（1）启动应收款管理系统，执行“应收单据处理”｜“应收单击审核”命令，系统自动弹出“应收单过滤条件”对话框。

（2）设置单据过滤条件，选择“包含现结发票”，单击“确定”按钮。

（3）选择需要审核的应收单据，在记录的“选择”处单击，出现“Y”，表示选择成功。

（4）单击“审核”按钮，系统弹出“本次审核成功单据 2 张”信息提示对话框。

（5）执行“制单处理”命令，系统自动打开“制单查询”对话框。设置单据过滤条件，选择“发票制单”“现结制单”复选框，单击“确定”按钮。

（6）单击“全选”按钮。

（7）单击“制单”按钮，系统根据所选择的现结制单自动生成收款凭证，修改相应凭证类别，单击“保存”按钮，系统显示“已生成”标志。单击“下一张”按钮，修改相应凭证类别，单击“保存”按钮。制单完毕，单击“退出”按钮，退出应收款管理系统。

3. 销售出库单、结转销售成本

（1）启动库存管理系统，执行“出库业务”｜“销售出库单”命令，进入“销售出库单”窗口。按翻页键找到系统根据发货单自动生成的销售出库单，单击“审核”按钮。

（2）启动存货核算系统，执行“业务核算”｜“正常单据记账”命令，系统自动弹出记账单据过滤对话框。设置过滤条件为“永昌服装仓”“专用发票”。

（3）单击“过滤”按钮，系统显示符合条件的单据。选择需要记账的单据，单击“记账”按钮，再单击“退出”按钮。

（4）执行“财务核算”｜“生成凭证”命令，进入“生成凭证”窗口。

（5）单击“选择”按钮，进入生成凭证“查询条件”对话框，选择“销售专用发票”。

（6）单击“确定”按钮，系统弹出“未生成凭证单据一览表”窗口。单击“全选”按钮，选择需要生成凭证的单据，单击“确定”按钮。

（7）修改相应凭证类别后，单击“合成”按钮，核对入账科目是否正确，或者补充输入入账科目，然后系统自动生成一张结转销售成本的凭证；单击“保存”按钮，系统显示“已生成”标志。

（8）执行“财务核算”｜“凭证列表”命令，可以查询生成的结转销售成本的凭证。

六、第 6 笔普通销售业务

2016 年 10 月 20 日，烟台市大山百货公司向本公司订购永昌男套装 200 套进行询价，本公司报价（不含税）900 元，对方初步同意。本公司根据报价单已经生成销售订单。2016

年 10 月 23 日，烟台市大山百货公司提出价格过高，只能接受 850 元/套，本公司不同意。对方撤销对本公司永昌男套装的订购。

本笔业务处理流程：

销售管理系统——填制并审核销售报价单。

销售管理系统——参照生成并审核销售订单。

销售管理系统——关闭销售订单。

（1）在销售管理系统中执行“销售报价” | “销售报价单”命令，打开填制报价单的窗口。

（2）单击“增加”按钮，输入表头和表头信息：业务类型为“普通销售”，销售类型为“批发销售”，日期修改为“2016 年 10 月 20 日”，客户是“烟台市大山百货公司”，业务员为“林清远”，税率为 17%。表体中的存货为永昌男套装，数量 200 套，报价 900 元/套。单击“保存”按钮，再单击“审核”按钮。

（3）执行“销售订货” | “销售订单”命令，打开销售订单窗口。

（4）单击“增加”按钮，参照报价单生成销售订单。表头信息与报价单相同，表体中的订购数量为 200 套，报价为 900 元/套，无税单价为 900 元。信息确认后单击“保存”按钮，再单击“审核”按钮。

（5）2016 年 10 月 23 日，接到对方撤销订货的通知后，领导决定关闭报价单和销售订单。

（6）执行“销售订货” | “订单列表”命令。设置过滤条件，查询 2016 年 10 月 20 日烟台市大山百货公司的销售订单；选择相应订单，单击“关闭”按钮，关闭订单。执行“销售订货” | “销售订单”命令，查找该张订单。

第三节　退货业务

将系统日期修改为 2016 年 10 月 31 日，以操作员 001（密码为 0）的身份登录 001 账套的“企业应用平台”。

一、第 1 笔退货业务

2016 年 10 月 30 日，广州市东山百货公司提出退回奥尔马男表 500 只，无税单价 1 050 元（28 日已经开票、生成发货单，但尚未出库）。

本笔业务处理流程：

销售管理系统——填制并审核退货单。

销售管理系统——生成并复核红字专用销售发票。

应收款管理系统——审核红字应收单并制单。

（1）启动销售管理系统，执行“销售发货” | “退货单”命令，手工填制一张退货单，无税单价为 1 050 元，单击“审核”按钮。

（2）执行“销售开票” | “红字专用销售发票”命令，单击“增加”按钮，系统自动显示“发票参照发货单”窗口。输入相应查询条件并单击“过滤”按钮，系统自动显示广

州市东山百货公司退货单。

（3）单击“OK 确定”按钮，生成红字专用销售发票。修改相关项目后，单击“保存”按钮，再单击“复核”按钮。

（4）启动应收款管理系统，执行“应收单据处理”｜“应收单审核”命令，系统自动弹出“单据过滤”对话框。设置过滤条件后，单击“确定”按钮，进入应收单审核窗口。选择广州市东山百货公司销售专用发票，单击“审核”按钮，系统弹出“本次成功审核单据 1 张”信息提示对话框。单击“退出”按钮。

（5）执行“制单处理”命令，设置过滤条件为“发票制单”，单击“确定”按钮，进入制单单据选择窗口。

（6）在所选择单据的“选择标志”处输入 1，选择凭证类别为“转账凭证”；单击“制单”按钮，系统生成一张红字冲销凭证，单击“保存”按钮。

二、第 2 笔退货业务

2016 年 10 月 30 日，广州市东山百货公司因质量问题要求退回永昌女套装 10 套。无税单价 450 元，该服务已于 2016 年 10 月 26 日开具销售专用发票并收款，2016 年 10 月 27 日发货并结转销售成本（单位成本 350 元）。

本笔业务处理流程：

销售管理系统——填制并审核退货单。

销售管理系统——生成并复核红字专用销售发票。

库存管理系统——生成并审核红字销售出库单。

应收款管理系统——审核红字应收单并制单。

存货核算系统——记账并生成冲销结转成本凭证。

（1）在销售管理系统中执行“销售发货”｜“退货单”命令，手工填制一张退货单，无税单价为 450 元，保存后单击“审核”按钮。

（2）执行“销售开票”｜“红字专用销售发票”命令，单击“增加”按钮，系统自动显示“发票参照发货单”窗口。输入相关查询条件，单击“过滤”按钮，系统自动显示广州市东山百货公司退货单。

（3）单击“OK 确定”按钮，生成红字专用销售发票。单击“保存”按钮，再单击“复核”按钮，退出销售管理系统。

（4）启动库存管理系统，执行“出库业务”｜“销售出库单”命令，单击“生单”下拉按钮，系统显示“销售发货单列表”窗口。选择广州市东山百货公司发货单和永昌女套装，单击“OK 确定”按钮，确认生单后，系统自动生成红字销售出库单。单击“审核”按钮，再单击“退出”按钮。

（5）启动应收款管理系统，执行“应收单据处理”｜“应收单审核”命令，系统自动弹出单据过滤对话框。设置过滤条件后，单击“确定”按钮，进入应收单审核窗口。选择广州市东山百货公司销售专用发票，单击“审核”按钮，系统弹出“本次成功审核单据 1 张”信息提示对话框，单击“退出”按钮。

（6）执行“制单处理”命令，设置过滤条件为“发票制单”。单击“确定”按钮，进入制单单据窗口。

（7）在所选择单据的“选择标志”处输入1，选择凭证类别为“转账凭证”。单击“制单”按钮，系统生成一张红字冲销凭证。单击“保存”按钮，生成红字冲销凭证。

（8）启动存货核算系统，执行“业务核算”|“正常单据记账”命令，选择永昌服装仓销售专用发票记账，单击“记账”，输入永昌女套装的单价为350。记账后单击“退出”按钮。

（9）执行“财务核算”|“生成凭证”命令，单击“选择”按钮，在“生单”单据窗口中选择“销售专用发票”，单击“确定”按钮。在“未生成凭证单据一览表”窗口中选择“永昌服装仓”，其“选择”栏显示1，单击“确定”按钮。

（10）在“生成凭证”窗口中选择凭证类别为“转账凭证”。单击“生成”按钮，系统自动生成一张红字凭证，冲销已结转的销售成本。

三、第3笔退货业务

2016年10月31日，北京王府井百货公司要求退货，退回钻石男表10只（入手表仓），无税单价180元，该男表已于2016年10月13日开具销售发票并收款。本公司同意退货，同时办理退款手续（开出一张现金支票XJ010）。

本笔业务处理流程：

销售管理系统——填制并审核退货单。

销售管理系统——生成并复核红字专用销售发票。

库存管理系统——生成并审核红字销售出库单。

应收款管理系统——审核红字应收单并制单。

（1）在销售管理系统中，执行“销售发货”|“退货单”命令，手工填制一张退货单，无税单价为180元，单击“审核”按钮。

（2）执行“销售开票”|“红字专用销售发票”命令，单击“增加”按钮，系统自动显示“发票参照发货单”窗口。输入相关查询条件，单击“过滤”按钮，系统自动显示“北京王府井百货公司退货单”。

（3）单击“OK确定”按钮，生成红字专用销售发票。单击“保存”按钮，再单击“现结”按钮，在“现结”对话框中输入结算方式为“现金支票”，结算号为XJ010，并输入负数结算金额即为退款金额（-2 106元）。

（4）结算信息输入完毕后单击“确定”按钮。在生成的红字发票上单击“复核”按钮，确认红字专用发票，并退出销售管理系统。

（5）启动库存管理系统，执行“出库业务”|“销售出库单”命令，单击“生单”下拉按钮，系统显示“销售发货单列表”窗口。选择北京王府井百货公司发货单和钻石男表，单击“OK确定”按钮，确认生单后，系统自动生成红字销售出库单。单击“审核”按钮，再单击“退出”按钮。

（6）启动应收款管理系统，执行“应收单据处理”|“应收单审核”命令，系统自动弹出“单据过滤”对话框。设置过滤条件后，选择“包含已现结发票”复选框，单击“确定”按钮。

（7）进入应收单审核窗口，选择需要审核的应收单据，即北京王府井百货公司销售专用发票，在该记录的“选择”栏双击，出现“Y”；再单击“审核”按钮，系统弹出“本次成功审核 1 张单据”信息提示对话框，单击“退出”按钮。

（8）执行“制单处理”命令，系统自动打开单据过滤对话框，设置单据过滤条件，选择“现结制单”。在所选择单据的“选择”栏输入 1，单击“制单”按钮。在生成凭证界面中修改凭证类别为“收款凭证”，然后单击“保存”按钮，系统根据现结红字发票自动生成了一张红字收款凭证。

第九章

库存管理与存货核算

第一节　调拨

以业务日期2016年10月31日，操作员001（密码为0）的身份登录001账套的“企业应用平台”。

一、第1笔调拨业务

2016年10月8日，由于手表仓进行养护维修，将该仓库中的所有钻石女表455只和钻石男表450只转移到大地服装仓，由仓储部张红负责。

以2016年10月8日的业务日期，在库存管理系统中增加一张调拨单，填制转入仓库、转出仓库、调拨存货、存货数量等信息，并保存和审核该调拨单。实验流程如下：

在库存管理系统中填制调拨单，并审核。

在库存管理系统中审核调拨单，并生成其他出入库单。

在存货核算系统中使用特殊单据记账对调拨单进行记账。

（1）在库存管理系统中执行“调拨业务”｜“调拨单”命令，打开“调拨单”窗口。

（2）单击“增加”按钮，进入新添调拨业务操作窗口。输入业务日期、转出仓库、转入仓库、出入库类别、经手人、存货等信息。

（3）单击“保存”按钮，并审核该调拨单，最后提示审核成功。

（4）在库存管理系统中执行“入库业务”｜“其他入库单”命令，按翻页键查找系统自动生成的入库单，审核该其他入库单。

（5）在库存管理系统中执行“出库业务”｜“其他出库单”命令，按翻页键查找系统自动生成的出库单，并审核该其他出库单。

（6）以2016年10月31日的业务日期登录存货核算系统，执行“业务核算”｜“特殊单据记账”命令，系统弹出“特殊单据记账条件”对话框，设置特殊单据记账查询条件。

（7）选择单据类型为“调拨单”，此处出库单金额应该来自存货核算，建议选择“出库单上系统已填写的金额记账时重新计算”复选框。单击“确定”按钮。

（8）系统显示有一张调拨单未记账。如果要对该张调拨单记账，可在表体中单击“选择”列，在其内显示有“Y”的表示选中该单据，再单击“记账”按钮。

二、第 2 笔调拨业务

2016 年 10 月 13 日，由于大地服装仓漏水，将 150 件大地女风衣转移到永昌服装仓，以方便维修，由仓储部张红负责。

以 2016 年 10 月 13 日的业务日期，在库存管理系统中增加一张调拨单，填列转入仓库、转出仓库、调拨存货、存货数量等信息，并保存和审核该调拨单。

（1）在库存管理系统中，执行“调拨业务”命令，打开“调拨单”窗口。

（2）单击“增加”按钮，进入新添调拨业务操作界面。输入业务日期、转出仓库、转入仓库、出入库类别、经手人、存货等信息。

（3）单击“保存”按钮，并审核该调拨单。

（4）在库存管理系统中，对调拨单生成的其他出入单进行审核。

三、第 3 笔调拨业务

2016 年 10 月 21 日，手表仓维护完毕，将暂时转入大地服装仓的钻石男表和钻石女表移回手表仓，由仓储部张红负责。

操作步骤参照第 2 笔调拨业务。

四、第 4 笔调拨业务

2016 年 10 月 22 日，将由于大地服装仓维修转入永昌服装仓的 150 件大地女风衣，转回到大地服装仓，由仓储部张红负责。

操作步骤参照第 2 笔调拨业务。

第二节　盘点

以业务日期 2016 年 10 月 31 日，操作员 001（密码为 0）的身份登录 001 账套的“企业应用平台”。

一、第 1 笔盘点业务

仓库中的实际数量如表 9-1 所示。

表 9-1　仓库中的实际数量

仓库名称	存货名称	主计量单位	辅计量单位	换算率	分类名称	现存数量
永昌服装仓	永昌女装	件或条	包	20.00	服装	70.00
永昌服装仓	永昌女裤	件或条	包	20.00	服装	85.00

续表

仓库名称	存货名称	主计量单位	辅计量单位	换算率	分类名称	现存数量
永昌服装仓	永昌女套装	套			服装	25.00
永昌服装仓	永昌男衣	件或条	包	20.00	服装	28.00
永昌服装仓	永昌男裤	件或条	包	20.00	服装	50.00
永昌服装仓	永昌男套装	套			服装	290.00
永昌服装仓	大地女风衣	件或条	包	20.00	服装	0.00

以2016年10月31日为业务日期，登录库存管理系统，添加盘点单，设置盘点的仓库和存货、盘点数量等。

本笔业务处理流程：

在库存管理系统中填制盘点单。

在库存管理系统中审核盘点单。

在库存管理系统中根据盘盈或盘亏，系统自动生成其他出入库单，审核其他出入库单。

在存货核算系统中对系统生成的其他出入库单进行记账。

（1）在库存管理系统中，单击“盘点业务”，打开盘点单。

（2）单击“增加”按钮，进入新添盘点业务操作界面，输入业务日期为“2016年10月31日”，选择盘点仓库为“永昌服装仓”，出入库类别分别为“盘亏出库”和“盘盈入库”，并填写经手人等信息。

（3）单击“盘库”按钮，系统提示要将表体中的内容清空。

（4）单击“是”按钮，系统弹出对话框。

（5）选择“按仓库盘点”和“账面为零时是否盘点”选项，单击“确定”按钮，系统自动将该仓库中的存货和存货在该仓库中的账面数量逐一列出，并按照盘点库存中的实际存货存储数量对应盘点单上相应的存货，逐一填列在“盘点数量”或“盘点件数”栏。单击“保存”按钮，保存该盘点单，并单击“审核”按钮审核该盘点单。

（6）在盘点单上如果有盘亏的存货，则在库存管理系统中执行“出库业务”|“其他出库单”命令，翻页打开系统生成的其他出库单。

（7）单击“审核”按钮，审核该其他出库单。

（8）经过确认，对永昌服装仓盘盈的8包永昌男衣以单价58 000元入账。以2016年10月31日的业务日期登录存货核算系统，执行“日常业务”|“其他入库单”命令，打开其他入库单之后，单击“修改”按钮，在“单价”栏中输入58 000元，再单击“保存”按钮。

二、第2笔盘点业务

2016年10月31日，仓储部张红对大地服装仓的存货大地男风衣进行盘点，该风衣的实际库存数量为1 280件。

以2016年10月31日为业务日期，登录存货管理系统，填列盘点单，设置盘点的仓库和存货、盘点数量等。

（1）在库存管理系统中执行“盘点业务”命令，打开盘点单。

（2）单击“增加”按钮，进入新添盘点业务操作界面。输入业务日期为“2016 年 10 月 31 日”，选择盘点仓库为“大地服装仓”，出入库类别分别为“盘亏出库”和“盘盈入库”，并填写经手人信息，在表体中选择存货“大地男风衣”，系统自动显示该存货的账面数量，在“盘点数量”中输入大地服装仓中的实际存储数量 1 280。

（3）单击“保存”按钮，再单击“审核”按钮，审核该盘点单。

第三节　存货价格及结算成本处理

以业务日期 2016 年 10 月 31 日，操作员 001（密码为 0）的身份登录 001 账套的“企业应用平台”。

一、第 1 笔存货价格处理业务

2016 年 10 月 31 日，检查是否有入库单上存货无价格，并给这些单据录入价格。

以 2016 年 10 月 31 日为业务日期，在存货核算系统中打开采购入库单列表和其他入库单列表，检查有没有单价的记录。建议采用打开暂估成本录入，在过滤条件下显示的单据即为暂估单据，并可对其成本进行修正。

（1）在存货核算系统中执行“业务核算”｜“暂估成本录入”命令，设置暂估成本录入查询条件。

（2）选择仓库，如果不输入其他查询条件，默认为所有单据。如果是有暂估价的单据，要查询所有单据，必须选择“包括已有暂估金额的单据”复选框。单击“确定”按钮。

（3）如果需要选择修改单价或金额可以直接在表体中进行修改，也可以通过选择方式：售价成本、参考成本、上次入库成本、上次出库成本或结存成本，再单击“录入”按钮进行系统自动录入。

（4）单击“保存”按钮，即保存设置的单价。

二、第 2 笔存货价格处理业务

2016 年 10 月 31 日，经检查永昌服装仓中永昌女装存货价格偏低，经过调研和批准，将其由 200 元调整为 210 元。由于该存货在该仓库中存储数量为 80 条，即将总金额从现在的 16 000 元调整为 16 800 元。

以 2016 年 10 月 31 日为业务日期，在存货核算系统中打开入库调整单，调整存货的总价值，即在系统中增加一张只有金额没有数量的入库单。

（1）在存货核算系统中执行“日常业务”｜“入库调整单”命令。

（2）单击“增加”按钮，输入仓库为“永昌服装仓”，收发类别为“其他入库”，存货为“永昌女装”，调整金额为 800 元。

（3）单击“保存”按钮，再单击“记账”按钮，使增加的金额入账。

三、第 3 笔存货价格处理业务

2016 年 10 月 31 日，检查本期进行采购结算，需要进行结算成本暂估处理的单据，并对其进行暂估处理。

以 2016 年 10 月 31 日为业务时间登录存货核算系统，按照系统设置的暂估处理方法处理所有的暂估单据。

本笔业务处理流程：

在存货核算系统中，打开业务核算中的结算成本处理。

在存货核算系统中，对所有暂估单据进行暂估处理。

（1）以 2016 年 10 月 31 日为业务日期，登录存货核算系统，执行“业务核算”|“结算成本处理”命令，系统弹出“暂估处理查询”对话框，可以选择所有的仓库，其他条件为空，即默认所有。

（2）单击“确定”按钮。

（3）单击单据体中需要进行暂估处理的单据，再单击“暂估”按钮。

第四节　单据记账

以业务日期 2016 年 10 月 31 日，操作员 001（密码为 0）的身份登录 001 账套的“企业应用平台”。

本笔业务处理流程：

在存货核算系统中进行特殊单据记账。

在存货核算系统中进行正常单据记账。

一、第 1 笔单据记账处理业务

2016 年 10 月 31 日，进行特殊单据记账，将所有的特殊业务单据进行记账。

（1）以 2016 年 10 月 31 日为业务日期，登录存货核算系统，执行“业务核算”|“特殊单据记账”命令。

（2）单据类型选择“调拨单”，单击“确定”按钮，进入“特殊单据记账条件”对话框。

（3）对全部单据进行记账，单击“全选”按钮，或者单击表体中需要记账的单据，再单击“记账”按钮。

二、第 2 笔单据记账处理业务

2016 年 10 月 31 日，进行正常单据记账，将所有的正常业务单据进行记账。

（1）以 2016 年 10 月 31 日为业务日期，登录存货核算系统，执行“业务核算”|“正常单据记账”命令，选择所有的仓库和所有的单据类型，“包含未审核单据”和“出库单上所填金额重新计算”，选择“是”，系统弹出对话框。

（2）单击“过滤”按钮，系统弹出窗口。

（3）单击“全选”按钮，再单击“记账”按钮。

案例分析

用友软件的中国企业 ERP 成功应用模式[1]

ERP 在中国进入普及化时代是中国 ERP 应用的一个新的里程碑。在 ERP 普及的时代，标准、行业、个性成为中国企业 ERP 的成功应用模式，这一应用模式，让早年的“上 ERP 找死，不上 ERP 等死”变成了过去时。

一、标准化蕴涵先进的管理思想是 ERP 成功应用的坚实基础

ERP 是一种企业管理工具，这种工具绝不是只有个别企业才能够使用的，这个工具承袭着先进的管理思想与模式，这些管理原理虽然早已被企业管理的实践充分的认可，然而唯有 ERP 使得这些瑰宝得以大放光彩，这是 ERP 之所以能够成为一种被普遍接受的管理工具的根本，基于这些管理原理之上的标准管理内容是 ERP 最坚实的基础。

从借贷记账法到基于边际贡献的盈亏平衡分析，从定额管理法到标准成本法，从物料需求计划到 JIT，从安全库存到 ABC 分类，从杜邦分析到平衡计分卡等，这些内容无不闪烁着管理先哲们的智慧之光，ERP 以其强有力的数据处理能力，使这些基本管理原理在企业管理中得以发扬光大，成为各类企业都普遍适用的标准化管理工具。管理科学之所以成为一门学科，就在于它对企业管理具有普遍的指导意义，ERP 的发展就是标准管理方法不断推广应用的过程。

企业在当今全球经济一体化的发展态势下，在基于互联网的经营环境下，标准是一种共同语言，谁敢保证 ERP 不会成为企业间进行交易的一个最有效的工具？如合同管理方式、应收应付在企业间的相互对应、销售与采购在上下游企业间的彼此衔接等，这样的重任除了标准化的 ERP 之外，还有什么样的管理工具能够被托付？社会生产技术的标准化为这个世界带来了巨大的资源节约，同样社会管理技术的标准化也必然是优化资源利用最有效的手段。基于 UAP 平台开发的用友 ERP－U8 企业应用套件，标准化部分涵盖企业管理应用的方方面面，从财务管理、供应链管理到生产制造管理、分销管理、人力资源管理、客户关系管理、协同办公管理、绩效管理、移动商务等的全面应用，蕴涵 ERP 先进的管理思想，根据企业管理的不同角色，借助流程导航，并按照 ERP123（企业实施 ERP 的分阶段步骤），建立企业管理的数字神经系统。

行业化体现了企业的优秀业务实践既是标准化源泉也是标准化的深化扩展。ERP 应用于某一个具体企业时，这个企业一定属于某个行业。目前，我们需要尽快吸收不同行业的方法，用行业化来完善 ERP 的标准化。用友软件认为，ERP 的任何一项行业化应用，其实也是这个行业及其他相关行业的类似管理的标准化应用，只不过代表了该行业的一种最佳业务实践。这种体现行业特性的最佳业务实践需要在行业解决方案中以标准化的形式提供给行业客户，而非由客户以工具的方式进行自主实现。

基于 UAP 平台的用友 ERP－U8 企业应用套件，以独有的基于 UAP 平台的行业插件方式，体现这种行业特性应用与企业标准应用的关系，如同一台计算机中的 CPU、显卡、

1　东梅．用友软件的中国企业 ERP 成功应用模式［N］．中国经营报，2006－04－17（D01）．

内存一样，行业插件根据企业不同的行业特性，与标准应用（主板等）形成整体的应用方案，符合企业行业特性的DIY需求，同时由于基于UAP平台开发，支持产品的平滑升级，不同于过去的基于标准产品的满足企业行业应用特征的外挂式二次开发。目前用友ERP－U8企业应用套件已经具备了支持机械、电子电器、汽配、服装鞋帽、制药、化工等十多个行业的行业插件，与U8标准产品整合形成体现各种行业最佳业务实践的行业解决方案。

二、个性化体现自主管理创新体验

强调企业管理共性是主流，并不意味着对管理个性的否定。企业在进行信息化选型时，都会轻易地将选择ERP的标准定位在满足行业特征和企业个性化需求之上，这无可厚非，也是合理要求。但是不要忘记，所有的行业特征和个性化要求都一定是在一个好的管理共性的基础上才能够得到满足的。

在基于标准化和行业化应用的基础上，如何在ERP（企业管理软件）中借助个性化体现企业的自主创新，无外乎通过两种方式解决：一是通过标准化（如果将行业化理解为行业的标准化，那么行业化也归于其中）中的自由选项、自定义表单、报表以及流程配置工具，体现企业的一些自主创新管理；如果在实施过程中或企业成长过程中一些新的自主创新管理基于第一种方式不能实现，就可以借助用友UAP个性化工具实现企业的个性化应用体验。

用友UAP个性化工具有两个层次的应用：一是基于客户自主应用的个性化工具，操作简单，操作可视化，可进行单据、报表个性定义，并通过发布将新定的单据、报表等管理节点植入到标准化预制的管理流程中，实施客户个性化的管理。二是UAP个性化工具是为技术人员或伙伴提供了一个UAP个性化开发平台，通过开放的组件、界面规范、工作流定义、API等，提供基于UAP平台的二次开发，满足企业更加复杂的个性化应用需求，使二次开发既做到数据整合，又做到流程整合，并保障平滑升级和企业的前期投资成本。

三、标准、行业、个性才是中国企业ERP的成功应用模式

用友软件认为，过于强调定制化、个性化必将给企业带来大量的后续问题，如软件升级会有困难，服务商难以提供全面的服务，而且成本将大幅提高。这正如一辆做了过多修饰的汽车，即使是4S店也很难为其提供全面的服务。对于用户来说，毕竟需要的是一辆功能、品质、价格和服务俱佳的汽车，而不是要一条可以自己配置汽车的生产线和一堆零部件。

从国外和中国台湾、中国香港等ERP应用较早地区的历史实践来看，企业除关注ERP系统的个性化性能外，更关注的是包含先进管理思想和模式的标准化特性和凝结最佳管理实践的行业化特性。这正是企业要引进ERP系统而不是自行开发ERP系统的基本原因。

既然企业在实施ERP过程中涉及标准化、行业化、个性化问题，作为ERP解决方案提供商，本着为客户负责的态度，不应该仅以强调满足了企业某些个性化应用而“一叶蔽目”，而忽略标准化、行业化对ERP应用成功所起的决定支撑作用，将客户拉回到借助个性化工具进行的大规模个性定制的ERP实施状态，以满足了企业某些个性化的需求为代价而牺牲了企业整体信息化实施成功的保障。作为借助ERP（企业管理软件）提升企业管理竞争力的企业本身，也需要结合自身的规模、管理基础、信息化水平等不同的成长阶段，按照

标准化、行业化、个性化的三角模型，选择适应自己的ERP系统。企业在不同的管理阶段，对于ERP的标准、行业、个性这三者的需求比重也不一样——越是处于管理初级阶段的企业，越是应该更多地关注标准化和行业化。只有充分基于标准之上的行业化，才能真正体现最佳业务实践；同样，也只有充分基于标准、行业之上的个性化，才能真正实现自主管理创新。

思考题

用友ERP目前取得成功的因素有哪些?

第三篇　数据思维篇

第十章

业务流程分析

★导入案例

把准业务流程管理的“文化脉”[1]

业务流程是企业的一剂融合剂。企业中的所有要素只有融合到流程中才能发挥作用、创造价值。正如中航工业副总经理张新国在《新科学管理》一书中所指出的，企业要形成可持续发展的能力，就要打造一种综合协同的流程能力。而业务流程管理就是企业管理的主线，这根主线可以支持各种基础管理工作和管理的创新活动，这也是其近年来开始受到越来越多企业关注的原因。

金航数码科技有限责任公司副总工程师程燕在介绍近年来帮助企业开展业务流程管理工作的经验时多次提到文化的重要性，这一点引起了笔者的思考。在笔者看来，只有准确把握企业业务流程管理中的“文化脉”，即通过企业管理理念、执行力文化以及本土化入手，才能疏通流程管理的各条“经络”。

业务流程管理的开展之初需要先进理念的导入。因为流程管理的理念源自西方，所以在此阶段，管理者需要解决的是中西方两种管理思想之间的差异问题。西方国家的企业管理是以任务为中心的，强调效率与结果，并且能够将科学规范内化为员工内在的作业方式。而中国自古形成了以情为本的人缘社会，企业尚未建立完备的科学管理模式。要开展业务流程管理，就需要企业高层管理者从理念上认同这一管理思路，充分认识到其重要性，内化为自身的思考方式和工作方式，并将其作为一项长期的工作来持续推进。

业务流程管理的持续推进需要强有力的执行文化。在业务流程的显性化阶段，一线员工、业务骨干需要对工作流程进行结构化的描述与记录。这个过程面临一个现实的阻碍，程

1　韩宵宵．把准业务流程管理的“文化脉”［N］．中国航空报，2013－07－16（002）．

燕将这一阻碍形象地描述为“反武装力量与武装力量之间的博弈”。众所周知，我们的企业长期以来推行“师徒制”，讲求一对一的经验传承。这一传统的优势无可争议，但正是这种经验传承制和修己为本的理念使得业务骨干不善于将工作流程和经验显性化为具体的文字描述，为流程的显性化带来困难。对此，企业需要强势的执行文化，即通过硬性的条例政策、管理程序和软性的惯例约束来促成业务显性化的推进。

业务流程管理采用国外先进信息化工具需要实现本土化应用。程燕指出，在业务流程管理推进过程中，企业需要选用得力的信息化工具，包括建模工具、流程自动化工具、流程分析优化工具等。得力的信息化工具是促使管理行为内化为业务规则，并保证流程管理机制的长效运行的有力保障。但是，目前国内企业选用的这些先进的信息化工具大多是由西方国家设计的，具有明显的西方文化烙印。因此，这些信息化工具在中国的实施应用必然要克服“水土不服”的困难，在文化差异中求同，通过发挥企业文化的导向性、协调性、融合性，实现信息化软件的本土化应用。

中航工业自控所在推进业务流程管理的实践中，将目标定位于由个体员工意识的改进推动整个群体意识的改进，从而真正形成流程文化。当企业形成以流程文化为核心的心理结构时，才有可能具备应对各种新任务、新挑战业务协同能力，达到卓越的业务运行状态。或许这正是通过切准文化“脉搏”来打通业务流程“经络”的最生动体现。

第一节　大数据时代的思维方式[1]

大数据科技的发展，使许多难以解决的难题迎刃而解，使许多模棱两可的问题逐渐变得清晰，也使扑朔迷离的未来变得有线索可循。从自然科学学科到社会科学学科，从政府决策到个人生活，大数据已经悄无声息地渗透进了各个领域，并发挥着极其重要且不可替代的作用。大数据技术带来了一场科技革命，带来人类社会的整体变革，也迎来了一个新时代的到来。对于大数据这个新技术、新时代的到来，研究其科技发展对人类思维方式变革的影响，把握这种影响，预见其变化趋势，可以让人们更从容地迎接大数据时代的到来。

一、预测性趋势——用数据看未来

大数据时代带给人们巨量的数据和先进的数据分析技术，以及二者的结合带来的人们最为关心的一项能力——预测。不管是总统大选还是汽车零件的更换时间，大数据带给人们最为重要，也是人们最想得到的就是它无与伦比的预测能力。大量的传感器将人们身边的一切物体纳入物联网，使一切事物的动态、变化都变成大量的数据流不断进入负责监控的计算机。基于云计算技术的强大数据分析能力则将这些数据进行分析处理，得出的结果则可以对事物现时的情况进行把握，同时对其下一步的发展进行预测。在大数据时代，人们已经可以说能够对事物的进一步发展进行预测，虽然人们还做不到百分之百地掌控。苹果教父乔布斯（Jobs）在与癌症做斗争时，运用了大数据对自身的DNA和肿瘤DNA进行排序，医生根据

1　王浩，张怡．大数据时代下人类思维方式变革的趋势［J］．新西部：理论版，2015（2）：94－95.

乔布斯的特定基因组成，按所需要的效果进行用药，一旦监测发现药物失效，就立即更换另一种药物，虽然这种治疗方法并没有能够抗击癌症，但是也给乔布斯延寿了数年。由此可见，大数据的预测能力已经在各行各业崭露头角，并且很快地被大家所运用起来。而这种预测能力带给人们的就是思维上的前瞻性和预测性的变化趋势。

大数据不但可以预测事物的发展状况，甚至连人类行为也可以进行预测。美国的艾伯特－拉斯洛·巴拉巴西教授在他的《爆发》一书中表示，人类93%的行为是可以预测的。在之前的研究中，科学家们认为人类的行为是随机的，偶然的，毫无规律的，是根本无法预测的。法国数学家西莫恩·德尼·泊松在1873年发表的《关于刑事案件和民事案件审判概率的研究》中认为，陪审员犯错的概率是可以计算的，他认为如果人类行为是最随机的，那么就是可以通过泊松分布来进行预测的。事实上，泊松分布并不能预测人类的行为，而且人类行为也并非随机性的。艾伯特－拉斯洛·巴拉巴西教授通过对人们发送电子邮件和浏览网页的习惯发现了人类行为符合幂律分布，不断地将一些事物搁置拖延，并在短时间之内爆发，将这些事情迅速处理完毕，并做出了更进一步的研究和阐释。而在大数据时代下的数据监测可以将人们的行为转化为数据，例如我们在网上发布的状态，GPS追踪我们的行程，非结构化数据分析可以将这些数据进行分析，经过人类行为预测模型的处理，就可以对人们的行为进行预测，也就是说，人类的大部分行为也将可以被预测。

通过前面的描述我们可以看出，对于数据可以看到未来这点毋庸置疑，但是预测并非是预言，大数据能做到的是短期内影响因素较少的事物的发展预测，这种预测有着极大的限制，并非是臆想中的无所不能、无所不知。可是，即便如此，大数据的预测能力已经给了人们看向未来开了一扇窗。在大数据的帮助下，人们并不再是摸着石头过河，而是可以站得高一些，稍稍看清前方的路子。这种转变对人类来说是非常重要的，也具有重大的意义。人们对于未来不再是彷徨无措、一无所知，可以通过大数据的能力对未来进行推测，这是人类思维方式变革的一个大方向。

二、模糊性趋势——用概率来表达

当“精确”不能解决全部问题时，我们就需要换一个角度，考虑试试“模糊”这条道路行不行得通了。在1965年，美国数学家扎德（Zadeh）发表了论文《模糊集合》，出现了一门称为模糊数学的学科，同经典数学不同，它是研究模糊现象的一门数学。经典数学是以精确为准，面对许多不能精确化定义的事物，经典数学很难对其进行研究，这就催生了模糊数学。模糊数学的产生说明世界上许多事物是不能用精确来解决的，过去科技不发达，认为是不够精确，现在发现事物本身就存在模糊性，用精确的手段自然不能够解释和处理。在大数据时代，我们发现了更多的模糊性的事物，那么我们的思维方式也必将从过去的精确性思维方式向模糊性转变，这样我们才能更好地适应和推动科技的发展和社会的发展。大数据的模糊性源于数据的混杂和错误，前面章节里讲到大数据接受错误和混杂，这样就难以保持精确，也不需要再执着于精确，因为大数据的“大”已经可以解决当下许多问题。模糊性就成了人们思维方式上需要变革的方向了，对于放弃用简单地为某一件事情定性，而学会用概率和数据说话，或许需要一定的时间来改变，但不可否认的是，这终究是我们今后进步的方向。另外，数据的模糊性还来自数据的生长性，大数据时代大多数的数据不是静态的，而是不断生成、不断变化的动态数据，对于这种具备生长性的数据，很难做到精确地、简单地定性，而是需要我们用模糊的和概率的数据来表达。因此，在大数据时代，接受了错误和混杂，认识到数据的动态变化，我们的思维方式必将展现出一种模糊性的变化趋势。人类非常善于处理模糊的东西，而近代科学的发展和计算机都崇尚精确，以追求精确为目标，事实上，人类是需要模糊的，人类的本身也并非精确的。就像抽象画一般，每一笔都是乱的，但整体即为艺术，就是一幅优秀的作品。大数据时代的到来，是科学进步的结果，也是人们更进一步地接近真理的结果，那么模糊就必然是人类发展的趋势，模糊性也必然是人类思维方式变革的方向。

三、复杂性趋势——用数据来跨界

大数据时代相关关系的研究打破了传统的线性因果关系的科学研究思路，从许多通过传统科学研究方法根本无法联系在一起的事物寻找到了一定的联系。这打破了传统的机械思维和还原方法论的统治，同复杂性科学研究方法类似，甚至可以说，大数据时代的研究方法本身就是一种复杂性科学，而这种复杂性科学也代表了这个时代人类思维方式向着复杂性的趋势发展。复杂性科学认为一切对象都看作是有生命的、会演化的系统，最简单的几个要素通过非线性的相互作用，也有可能涌现出复杂的行为，我们不能根据简单的因果关系推导系统的行为。大数据时代的相关关系研究恰恰就是通过数据之间的关系来研究事物之间的非线性的相互作用，大数据时代对复杂性科学的发展将起到极大的推进作用，也会给人类的思维方式带来复杂性的变化趋势，人们眼中的世界将不再是简单的、可以被分割的一个个单独的个体，而是互相有联系的一个复杂的系统。

大数据时代思维方式复杂性的变化趋势除了将世界看成一个有联系的复杂的系统，还必须认识到这个系统是动态的、时刻都在变化的。过去的数据是某个时间采集到的静态数据，这种数据是静态的，是有时滞性的。大数据时代的数据都是不断动态变化的，随时随地都可以采集到的动态数据，可以直接反映当前的动态和行为。

大数据时代使数据的采集、存储、传输、处理和使用都十分便捷，人们可以不断地获得最新数据，这种动态的技术手段对人们的思维方式也将有着极大的影响。在人们的思维领域中，“现在”的概念将被放大，“现在”就将是现在，不是一天前，不是一个小时前，甚至不是一分钟前，而是说话的此时此刻。大数据时代还会将事物的变化放大，使人们认知到世界上没有什么是一成不变的，要用动态的眼光看待世界。

第二节　业务流程分析概述

管理信息系统这门课的目的不仅是为了学习如何开发一个管理信息系统，更重要的是培养学习者的“数据思维方式”。因为现代管理重要的对象就是数据，通过数据表达实体业务的思维方式非常的重要。例如，某产品从 A 库区放到 B 库区进行存储，这样的业务在企业中经常出现。完成实体业务之后，需要对该业务进行数据处理，即在了解数据库结构的基础上，对产品的存储位置在数据库中进行调整，这就是所谓数据思维方式的体现。培养数据思维方式的基础是对实体业务流程进行数据层面上的描述，即业务流程图的绘制，再将其转化为数据流程图。根据数据流程图形成数据字典，最后形成数据库的全过程。

业务流程分析包括流程分析的内容与任务以及业务流程图的绘制和流程重组等方面的内容。业务流程分析的基础是业务流程调查和现有信息载体的相关调查。业务流程分析的目的是通过剖析现行业务流程，经过调整、整合以后重构目标系统的业务流程。业务流程分析的基本工具是业务流程图，业务流程图通过标准的符号进行绘制。业务流程分析是数据流程分析的基础，对整个系统分析具有基础性作用。MIS 开发过程可以看成一系列进化的流程图，即业务流程图→数据流程图→处理流程图→程序流程图→代码→测试→构建，环环相扣。

一、业务流程分析的任务

业务流程调查是工作量大、烦琐而又细致的工作。它的主要任务是调查系统中各环节的管理业务活动，掌握管理业务的内容、作用，信息的输入、输出、数据存储和信息处理方法及过程等，为建立 MIS 数据模型和逻辑模型打下基础，在此基础上用尽量标准的符号描述出来，绘制成现行系统业务流程图（Transition Flow Diagram，TFD）。TFD 是掌握现行系统状况，确立系统逻辑模型不可缺少的环节。其步骤如下：

（1）绘出各业务部门的 TFD。

（2）与业务人员讨论 TFD 是否符合实际情况。

（3）利用管理科学理论，分析业务流程中的问题。

（4）与业务人员讨论，按照 MIS 要求，提出改进业务流程的方案。

（5）将新业务流程提交决策和评审机构，进而确立切实合理的业务流程。

除对业务流程做调查外，还要对业务系统的其他需求做调查，以供后阶段分析时用。这些需求可归纳为以下两项内容：

对业务系统事务处理能力的需求——包括事务处理活动组织，事务处理活动量和事务处理活动的控制。

对业务系统决策功能的需求——包括决策功能，决策信息来源，决策与事务处理之间的联系。

二、业务流程图

业务流程图（TFD）是一种描述管理系统内各单位、人员之间的业务关系，作业顺序和管理信息流向的图表。它用一些规定的符号及连线表示某个具体业务的处理过程，帮助分析人员找出业务流程中的不合理流向。TFD 基本上按业务的实际处理步骤和过程绘制，是一种用图形方式反映实际业务处理过程的“流水账”。绘制这本“流水账”对于开发者理顺和优化业务过程是很有帮助的。现行系统 TFD 是分析和描述现行系统的重要工具，是业务流程调查结果的图形化表示。它反映现行系统各机构的业务处理过程和它们之间的业务分工与联系，以及连接各机构的物流、信息流的传递和流动关系，体现现行系统的界限、环境、输入、输出、处理和数据存储等内容。TFD 是一种用尽可能少、尽可能简单的方法，描述业务处理过程的方法。由于它的符号简单明了，所以非常易于阅读和理解业务流程；不足的是，对一些专业性较强的业务处理细节缺乏足够的表现手段，它比较适用于反映事务处理类型的业务过程。

1. TFD 的基本符号及含义

TFD 基本图形符号有 6 个，符号的内部解释可直接用文字标于图内。这些符号所代表的内容与信息系统最基本的处理功能一一对应，如图 10-1 所示。圆圈表示业务处理单位，方框表示业务处理内容，报表符号表示输出信息（报表、报告、文件、图形等），不封口的方框表示存储文件，卡片符号表示收集资料，矢量连线表示业务过程联系。TFD 所用符号参见标准 GB 1526—1989。

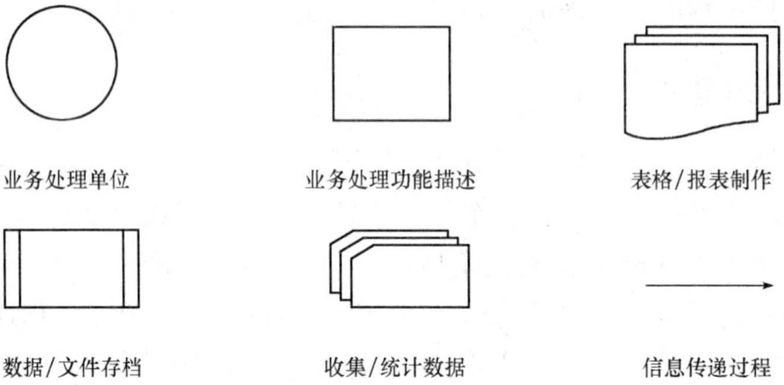

图 10-1　业务流程图例

2. 业务流程图绘制的要求

业务流程图是实施人员与企业相关业务人员的交流工具，因此，业务流程图必须满足以下要求。

（1）表述完整。表述完整性是指业务流程图要能充分地描述企业流程的主体以及流程的各组成活动及其相互关系。流程是由若干个活动通过一定方式的结合而形成的，它有自己明确的起始活动与终止活动，及特定的接受对象。一个完整的流程才能产生特定的结果。通过完整的流程图，流程相关人员很容易就能看清流程的来龙去脉，流程所包含的活动组成，各活动之间是以什么方式结合的，以及是由哪些部门参与的。流程的完整性要求是流程图的基本特性。

（2）简洁清晰。活动是组成流程的基本单元，具有基元性。活动又是一个相对的概念，很多活动本身就是一个复杂的流程，因此，往往是流程中套着流程。这样，在绘制流程图时就存在取舍问题，需要视研究的需要而确定画到哪一层次，对与研究无关的层次就不再画出，以免干扰视线，使流程图出现不必要的复杂化。流程图的简洁清晰性要求流程图一目了然，无复杂的迂回和缠绕。

（3）绘制简单。业务流程图的绘制应该尽量简单、方便、直观，流程绘制软件应该界面友好、容易操作。

表述完整是对流程图绘制的基本要求，是全面理解业务流程从而改进业务流程的前提条件；简洁清晰的流程图方便了业务流程相关人员的交流，避免产生歧义和误解；绘制简单是针对操作方面的要求，由于企业业务流程图绘制的工作量巨大，通常 ERP 系统中单单一个物料管理模块的业务流程图就可以达到上百张，因此，绘制简单是对流程图的必然要求。

3. 业务流程图绘制的主要内容

企业的业务流程图主要描述流程中业务活动的组成以及它们之间的逻辑关系。一般来说，业务流程图应该包含以下主要内容：

（1）明确的业务活动。在实际流程图绘制过程中，应该特别注意业务活动名称的含义，避免产生歧义以及名称重复。描述活动的名称还应该尽量简短，避免占用宝贵的绘图版面。

（2）各活动所涉及的部门及岗位。一般地，可以将整张流程图分解成若干区域。每一个区域的活动对应一个部门或者岗位，各部门或岗位使用虚线间隔。对于同时涉及多个部门的活动，应该确立主要的流程部门归属并给出必要的注释，做到每一个活动都有主要责任部门。

（3）各业务活动的先后顺序以及逻辑关联性。在流程图中，一般使用带箭头的连线描述活动的先后顺序和逻辑关系。各活动应该尽量利用流程图的有效平面空间，合理布置活动位置，使流程图清晰、整洁。

（4）各活动之间的主要信息联系。活动之间的信息联系一般通过对活动之间连线的文字注释加以描述。

通过以上内容的描述，基本可以实现查阅流程图就能够大致了解流程状况的目的。

4. TFD 的绘制

业务流程分析是在已经理出的业务功能基础上将其细化，利用系统调查的资料将业务处理过程中的每个步骤用一个完整的图形串起来。TFD 正是根据系统调查表中所得到的资料和问卷调查的结果，按业务实际处理过程且用给定的符号将它们绘制在同一张图上。在绘制 TFD 的过程中发现问题，分析不足，优化业务处理过程，因此，绘制 TFD 是分析业务流程的重要步骤。TFD 的绘制并无严格的规则，只需简明扼要地如实反映实际业务过程即可。

三、业务流程重组

成功实施 MIS 的企业都是因为首先理解自身业务流程，然后进行简化、重组，最后才实现操作自动化。关于业务流程重组的内容在第四章已进行了讨论，这里只简单讨论业务流程重组的目标和步骤。

1. 重组的目标

实行业务流程重组（Business Process Reengineering，BPR），是为最大限度地实现技术上的功能集成和管理上的职能集成，以打破传统的职能型组织结构，建立全新的过程型组织结构，从而实现企业经营在成本、质量、服务和速度等方面的重大改善。它的重组模式以作业流程为中心，打破金字塔状的组织结构，使企业适应信息社会的高效率和快节奏，适合企业员工参与企业管理，实现企业内部上下左右的有效沟通，具有较强的应变能力和较大的灵活性。业务流程重组关注的是企业的业务流程，“业务流程”是指一组共同为顾客创造价值而又相互关联的活动。哈佛商学院教授 Michael Porter 将其描绘成一个价值链（Value Chain）。

2. 重组的步骤

（1）深入分析流程调查资料。对业务流程调查资料进行规范化处理并且正确绘制各层次的业务流程图，在 TFD 基础上，结合内外环境对业务流程进行初步分析、概括和诊断。

（2）找出现行系统业务流程中存在的所有问题，且逐项提出可行的解决办法。这是在第（1）步的基础上找问题，对每项进行研究。

（3）对找出的问题逐项进行分析研究，提出新系统业务流程的改进模式和改进要点，形成流程改进报告。

（4）根据现行 TFD 和改进要点，绘制新系统的 TFD，即改进后的业务流程。

（5）在新 TFD 的基础上，制订流程重组计划且对计划进行评审。

（6）对提出的流程重组实施计划进行可行性分析。

3. 重组的原则

（1）组织结构应以产出为中心，而不是以任务为中心。

（2）让需要得到流程产出的人亲自执行流程。

（3）将信息处理工作纳入产生这些信息的实际工作中去。

（4）将各地分散的资源视为一体。

（5）将并行工作联系起来，而不是仅仅联系它们的产出。

（6）使决策点位于工作执行的地方，在业务流程中建立控制程序。

（7）从信息来源地一次性地获取信息。

本章小结

大数据思维将成为人类必须具备的一种思维方式，改变思考的方式也是管理信息系统学习的一种需求。业务流程图将实体管理业务进行有效建模，通过图形的方式进行表述。目前，业务流程图只是客观描述管理的现状，它还需要配合业务流程的重组对现有流程进行不断的优化和改进。

案例分析

使用 Microsoft Visio 创建企业的业务流程图[1]

Microsoft Visio 是一款功能强大的流程图绘制软件。应用该软件既可以手工绘制流程图，还可以利用 Microsoft Visio 自带的模板进行流程图的绘制。各种自定义的方法使流程图的绘制有了更多的选择。另外，Microsoft Visio 的特点还表现在以下几个方面：第一，Microsoft Visio 的界面与 Word 极其相似，使使用者对 Microsoft Visio 的界面无须花太长的时间去了解就可以实际操作该软件；第二，Microsoft Visio 支持目前广泛使用的 Office 软件，可以和 Assess、Excel 等数据表、数据库实现互联，极大地方便了数据的存储和使用；第三，Microsoft Visio 的使用和操作简单，视觉化效果较好，容易实现业务流程相关人员的沟通。从用户的实际使用情况来看，Microsoft Visio 是绘制企业业务流程图简单而实用的工具。

一、使用 Microsoft Visio 绘制业务流程图的主要步骤

应用 Microsoft Visio 绘制业务流程图主要包括以下步骤：

启动 Microsoft Visio 2003，进入程序主界面。在“类别”区选择流程图，然后在“模板”区单击“基本流程图”图标，进入“基本流程图制作窗口”。这样，在界面的右半区就

1 邓景毅．在 ERP 实施中用 Microsoft Visio 创建企业的业务流程图［J］．电脑学习，2005，10（5）：39－40.

有了一个绘制业务流程图的“白板”。单击“形状”的“背景”以及“边框和标题”栏，可以为“白板”选择合适的“背景”以及“边框和标题”。用鼠标选择需要的图标，直接将其拖动到绘图区，就可以完成相应的设置。在 Microsoft Visio 的基本设置中，共提供了 9 种“边框和标题”设置以及 5 种“背景”设置。

二、绘制业务流程图中的业务活动

单击“形态”区的“基本流程图形状”标题，下方的框内即出现制作流程图的各种图标。用鼠标选择“进程”图标，按住鼠标左键并拖至右侧绘图区，即可生成一个业务活动图标，并且框线四周出现八个绿色小方格，表示该图标处于选中状态，这时用鼠标可调整方框大小。在该图标框外任意区域单击鼠标左键，八个绿色小方格消失，框线周围出现四个蓝色节点，这些节点的作用是处理图标之间的连接线。鼠标双击业务活动图标框，可以为该业务活动添加文字。对于经常需要使用的两个或者多个图标，可以将多个图标进行组合生成一个模块，并将其添加至“基本流程图形状”中进行保存。以后如果需要使用这一组图标，直接将其拖至绘图区，生成一个图标。具体方法如下：首先，按住 Shift 键，选择多个绘图区中的图标；然后，在被选中的区域中右击，弹出菜单，并且单击“组合”按钮；单击选中组合后的图标将其拖至“基本流程图形状”内，保存该模板；最后，将“基本流程图形状”内的图标拖至绘图区内，生产组合后的新图标。

三、业务活动的连接

当绘图区内有两个或多个图标后，可以通过“连接线工具”两两连接。单击工具栏上的“连线工具”按钮，在弹出的下拉菜单中选择“连接线工具”项。

返回绘图区域后，将鼠标移至待连接的第 5 个图标下方的节点位置，按住鼠标左键并向右拖至待连接的第 6 个图标框上节点位置，即可在两个图标框之间建立箭头连线。双击连接线，出现文本输入状态，这时可以为连接线添加文字，输入完成后单击框外任意区域可结束输入。

四、流程图的美化

通过 Microsoft Visio 中的各种工具，可以实现对流程图的外观调整，包括图标位置的调整和图标文字的字体设置等。在 Microsoft Visio 中，还可以自动实现多个图标的对齐功能，具体操作如下：首先，选中第一个图标，作为参照图标，其他的图标都以该图标为标准对齐；其次，按住 Shift 键，使用鼠标选择多个需要对齐的图标。最后，在标题栏上选择对齐，实现对齐功能。

业务流程图的绘制是企业 ERP 实施的重要环节。简洁、清晰的流程图方便了 ERP 实施人员和业务人员之间的交流，是企业业务流程改造和设计的基础。使用 Microsoft Visio 软件可以迅速、方便地绘制出企业的业务流程，满足 ERP 实施的需要，促进 ERP 项目在企业中的成功实施。

思考题

请找一个用语言描述的典型的企业业务流程，并使用 Microsoft Visio 将该企业业务流程绘制为业务流程图。

第十一章

数据流程分析

★导入案例

聚焦业务、数据、流程整合[1]

宏源证券股份有限公司（以下简称"宏源证券"）是国内第一家上市的证券公司，也是地方性券商成功转变为全国性券商的代表之一。在市场不景气的情况下，宏源证券仍然保持了业务的平稳、较快发展，在全国的营业网点已经超过80个。宏源证券信息技术总监、信息技术中心总经理王海航在向记者介绍公司的背景时言语中流露出了一种自豪。其实，更让王海航感到骄傲的是，宏源证券在利用信息技术支撑业务发展与创新方面走出了一条属于自己的特色之路。

"心病"还需"新药"医，宏源证券一直十分注重对IT的投入以及相关技术能力的培养。经过几年的努力，IT在宏源证券中的职能已经从单纯的运营保障转变为支持业务的发展与创新。王海航举例说："过去两年中，我们IT部门主要对基础设施进行了整合，比如建立了统一的数据备份与管理平台。我们希望用一个整体的解决方案，实现对所有应用系统数据的备份和保护，同时简化数据的管理与操作。"

从最早用硬盘做数据的备份，到后来采用专业的备份软件备份数据，甚至构建实时备份系统，宏源证券的数据备份系统一直处于不断优化之中。但是，备份系统性能的提升和功能的完善始终不能完全消除宏源证券最大的一块"心病"——管理的复杂性。

以前，各个业务系统是分散的，每个业务系统都有自己的一套备份策略甚至是一套独立的备份设备，而且各个部门独自管理自己的业务系统，没有统一的管理规划。这就造成了即使数据备份出现了问题，管理者也不可能在第一时间知道其中的原因并及时进行干预。"你不知道系统有没有自动做备份，不知道备份的数据存在哪里，不了解备份的策略和备份频率

1 郭涛．宏源证券：IT应用创新聚焦业务、数据、流程整合［N］．中国计算机报，2013-03-11（022）．

等。在很长一段时间内，我们对备份数据的情况可谓‘两眼一抹黑’。因此，我们千方百计寻找一个能统一备份公司内所有系统，并能进行统一管理的工具。”王海航介绍说，“后来，我们听说CommVault的产品可以实现一体化管理，而这种一体化管理的理念与我们想实现系统和数据整合的思路十分契合。”CommVault一体化管理解决方案不仅可以实现对所有系统的备份，而且可以简化管理，节省成本。至今，宏源证券采用CommVault一体化管理解决方案已经有半年多的时间，系统运行稳定。

宏源证券将根据应用系统的重要性不同，逐步将所有的应用系统都纳入CommVault的一体化管理体系内，从而全面取代原来的备份软件，真正实现整个公司内所有系统的统一备份、统一管理。王海航总结说：“采用CommVault一体化管理解决方案以后，我们只要通过一个控制台，就能对所有系统进行任意的管理操作，包括位于北京的生产中心和新疆的灾备中心。现在，我们只需要一个人，就可以准确、及时地了解数据备份的所有情况。”

一、建立战略伙伴关系

金融行业在数据备份和业务连续性等方面的实践走在了各个行业的前列，比如银监会、保监会和证监会都针对本行业企业的业务特点和客户需求，陆续发布过一些有关业务连续性的数据保护等级的规定。王海航介绍说：“我们在构建数据备份系统时，严格参照了证监会有关业务连续性等方面的一些规定和指引，并结合自己的实际需求，提出了对备份性能、延迟等技术指标的具体要求。CommVault的备份软件完全可以满足我们的应用需求。”

宏源证券在数据备份方面的应用处于行业领先水平，宏源证券利用CommVault一体化备份和管理软件对公司所有的信息系统进行了备份，即使有些系统的数据重要性程度并不高，也都被纳入CommVault一体化备份的框架中；宏源证券实现了异地灾备，通常情况下，异地灾备系统中的生产中心和灾备中心之间的距离只要超过800 km即可，而宏源证券的异地灾备跨越了2 000 km。宏源证券还拥有一支技术过硬的专业技术和管理团队，负责数据备份和异地灾备系统的日常运维，可以在出现故障时做到及时响应。

从2012年下半年开始，宏源证券在位于北京的生产数据中心进行了小规模的服务器虚拟化平台的部署。从一台机器开始到现在，宏源证券已经将至少二三十个应用迁移到了虚拟化平台之上。CommVault的一体化备份和管理软件不仅可以针对物理环境进行备份，而且可以针对虚拟环境进行备份。这是CommVault一体化管理的又一好处。

王海航表示，宏源证券接下来将在全公司范围内进一步深化对CommVault一体化管理平台的应用：第一，宏源证券将继续扩大CommVault一体化管理平台的应用面，通过它进一步优化公司的管理流程；第二，CommVault一体化管理平台自身的一些功能还没有得到充分利用，例如，在邮件的归档和管理以及整个数据中心的管理方面，CommVault一体化管理平台也有其用武之地；第三，宏源证券将密切关注CommVault一体化管理平台产品本身的改进，如果其增加了新功能，宏源证券也会考虑优先进行测试。

亲身经历了通过CommVault一体化管理平台对原来备份系统进行的升级和改造，王海航总结了构建数据备份系统的几条成功经验。

第一，在上马一个新系统之前，一定要先进行调研，包括应用需求调研以及相关新技术、新产品的调研，同时还要学习此行业其他企业的先进经验。

第二，对于一些新的产品和功能，用户可以先在一些外围的不太重要的系统中小规模的试用，亲身感受一下这个产品的优劣势，然后再进行大规模的部署和应用。例如，宏源证券使用CommVault软件自带的数据压缩和重复数据删除功能，不仅获得了比较好的数据压缩效果，而且CommVault软件的重复数据删除功能与宏源证券的硬件十分匹配，从而有效地节约了网络传输带宽。此后，宏源证券继续扩大CommVault软件的使用范围。

第三，用户的责任是发现问题，而厂商的职责是解决问题。用户需要的不仅仅是一个产品，而是一个战略上的合作伙伴。厂商不仅要为用户提供优秀的产品，而且要有能力提供顾问咨询以及完善的售后服务等，帮助用户解决应用中的难题，促进业务的创新与发展。

王海航深有感触地说："我们在与厂商进行交流时，谈到的不仅仅是技术。我们更关注的是如何对现有的运维、管理体系和流程进行改进和优化，例如，如何制订最适宜的备份策略，如何对数据进行最有效的注重等。我们更关注整体解决方案。我们希望厂商能给我们提供产品以外更多方面的支持，帮助我们开拓思路，不断深化信息化的应用。"

二、数据挖掘逐渐深入

现在，包括银行、证券、保险等在内的许多金融机构都开始尝试进行大数据挖掘工作，宏源证券也不例外。截至目前，宏源证券已完成了数据分析和数据建模的基础工作，涉及客户的细分以及为一线营销提供支撑服务。"以前，每个业务系统都有各具特色的数据和独立的数据管理。下一步，我们计划将所有的应用系统都整合到一个数据中心平台上，进行统一的金融数据分析。考虑到数据的安全性问题，我们将对数据进行安全隔离，并赋予相关人员合适的访问权限。"王海航介绍说，"未来，我们的决策支持系统、营销服务系统等都将以服务为核心进行设计，从而有效实现风险管控。"

宏源证券一直在密切关注云计算的发展，目前已经在数据中心基础设施层面上实施了虚拟化。王海航表示："以前，我们只是把数据简单地汇集到一起。现在，我们采用了先进的大数据一体机对客户数据进行挖掘，无论客户需要什么样的保单，我们都能以最适合的方式展现并提供给客户。"

宏源证券的IT部门有一个十年规划。过去两年，宏源证券的主要工作是夯实IT基础设施，而未来几年将是宏源证券实现IT整合与应用创新的关键时期。"IT是业务创新的基石。我们的IT战略可以归纳为8个字，即'安全第一，创新发展'。在保障运营系统稳定和信息安全的前提下，我们将不断调整原有的运维体系，对应用流程进行优化。"王海航补充介绍说，"实现业务整合、数据整合和流程整合将是我们业务创新的重中之重。以前我们侧重的是业务数据的处理，接下来还要加强对客户行为数据的分析，以及对系统运维数据进行有效处理。在此基础上，我们的业务流程将得到进一步优化与整合，从而不断提升公司员工与客户的满意度。"

第一节　数据流程分析概述

数据是信息加工的原材料，MIS的中心问题是数据处理，数据对MIS的成功具有特别重要的作用，“十二分数据”的说法足以表明这一点。这部分将分别讨论数据与数据流程。这部分分析的结果将产生新系统逻辑模型的核心部分 DFD（数据流程图）和 DD（数据字典），把目标系统的 TFD 转换成 DFD。

一、数据要求说明

1. 数据分析的目的

企业各环节的运转都离不开数据，离不开数据的采集、加工处理和应用。数据是生产过程和价值形成过程的客观反映，是科学管理的工具，也是企业的资源。数据分析的目的主要表现在确定新系统的信息需求，为信息管理方法的设计做准备工作，为确定计算机系统结构和系统配置提供依据。

2. 数据分类与收集

为对数据进行组织，需要对数据进行分类。可以按照数据表现形式、数据源、管理职能和管理层次、共享程度、更新频度以及数据处理层次等，对数据进行分类；可以根据需要确定数据分类方法。

数据收集实际是资料收集，始于调查阶段。数据收集常伴以分析，数据分析常伴以数据收集。数据收集类型包括各种报表的内容以及各种统计数字等。数据收集的来源包括各部门正式文件，现行系统说明文件和各部门外数据来源。数据收集方法包括查阅档案、采访调查、测定、采样、参加实践和会议。数据收集的初步结果通常填入数据汇总表和报表统计表。

在收集过程中，尽量全面地收集企业现行管理系统的数据。这些数据具有包罗万象，逻辑关系不明确、冗余度极大、数据的来源和目的地不明确，格式不规范等特点。为在建立数据模型时能以精确、逻辑严密的数据作为基础，须对收集的数据进行去粗取精、去伪存真的加工处理，称为数据分析。数据分析与数据收集不能截然分割，在做数据分析时要不断地收集和取舍原始数据，并且补充和完善。

3. 数据分析方式

（1）围绕系统目标分析。该分析可从两个方面进行：从业务处理角度看，为了满足正常的信息处理业务，需要哪些信息，哪些信息是冗余的，哪些信息暂缺有待收集；从管理角度看，为了满足科学管理需要，应当分析这些信息精度能否满足管理需要，信息及时性如何，可行的处理区间如何，能否满足对生产过程及时进行处理的要求，对于一些定量化的分析能否提供信息支持等。

（2）弄清信息周围环境。对数据进行分析，必须分清这些信息是从现有组织结构中的哪个部门来的，目前用途如何，受周围哪些环境影响较大，它的上、下层次信息结构是什么。

（3）围绕现行业务流程进行分析。分析现有报表的数据是否全面，是否满足管理需要，是否正确反映业务的实物流；分析现有的业务流程有哪些弊病，需要做哪些改进，做出这些改进后的信息与信息流应做出什么样的相应改进，对信息的收集、加工、处理有什么新要求等。根据业务流程分析，哪些信息是多余的，哪些信息是系统内部可以产生的，哪些信息是需要长期保存的。

(4) 数据特征分析与数据逻辑描述。以上收集的原始资料、单据、报表等很多，正确取舍后，就应对它进行分析。分析的主要目的是使这些各式各样的信息资料转换成能被计算机所容易理解、识别的数据，以便处理。目前数据库软件把对数据的描述分为三个层次，即数据元素、记录和数据文件。关于这些概念的详细描述请参考第三章有关数据组织的内容。

4. 数据逻辑描述

数据逻辑描述是对系统涉及的各类数据（静态数据、动态输入输出数据和内部生成数据），分别描述其名称、定义、类型、格式和使用限制等。数据逻辑描述可以采用二维表方式，描述项包括原始数据名称和主要数据元素、类别、频率和容量等；描述时可把数据分为动态数据和静态数据。静态数据是指在运行过程中主要作为控制或参考用的数据，它们在很长的一段时间内不会变化，一般不随运行而变化。动态数据包括所有在运行中发生变化的数据以及在运行中需要输入、输出的数据及在联机操作中需要改变的数据。进行描述时应把各数据元素逻辑地分成若干组，例如，函数、源数据或对于其应用更为恰当的逻辑分组，给出每个数据元素的名称、定义、度量单位、值域、格式和类型等有关信息。内部生成数据，指向用户或调试人员提供的内部生成数据。数据约定说明对数据要求的制约，应列出对进一步扩充或使用方面的考虑而提出的对数据要求的限制（容量、文件、记录、临界性和数据元素最大值）。

5. 原始数据来源和信息结构概念模型

指出所有可能的数据源；按部门罗列主要数据文件，包括表格、报表、单据、图表的信息载体名称，不要求在此展开结构。

6. 数据采集处理方式

(1) 企业外部信息采集处理方式。罗列外部信息的内容、范围；确定外部信息的采集处理方式，包括通过一定渠道收集情报资料，资料的整理、加工、存储，按对象建档；找出现行信息采集中的问题并且提出解决方案。

(2) 企业内部信息采集处理方式。按数据发生地摸清内部数据源；按数据发生地及部门层次结构进行采集，建立数据采集管理制度和管理机构；找出数据采集中的问题并且提出解决方案。

(3) 原始数据采集处理方式。对采集到的数据载体样本以二维表方式描述，包括原始数据名、类型、频度、产生部门、采集处理部门和采集处理方式。

7. 改进系统信息采集处理方式

原始数据采集按组织方式，可以分为报告制度和专门组织的采集；按数据宽度，可以分为全面采集和非全面采集；按时间连续性，可以分为经常性采集和不定期的一次性采集。需要根据数据的类型和特征确定数据采集方式，也要采用先进的数据采集技术（如扫描等）提高采集的自动化程度，提高速度、精度，缩短采集时间。

8. 采集原始数据的质的要求

若要保证原始数据的采集质量，需要做好采集前的整理准备工作；树立数据采集的质量意识和责任感；建立信息采集责任制；对已采集的数据进行质量核查。

9. 原始数据录入与质的要求

根据数据形式定义录入和转换方式，并且做出技术规定；制定数据录入流程图且对录入数据进行校验；制定保证数据录入质量的技术与管理保证措施。

10. 管理职能的数据需求

信息能否完成管理功能，在很大程度上取决于所占有的信息是否充分。可用表格方式列出管理职能对信息的需求，包括表名、信息寿命、产生部门、使用部门、使用方式、共享性、保密性和容量等。

二、数据流程图

数据流程图用于描述数据流动、存储、处理的逻辑关系，也称为逻辑数据流程图，一般用 DFD（Logical Data Flow Diagram）表示。

在对数据进行收集、整理分析后，可按现行管理系统的 TFD 绘出相应的数据流程图，它抽象地舍去具体的组织结构、工作场所、物流、材料等，仅从信息流动的角度考查实际业务处理情况。

DFD 是描述系统数据流程的主要工具，它有如下两个特征：

（1）抽象性。在 DFD 中，只描述信息和数据存储、流动、使用以及加工情况。这有可能抽象地总结出信息处理的内部规律。

（2）概括性。它把系统对各种业务的处理过程联系起来考虑，形成一个总体。前面介绍的 TFD 没有反映出这种数据流之间的关系。

三、数据流程图的基本成分

数据流程图用到四个基本符号，即外部实体、数据处理、数据流和数据存储。现分别介绍如下：

1. 外部实体

外部实体指系统以外又与系统有联系的人或事物。它表达该系统数据的外部来源和去处，例如，顾客、职工、供货单位等。外部实体也可以是另外一个信息系统。

我们用一个正方形，并在其左上角外边另加一个直角来表示外部实体，在正方形内写上这个外部实体的名称。为了区分不同的外部实体，可以在正方形的左上角用一个字符表示。在数据流程图中，为了减少线条的交叉，同一个外部实体可在一张数据流程图中出现多次，这时在该外部实体符号的右下角画小斜线，表示重复。若重复的外部实体有多个，则相同的外部实体画数目相同的小斜线，如图 11-1 所示。

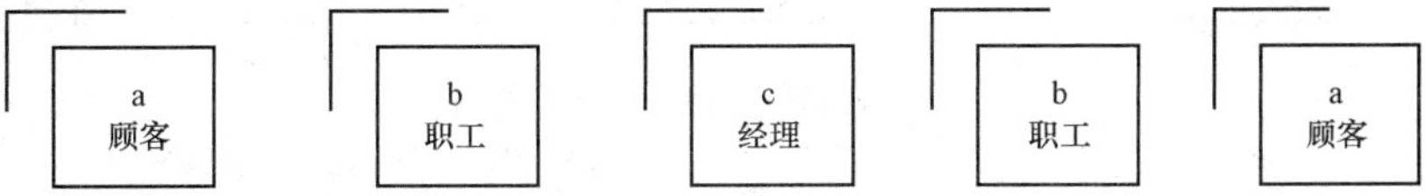

图 11-1　外部实体

2. 数据处理

处理指对数据的逻辑处理，也就是数据的变换。

在数据流程图中，用带圆角的长方形表示处理，长方形分为三个部分，如图 11-2 所示。

标识部分用来标识一个功能，一般用字符串表示，如 P1、P1. 1 等。

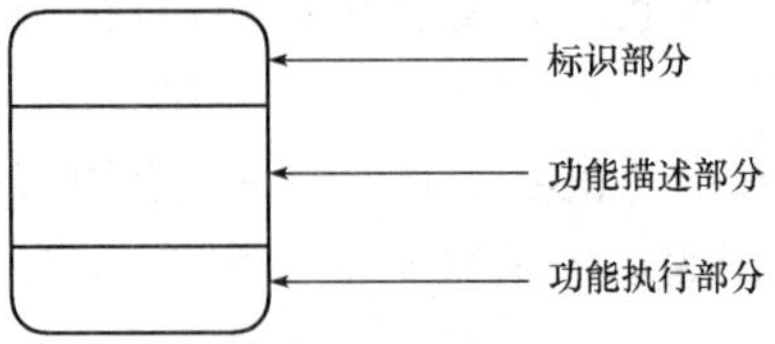

图 11-2　数据处理

功能描述部分是必不可少的，它直接表达这个处理的逻辑功能。一般用一个动词加一个作动词宾语的名词表示。恰如其分地表达一个处理的功能，有时需要下一番功夫。

功能执行部分表示这个功能由谁来完成，可以是一个人，可以是一个部门，也可以是某个计算机程序。

3. 数据流

数据流是指处理功能的输入或输出，用一个水平箭头或垂直箭头表示。箭头指出数据的流动方向。数据流可以是信件、票据，也可以是电话等。

一般来说，对每个数据流要加以简单的描述，使用户和系统设计员能够理解一个数据流的含义。对数据流的描述写在箭头的上方，一些含义十分明确的数据流，也可以不加说明，如图 11-3 所示。

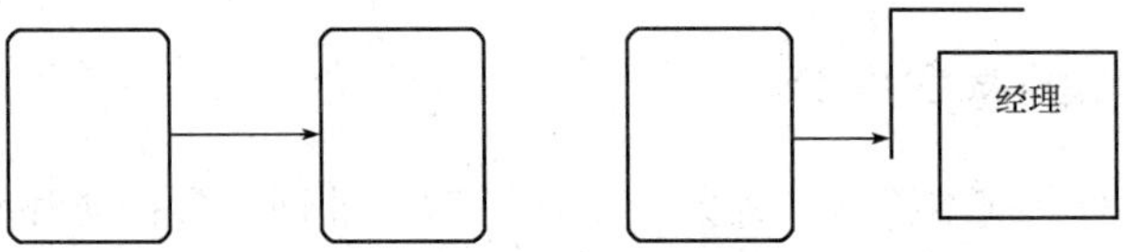

图 11-3　数据流

4. 数据存储

数据存储表示数据保存的地方。这里“地方”并不是是指保存数据的物理地点或物理介质，而是指数据存储的逻辑描述。

在数据流程图中，数据存储用右边开口的长方条表示。在长方条内写上数据存储的名称。名称也要恰当，以便用户理解。为了区别和引用方便，再加一个标识，用字母 D 和数字组成。为清楚起见，用竖线表示同一数据存储在图上不同的地方出现，如图 11-4 所示。

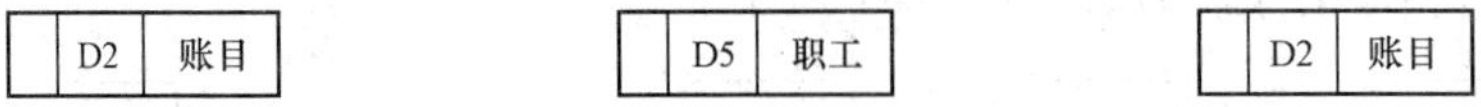

图 11-4　数据存储

指向数据存储的箭头表示送数据到数据存储（存放、改写等）；从数据存储发出的箭头，表示从数据存储读取数据，如图 11-5 所示。

图 11-5　数据的读取与存储

在一些介绍结构化分析的书中，所用符号与本书有所不同，请读者注意。

四、数据流程图的画法

系统分析的根本目的是分析合理的信息流动、处理、存储的过程。数据流程分析有许多方法，如 HIPO（Hierarchical Input Process Output）法和结构化方法等。

各分析方法的基本思想是一样的，即把一个系统看成一个整体功能，明确信息的输入与输出，系统为了实现这个功能，内部必然有信息的处理、传递、存储过程。这些处理又可以分别看作整体功能，其内部又有信息的处理、传递、存储过程。如此一级一级地剖析，直到所用处理步骤都很具体为止。

下面以高等学校学籍管理系统为例说明画数据流程图的方法。学籍管理是一项十分严肃而复杂的工作，它要记录学生从入学到学生离校整个在校期间的情况，在学生毕业时把学生的情况提供给用人单位。学校还要向上级主管部门报告学生学籍变动情况。

首先，把整个系统看成一个功能。它的输入是新生入学时，从省、市招生办公室转来的新生名单和档案，输出是学生离校时给用人单位的毕业生档案和定期给主管部门的统计报表，如图 11-6 所示。“学籍表”用于记载学生的基本情况，如学籍变动情况、各学期各门课程的学习成绩、在校期间的奖惩记录等。

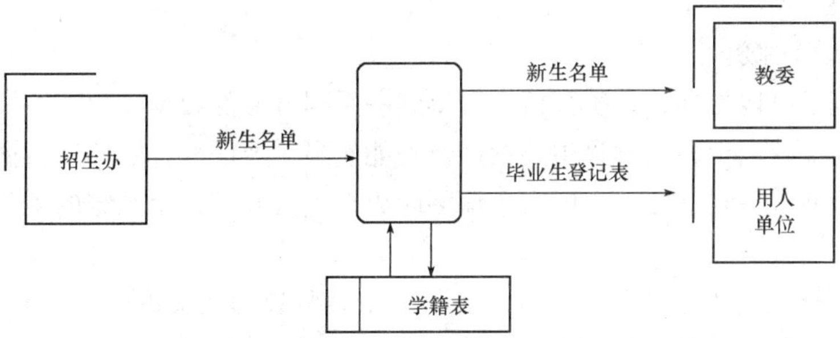

图 11-6　学籍管理系统顶层 DFD

图 11-6 概括描述了系统的轮廓、范围，标出了最主要的外部实体和数据流。还有一些外部实体、数据流没有画出来，随着数据流程图的展开再逐渐增加。这样做的好处是突出主要矛盾，系统轮廓更清晰。

图 11-7 所示是进一步分析的出发点。学籍管理包括学生学习成绩管理、学生奖惩管理、学生异动管理三部分。虚线框是图 11-6 中处理框的放大。图 11-6 的各个数据流都必须反映在图 11-7 上。此外还有新增的数据流和外部实体。虚线框外新增的数据流，在进入或流出虚线框时用“X”标记。数据存储“学籍表”是图 11-6 中原有的，可画在虚线框外，或一半在内，一半在外。在图 11-7 中，与学籍表有关的数据流更具体了。

五、画数据流程图的注意事项

在系统分析中，数据流程图是系统分析员与用户交流思想的工具。这种图用的符号少，通俗易懂。实践证明，只要对用户稍作解释，用户就能看明白。同时，这种图层次性强，适合对不同管理层次的业务人员进行业务调查。在调查过程中，随手就可记录有

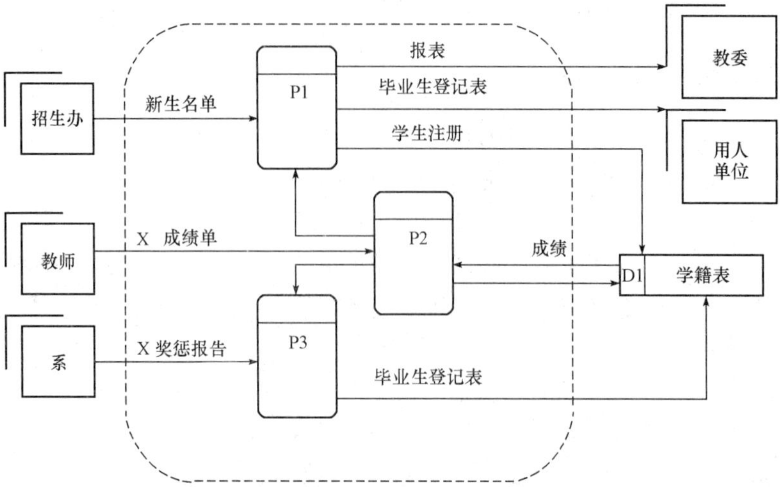

图 11-7　学籍管理系统的第一层 DFD

关情况，随时可与业务人员讨论，使不足的地方得到补充，有出入的地方得到纠正。在草图的基础上，系统分析员应对图的分解、布局进行适当调整，画出正式图，使之更清晰，更具可读性。

1. 关于层次的划分

从前面的例子可以看到，系统分析中可得到一系列分层的数据流程图。最上层的数据流程图相当概括地反映出信息系统最主要的逻辑功能、最主要的外部实体和数据存储。

这张图应该使人一目了然，立即有个深刻印象，使人知道这个系统的主要功能和与环境的主要联系。

逐层扩展数据流程图是对上一层图（父图）中某些处理框加以分解。随着处理的分解，功能越来越具体，数据存储、数据流越来越多。必须注意，下层图（子图）是上层图中某个处理框的“放大”。因此，凡是与这个处理框有关系的外部实体、数据流、数据存储必须在下层图中反映出来。下层图上用虚线长方框表示所放大的处理框，属于这个处理内部用到的数据存储画在虚线框内，属于其他框也要用到的数据存储，则画在虚线框之外或画在虚线框上。流入或流出虚线框的数据流，若在上层图中没出现，则在与虚线交叉处用“X”表示，是把一个复杂的功能逐步分解为若干较为简单的功能。逐层扩展不是肢解和蚕食，使系统失去原来的面貌，而应保持系统的完整性和一致性。究竟怎样划分层次，划分到什么程度，没有绝对的标准，但一般认为：

（1）展开的层次与管理层次一致，也可以划分得更细。处理块的分解要自然，注意功能的完整性。

（2）一个处理框经过展开，一般以分解为 4 ~ 10 个处理框为宜。

（3）最下层的处理过程用几句话，或者用几张判定表，或一张简单的 HIPO 图能表达清楚，其工作量一个人能承担。若是计算机处理，一般不超过 100 个程序语句。

2. 检查数据流程图的正确性

对于一个系统的理解，不可能一开始就完美无缺。开始分析一个系统时，尽管人们对问题的理解有不正确、不确切的地方，但还是应该根据我们的理解，用数据流程图表达出来，进行核对，逐步修改，获得较为完美的图纸。

通常可以从以下几个方面检查数据流程图的正确性：

（1）数据守恒，或称为输入数据与输出数据匹配。数据不守恒有两种情况，一种是某个处理过程用以产生输出的数据，没有输入给这个处理过程，这肯定是遗漏了某些数据流；另一种是某些输入在处理过程中没有被使用，这不一定是一个错误，但产生这种情况的原因以及是否可以简化值得研究。

（2）一套数据流程图中的任何一个数据存储，必定有流入的数据流和流出的数据流，即写文件和读文件，缺少任何一种都意味着遗漏某些加工。

画数据流程图时，应注意处理框与数据存储之间数据流的方向。一个处理过程要读文件，数据流的箭头应指向处理框，若是写文件，则箭头指向数据存储。修改文件要先读后写，但本质上是写，箭头也指向数据存储。若除修改之外，为了其他目的还要读文件，此时箭头画成双向的。

（3）父图中某一处理框的输入、输出数据流必须出现在相应的子图中，否则就会出现父图与子图的不平衡。这是一种比较常见的错误，而不平衡的分层则会使人无法理解。因此，特别应注意检查父图与子图的平衡，尤其是在对子图进行某些修改之后。父图的某框扩展时，在子图中用虚线框表示，有利于这种检查。父图与子图的关系，类似于全国地图与分省地图的关系。在全国地图上标出主要的铁路、河流，在分省地图上则标得更详细，除了有全国地图上与该省相关的铁路、河流之外，还有一些次要的铁路、公路、河流等。

（4）任何一个数据流至少有一端是处理框。换言之，数据流不能从外部实体直接到数据存储，不能从数据存储到外部实体，也不能在外部实体之间或数据存储之间流动。初学者往往容易违反这一规定，常常在数据存储与外部实体之间画数据流。其实，记住数据流是指处理功能的输入或输出，就不会出现这类错误。

3. 提高数据流程图的易理解性

数据流程图是系统分析员调查业务过程，与用户交换思想的工具。因此，数据流程图应该简明易懂。这也有利于后面的设计，有利于对系统说明书进行维护。可以从以下几个方面提高易理解性。

（1）简化处理间的联系。结构化分析的基本手段是“分解”，其目的是控制复杂性。合理的分解是将一个复杂的问题分成相对独立的几个部分，每个部分可单独理解。在数据流程图中，处理框间的数据流越少，各个处理就越独立，所以应尽量减少处理框间输入及输出数据流的数目。

（2）均匀分解。如果在一张数据流程图中，某些处理已是基本加工，而另一些却还要进一步分解三四层，这样的分解就不均匀。不均匀的分解不易被理解，因为其中某些部分描述的是细节，而其他部分描述的是较高层的功能。遇到这种情况，应重新考虑分解，努力避免特别不均匀的分解。

（3）适当命名。数据流程图中各种成分的命名与易解性有直接关系，所以应注意命名适当。处理框的命名应能准确地表达其功能，理想的命名由一个具体的动词加一个具体的名词（宾语）组成，在下层尤其应该如此，例如“计算总工作量”“开发票”。而“存储和打印提货单”最好分成两个。“处理订货单”“处理输入”则不太好，“处理”是空洞的动词，没有说明究竟做什么，“输入”也是不具体的宾语，而“做杂事”几乎等于没有命名。难以为某个成分命名，往往是分解不当的迹象，应考虑重新分解。

同样，数据流、数据存储也应适当命名，尽量避免产生错觉，以减少设计和编程等阶段的错误。

数据流程图也常常要重新分解。例如，画到某一层时意识到上一层或上几层所犯的错误，这时就需要对它们重新分解。重新分解可以按下述方法进行：

①把需要重新分解的某张图的所有子图拼成一张。

②把图分成几部分，使各部分之间的联系最少。

③重新建立父图，即把第②步所得的每一部分画成一个处理框。

④重新画子图，只要把第②步所得的图沿各部分边界分开即可。

⑤为所有处理重新命名、编号。

第二节　数据字典

数据流程图描述了系统的分解，即描述了系统由哪几部分组成、各部分之间的联系等，但还没有说明系统中各个成分的含义。例如，在前面的例子中，数据存储“学籍表”包括哪些内容，在数据流程图中表达不够具体、准确。

数据字典就是这样的工具之一。数据字典最初用于数据库管理系统。它为数据库用户、数据库管理员、系统分析员和程序员提供某些数据项的综合信息。这种思想启发了信息系统的开发人员，使他们想到将数据字典引入系统分析。

系统分析中所使用的数据字典，主要用来描述数据流程图中的数据流、数据存储、处理过程和外部实体。数据字典把数据的最小组成单位看成数据元素（基本数据项），若干个数据元素可以组成一个数据结构（组合数据项）。数据结构是一个递归概念，即数据结构的成分也可以是数据结构。数据字典通过数据元素和数据结构来描写数据流、数据存储的属性，数据元素组成数据结构，数据结构组成数据流和数据存储，它们之间的关系如图 11-8 所示。

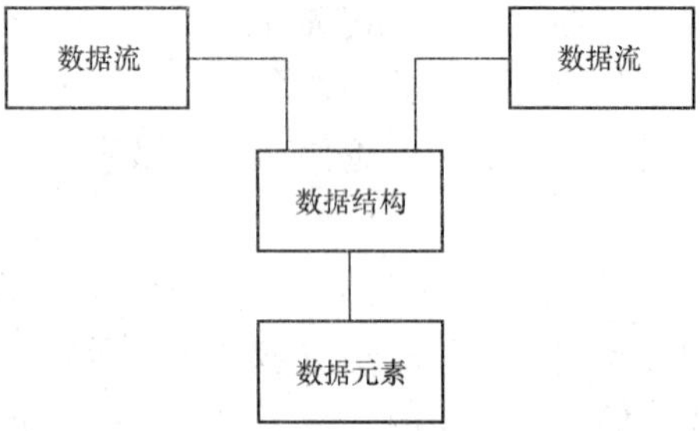

图 11-8　数据结构与数据元素的关系

建立数据字典的工作量很大，相当烦琐。但这是一项必不可少的工作。数据字典在系统开发中具有十分重要的意义，不仅在系统分析阶段，而且在整个研制过程中以及今后系统运行中都要使用它。

数据字典可以用人工方式建立。方法为：事先印好表格，填好后按一定顺序排列，就是一本字典。也可以建立在计算机内，数据字典实际上是关于数据的数据库，这样使用、维护都比较方便。

一、数据字典的各类条目

数据字典中有六类条目：数据元素、数据结构、数据流、数据存储、处理过程、外部实体。不同类型的条目有不同的属性需要描述，现分别说明如下。

1. 数据元素

数据元素是最小的数据组成单位，是不可再分的数据单位，如学号、姓名等。对每个数据元素，需要描述以下属性：

（1）名称。数据元素的名称要尽量反映该元素的含义，便于记忆。

（2）别名。一个数据元素，可能其名称不止一个，若有多个名称，则需加以说明。

（3）类型。说明取值是字符型还是数字型等。

（4）取值范围和取值的含义。指数据元素可能取什么值或每一个值代表的意思。

数据元素的取值可分为离散型和连续型两类，如人的年龄是连续型，取值范围是定义为0～150岁，当然，这里的“连续”与高等数学中的“连续”含义不同。按通常编排学号的办法，学号是离散的。再如“婚姻状况”取值范围是“未婚、已婚、离异、丧偶”，也是离散型。

一个数据元素是离散的还是连续的，应视具体需要而定。例如，在一般情况下，用岁数表示一个人的年龄是连续的。但有时，只要用“幼年、少年、青年、壮年、老年”表示，或者区分为成年、未成年即可，这时年龄便是离散型的。

（5）长度指出该数据元素由几个数字或字母组成。如学号，按某校现在的编法由7个数字组成，其长度就是7个字节。

除以上内容外，数据元素条目还包括对该元素的简要说明、与它有关的数据结构等，如表11-1所示。

表11-1　数据元素条目

数据元素条目

名称：学号 别名：S－No 说明：本校学生编码 数据类型：（连续/离散）离散 类型：（字符/数字）数字 长度：7 有关数据结构：学生成绩、学生卡	总编号：1－101 编　号：101 有关编码说明：

有关编码说明：

×	×	×	×	×	×	×
入学年号		系号	专业号	班号	编号	

2. 数据结构

表 11-2 所示是数据结构条目的一个例子。

表 11-2　数据结构条目

数据结构条目	
名称：学生登记卡	总编号：2－03
说明：新生入学时填写的卡片	编　号：008
结构：	有关的数据流、数据存储：
学号	新生登记表
姓名	学籍卡
[曾用名]	
入学日期	数量：
出生日期	每年约 1 000 份
性别	
民族	
家庭住址	
本人简历 *	
开始时间	
终止时间	
单位	
职务	

数据结构的描述重点是数据之间的组合关系，即说明这个数据结构包括哪些成分。

一个数据结构可以包括若干个数据元素或（和）数据结构。这些成分中有三种特殊情况：

（1）任选项。这是可以出现、也可以省略的项，用“[ ]”表示，如上例中的 [曾用名] 是任选项，可以有，也可以没有。

（2）必选项。在两个或多个数据项中，必须出现其中的一个，称为必选项。例如，任何一门课程或是必修课，或是选修课，二者必居其一。必选项的表示办法，是将候选的多个数据项用“{}”括起来。

（3）重复项。即可以多次出现的数据项。例如，一张订单可订多种零件，每种零件有品名、规格、数量，这些属性用“零件细节”表示。在订单中，“零件细节”可重复多次，表示成零件细节。前面这个例子中的“本人简历”就是这种情况。

3. 数据流

关于数据流，在数据字典中描述以下属性：

（1）数据流的来源。数据流可以来自某个外部实体、数据存储或某个处理。

（2）数据流的去处。某些数据流的去处可能不止一个。

（3）数据流的组成。指数据流所包含的数据结构。一个数据流可包含一个或多个数据结构。若只含一个数据结构，应注意名称的统一，以免产生二义性。

（4）数据流的流通量。指单位时间（每日、每小时等）里的数据传输次数。可以估计平均数或最高、最低流量各是多少。

（5）高峰时的流通量。

表 11-3 所示是数据流条目的一个例子。

表 11-3　数据流条目

数据流条目	
名称：期末成绩单	总编号：3－05
简要说明：学期结束时，老师填写的成绩单	编　号：005
数据流来源：教师	
数据流去向：P2. 1、P2. 2	流通量：200 份/学期
包含的数据结构：	
科目名称	
考试	
考察	
学生成绩 *	
学号	
姓名	
成绩	
任课教师	

4. 数据存储

数据存储的条目主要描写该数据存储的结构，及有关的数据流、查询要求。

例如，数据存储 D2“学习成绩一览表”的条目如表 11-4 所示。

表 11-4　数据存储条目

数据存储条目	
名称：学生成绩一览表	总编号：4－02
说明：学期期末，按班汇集学生各科成绩	编　号：D2
结构：	
班级	有关的数据流：
学生成绩 *	P2. 1. 1→D2
学号	D2→P2. 1. 2
姓名	D2→P2. 1. 4
成绩 *	D2→P2. 1. 3
科目名称	D2→P2. 1. 5
考试	信息量：每学年 150 份
考察	有无立即查询：有
成绩	

有些数据存储的结构可能很复杂，如“学籍表”，包括学生的基本情况、学生动态、奖惩记录、学习成绩、毕业论文成绩等，其中每一项又是数据结构。这些数据结构由各自的条目分别加以说明，因此在“学籍表”的条目中只需列出这些数据结构，而不需要列出这些数据结构的内部构成。数据流程图是分层的，下层图是上层图的具体化。同一个数据存储可

能在不同层次的图中出现。描述这样的数据存储，应列出最底层图中的数据流。

5. 处理过程

对于数据流程图中的处理框，需要在数据字典中描述处理框的编号、名称、功能的简要说明，以及有关的输入、输出。对功能进行描述，应使人能有一个较明确的概念，知道这一框的主要功能。详细的功能还要用“小说明”进一步描述。表 11-5 所示是 P2. 1. 4 “填写成绩单”的条目。

表 11-5　处理过程条目

处理过程条目	
名称：填写成绩单	总编号：5－007
说明：通知学生成绩，有补考科目的说明补考日期	编号：P2. 1. 4
输入：D2－P2. 1. 4 I	
输出：P2. 1. 4－学生（成绩通知单）	
处理：查 D2（成绩一览表），打印每个学生的成绩通知单，若有不及格科目，不够直接留级，则在“成绩通知”中填写补考科目、时间，若直接留级则注明留级。	

6. 外部实体

外部实体是数据的来源和去向。因此，在数据字典中关于外部实体的条目，主要说明外部实体产生的数据流和传给该外部实体的数据流，以及该外部实体的数量。外部实体的数量对于估计本系统的业务量有参考作用，尤其是关系密切的主要外部实体。表 11-6 所示是描述“学生”这个外部实体的条目。“学生”这个外部实体与学籍管理系统有很多联系，如入学时要填写各种登记表，若要休学、复学等则要提出申请。在前面的例子中，未画出整个系统的数据流程图，因此条目的数据流比较少。

表 11-6　外部实体条目

外部实体条目	
名称：学生	总编号：06－001
说明：	编号：001
输出数据流：	个数：约 4 000 个
输入数据流：	
P2. 1. 4－学生（成绩通知）	

二、数据字典的使用与管理

数据字典实际上是“关于系统数据的数据库”。在整个系统开发过程以及系统运行后的维护阶段，数据字典是必不可少的工具。数据字典是所有人员工作的依据和统一的标准。它可以确保数据在系统中的完整性和一致性。具体讲，数据字典有以下作用。

1. 按各种要求列表

可以根据数据字典，把所有数据元素、数据结构、数据流、数据存储、处理逻辑、外部实体，按一定的顺序全部列出，保证系统设计时不会遗漏。

如果系统分析员要对某个数据存储的结构进行深入分析，需要了解有关的细节，了解数据结构的组成乃至每个数据元素的属性，数据字典也可提供相应的内容。

2. 相互参照，便于系统修改

根据初步的数据流程图，建立相应的数据字典。在系统分析过程中，常会发现原来的数据流程图及各种数据定义中有错误或遗漏，需要修改或补充。有了数据字典，这种修改就变得更为容易。

例如，在某个库存管理系统中，“商品库存”这个数据存储的结构是代码、品名、规格、当前库存量。一般来讲，考虑能否满足用户订货，有这些数据项就够了。但如果要求库存数量不能少于某个“安全库存量”，则这些数据项还不够。这时，在这个结构中就要增加“安全库存量”这个数据项。这一改动可能影响其他项目，例如“确定顾客订货”的处理逻辑。以前，只要“当前库存量大于或等于顾客订货量”，就认为可以满足用户订货。现在则只有“当前库存量减顾客订货量之差大于或等于安全库存量”才能满足顾客订货。有了数据字典，这个修改就容易了。因为在该数据存储的条目中，记录了有关的数据流，由此可以找到因数据存储的改动而可能影响的处理逻辑，不至于遗漏而造成不一致。

3. 由描述内容检索名称

在一个稍复杂的系统中，系统分析员可能没有把握断定某个数据项在数据字典中是否已经定义，或者记不清楚其确切名字时，可以由内容查找其名称，就像根据书的内容询问图书的名字。

4. 一致性检验和完整性检验

根据各类条目的规定格式，可以发现以下一些问题：

（1）是否存在没有指明来源或去向的数据流。

（2）是否存在没有指明数据存储或所属数据流的数据元素。

（3）处理逻辑与输入的数据元素是否匹配。

（4）是否存在没有输入或输出的数据存储。

数据字典的使用可以通过两种方式：人工方式和计算机方式。人工方式是把各类条目按前面介绍的描述格式写在卡片上或写在纸上，并分类建立一览表。计算机方式是在人工方式基础上，整理存入计算机。一些大、中型计算机有专门的自动化数据字典软件包对数据进行管理，查询、修改都十分方便。但在开发初期，对于规模不太大的系统，手工方式更方便实惠。

为了保证数据的一致性，数据字典必须由专人（数据管理员）管理。其职责就是维护和管理数据字典，保证数据字典内容的完整一致。任何人，包括系统分析员、系统设计员、程序员，如修改数据字典的内容，都必须通过数据管理员。数据管理员要把数据字典的最新版本及时通知有关人员。

第三节　处理逻辑表达工具

计算机处理包括数学运算、信息交流和逻辑判断三部分，其中难以描述的是逻辑判断。为了描述 TFD 或 DFD 中处理模块的复杂功能及实现步骤，在系统分析和程序设计过程中，经常使用一些特有的工具，如判断树、判定表及结构化描述语言。

一、结构化语言

结构化语言是受结构化程序设计思想启发而扩展出来的。结构化程序设计只允许三种基本结构。结构化语言也只允许三种基本语句，即简单的祈使语句、判断语句、循环语句。与程序设计语言的差别在于结构化语言没有严格的语法规定。与自然语言的不同在于它只有极其有限的词汇和语句。结构化语言使用三类词汇：祈使句中的动词、数据字典中定义的名词以及某些逻辑表达式中的保留字。

1. 祈使语句

祈使语句指出要做什么事情，包括一个动词和一个宾语。动词指出要执行的功能，宾语表示动作的对象，例如计算工资、发补考通知。

使用祈使语句，应注意以下几点：

(1) 力求精练，不应太长。

(2) 不使用形容词和副词。

(3) 动词要能明确表达执行的动作，不用意义太宽泛的动词，意义相同的动词只确定使用其中之一。

(4) 名词必须在数据字典中有定义。

2. 判断语句

判断语句类似结构化程序设计中的判断结构，其一般形式是：

如果　条件

则　动作 A

否则　（条件不成立）

动作 B

判断语句中的“如果”“否则”要成对出现，以避免多重判断嵌套时产生二义性。另外，书写时每层要对齐，以便阅读。

例如，某公司给购货在 5 万元以上的顾客以不同的折扣率。如果这样的顾客最近 3 个月无欠款，则折扣率为 15%；虽然有欠款但与公司已经有 10 年以上的贸易关系，则折扣率为 10%，否则折扣率为 5%。公司的折扣政策用判断语句表达如下：

如果　购货额在 5 万元以上

则　如果　最近 3 个月无欠款

则　折扣率为 15%

否则　如果　与公司交易 10 年以上

则　折扣率为 10%

否则　折扣率为 5%

否则　无折扣

3. 循环语句

循环语句表达在某种条件下，重复执行相同的动作，直到这个条件不成立为止。例如，处理 P2. 1. 3“评奖学金”要计算同年级同专业每个学生一个学期的总成绩，可用循环语句写成：

对每一个学生

计算总成绩

二、判定树

若一个动作的执行不只是依赖一个条件，而是与多个条件有关，那么这项策略的表达就比较复杂。如果用前面介绍的判断语句，就有多重嵌套。但层次一多，可读性就下降。用判定树来表示，可以更直观一些。

三、判定表

一些条件较多、在每个条件下取值也较多的判定问题，可以用判定表表示。其优点是能把各种组合情况一个不漏地表示出来，有时还能帮助发现遗漏和矛盾的情况。我们通过下面这个例子说明判定表的应用与相关问题。

例如，某校关于学生升留级的规定为："一学期有三门考试课程不及格者，直接留级；一学期考试和考查四门课程不及格者，不予补考，直接留级"。这里实际上涉及三种可能的行动：直接留级、补考、升级。全部课程及格者升级，不及格课程过多者直接留级，有不及格课程但未达到直接留级者补考。条件涉及两个方面：考试不及格的门数和考查不及格的门数。若直接以这两个"门数"为条件，则前者有四种情况：全部及格，一门不及格、两门不及格、三门或三门以上不及格；后者有五种情况：全部及格、一门不及格、两门不及格、三门不及格、四门或四门以上不及格。这样两个条件可以组合成 $4 \times 5 = 20$ 种情况。因此，列出的决策表在化简以前就有 20 列。但若根据问题的要求，适当选取判定的条件，则可以更简单一些。例如，第一个条件（C1）按考试科目不及格门数是否达到三门分两种情况，第二个条件（C2）按不及格门数（包括考试、考查）分为三种情况列表说明，如表 11-7 所示。

表 11-7　条件取值分析

条件	取值	含义
C1：考试科目	01	不及格门数 <3 不及格门数 ≥ 3
C2：全部科目	0 1 2	全部及格 $0<$ 不及格门数 <4 不及格门数 ≥ 4

这样，共有 $2 \times 3 = 6$ 种组合，列出的判定表如表 11-8 所示。

用判定表来表达一个复杂的问题，优点之一是不会遗漏某些可能的情况。从前面的例子中可以看出，只要将各个条件的各种情况都列举出来，就可以用形式化的方法开始，用形式化的方法化简。这种方法的另一个好处是各个条件地位是"平等"的，不用考虑条件的先后顺序。

表 11-8 学生升留级判定表

	1	2	3	4	5	6
C1：考试科目	0	0	0	1	1	1
C2：全部科目	0	1	2	0	1	2
A1：直接留级			X	X	X	X
A2：补考		X				
A3：升级	X					

四、三种表达工具的比较

这三种表达逻辑的工具各有千秋，除之前谈到的几个方面外，还要从直观性、可修改性等方面比较，如表 11-9 所示。

表 11-9 表达逻辑工具的比较

	结构化语言	判断树	判断表
直观性	一般	很好	一般
用户检查	不便	方便	不便
可修改性	好	一般	差
逻辑检查	好	一般	很好
机器可读性	很好	差	很好
机器可编程	一般	不好	很好

这三种工具的适用范围可概括比较如下：

（1）决策树适用于 10～15 种行动的一般复杂程度的决策。有时可将决策表转换成决策树，便于用户检查。

（2）判定表适用于多个条件的复杂组合。虽然判定表也适用于很多数目的行动或条件组合，但数目庞大时使用不方便。

（3）如果一个判断包含了一般顺序执行的动作或循环执行的动作，则最好用结构化语言表达。

本章小结

从业务流程到数据流程的理解是数据思维形成的重要环节；通过数据流程图的设计与创建也可以加深对企业业务流程的理解。数据流程图是企业实体业务信息化过程中的一个重要环节，它是业务人员与信息化开发人员沟通的工具；数据字典和处理逻辑表达工具是信息化开发人员的工具。

案例分析

大数据思维范畴探究[1]

大数据的发展，不仅取决于大数据资源的扩展，还取决于大数据技术的应用，更取决于大数据思维的形成。也就是说，大数据发展必须是数据、技术、思维三大要素的联动。在网络时代数据无处不在、技术快速发展的条件下，大数据思维已成为决定大数据成败的关键。目前，大数据思维缺失，跨越学术与产业、技术与应用之间鸿沟的方法论缺位，是大数据发展的最大障碍。“出身不重要，思维更重要”，只有具有大数据思维，才能更好地运用大数据资源和大数据技术。需要说明的是，大数据思维包含两个意思：一个是在思想上对大数据的认识和重视，这是一种思维态度；另一个是大数据思维范畴，这是一种思维方式。本文着重讨论的是大数据思维范畴问题。众所周知，思维范畴是主观逻辑和客观逻辑的有机统一，反映了事物存在发展的辩证关系。大数据思维范畴反映的是大数据时代人们思维方式的变革。

一、可能和现实关系

可能与现实是常见的思维范畴。现实标志着当下的实际存在，可能则是指包含在事物之中的、预示事物发展前途的种种趋势。在小数据时代传统思维条件下，人们对预示事物发展趋势的可能性的认识往往是经验式的，称为经验式的可能性认识。这种经验式的可能性认识对事物发展趋势的预测不准，主要是因为缺乏准确的、全面的、海量的数据作为支持。《大数据》一书的作者涂子沛引用胡适的著名文章《差不多先生传》来比喻中国人带有“差不多先生”的文化标签，是说中国人的思维方式缺乏科学性，习惯于“大概”。“大概”的预测准确率低，当然缺少科学性。而在大数据时代，在拥有海量的、整体的、实时的数据条件下，人们对事物发展趋势的预测就会准确得多，这种预测称为科学式的可能性认识。在谈到大数据的核心价值时，一致的观点认为大数据的核心是预测。中国工程院院士邬贺铨指出，大数据预测可运用到各行各业，“宏观经济学方面，IBM 日本公司建立经济指标预测系统，从互联网新闻中搜索影响制造业的480 项经济数据，计算采购经理人指数的预测值。印第安纳大学利用谷歌公司提供的心情分析工具，从近千万条网民留言中归纳出三种心情，进而对道琼斯工业指数的变化进行预测，准确率达到87%。”在医学领域，加拿大的研究人员开发了一种大数据诊疗技术，以便能预测早产婴儿的感染。他们通过把包括心率、血压、呼吸和血氧水平等16 种生命体征转化成每秒1 000 多个数据点的信息流，从中找到早产婴儿生命体征极其轻微的变化与较为严重病情之间的关联性。在城市管理领域，美国纽约市开发了一套新的火灾预防方案，这一方案在全市90 万座建筑物的数据库中加入市政19 个部门所收集到的其他数据，包括欠税扣押记录、水电使用异常、缴费拖欠、服务场所、鼠患投诉等各类数据，并将这些数据与过去5 年的火灾记录进行计算分析，从而发现了建筑物类型和建造年份与火灾的相互关系，还发现了非法在屋内打隔断的建筑物发生火灾的高概率，在此基础上制订出新的火灾预防方案。火灾已经发生是现实性，火灾可能发生是可能性。火灾如已经发

1 张弛. 大数据思维范畴探究［J］. 华中科技大学学报，2015，29（2）：120－125.

生，我们只能通过救火努力把损失降到最低限度，而最好的办法是通过可能性预测预防火灾发生。医学领域同样如此，最好的办法不是生病以后再去治病，而是通过可能性预测预防疾病不要发生。大数据的核心意义在于发现和挖掘潜在价值，而不在于发现现实价值。其科学方法论意义不在于从“已知”的现实中发现问题和规律，而在于从“未知”的种种可能中发现问题和规律。中国工程院倪光南院士指出，科学研究的实验型范式、理论型范式、计算型范式都是在已知规律的情况下发现新的规律，而大数据“则是在未知规律的情况下，运用计算能力从大数据中发现规律并发挥规律的作用。”通过“未知”发现规律，就很难预设理论模型，正是因为大数据是从“未知”中发现规律，图灵奖获得者吉姆·格雷（Jim Gray）才提出将大数据列为科学研究的第四范式（the fourth paradigm）。大数据预测拉近了可能与现实的距离，使人们有能力逐步做到将好的可能性变成现实，避免不好的可能性变为现实。中国工程院李德毅院士指出，“大数据整天和我们在一起，大数据已成为连接虚拟世界和现实世界之间的桥梁。”可以说，在大数据时代，虚拟世界和现实世界的距离和界线将发生新的变化，人们对事物的认知不仅满足于“已知”，更能精准地认识“未知”，不仅能描写性地分析“现在”，更能预测性地分析“未来”。大数据在“此岸”与“彼岸”之间架通了一座快速便捷的桥梁。

二、必然和偶然关系

必然和偶然范畴是与可能和现实范畴联系较为紧密的思维范畴。可能性既与偶然性有一定联系，也与必然性有一定联系。人们在预测事物发展的可能性时，必须同时考虑制约它的必然因素和偶然因素。长期以来，人们传统的思维定式习惯将自然界和人类社会看成二元世界，由此采用“科学”和“历史”两个叙事框架，并形成科学主义和人文主义两大思潮。科学主义认为，自然界是决定论的，它的运动变化是有必然规律的，是可预测的，而人类社会是非决定论的，它的运动变化充满随机性、偶然性，是不可预测的。著名科学家、哲学家波普尔就否定历史决定论，主张非决定论。在小数据时代，之所以有人认为人类社会运动发展不可预测，是因为社会领域的数据杂乱无章，大都是非结构性数据，特别是情感数据、社交数据更是千头万绪、变动不安。但在大数据技术条件下，人类拥有了处理非结构性数据的强大能力，人们通过 LBS 采集人们在地球上的全部运动轨迹，通过在线支付采集人们的全部支付记录，通过 SNS 采集人们的全部网络交往记录，通过电子邮件、文档、Timeline、视频监控等采集人们的言行记录。这使得大量随机的、偶然出现的数据可以实时捕获处理，使之变成确定性的、必然性的东西。马克·吐温说：“历史不会重演，但自有其规律。”历史事件虽然往往表现为一些偶发事件，但偶然性背后存在的是必然规律。随着科学技术的进步，支持历史发展存在规律的观点的人越来越多，而大数据技术使人类揭示和认识社会历史规律更有可能和更加快捷。因此，有人认为，“与其说大数据的核心价值是对未来的预测，不如说是对过去沉睡的规律的揭示。”也就是说，大数据不仅是人们认识事物发展可能性的强大武器，也是人们认识事物必然性的有力工具。在描述大数据的 4 V 特征时，实时快捷（Velocity）是大数据的重要特征之一。在实际应用中，大数据技术的实时快捷分析能帮助人捕获随机出现的、稍纵即逝的、看似价值不大的信息。在大数据时代，正是数据来源的多元化和实时快速处理，使人们能更多摆脱偶然性的干扰而把握必然的东西。2011 年 10 月，美国国家气象局（NWS）宣布，该局在全国数千辆客运大巴上安装了数据传感器，随着客运大巴的运动，这些传感器将沿途所采集的温度、湿度、露水、风力、光照度等数据实时传回国家气象局的数据中心，数据采集是每10秒钟一次，传感器每天要采集10万次以上的数据，数据中心对这些实时的、随机的、高粒度、高频率的数据进行分析处理，其发布的天气预报就不再仅仅只是“预”报，而逐渐走向“实”报、“精”报。大数据用数据事实不断改变人们对历史和社会发展的现象与本质、偶然与必然的认识，使人们更易于透过偶然把握必然。“无尺度网络”概念的提出者艾伯特－拉斯洛·巴拉巴西指出，“虽然万事皆显出自发偶然之态，但实际上它远比你想象中容易预测”。他认为“人类行为93%是可以预测的”。只是“过去我们没有相关数据，也没有一定的方法来探究人类的行为”。其实，“人类的大部分行为都受制于规律、模型以及原理法则，而且它们的可重现性和可预测性与自然科学不相上下。”人类社会的运动规律和自然界一样，“许多事情遵循幂律分布：一旦幂律出现，爆发点就会出现。”巴拉巴西所指出的人类社会呈现幂律式周期爆发运动，是用科学方式揭示了人类社会周期式的治乱规律。在大数据条件下，社会科学越来越多地运用定量分析方法研究问题，雅虎的首席科学家沃茨博士在《自然》上发表了一篇题为《21世纪的科学》的文章，认为得益于计算机技术和海量数据库的发展，个人在真实世界的活动得到了前所未有的记录，这种记录为社会科学的定量分析提供了极为丰富的数据。由于能测得更准，计算更准确，他认为社会科学将脱下“准科学”的外衣，真正走进科学的殿堂。

三、原因和结果关系

在关于大数据思维变革的研究中，大数据对因果关系范畴的影响讨论相对较多。举得最多的案例是沃尔玛在其卖场中将啤酒与尿布摆放在一起销售的故事，还有在季节性飓风来临之前，将手电筒与蛋挞放在一起销售的例子。这些案例说明，在大数据条件下，看似两个互不相干、没有什么因果关系的事物，通过销售数据分析，可以发现它们之间存在某种相关关系。而对于追求利润率的商家来说，不需要知道“为什么”啤酒与尿布放在一起会增加销量，只需要知道结果“是什么”就行。传统思维中的因果关系分析是建立在严密的数理推理逻辑基础上的。中国工程院院士李国杰形容说，“我们都是从做平面几何证明题开始进入科学大花园的，脑子里固有的逻辑思维模式少不了因果分析，判断是否是真理也习惯看充分必要条件，对于大数据的关联分析蕴涵的科学意义往往理解不深。”传统的因果关系分析虽然逻辑链条完整，但由于是小数据，往往容易以部分代替整体，难免出现误差。寻找事物的因果关系是人类长久以来形成的习惯，因果关系研究促进了科学的发展和科学体系的建立，科学是研究因果关系的重要手段。但在大数据时代，大数据研究是对海量数据做统计性的搜索、比较、分类和聚类分析，带有统计学的显著特点。统计学更关注相关性，相关性是指两个或两个以上变量的取值之间存在某种规律性。大数据的简单算法是统计学的逻辑，这如同热力学的分析模式，热力学并不关心具体的分子运动，而是关心温度、体积、压强之间的宏观关系。腾讯副总裁吴军博士在《数学之美》一书中论述了统计学对于现代科学的意义，他指出，人们花了近20年时间实现了从基于规则的语言处理到基于统计的语言处理的转变，统计语言模型在形式上非常简单，任何人都容易理解，因为“基于统计的自然语言处理方法，在数学模型上和通信是相通的，甚至就是相同的。因此，在数学意义上自然语言处理又和语言的初衷——通信联系在一起了”。而且，统计语言模型的简单性正符合牛顿在《自然哲学的数学原理》中所主张的“简单性原则”。被誉为大数据权威的维克托·迈尔－舍恩伯格指出，在日常生活中，我们习惯地用因果关系来考虑事情，所以会认为，因果联系是浅显易寻的。但事实并非如此，与相关关系不同，即使用数学这种比较直接的方式，因果联系也很难被轻易证明，而证明相关关系的实验耗时少，费用也少。“相关关系分析本身意义重大，同时它也为研究因果关系奠定了基础。通过找出可能相关的事物，我们可以在此基础上进行进一步的因果关系分析，如果存在因果关系的话，我们再进一步找出原因。”由此可见，舍恩伯格并不否定因果关系，只是认为，能找出相关关系，就没有必要非要寻找因果关系，这是大数据思维的新特点，也是大数据为何首先被工商界热捧的原因。大数据思维对因果关系和相关关系的重新思考给我们提供了认识事物不同层面、不同领域的不同选择模式，它们不是相互替代的关系，而是并存关系。这种并存关系可能有以下两种情况。

第一种情况是，对学术性的科学研究来说，因果关系永远是探究科学之谜的密钥。《大数据时代》一书的译者周涛教授指出，“想想瑞士日内瓦的强子对撞机，我们在上面捕获了人类有史以来最大规模的单位时间数据。我们是希望找到或者验证某种相关关系吗？不是！我们试图回答的，正是人类所能问出的关于因果关系最伟大的问题：希格斯玻色子是否存在，我们的宇宙是否有可能用标准模型刻画。……放弃对因果性的追求，就是放弃了人类凌驾于计算机之上的智力优势，是人类自身的放纵和堕落”。在科学研究领域，不能放弃对因果关系的探求，但要高度重视相关性研究，李国杰院士认为，“对于开放复杂的巨系统，传统的因果分析难以奏效，因为系统中各个组成部分之间相互影响，可能互为因果，因果关系隐藏在整个系统之中。……因此，对于大数据的关联分析是不是‘知其然而不知其所以然’，其中可能包含深奥的哲理，不能贸然下结论。”

第二种情况是，对实用性的商业活动来说，烦琐的因果关系探究已无必要，有相关关系支持赚钱就行，赚钱讲究短平快，所以企业收集和处理大数据，不必深究为什么能增加利润，更没有必要花大力气深究其背后的内在规律和盈利模型。这里就出现了两种路径，一条是学术研究遵循的从数据到信息再到知识和智慧的研究思路，另一条是商业活动走的从数据直接到价值的捷径。美国 Wired 杂志主编 Chris Anderson 在他的文章 *The End of Theory* 中引证 Google 通过广告大赚其钱的案例后大声发问，“现在是时间问这一句了：科学能从谷歌那儿学到什么？”

四、部分和整体关系

从亚里士多德到黑格尔，从贝塔朗菲到普里高津，都从自己理论的角度探讨了部分与整体关系范畴。这个古老的思维范畴在大数据时代又有了新的特点。在小数据时代的传统思维中，人们对整体的把握习惯于通过窥斑见全豹的方式来实现，抽样调查是数据有限条件下获得科学结论的主要手段。对于同质化程度很高的事物来说，随机抽样是掌握事物性质的重要方法，因为“所有数据其实都是样本而已”“群体的任何一部分都是样本，抽样就是只观测群体中的一部分，以得到总体情况的信息。”但抽样调查有其局限性，主要表现在抽样随机性的实现比较困难；随机抽样不适合细节考察，不适合分析子类别的情况，子类型一旦细分，抽样分析结果的错误率会大大增加；随机抽样调查结果缺乏延展性，调查结论数据不可重新使用来实现别的分析要求。特别是对开放的复杂系统数据，如结构复杂的网络数据，“大样本比小样本更精确。小样本比大样本产生极端结果的概率大。”因此，能运用大数据来把握事物的整体性当然最好。在大数据时代，大数据收集分析处理技术使获得接近于整体的数据越来越容易。从数据收集技术方面看，互联网、移动互联网、物联网的广泛应用使网站点击、手机导航传感器以及 Facebook 和 Twitter 能够实时产生海量数据，而大数据技术可以对这些数据进行实时处理，这将出现了大数据时代样本 = 总体的“全数据模式”。在某些特定的情况下，虽然依然可以采用样本分析法，但这不再是人们分析数据的主要方式。美国大数据专家 Bill Franks 指出，“当有大量数据时，获取足够的样本并不难。今天的系统具有足够的可扩展性，直接针对全体数据进行分析也是可行的，抽取 10% 的样本顾客进行分析便不再是必需的，因为我们可以直接分析客户。”全数据模式使得由“抽查”转变为“实查”成为可能，大数据使“我们离实查相当接近，并可以用来替代产生偏差的抽样。”全数据模式无疑提高了我们把握事物的精度，通过使用整体数据，我们可以发现一些可能被忽略的蛛蛛马迹，例如，为了防止信用卡诈骗，就不能放过哪怕一次异常交易情节。Xoom 公司是一个专门从事跨境汇款业务的公司，它运用大数据技术分析每一笔交易的所有有关数据，2011 年的一段时间，它发现用“发现卡”从新泽西州汇款的交易量比往常明显增多，于是紧急启动报警程序，从而防止了一个诈骗集团的金融犯罪。现在，很多银行都在使用信用卡消费监测报警系统，一个正常使用的信用卡如果突然出现一次大额度消费或跨国消费情形，客服人员会马上打电话提示持卡人，这显示银行对每张卡的消费记录不是零散的，而是整体的。全数据模式涉及我们对大数据之“大”的认知。大数据之“大”不仅仅指数据体量大，而且还包括数据的整体性和价值性。不挖掘大数据的价值，数据再多也没有用，同样，不提高数据的整体性，数据再多价值也不大。因此，大数据是指不用随机抽样分析法这样的传统方法，而采用处理所有数据的方法，也就是说，大数据方法不是抽样分析法，而是整体分析法。贝塔朗菲曾将亚里士多德关于部分与整体关系的观点概括为“整体大于部分之和”，因为在小数据时代，人们获得的部分数据的有限性整体差距太大，部分之和不可能等于整体，但在大数据时代，人们获得整体数据的能力大大增强，亚里士多德的结论也日益受到质疑。

五、精确和模糊关系

传统的思维模式一直致力于追求对事物精确度的认识，从“测量就是认知”到“知识就是力量”，开尔文男爵和培根都是科学测量方法的创造者和倡导者。进入 20 世纪以后，量子力学的“测不准定律”揭示了统计性、不精确、不确定性也是物质运动的一种基本样式，使人们开始了对精确与模糊关系的重新认识。现在，大数据时代的到来，使人们开始进一步讨论“大数据混杂”带给人们思维方式的变化。大数据之所以会给人混杂模糊的感觉，主要基于以下几点。

(1) 大数据思维往往没有预设。既没有设定的目标，也没有设定的问题；既没有设定的条件，也没有设定的理论模型。没有预设会给人思维混乱的印象，但也会给人思想自由的感觉。由于大数据更多是探寻事物之间的相互关系，输入数据后能够发现什么新情况新规律，能够从中得到什么启示，很多是自然形成的结果，这些随机出现的结果往往超出既有的思维判断，人们有时没有思想准备，一下子难以接受。谷歌公司研究部主任彼得·诺维格认为，在大数据时代，“没有模型你也可以成功”，大数据技术和大数据资源使我们可以在没有预设目标和理论模型的情况下进行数据挖掘，在互联网、云计算、人工智能条件下，只要有相关关系的数据，统计分析就能够发现过去的科学方法发现不了的新情况和新规律。

(2) 大数据混杂的出现与大数据之大有关。数据量越大，精确性越小，规模越大，错误越多，也就是说，数据量往往与精确性成反比，规模与错误成正比。因此，为了扩大规模，我们接受适量错误的存在。正如技术咨询公司 Forrester 所认为的，有时得到 2 加 2 约等于 3·9 的结果，也很不错了。

（3）大数据混杂的出现与大数据的非结构化有关。大数据既包括文本数据，还包括图片、音频、视频、日志、地理位置以及聊天记录、支付记录等各种类别数据，这些数据结构混杂，格式不一。如果要达到格式一致，就需要进行数据分类清理，而这在大数据条件下既难做到，也无必要。在现在的数据仓库中，“只有 5% 的数据是有框架的且能适用于传统数据库的，如果不接受混乱，剩下 95% 的非框架数据就无法被利用，只有接受不精确性，我们才能打开一扇从未涉足的世界的窗户。”

（4）大数据混杂的出现，与大数据的容错机制有关。Google 的翻译系统是这方面较好的例证，“尽管其输入源很混乱，但较其他翻译系统而言，谷歌的翻译质量相对而言还是最好的，而且可翻译的内容更多”。“从谷歌的例子来看，它之所以能比 IBM 的 Candide 系统多利用成千上万的数据，是因为它接受了有错误的数据。”美国纽约大学教授冯启思（Kaiser Fung）在《数据统治世界》一书中论述了“出错的好处”，指出“虽然明知容易犯错，可依然信心饱满，这是大统计学家的标志。他们认识到没人能独占真理，只要世界上还有不确定性存在，真理就未可知。”正是大数据的容错机制大大提高了大数据预测的准确性，“不怕一万就怕万一”，因为万一的疏漏也许就是致命的。正如大数据专家 D. J. Patel 所指出的，在网上搜索 IBM 可以有成千上万种指代，而数据混杂换来的是没有遗漏，没有遗漏会使我们获得一些本可能被错过的变化。

（5）大数据的混杂模糊表面上破坏了数据的精确性，其实它是在更大的规模上和更大的范围内实现数据的精确性，因为它减少了遗漏，减少了被错过的机会，提高了大数据预测的准确率，而准确预测正是大数据的核心所在。从小数据精确到大数据混杂再到大数据精确，人们的思维仿佛是走了一条正—反—合的道路，也就是肯定—否定—否定之否定的道路。

思考题

请结合现实生活，根据案例中某个观点谈谈对数据思维的认识。

参考文献

[1] 薛华成．管理信息系统理论与实务［M］．6 版．北京：清华大学出版社，2011.

[2] 黄梯云．管理信息系统理论与实务［M］．5 版．北京：高等教育出版社，2014.

[3] 王要武，李文国．管理信息系统理论与实务［M］．2 版．北京：电子工业出版社，2008.

[4] 蔡永鸿．管理信息系统理论与实务［M］．北京：清华大学出版社，2011.

[5] 丰斓，赵弘志．物流信息管理［M］．北京：机械工业出版社，2012.

[6] 赵建新，王斌，周宏．用友 ERP 供应链管理系统实验教程［M］．北京：清华大学出版社，2012.

[7] 张启良．大数据时代与我们的生活［J］．统计与咨询，2016（2）：32－34.

[8] 荆宁宁，程俊瑜．数据、信息、知识与智慧［J］．情报科学，2005，23（12）：1786－1790.

[9] 杨丽彬，李海林，张飞波．大数据环境下的管理信息系统发展研究［J］．大数据，2016，2（1）：87－96.

[10] 周竺，孙爱英．知识管理研究综述［J］．中南财经政法大学学报，2005（6）：27－32.

[11] 王广平．从信息管理到知识管理的途径与方法［J］．工业技术经济，2009（5）：11－15.

[12] 胡锤，张小李．故宫文物管理信息系统的建设与管理［N］．中国文物报，2009－12－11（004）．

[13] 丁国勇，秦新国．高校教务管理信息系统的建设与反思——以南京审计学院为例［N］．中国教育信息化，2014－11－3（015）．

[14] 中航工业发展中心，王波．“信息资源计划”助力企业发展［N］．中国航空报，2011－01－13（006）．

[15] 田野．企业资源计划（ERP）同化影响因素及其作用机制研究［D］．杭州：浙江大学，2008.

[16] 董海涛．制造业 ERP 失败原因探秘［N］．计算机世界，2015－10－19（020）．

[17] 沈洪才．新一代信息技术应用价值和应用路线浅析［N］．中国航空报，2016－03－29（A02）．

[18] 吴吉义，李文娟，黄剑平，等．移动互联网研究综述［J］．中国科学：信息科学，2015，45（1）：30－36.

[19] 方巍，郑玉，徐江．大数据：概念、技术及应用研究综述［J］．南京信息工程大学学报：自然科学版，2014，6（5）：405－419.

[20] 佟文立. 亿达信息的战略转型 [J]. 商业观察, 2016 (7): 62-63.
[21] 陈洪林. 集团企业信息安全体系设计 [D]. 合肥: 合肥工业大学, 2007.
[22] 程建华. 信息安全风险管理、评估与控制研究 [D]. 长春: 吉林大学, 2008.
[23] 汤发俊. 电子商务的信息安全技术研究 [D]. 南京: 南京理工大学, 2006.
[24] 田铁. 基于 J2EE 与 OpenSSL 的物流系统安全性研究及实现 [D]. 北京: 北京邮电大学, 2008.
[25] 罗革新, 吕增江, 崔广印, 等. 大型企业信息安全体系架构设计初探 [J]. 勘探地球物理进展, 2008 (6): 471-478.
[26] 贾斌. 企业信息安全风险分析与控制 [D]. 西安: 西北工业大学, 2006.
[27] 白萍, 牛悦. 守护大数据时代的信息安全 [N]. 贵阳日报, 2015-05-28 (B09).
[28] 张兰兰. 得安: 专业打造信息安全平台 [N]. 中国信息化周报, 2015-07-20 (021).
[29] 东梅. 用友软件的中国企业 ERP 成功应用模式 [N]. 中国经营报, 2006-04-17 (D01).
[30] 韩宵宵. 把准业务流程管理的"文化脉" [N]. 中国航空报, 2013-07-16 (002).
[31] 王浩, 张怡. 大数据时代下人类思维方式变革的趋势 [J]. 新西部: 理论版, 2015 (2): 94-95.
[32] 邓景毅. 在 ERP 实施中用 Microsoft Visio 创建企业的业务流程图 [J]. 电脑学习, 2005, 10 (5): 39-40.
[33] 郭涛. 宏源证券: IT 应用创新聚焦业务、数据、流程整合 [N]. 中国计算机报, 2013-03-11 (022).
[34] 张弛. 大数据思维范畴探究 [J]. 华中科技大学学报, 2015, 29 (2): 120-125.